Birgit Engel I Helga Peskoller I Kristin Westphal I
Katja Böhme I Simone Kosica (Hrsg.)
räumen – Raumwissen in Natur, Kunst, Architektur und Bildung

Räume in der Pädagogik

Herausgegeben von
Johannes Bilstein | Jutta Ecarius | Benjamin Jörissen |
Eckart Liebau | Ursula Stenger | Kristin Westphal | Jörg Zirfas

Dass der Raum und die Vielfalt von Orten weit mehr sind als die Resultate von architektonischen Entscheidungen und sozialen Platzierungen, gilt mittlerweile als gesicherte Erkenntnis. In der Pädagogik ist die Frage nach dem Raum eine grundlegende Frage und gleichzeitig eine, deren zentrale Bedeutung noch nicht die ihr gebührende Aufmerksamkeit erhalten hat. Dabei ist die Pädagogik in allen ihren wissenschaftlichen und praktischen Perspektiven – theoretisch, empirisch, historisch, institutionell – auf eine Reflexion von Räumlichkeiten zentral angewiesen.

Birgit Engel | Helga Peskoller |
Kristin Westphal | Katja Böhme |
Simone Kosica (Hrsg.)

räumen –
Raumwissen in Natur, Kunst, Architektur und Bildung

BELTZ JUVENTA

Das Werk einschließlich aller seiner Teile ist urheberrechtlich geschützt. Jede Verwertung ist ohne Zustimmung des Verlags unzulässig. Das gilt insbesondere für Vervielfältigungen, Übersetzungen, Mikroverfilmungen und die Einspeicherung und Verarbeitung in elektronische Systeme.

Dieses Buch ist erhältlich als:
ISBN 978-3-7799-3025-9 Print
ISBN 978-3-7799-4676-2 E-Book (PDF)

1. Auflage 2018

© 2018 Beltz Juventa
in der Verlagsgruppe Beltz · Weinheim Basel
Werderstraße 10, 69469 Weinheim
Alle Rechte vorbehalten

Herstellung und Satz: Ulrike Poppel
Druck und Bindung: Beltz Grafische Betriebe, Bad Langensalza
Printed in Germany

Weitere Informationen zu unseren Autor_en und Titeln finden Sie unter: www.beltz.de

Inhalt

Einleitung ... 7

Raumwissen in Natur und Kultur

Natur, Raum, Körper.
Zur Transformation von Wissen
Helga Peskoller ... 18

„Wir gehen jeden Tag in den Wald und haben
den Wolf noch nie gesehen."
Kindergartenkinder verhandeln ihre Umwelt
Eva Schwarz, Beatriz Lindqvist ... 38

Bilder der Stadt kartieren.
Bildende räumliche Untersuchungen mit SchülerInnen
an der Wiener Peripherie
Antje Lehn, Elisabeth Sattler ... 55

Räumliche Differenzerfahrungen und ihre bildende Bedeutung.
Oder: Lernen verAntwOrten
Evi Agostini ... 70

Raumwissen in Kunst und ästhetischer Praxis

Raum, Kunst und professionsbezogene Bildung.
Sinnenbewusste Orientierungen in einem gelebten Raum
Birgit Engel ... 92

Unterbrechungen. Verrückungen.
Teilhabe und Kritik als ästhetische Praxis in Theater und Schule
Kristin Westphal ... 111

Was der Raum über den Anderen erzählt ...
Fotografische Darstellungen vom „Räumen" als Grundlage
einer Reflexion (kunst)pädagogischer Fragen
Katja Böhme ... 125

Leibliche Erfahrungsräume.
Zur Bedeutung synästhetischer Wahrnehmung in Räumen der Kunst
Kerstin Hallmann ... 154

Kinderspiele in performativen Settings
Ilona Sauer 170

Ablösung durch die Kontrollgesellschaften.
Gouvernementale Techniken in Pädagogik und Theaterarbeit
Georg Ehrhardt 183

Raumwissen durch Dinge, Bilder, Sprache

Der Blick durch das Schlüsselloch.
Raum-Schaffen zwischen Erinnerung und ihrer narrativen Erfassung
Ulrich Leitner 196

Bewegungen im Schulraum.
Sich von SchülerInnen (ent-)führen lassen
Simone Kosica 214

Architektur lesen.
Symbolische Codierungen des universitären Raums
Anja Krüger 232

Raum(wissen) im narrativen Entwurf.
Ein dokumentarischer Zugang zu narrativen Karten und
Interviews am Beispiel einer Studie zum LehrerInnenberuf
Dominique Matthes 252

Die Autorinnen und Autoren 274

räumen
Raumwissen in Natur, Kunst, Bildung und Architektur

Einleitung

Räume sind uns nicht objektiv gegeben – sie werden wahrgenommen, ertastet, vorgestellt, verhandelt und erkämpft. Jederzeit erweisen sich Räume als unterschiedlich elastisch, indem sie zu Bewegungen genauso einladen, wie sie diese auch im gleichen Moment verhindern können.[1] Manche Räume sind uns vertraut, andere wiederum fremd. Raumerfahrungen können Anlass zum Sprechen und Austausch sein oder auch sprachlos machen. Die Begrenzung und die Ausdehnung von Räumen fordert dazu auf, sich immer wieder aufs Neue aus- und auf Zeit einzurichten. Wahrnehmend durchschreiten, betrachten, tanzen, stolpern und klettern wir in Räumen, um uns in der Welt zu orientieren und die Welt um uns herum neu zu ordnen. Dadurch sind Räume und vor allem die sich darin ereignenden Prozesse des *Räumens* aufs Engste mit Bildung verbunden. Der Raum und seine ästhetischen Qualitäten, die spezifischen Begrenzungen und zu entdeckenden Schwellen und Übergänge, sein Appell zur Teilhabe und zum Ausschluss, bekommen mithin für pädagogische, politische und kulturelle Prozesse eine grundlegende Bedeutung.

Dieser Sammelband geht auf eine wissenschaftliche Fachtagung zum Thema „räumen" am Campus Koblenz im Mai 2016 zurück und widmet sich aus einer transdisziplinären Perspektive der Frage: *Welche Zugänge zur Welt lassen sich insbesondere in Bezug auf ästhetische Bildungsprozesse in der Rekonstruktion menschlicher Raumerfahrungen erkennen?*

Dieser Frage gingen eine Reihe von Überlegungen voran, die als Annahmen dem Band unterlegt sind und die inhaltliche Klammer für die einzelnen Beiträge bilden. Da ist zunächst einmal die Vermutung, dass es sich hier um ein Wissen handeln müsste, das in erster Linie den Körpern eignet, weil auch sie räumlich verfasst sind. Der räumlichen Verfasstheit der Körper Beachtung zu schenken, hat u. a. zur Folge, dass die zwei aufgrund von Diskurstraditionen zunächst weit auseinanderliegenden Phänomenbereiche – Raum und Wissen – nahe aneinanderrücken, was sich im Begriff „Raumwissen" zum Ausdruck bringt.

---

1 Vgl. dazu den Handbuchartikel von Kristin Westphal 2014.

Demgemäß lautet die erste Annahme, dass es die Körper sind, die Räume mit Wissen und Wissen mit Räumen verbinden. Die zweite Annahme ist, dass die von den Körpern ausgeführten Bewegungen es sind, die diese Verbindungen herstellen, dynamisieren und dabei Bildungsprozesse initiieren. Die daraus hervorgehenden, erst noch zu bestimmenden Begriffe, haben daher nicht, das ist die dritte Annahme, wie die Festkörper, klare Grenzen und stabile Ränder, sondern gleichen wegen der Bewegungen mehr dem „Flüssigen" mit unscharfen Grenzen und instabilen Rändern. Daraus ergibt sich als vierte Annahme, dass die Verbindungen zwischen Raum und Wissen, Wissen und Raum weder einseitig, einförmig noch eindeutig sein können, sondern maximal variabel, vielschichtig und mehrdeutig mit nicht wohldefinierten Konturen. Durch die Bewegung kommt die Zeit in den Raum und in das Wissen, weshalb von **räumen** gesprochen wird. Wenn anstelle des Festen, Statischen Bewegliches in den Blick genommen, gedacht und zum Ausdruck gebracht werden soll, dann ist auch die Sprache gefordert. Das gilt umso mehr für die Wissenschaftssprache, weil weniger festzustellen und -zuhalten ist, denn sich an das anzunähern und anzuschmiegen, was sich gerade zeigt, während es bereits wieder dabei ist, seine Gestalt zu verändern oder zu verschwinden.

In den einzelnen Beiträgen des vorliegenden Buchs wird die Frage nach der Zeit und des sprachlichen Ausdrucks auf unterschiedliche Weise aufgenommen und gelöst. Allen gemein ist der Fokus auf ein Wissen, das ohne den Leib und ohne die Körper[2] und ihre Bewegungen weder entstehen noch sich in den je konkreten Räumen entfalten und modifizieren kann. Dieses „Leib- und Körperwissen" verdankt sich dem in- und auswendigen Raum, ist ohne die Zeit kaum erschließbar, nimmt aber nicht dieselbe Form wie geistes-, kultur- oder sozialwissenschaftliches Wissen an. Da weder kognitiv noch sprachlich verfasst, stellt Ersteres eine Art „Restgröße" gegenüber dem auskunftsfähigen Wissen dar. Darauf verwies neulich Stefan Hirschauer in seiner Bezugnahme auf eine breite Palette von Bezeichnungen – Habitus, Disziplinen, tacit knowledge, knowing how, skills, Fertigkeiten und Routinen oder Körpertechniken – und rief auch das von allen geteilte Gemeinsame in Erinnerung – die Frage nach dem Wie. Denkbare Fragen sind daher: Wie findet Wissen in die Körper? Wie stellen Körper Wissen her? Wie drückt sich Wissen durch Körper aus? Wie

---

2   Diese Unterscheidung wird hier im Sinne von Helmuth Plessners Formel der Exzentrizität (Leib-Sein und Körper-Haben), von Bernhard Waldenfels Leib als zweideutige Seinsweise und von Käte Meyer-Drawe verstanden, für die die leibliche Dimension unserer Existenz – im Unterschied zum Körper als eine von außen sichtbare raumzeitliche Einheit – nicht zum Repertoire des Beobachtbaren gehört und daher weniger in erkenntnistheoretischer als in ethischer und sozialer Hinsicht bedeutsam ist (vgl. dazu auch Peskoller 2014, S. 397 ff.).

werden Gefühle und Affekte im Leib spürbar? Wie findet Leiberfahrung eine mitteilbare Sprache? usw.

Auch wenn in diesem Band solche Fragen mehr implizit als explizit gestellt und konsequent bearbeitet werden, sind sie doch dessen stiller Bezugshorizont. Denn immer dort, wo die Qualität von Räumen im Mittelpunkt steht – und das gilt ausnahmslos für alle hier versammelten Aufsätze – geht es um die Frage nach dem Erleben und der menschlichen Erfahrung in und mit konkreten Räumen, die zwar an kulturell hergestellte Vorstellungen gebunden sind, aber in actu diese auch hintanstellen, erschüttern und übertreffen können. Somit erweist sich die Frage nach dem Raum immer auch als eine Frage nach den Möglichkeiten und Grenzen der menschlichen Vorstellungs- sowie ihrer leiblich-körperlich verfassten Ausdruckskraft.

Lebendige Körper sind Träger von Praktiken und Teil materieller Kultur/en, die kollektives Wissen in der jeweiligen Tätigkeit individuell zur Geltung und zum Ausdruck bringt. Dafür bedarf es eines Könnens und in einem sozialen Verbund Ausdruck und Darstellung unterstützende, fördernde Bedingungen und kreative Impulse. Denn Räume sind – und damit wären wir bei der Zielsetzung dieses Bandes angelangt – da und vorhanden, müssen aber auch erhalten und immer wieder aufs Neue ersonnen, erstritten und um/gestaltet werden: das geht ohne zu **räumen** nicht. Denn beide Male sind Räume weder von vornherein, zur Gänze bekannt, verstanden, vertraut, präsent und ohne unser Zutun verfügbar, noch sind sie ohne Risiko zu nehmen real zugänglich, weil auf Öffnung angewiesen und auf Resonanz, um von ihrer Wirkung uns erfassen und auch tragen zu lassen. Wenn man das zulässt und tut, bilden sich sehr unterschiedliche Räume aus: riesengroße, winzig kleine, breite und helle, dunkle und enge – Zwischenräume, die sichtbar oder nur versteckt Platz anbieten für die – anthropologisch gesprochen – experimentale Existenz der Menschen.

Deshalb werden nun auch alle möglichen und unmöglichen Räume, Orte, Plätze, Stellen, Schwellen und Zwischenräume aufgesucht und darauf geachtet, was dort jeweils geschieht und sich (nicht) ereignet. Das heißt, dass der Kategorie des Prozesses der Vorzug gegeben wird und im Zuge dessen einer Transformation von Wissen, das sich in körperlichen Bewegungen und Praktiken „zeigt" und in diesem Zeigen auf die unterschiedliche Qualität von Raum verweist, die Umformungsprozesse unterstützt, mindert oder verhindert. Umstellen und **Räumen** bietet sich auch hier als das Mittel der Wahl an, um für andere/s Platz zu machen und Platz zu lassen. Vorrangig trifft das zu unter der Perspektive, Soziales herzustellen qua Wissen, das tiefer als die Sprache, im Leib und daher in allen Menschen liegt und vorhanden ist, ungeachtet ob und welche Sprache sie beherrschen oder nicht. Gelingt es also, dieser „Restgröße", von der Hirschauer sprach und den Körper, nicht auch den Leib als basale Wissensdimension meinte, Geltung zu verschaffen, kann zu einer Demokratisierung beigetragen werden, die ihren Ausgang nicht in Theorien, sondern in den Praxen nimmt.

Dafür ist Sensibilität, auch moralische Sensibilität vonnöten. Zudem Freiheit, Mündigkeit, Offenheit, Urteilskraft, Geschichtsbewusstsein, Belesenheit und sprachliche Sorgfalt, wie dies Konrad Paul Liessmann vor kurzem für eine „Bildung als Provokation" gefordert hat. Daran anschließend sei die Behauptung gewagt, dass dieser zweifellos ernsthafte, auf Orientierung angelegte Bildungsanspruch an etwas nicht vorbeikommt: einem **Raumwissen**, welches sich an der Grenze zwischen Leib und Körper selbst zu begreifen sucht.

Davon handeln nun auch die vierzehn in diesem Band versammelten und locker nach drei Kapiteln gefügten Texte. Das erste Kapitel blendet auf die Verbindung von **Natur und Kultur**, das zweite Kapitel auf **Kunst und ästhetische Praxis** und das dritte auf **Dinge, Bilder, Sprache**. Der gemeinsame Bezugshorizont ist die Frage nach Bildungsprozessen im Kontext des gebauten Raums – sei es durch die Natur oder die Menschen und deren Wahrnehmung.

Die darin gestellten Fragen sind didaktischer, forschungsmethodischer, methodologischer und epistemologischer Natur, zielen auf vorsichtige Annäherungen an sehr unterschiedliche räumliche Phänomene und ihre Örtlichkeiten, wodurch ein facettenreiches Bild entsteht im Versuch, diese historisch, philosophisch, anthropologisch und bildungstheoretisch zu rahmen und den weit ausgespannt verzweigten Inhalten probeweise Fassung und einen vorläufigen Halt zu geben.

Raumwissen in Natur und Kultur

Im Einzelnen geht es im ersten Beitrag von **Helga Peskoller** um den Grenzverkehr zwischen Natur und Kultur, dargestellt am Beispiel Klettern an einer großen Wand, mittels Video dokumentiert und verlangsamt vorgeführt. Was die „kriechenden Bilder" zeigen, hält die Methode der „Nachschreibung" fest, um in einem nächsten Schritt das Singuläre philosophie- und kulturgeschichtlich einzuordnen: von der Elemente-Lehre der Vorsokratiker über das taktile Wahrnehmungsmodell bei Lukrez bis zur Konzeption des Erhabenen als Prüfstein für das aufgeklärte Subjekt bei Kant. Im Ergebnis läuft die zwischen Empirie, Methode, Geschichtlichkeit und Theorie changierende Bewegung auf die Transformation von Wissen hinaus.

Von der Wand in den Wald leiten uns **Eva Schwarz** und **Beatriz Lindqvist**, die in ihrem Text davon ausgehen, dass der Kindergarten angesichts des immer mehr segregierten Stadtmilieus einer der wenigen Orte sei, an denen Kinder mit unterschiedlichen sozialen und kulturellen Hintergründen die Möglichkeit haben ihren Alltag zu teilen. Die Studie ist einem sozialphänomenologischen Ansatz verpflichtet und theoretisch von der Tradition der "Children's geographies" inspiriert. Dabei soll im Speziellen der Frage nachgegangen werden, was es für die Kinder, aber auch die PädagogInnen, die die Kinder in ihrem „Erforschen" der Umgebung anleiten, bedeuten könnte, *„zu Hause"* zu sein.

Mit der Perspektive von SchülerInnen auf den urbanen Raum setzt der Beitrag von **Antje Lehn** und **Elisabeth Sattler** fort, indem die Schule verlassen wird, um Bilder der Stadt zu kartieren. Dieser Werkstattbericht setzt auf methodische Synergien zwischen Architekturvermittlung und Bildungswissenschaft. Im Mittelpunkt steht dabei die Frage, über welches Wissen jugendliche SchülerInnen über ihre Schul-Umgebung verfügen, wie sich dieses Wissen dokumentieren und durch künstlerisch-kartografische Handlungen noch vertiefen lässt. Das dabei verfolgte Ziel ist, zu alternativen Darstellungen einer gemeinsam erlebten Stadt zu gelangen.

Evi Agostini fragt vor dem Hintergrund einer kritischen Auseinandersetzung mit alternativen pädagogischen Lernraumkonzepten danach, wie Schulunterricht und die vorbereitete Umgebung im Kindergarten aktuell modelliert werden, um Lernen zu veranlassen. Deutlich wird, dass sich unter den Schlagworten von Eigenverantwortung und Selbsttätigkeit insbesondere behavioristisch orientierte Lernformen fortsetzen. Anhand einer ausgewählten Vignette, einer verdichtenden Beschreibung der „miterfahrenden Erfahrung" einer Forschenden, wird der Zusammenhang von räumlichen Erfahrungen und Lernen im Spannungsfeld von Selbststeuerung und Gewöhnung diskutiert. Hierbei zeigen sich Dimensionen des Räumlichen immer dann relevant, wenn Differenzen im Umgang mit den Dingen und den Anderen produktiv werden können.

Raumwissen in Kunst und ästhetischer Praxis

Birgit Engel geht der Frage nach, welche Orientierungen für eine ästhetisch-bildende Praxis von einer phänomenologischen und ästhetisch-hermeneutischen Raumvorstellung ausgehen können. Am Beispiel einer künstlerischen Rauminstallation wird eine reflexiv offene Weise der Raumorientierung und ein mögliches daraus resultierendes Bildungspotenzial vorgestellt. Deutlich wird, wie sich eine sinnlich-leibliche Responsivität innerhalb minimaler Wahrnehmungsirritationen und Blickverschiebungen ereignen und wie diese zu einer Bewusstwerdung eigenen Raum- und Zeiterlebens beitragen kann. Begründet wird abschließend, wie und warum experimentell offenen Raumerfahrungen im Rahmen einer forschend-reflexiven LehrerInnenbildung eine wichtige Bedeutung zukommen kann.

Kristin Westphal setzt inmitten der Kultur an, die – wie Bildung auch – Räume braucht, deren Grund und Orte immer wieder „einzuräumen" sind: durch Unterbrechungen und das Ver-Rücken von Dingen. Durch eine – historisch wie aktuell – eigensinnige Interpretation des Wahrgenommenen in den ästhetischen Feldern geht es weniger darum den Gedanken zu verfolgen, Raum im Sinne einer Aneignung subjektiviert zu wissen, sondern ihn als eine demokratische Herausforderung zu begreifen. Unweigerlich werden mit dieser

These Fragen zum kulturellen und ästhetischen Umgang des Menschen mit Raum und Zeit angestoßen: den sozial auferlegten Raum- und Zeitordnungen und von Kultur als Kampfbegriff.

In dem Beitrag von **Katja Böhme** geht es um die Frage, welche Potenziale die fotografische Darstellung von Raum und vom Räumen für die Reflexion kunstpädagogischer Praxis anbieten kann. In der KunstlehrerInnenbildung verortet, wird eine Versuchsanordnung aus der Hochschuldidaktik vorgestellt und diskutiert, in der Lehramtsstudierende dazu angeregt werden, sich mithilfe von eigenen als auch von fremden Fotografien einer zuvor erlebten Unterrichtssituation wahrnehmend-reflexiv anzunähern. Phänomenologisch ausgerichtet, zielt das Setting auf eine >wahrnehmende Wahrnehmung< – eine Wahrnehmung, die sich ihrer selbst gewahr wird. An einer kurzen Begebenheit entzündet sich die Auseinandersetzung mit grundlegenden Fragen pädagogischer Praxis, die sich nicht aus der Verwobenheit der verschiedenen Wahrnehmungs- und Deutungsweisen derjenigen herauszulösen sucht, die an der Situation teilhatten. Im Betrachten der Bilder vollzieht sich eine Reflexion, in der das eigene Wissen behutsam eingeklammert und die Unverfügbarkeit des Anderen spürbar werden kann. Der Beitrag zeigt, wie sich im *Auslegen* von fotografischen Bildern Wahrnehmungen der Studierenden verschieben, wie bestehende Erwartungen durchkreuzt und schließlich neue Deutungen aufgeblättert werden können.

Kerstin Hallmann stellt verschiedene historische und aktuelle Theorien zum Phänomen der Synästhesie im Hinblick auf ihre Bedeutung für die Konstitution von Raumwissen vor und diskutiert dies an einem Beispiel der Gegenwartskunst. Welche Erfahrungsdimensionen von Räumen gibt es und in welchem Verhältnis stehen sie zueinander? Im Blick auf die Synästhesie wird verdeutlicht, dass ihnen eine prinzipielle Unzugänglichkeit inhärent ist, die begrifflich nicht vollkommen einzuholen sei. Für eine ästhetische Praxis in und mit Räumen stellt sich deshalb die Frage, welche Erfahrungsräume eine Rückbesinnung auf synästhetische Wahrnehmungsanteile eröffnen und welche Konsequenzen sich praktisch und konzeptionell daraus ergeben.

Ilona Sauer wendet sich Kinderspielen in performativen Settings zu und trifft dabei auf die Performancegruppe „Ligna", die im Rahmen ihrer Flux-Residenz in Bad Orb den (Klein-) Stadtraum mit seinen vielen Leerständen untersucht und mit der Historie der „Spessarträuber" verknüpft. Sie eröffneten in einem Leerstand ein „Wirtshaus im Spessart" und versuchten, diesen Raum und die davorliegende Fußgängerzone umzudefinieren. Das Wirtshaus war dabei tagsüber Räuberhöhle für Kinder und abends Begegnungsort für Erwachsene. Sie adressierten die Kinder als Räuber und Gendarme und waren mit ihnen mit akustischen Medien unterwegs in der Kleinstadt. Die Kinder schufen dabei eine eigene Topografie des Ortes. Untersucht werden die Kinderspiele und ihre Rolle bei der Herstellung eines eigenen bzw. mit den Erwachsenen geteilten Raumes.

Einen kritischen Blick auf gouvernementale Techniken in der Pädagogik und Theaterarbeit wirft **Georg Ehrhardt**: Um zu beschreiben, wie sich Bildungsräume mit den Reformen, die der sogenannte „PISA-Schock" nach sich zog, verändert haben, wird heute zunehmend der bereits 1990 erschienene Text „Postskriptum an die Kontrollgesellschaft" von Gilles Deleuze fruchtbar gemacht. In den Bildungswissenschaften wurde sein kurzer Text u. a. von den Pädagogen Ludwig A. Pongratz und Olaf Sanders rezipiert und auf aktuelle Transformationsprozesse angewendet. Vor diesem theoretischen Hintergrund werden jene Veränderungen, wie sie sich aktuell in pädagogischen Feldern vollziehen, an der Theaterarbeit „Frontalunterricht" von Ulf Aminde sichtbar gemacht. Ziel dieses Beitrags ist es, damit eine Perspektive auf seine Theaterarbeit und die damit verbundenen nachhaltigen Auswirkungen auf das räumlich strukturierte Spannungsverhältnis von Sichtbarkeit und Produktivität zu eröffnen.

Raumwissen durch Dinge, Bilder, Sprache

Ulrich Leitner richtet seinen Blick durch das Schlüsselloch auf ein Ding, das wie kein anderes so häufige Erwähnung in den Erinnerungen ehemaliger Heimkinder aus Tirol und Vorarlberg findet – der Schlüssel. Er ist Schlaginstrument, sein rasselndes Klimpern eine mahnende Drohung, wer ihn hat, kann ihn einsetzen. Er versperrt den Weg in die Freiheit, aber er schafft auch Privatheit. Stets ist dieses Ding geprägt von einer merkwürdigen Zweiheit. Ein unverhoffter Blick durch das Schlüsselloch eröffnet eine Szenerie, der geschlossene Erziehungsraum des Heimes weitet sich. Sobald der Schlüssel vom Schloss gezogen ist, kehrt sich die Macht dieses Dinges um: Er verschließt nicht mehr, er schafft Raum. Ein Raum wird freigelegt, der außerhalb der erzieherischen Ordnung des Heimes liegt. Ungewollt findet er Eingang in die Geschichte als Tagebucheintrag eines Kindes. Ausgehend von mündlichen und schriftlichen Quellen zur historischen Fürsorgeerziehung nimmt der Beitrag die Schließung und Öffnung pädagogischer Räume in den Blick. Beides setzt die Existenz einer Schwelle voraus, für die der Schlüssel steht: als materielles Ding, als Motiv, als Symbol, als Bild.

Bei **Simone Kosica** kehren wir in den Schulraum zurück, fast zurück. Denn im Fokus ihres Beitrages stehen theoretische und method(olog)ische Begründungszusammenhänge eines phänomenologisch orientierten Zugangs zur Erforschung der Schulraumerfahrung von GrundschülerInnen im Spannungsfeld zwischen institutionellem Raum und raumbildender Architektur. Nach einem kurzen Exkurs zu den Perspektiven auf den Schulraum und seine Architektur im erziehungs- und bildungswissenschaftlichen Diskurs wird vor dem Hintergrund eines phänomenologischen Verständnisses von Raum und Architektur ein Forschungsdesign vorgestellt, das den Blick auf die affizierende, pathische

Dimension von Raum und Architektur öffnet. Dieses umfasst neben der teilnehmenden Erfahrung als ein Feldzugang der phänomenologischen Forschung die explorative Methode der *narrativen Schulführungen*. Am Beispiel des *Grenzgängers* wird exemplarisch eine Situation aus dem bereits erhobenen Material aufgegriffen und Einblick in dessen Analyse gegeben.

Mit **Anja Krüger** sind wir an jenem Ort angelangt, der für die meisten AutorInnen dieses Bandes Arbeitsplatz und Lehrstatt ist: die Universität. Der Text richtet den Blick auf diese altehrwürdige Institution und erschließt akteursseitige symbolische Codierungen des universitären Raums anhand einer Fallanalyse reflexiver Fotografien sowie eines zugehörigen Fotointerviews. Den Fragestellungen folgend, *was* von Lehramtsstudierenden im universitären Raum wahrgenommen wird und *mit welchen Bedeutungen* die Studierenden den universitären Raum konnotieren, werden emotionale bzw. expressive und ästhetische Funktionen von Botschaften der Architektur in den Blick genommen. Im Anschluss an eine vergleichende semiotische Interpretation der Baurhetorik werden die Ergebnisse im raumwissenschaftlichen Diskurs verortet und Potenziale des Einbezugs semiotischer Forschungsperspektiven auf Raum und Bildung aufgezeigt.

Den Abschluss bildet der Beitrag von **Dominique Matthes** durch eine erziehungswissenschaftliche Untersuchung über das Raumwissen von LehrerInnen. Für die Untersuchende stellt sich forschungsleitend die Frage, welche *Dimensionierungen und Konstitutionen von Raum* im Forschungsfeld *überhaupt* und gegenüber (bestehenden) Begriffsbestimmungen *noch* auftreten. Der Beitrag spricht sich dabei für eine Stärkung der Reflexion raumbezogener Überlegungen aus und zwar mithilfe eines Zugangs zu den in spezifischen Kontexten beteiligten menschlichen und dinglichen AkteurInnen. Mithilfe der Rekonstruktion akteurspezifischer Orientierungen mit Blick auf spezifische Praxis-Raum-Verhältnisse gibt die Autorin einen Einblick in das Wissen um Raum bei LehrerInnen. Dabei wird nicht nur die Frage nach dem „Was?", d. h. welche Räume für diese thematisch werden und was Räumlichkeit für sie darstellen kann, sondern auch die Frage nach dem „Wie?", d. h. die Art und Weise der (spezifischen) Herstellung von Raum, für die fortführende Darstellung relevant.

Bleibt also nur noch, den AutorInnen für ihre Beiträge sowie Teresa Bogerts und Marius Adam für die organisatorische Mithilfe zur Durchführung der Koblenzer Tagung zu danken.

Helga Peskoller, Kristin Westphal, Birgit Engel,
Katja Böhme und Simone Kosica
Innsbruck, Koblenz, Münster, Berlin im Dezember 2017

Literatur

Hirschauer, S. (2016): Diskurse, Kompetenzen, Darstellungen. In: Paragrana. Internationale Zeitschrift für Historische Anthropologie. Band 25, Heft 1. Berlin: De Gruyter, S. 23–32.

Meyer-Drawe, K. (2010): Leib, Körper. In: Ch. Bermes/U. Dierse (Hrsg.): Schlüsselbegriffe der Philosophie des 20. Jahrhunderts. Hamburg: Felix Meiner, S. 207–219.

Liessmann, K. P. (2017): Bildung als Provokation. Zsolnay: Wien.

Peskoller, H. (2014): Körperlicher Raum. In: Ch. Wulf/J. Zirfas (Hrsg.): Handbuch Pädagogische Anthropologie. Wiesbaden: Springer VS, S. 395–401.

Plessner, H. (1983): Lachen und Weinen. Eine Untersuchung der Grenzen menschlichen Verhaltens. Gesammelte Schriften. Frankfurt am Main: Suhrkamp, S. 201–388.

Waldenfels, B. (1999): Das leibliche Selbst. Frankfurt am Main: Suhrkamp.

Westphal, K. (2014): Bewegung. In: Ch. Wulf/J. Zirfas (Hrsg.): Handbuch Pädagogische Anthropologie. Wiesbaden: Springer VS, S. 147–154.

Raumwissen in Natur und Kultur

Natur, Raum, Körper.

Zur Transformation von Wissen

Helga Peskoller

Der Beitrag hat fünf Teile und eine Schlussbetrachtung, beginnt mit einem *Beispiel*, das von der *Natur* handelt und eine Frau zeigt, die kletternd in einem eng begrenzten *Raum* sich fortbewegt, was auf verlangsamten Videobildern zu sehen ist und als Ausgang dient, um über das menschliche Verhältnis von Natur und Raum *außer Gewohnheit*[1] nachzudenken.

Das Beispiel

Die US-amerikanische Kletterin Lynn Hill (*1961) durchstieg 1993 erstmals *frei* ohne zu stürzen im Vorstieg und ohne Zuhilfenahme künstlicher Fortbewegungsmittel innert 24 Stunden „The Nose"[2]. So heißt die über 1000 Meter lange, damals schwierigste Kletterroute der Welt am El Capitan, Wahrzeichen des

---

1 Der Artikel mit dem gleichlautenden Titel ist im Sammelband „Konglomerationen" erschienen und fragt nach den subjektiven Ent- und Absicherungspraktiken in extremen Lebenslagen, systematisiert Risikowissen und schlägt eine Forschung „im Rucksack", also einen ethnografischen Zugang vor (vgl. Peskoller 2009, S. 199–214). Diese Forschungsskizze war Teil eines größeren Forschungsprojekts an der Universität Innsbruck und soll als eine der Folien nun im Hintergrund dienen. Wir hatten uns damals die allgemeine Frage gestellt, wie Sicherheiten im Alltag hergestellt werden. Die Konzeption war, einen alternativen Ansatz der gesellschaftlichen Genese von Subjektivität theoretisch zu entwickeln und empirisch zu erforschen. Dabei wurde u. a. mit dem Begriff der „Biose" gearbeitet und angenommen, dass es trotz Unsicherheit provozierenden Transformationsprozessen den gesellschaftlichen Individuen zu gelingen scheint, ihre (Über-)Lebensfähigkeit tagtäglich herzustellen und dies trotz widersprüchlicher Anforderungen: Aber warum? Wie machen sie das? Und welche Folgen hat das für den allseits konstatierten Verlust traditionaler Identitäten in Bezug auf die Theoriebildung? Das sind einige der Fragen, denen sich die zwölf Beiträge aus unterschiedlichen Perspektiven damals gewidmet haben.

2 Zwischen 1987 und 1992 war Hill weltweit die erfolgreichste Wettkampfkletterin, sie stand mehr als 30 Mal auf dem Podest. Danach wollte sie diesen, wie sie selbst sagt, engen Horizont erweitern und ihr Leben durch die großen Wände bereichern (vgl. Zak 1995, S. 19). Sie bereitete sich gründlich mit dem El Capitan vor Augen vor und kletterte bis zu 30 Seillängen (à ca. 40 m) täglich, um die nötige Kraft und Ausdauer zu erwerben und erarbeitete sich eine klare Strategie für diese lange, schwierige Route.

Yosemite Valley im Nationalpark von Kalifornien. Was vor ihr niemandem noch gelang, wurde analog gefilmt. Dem Video entstammt eine einzige Passage, die nachträglich digital umgewandelt und um ein Vielfaches verlangsamt wurde, damit sie jetzt als „kriechende Bilder" in SW und ohne Ton eingespielt werden können; dieser Reduktionsvorgang hat u. a. den Sinn, der Zerstreuung entgegenzuwirken, um nur noch darauf zu achten, was sich in der Vorführung zur Darstellung bringt.

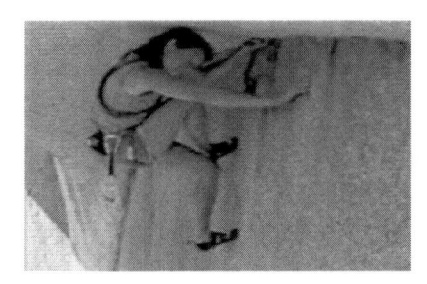

L. Hill, siehe Fußnote 3

Eine Frau schiebt sich in langsamen Bewegungen einen Riss entlang, der sich waagrecht unter einem Dach von links nach rechts zieht. Bei dieser Querung sind zunächst nur die Hände und Arme zu sehen, dann taucht der Körper und der am Plafond anstreifende Kopf auf. Rasch wird klar, hier ist sehr viel Raum – rund 800 Meter Tiefe unter, 200 Meter Höhe über ihr – und zugleich wenig Platz vorhanden, daher die Kauerstellung, was an Höhlen erinnert. Für ein Fortkommen muss einerseits ein Wissen um den großen und um den kleinen Raum vorhanden sein, denn die Stelle selbst ist ausgesetzt, rar deren Griffe und Tritte, deshalb sehr eingeschränkt die Möglichkeiten, sie zu nutzen; andererseits muss aber ebenso ein Wissen um die Zeit vorhanden sein, denn die körperlichen Kräfte sind nicht unerschöpflich, weshalb es auf das richtige Timing ankommt. Im Vollzug der Bewegung muss beides, Raum- und Zeitwissen zusammenspielen, denn an der Präzision des Zusammenspiels hängt die Sicherheit. Und tatsächlich, diese kriechenden Bilder zeigen das, sie zeigen wie die Hände und Füße zu Fühlern werden[4] und sich mit großer Vorsicht aber ohne langes Zögern vortasten in einen weit geöffneten und zugleich eng begrenzten Raum aus Stein.

---

3   Das Video-Still zeigt, wie Lynn Hill eines der größten Freikletterprobleme gelöst hat: Hier befindet sie sich gerade am „Great Roof" (Schwierigkeit 5.13b), gefilmt vom französisch-russischen Kletterer und Expeditionsbergsteiger Jean Afanasieff (1954–2015).
4   Vgl. dazu den Artikel „Wand-Bild", der die Frage nach dem Stellenwert des Taktilen beim Klettern aus der Perspektive der bildenden Kunst gestellt und im Hinblick auf das Gelingen von Selbstbildungsprozessen beantwortet hat (Peskoller 2003).

Das Erhabene

Bleiben wir zunächst beim Stein. Ihm kommt – und dabei folge ich nicht mehr der Kletterin, sondern dem Berliner Literaturwissenschaftler Hartmut Böhme, um ihr Tun kultur- und ideengeschichtlich rahmen zu können[5] – mit dem Aufstieg der Ästhetik ins Zentrum der Philosophie eine besondere Bedeutung zu. Zum Schönen und Pittoresken gesellt sich nämlich im 18. Jahrhundert ein Drittes und dieses Dritte ist das Erhabene. Darüber handelt Immanuel Kants (1724–1804) „Kritik der Urteilskraft" (KU) von 1790/93, die als ein systematisches Resümee eines verzweigten ästhetischen Diskurses über das Erhabene gelesen werden kann. Wobei auffällt, dass der „Übergang von dem Beurteilungsvermögen des Schönen zu dem des Erhabenen" (KU § 23) keine positive Bestimmung des letzteren vornimmt, sondern das Erhabene als ein dem Schönen Entgegengesetztes bestimmt. Kant begründet das auch, indem er das Erhabene als „zweckwidrig für unsere Urteilskraft, unangemessen unserem Darstellungsvermögen und gleichsam gewalttätig für die Einbildungskraft" (KU B 76) bezeichnet.

Überspitzt formuliert heißt das, dass *schön* nicht sein kann, was allzu fremd daherkommt, Angst macht und überfordert, während *erhaben* wiederum nicht sein kann, was bekannt erscheint, allzu leicht und harmonisch sich einfügt in das, was gefällt oder zumindest gut zu bewältigen ist.[6]

So gesehen zeigt das vorhin eingespielte Beispiel weniger Schönes denn Erhabenes, was für Laien, die ungeübt im Klettern und Betrachten von solchen Bildern sind, umso mehr zutreffen mag. Lässt man weitere Kletterpassagen folgen, wäre der letzte Zweifel auszuräumen, weil noch weniger von dem, was sie zeigen, in gewohnte Muster des Wahrnehmens, Darstellens und Urteilens sich einfügen lassen. Nach dem Quergang würde eine stark auskragende Kante folgen, die der Körper umwinden muss, danach eine lange Querung hinaus in

---

5 Gemeint ist der Beitrag über „Das Steinerne" (1989), von dem aus – als das „Menschenfremdeste" bezeichnet – Böhme einen befremdlichen Blick auf Kants Theorie des Erhabenen wirft und dabei die bildende Kunst miteinbezieht, aber auch Romane und Reiseliteratur, einschließlich Reiseberichte von Alpenüberquerungen und Gipfelbesteigungen des 18. Jahrhunderts, in denen die Lithosphäre bereits eine prominente Rolle spielt. Das Steinerne taucht darin in zwei Qualitäten auf: in der Dimension unvorstellbarer Größe (Hochgebirge) und in seiner dynamischen Qualität als drohende, überhängende Felsen und bizarre Gletscher.

6 Was für Kant unter das Erhabene fällt, beschrieb er selbst wie folgt: „Kühne überhängende, gleichsam drohende Felsen, am Himmel sich auftürmende Donnerwolken, mit Blitzen und Krachen einherziehend, Vulkane in ihrer ganzen zerstörenden Gewalt, Orkane mit ihrer zurücklassenden Verwüstung, der grenzenlose Ozean, in Empörung gesetzt, ein hoher Wasserfall eines mächtigen Flusses u. dgl." (KU § 25/6 zit. nach H. Böhme in Pries 1989, S. 122).

die freie, ungeschützte Wand, um dann mittels eines mächtigen Pendelschritts nach rechts die Schlüsselstelle zu erreichen. Sie wird „Houdini"[7] genannt und verlangt nach einer 180 Grad-Drehung an einer aalglatten Stemmverschneidung, ohne aus der Balance zu geraten. Das geht nicht durch Festhalten, hier gibt es keine Griffe, sondern allein durch eine exakt austarierte Verteilung des Körpergewichts, was innerlich erfühlt, äußerlich mittels Reibung zwischen Körper und Granit ohne Aufregung vollzogen sowie vorher, herunten auf sicherem Boden x-mal vorgestellt werden muss (vgl. Peskoller 2014b). Nur Kraft- und Ausdauertraining genügen nicht, es galt die Einbildungskraft zu schulen. Den „Houdini" hatte bislang noch nie jemand im Freistil sturzfrei geschafft, umso mehr war die kinetische Vorstellungskraft gefordert und der Ausschlag und Umschwung widersprüchlicher Gefühle heftig (vgl. Hill/Greg 2002, S. 270 ff.).

Kehren wir zur Philosophiegeschichte zurück und halten fest, dass dieses Beispiel zum Ausdruck bringt, was im 18. Jahrhundert als „negative Lust" bezeichnet wurde (KU B 76). Das Erhabene führt im Unterschied zum Schönen kein harmonisches Zusammenstimmen der Gemütsvermögen mit sich. Daher dient es auch nicht der „Beförderung des Lebens" wie dies das Schöne tut (KU B 75), sondern ist vielmehr mit einer seltsamen *Affektbewegung* von wechselweiser Abstoßung und Anziehung verbunden. Dafür liegt der Grund in der Form des Objekts, das überdimensioniert keine ruhige Balancierung und Proportion zur Einheit aufweist und Natur „in ihrem Chaos oder in ihrer wildesten regellosesten Unordnung und Verwüstung" (KU B 78) zeigt. Damit sind nicht nur diese steilen bis überhängenden Felswände, sondern auch hohe Wasserfälle, Vulkane, Orkane oder auch der grenzenlose Ozean gemeint. Nach Hartmut Böhme bedeutet das Erhabene bei Kant zuallererst eine Erfahrung massiver affektiver Dissonanzen, objektiver und subjektiver Disproportionen und damit eine Gefahr, die das Wahrnehmungs- und andere Ordnungsgefüge schlagartig zum Einsturz bringt (vgl. Böhme 1989, S. 120).

---

7 Harry Houdini (1874–1926) war ein aus Ungarn stammender und nach Amerika ausgewanderter Entfesselungs- und Zauberkünstler. Seinen Künstlernamen – ursprünglich Erich Weisz – wählte er als Hommage an sein Vorbild Jean Eugène Robert-Houdin, einem berühmten französischen Magier. Zunächst verdingte sich Harry Houdini in Wanderzirkussen ein karges Leben, bis ihm 1895 der Durchbruch mittels eines von betrügerischen Spiritisten erlernten, pressewirksam eingesetzten Entfesselungstricks. Dank seiner außerordentlichen Körperbeherrschung rivalisierte er sogar mit Fakiren und ließ sich u. a. in einen verschlossenen Sarg sperren, um darin möglichst lange ohne Luftzufuhr auszuharren. Gestorben ist er daran nicht, es war ein Blinddarmriss samt Bauchfellentzündung aufgrund eines Schlags in den Unterleib als Teil einer seiner schrägen Shows. Die amerikanische Alltagssprache behält ihn mit dem Verb „to houdinize", was so viel wie „entkommen" heißt, im Gedächtnis.

Allerdings muss man im Auge behalten, dass Kants Ästhetik des Erhabenen nur insofern zu einer Ästhetik der Natur wird, als die Natur selbst nicht als erhaben zu gelten hat, sondern allein jene Effekte *im Subjekt*, die durch die große, mächtige Natur ausgelöst werden (vgl. Peskoller 2002b). Diese im Subjekt ausgelösten Effekte sind der Grund, weshalb sich das Ich seiner unangreifbaren Intelligibilität überhaupt erst innewird (vgl. Böhme 1989, S. 121). Das heißt dann auch, dass anstelle der Natur das *Subjekt* und anstelle des Erhabenen die *Vernunft* treten soll. Erinnert sei an dieser Stelle an die ursprüngliche Bedeutung des Erhabenen als das Heilige in seiner Doppelgestalt – Tremendum et Fascinosum (vgl. Peskoller 2004) – und daraus soll also nun das vernünftige, sittliche Selbstbewusstsein des aufgeklärten Menschen hervorgehen.[8]

Dieser gravierende Schritt war nur deshalb möglich geworden, weil gegen 1800 die übermenschlichen Mächte nicht mehr als Objekte der Angst reflektiert, auch nicht als Kräfte oder Instanzen, denen die Menschen ihr Dasein verdanken, weiter verehrt werden mussten, sondern experimentell nachzuweisen war (z. B. Lavoisier), wie die Elemente Wasser, Luft und Feuer zusammengesetzt sind. Das trug zu einem endgültigen Durchbruch der Naturwissenschaft bei und hatte zur Folge, dass der Naturphilosophie mit ihrer Elemente-Lehre als Grundlage, ohne die Natur über 2300 Jahre lang gar nicht zu denken gewesen war, ein Ende gesetzt wurde.

Zeitgleich mit dem Siegeszug der Naturwissenschaft über die Naturphilosophie entstand die Pädagogik und Anthropologie als Wissenschaft und nimmt wissenschaftsgeschichtlich in einem epistemologischen Bruch ihren Ausgang. Das ist für ihre Entwicklung nicht unerheblich, kann hier aber nicht vertieft werden. Indirekt wird darauf bei Isaac Newton (1643–1727) noch einmal kurz

---

8 In Adornos „Ästhetischer Theorie", die vom deutschen Philosophen Wolfgang Welsch als eine implizite Theorie des Erhabenen rezipiert wird, ist eine weitere Transformation erkennbar, die darin besteht, dass sich das Erhabene nicht durch die Herrschaft über die Natur, sondern mittels einer Erfahrung der eigenen Naturhaftigkeit bestimmen lässt. Welsch bezieht sich vor allem auf die folgenden Textpassagen: „Die hohen Berge sprechen als Bilder eines vom Fesselnden, Einengenden befreiten Raums und von der möglichen Teilhabe" sowie: „Als Gefühl bahnt die Erfahrung des Erhabenen eine Gemeinschaft von Subjekt und Natur an und wird für den Geist Anlaß zur ‚Selbstbestimmung auf sein eigenes Naturhaftes'" und weiter: „In den Zügen des Herrschaftlichen, die seiner Macht und Größe einbeschrieben sind, spricht es gegen die Herrschaft" (Adorno in Welsch 1989, S. 189). Darin glaubt Welsch nun zwei Formen der Befreiung sehen zu können: die Emanzipation des Subjekts vom Zwang souveräner Naturbeherrschung und die Befreiung der Natur aus dem, Adorno zitierend, „verruchten Zusammenhang von Naturwüchsigkeit und subjektiver Souveränität" (ebd.). Welschs und Böhmes Beiträge sind in dem lesenswerten Buch „Das Erhabene" enthalten, das die deutsche Philosophin Christina Pries herausgegeben, im letzten der fünf Kapitel zudem ein interessantes Gespräch abgedruckt hat zwischen ihr und Jean-Francois Lyotard, in dem es um das „Undarstellbare – wider das Vergessen" geht (Pries 1989, S. 319–347).

Bezug genommen, da die physikalische Revolution mit der Mechanik als ihr zentrales Paradigma ein völlig anderes Verständnis von *Raum* zur Folge hatte, welches unsere Vorstellung bis heute prägt.

Natur und Philosophie

Fragt man mit Gernot und Hartmut Böhme[9] wie Natur vor 1800 vorgestellt und gedacht wurde, landet man bei den Vorsokratikern *Anaximander, Empedokles* und bei *Antiphon* als Übergangsfigur. Zwar waren deren Natur-Konzeptionen unterschiedlich, aber in der Vorstellung, dass die Elemente die tragenden Säulen der Natur sind, miteinander verbunden. Anaximander (ca. 610–ca. 550) war der erste, der im Unterschied zu seinem Lehrer Thales von Milet (ca. 624–ca. 547), dem quantitativ und qualitativ unbestimmten Urgrund göttliche Eigenschaften zuspricht, diesen „göttlichen Urgrund" aber auch entmystifiziert durch das Einführen einer abstrakten Begrifflichkeit und durch das Einbringen eines rational erfassbaren Gesetzes. Dieses Gesetz beschreibt das einzige im Wortlaut erhalten gebliebene Anaximander-Fragment, es lautet: *„Alle Dinge entstehen und vergehen ins ‚áperion' gemäß der Notwendigkeit; denn sie zahlen einander*

---

9   Sich auf beide zu beziehen, liegt nicht nur wegen ihrer gemeinsam verfassten Bücher (1983, 1996), sondern auch deshalb, weil sie – zu einer Zeit, als das Natur-Thema wenig Beachtung fand – mithilfe ihrer unterschiedlichen Fachdisziplinen und Zugänge – G.B. als Philosoph und H.B. als Literatur-/ Kulturwissenschaftler – ein differenziertes Bild zum Thema gezeichnet haben. Worauf ich mich aber jetzt konkret beziehe, sind die beiden 1997 in Christoph Wulfs „Handbuch Historische Anthropologie" erschienenen Einzelbeiträge. Die in diesem umfangreichen Werk ausgearbeiteten einhundert anthropologisch relevanten und einschlägig gemachten Begriffe sind nach sieben Kapitel geordnet: das erste Kapitel trägt die Überschrift „Kosmologie" und hebt mit H.B.s Beitrag „Elemente – Feuer Wasser Erde Luft" an (S. 17–46), dem folgen weitere zu ‚Leben' (Cramer), ‚Pflanze' (Wulf), ‚Tier' (Macho) und ‚Mensch' (Kamper) und finden in G.B.s „Natur" ihren Abschuss. Die Maxime in der von demselben Autor später, 2002, erschienenen Publikation lautet „Die Natur vor uns!" und meint aber nicht, dass das Thema Natur etwas Neues ist, sondern dass es sich in einer bisher nie dagewesenen Weise stellt als etwas, das – mit Max Horkheimer gesprochen – im Interesse an vernünftigen Zuständen und als wesentlicher Topos unseres Selbstverständnisses erst noch hergestellt und gründlich erarbeitet werden muss. In diesem Zusammenhang wird dann auch Kritik an den Modernisten geübt, deren Hauptmangel es ist, Erfahrungen zu verhindern und zu leugnen, weshalb es darum gehen muss, der Praxis den Vorrang zu geben. Dieser Forderung möchte ich mich auch hinsichtlich der eigenen Forschungsanstrengungen anschließen und mir zudem eine persönliche Bemerkung erlauben: Hartmut und Gernot Böhme haben, obwohl selbst im Flachland aufgewachsen, seit unserer ersten Begegnung in den 1990er-Jahren großes Interesse für das Thema Berg, Bergsteigen und Klettern gezeigt und mich durch Kritik und Anregungen – ähnlich wie Christoph Wulf und Dietmar Kamper – bei kulturhistorischen Recherchen, philosophischen Überlegungen und leibphänomenologischen Studien unterstützt und weitergebracht.

Recht und Ausgleich für ihr Unrecht, gemäß der Festsetzung der Zeit." Das bedeutet, dass sich die Welt in der kontinuierlichen Auseinandersetzung zwischen den sie formenden, polaren Kräften in einem *Werden und Vergehen* konstituiert und mit einem „Raumgewinn" der einen über die andere Kraft verbunden ist. Das jedoch schafft „Unrecht" und muss ausgeglichen werden. Der Ausgleich findet dadurch statt, dass immer wieder aufs Neue eine Ordnung des Gleichgewichts hergestellt wird. Gemeint ist eine stabile, aber nicht statische Ordnung. Dieses an der Natur entwickelte Modell wird alsdann auf die Rechtsordnung übertragen und zu einem politischen Modell, das der Welterklärung dient. Im 6. Jahrhundert fasst *Empedokles* (ca. 495–ca. 435) die Elemente als eine Vier-Einheit und in dieser zugleich das Ganze der Natur, sodass seither die Elemente jenes Feld bilden, in dem sich Natur und Geschichte kreuzen und überschneiden. In die Begriffe der Geschichte ragt sozusagen Natur hinein, wie in deren Begriffe der Mensch über sie hinausweist. Somit eignen sich die Elemente besonders für eine Kulturgeschichte der Natur und halten damit zugleich auch deren unverlierbare Spur. Denn eines scheint gewiss: so wie der Mensch nicht das älteste und auch nicht das konstanteste Problem ist, das sich dem menschlichen Wissen stellt und durch gravierende Änderungen der Grundlagen des Denkens wieder verschwinden wird wie am Meeresufer ein Gesicht aus Sand (vgl. Foucault 1974, S. 462), so werden Natur und Elemente nicht zu überwinden sein, ohne zugleich das Antlitz des Menschen auszulöschen.

Zurück zu Empedokles: Er hat sich der Vorstellung Anaximanders in Bezug auf den antagonistischen Wechselwirkungsprozess eines globalen Ausgleichs angeschlossen, jedoch nicht daran geglaubt, dass sich die Elemente aus einem eigenen Antrieb heraus bewegen können. Vielmehr glaubte er, dass es dafür zweier externer Kräfte bedarf, die er auch benennt: es ist dies die Kraft des Streits und die Kraft der Liebe. Diese beiden Kräfte und Mächte der Abstoßung und Anziehung durchdringen die Welt so fein, dass sie eher psychologisch denn physikalisch wirksam werden. Daraus ließe sich eine frühe anthropologische Bestimmung ableiten, nach der der Mensch einer sei, der durch widerstrebende Seelenkräfte sich auszeichnet.

Während die frühe Naturphilosophie bis Empedokles die Natur aber noch als ein Ganzes sah, nahm *Antiphon* (ca. 480–411) eine klare Trennung in Natur und Nicht-Natur vor. Zugleich unterlegte er dieser Trennung ein normatives Verhältnis, indem er der Natur den Vorrang gab. Die Begründung war, dass die Natur als das Seiende das Prinzip der Bewegung, also Entstehung, Regeneration und Reproduktion in sich trägt, während die Nicht-Natur allein auf die Menschen angewiesen ist. Ihre Gebote sind „vereinbart", während die Gebote der Natur „gewachsen" sind. Unter „Nicht-Natur" wird Technik, Kunst und Handwerk sowie Satzung, Sprache und Politik verstanden.

Diese im 5. vorchristlichen Jahrhundert vorgenommene Trennung – das ist für die Anthropologie von Bedeutung – schrieb dem Menschen somit auch ein doppeltes Wesen zu: *teils Natur, teils Kultur*. Das kann als Startschuss für eine lange Karriere der Vorstellung des Menschen von sich selbst als ein Grenzwesen verbucht werden. Wobei der für das damalige griechische Denken revolutionäre Satz Antiphons – *„Von Natur aus sind wir alle in allen Beziehungen gleich geschaffen, Barbaren und Hellenen"* – keinen Zweifel darüber lässt, wer das Gemeinsame der Menschen und mithin deren Gleichheit ungeachtet sonstiger Zugehörigkeiten vorgängig herstellt: die Natur. Diesem Argument wird mit dem Verweis auf lebenserhaltende Körperfunktionen auch noch Nachdruck verliehen: *„Atmen wir doch alle insgesamt durch Mund und Nase in die Luft aus"*.

Drauf, dass der Mensch ein Grenzwesen ist, bezieht sich auch das Christentum mit Christi als einem Irdischen und Himmlischen zugleich. Ähnliches begegnet uns in einem der berühmtesten Renaissancetexte aus dem Jahr 1486/87 *„Über die Würde des Menschen"*, als Pico della Mirandolas (1463–1494) nach dem Wesen des Menschen und seiner Stellung in der Welt fragt. Dabei tritt als charakteristisches Merkmal die Willensfreiheit hervor, nach der der Mensch nach unten ins Tierische zu entarten drohe oder aus eigenem Willen wiedergeboren werden und nach oben ins Göttliche aufsteigen kann. Auch bei Thomas von Aquin (1225–1274) lassen sich solche Gedanken bereits finden, wenn er den Menschen als Grenzlinie zwischen den beiden Reichen der Natur und Kultur bzw. des Geistes sah und dafür den Begriff „Horizont" verwendete. Bei René Descartes (1596–1650) geht es ebenso um zwei, die *res extensa* und *res cogitans*. Selbst vor dem Königsberger steht ein zweigeteilter Mensch – *Natur und intelligibles Wesen* – der sich im *animal rationale* zu einer Einheit fügt. Das geht bis ins 20. Jahrhundert bei den Vertretern der philosophischen Anthropologen Max Scheler, Helmuth Plessner oder Arnold Gehlen mit anderer Akzentuierung, Begrifflichkeit und Begründung weiter. Helmut Plessner (1892–1985) etwa, der anfangs Medizin und Zoologie studiert hatte, setzte seine Anthropologie bei der Leiblichkeit des Menschen an und spricht von einem Riss, einer Spaltung, die durch den Menschen zieht und in seiner exzentrischen Positionalität gründet.

Noch ein letztes Bild, das zehn Jahre vor Plessners Tod in einem Buch mit dem Titel „Das Rätsel des Humanen" vom französischen Philosophen Edgar Morin (*1921) gezeichnet wurde: „Über das ernsthafte, arbeitsame, fleißige Gesicht von *homo sapiens* müssen wir im Gegenteil das zugleich andersartige und identische Gesicht von *homo demens* stülpen. Der Mensch ist verrückt und weise zugleich. Die menschliche Wahrheit umfaßt den Irrtum. Die menschliche Ordnung enthält die Unordnung" (Morin 1974, S. 135). Mit dieser Zeichnung des Menschen als ein mit „Unvernunft begabtes Tier" – *homo sapiens demens* – stellt sich die Frage, „ob die Fortschritte in Komplexität, Erfindung, Intelligenz und Gesellschaft *trotz* der Unordnung, des Irrtums und der Phantasie, *mit* ihnen oder *wegen* ihnen eingetreten sind. Und wir antworten darauf: zugleich *wegen* ihnen, *mit* ihnen und *trotz* ihnen, da die richtige Antwort nur komplex und widersprüchlich sein kann" (ebd.).

Damit leuchtet zumindest der Schein einer Taschenlampe auf die Kehrseite des *zoon politicon* und *zoon logon echon*, der sich bei Aristoteles durch seine Denkfähigkeit auszeichnet, während es für Kant hierfür noch einiges an Anstrengung bedarf, wenn er vom Menschen als *animal rationabile* spricht und meint, dass dieser erst über die Verwirklichung seiner Vernunfttätigkeit zu einem *animal rationale* werden muss,[10] wofür die Erziehung in nahezu explosiver Weise beizutragen habe.

Zeit und Raum

Die Sprachgeschichte des Wortes Raum meint etwas, das als Hohlraum vorgestellt werden kann und von Anfang an auf ein darin wohnendes Leben bezogen zu sein scheint, obwohl dieses noch nicht da und vorhanden ist, sondern erst noch herbeigebracht werden muss. Deshalb verzeichnet das Grimm'sche Wörterbuch als die ursprüngliche Bedeutung des Verbums **räumen** eine Lichtung im Wald durch Urbarmachung oder Ansiedlung. Das heißt, mit „räumen" ist zunächst gemeint, Bedingungen zu schaffen, um aus Natur Kultur zu machen mittels einer Tätigkeit, die *in* der Zeit geschieht. Daher werde ich mich als erstes nun der Frage nach der Zeit zuwenden und auf den Handbuchartikel „Körperlicher Raum" (Peskoller 2014a, S. 395–401) zurückgreifen, der bei der simplen Feststellung beginnt, dass sich Raum nicht ohne die Zeit denken lässt und es die *Aufmerksamkeit* ist, mittels derer sich die Trennung in Gegenwart, Vergangenheit und Zukunft überwinden lässt. Gelingt es aufmerksam zu sein, stellt sich jene *qualitative Dauer* ein, in die ein Tröpfchen Ewigkeit einströmt und das Vorrücken des Zeitpfeils aufhält (vgl. zur Lippe 1997, S. 171). Erst dadurch kann sich aus der Zeit ein *qualitativer Raum* bilden, der eine Spur zur Frage des „Timings" legt und eine Antwort anbahnt zur Frage, wie Präzision und Sicherheit in die Bewegung kommt, die immer nur gleichlaufend sich in Zeit und Raum vollziehen kann.

Im Unterschied zu diesem *qualitativen Raum* dank der Aufmerksamkeit, ist der *mathematische* Raum *quantitativ* bestimmt und zeichnet sich durch Gleich-

---

10 Gegen diesen zentralen Begriff der Philosophischen Anthropologie argumentiert beispielsweise Martin Heidegger (1889–1976), der als Assistent und Privatdozent ab 1919 in der Nachfolger von Edith Stein an der Universität Freiburg Einblick in die Forschung des führenden Phänomenologen Edmund Husserl (1859–1927) nehmen konnte, dann auch zurecht, dass der *animal rationale* zu einer völligen Verengung des Daseinsbegriffs führt, weil darin die Geschichtlichkeit der menschlichen Existenz zugunsten einer übergeschichtlichen Wesensbestimmung, der Rationalität des Menschen, geopfert werde.

förmigkeit aus. Hier gibt es keine bevorzugte Richtung, jeder Punkt kann willkürlich zu einem Koordinatenmittelpunkt gemacht werden. Den ihn erfüllenden Dingen steht dieser sich ohne innere Gliederung bis ins Unendliche erstreckende *euklidische Raum* gleichgültig gegenüber. Der Raum der Physik existiert als grundlegendes *Ordnungsmodell* und geht davon aus, dass den Raum in der menschlichen Erfahrung die Dimensionen – Höhe, Breite, Tiefe bzw. Abstand und Richtung – bestimmen. Deshalb können sich alle Objekte ausdehnen und sich alle physikalischen Vorgänge darin abspielen. Dahinter steht die Vorstellung eines Raums als *Behälter* für Materie und Felder und sie führt auf Isaac Newton (1643–1727) zurück. Er formulierte das Konzept des *absoluten Raums* und verstand darunter einen homogenen, unendlichen Behälter ohne jede Beziehung zu etwas außer ihm, immer gleich, unbeweglich und von der Realität anderer Körper unberührt.

Ein Ausweg aus dieser herrschenden Raumvorstellung der modernen Wissenschaft wäre bereits im vierten Buch der „Physik" von Aristoteles (384–322) angelegt gewesen: Alles hat von Natur aus seinen *angestammten Ort*, ist nach seinen „Arten" in Oben und Unten, Vorn und Hinten, Rechts und Links gegliedert, verfügt über eine eigene Kraft und Grenze, welche die Körper umfasst und sich wie eine Haut von außen her um die Dinge schmiegt. Das dadurch erzeugte Bild ist das eines auszufüllenden Hohlraums, verbunden mit der Vorstellung eines *endlichen* Raums.

Als zu Beginn der Neuzeit die Entdeckungsreisen dieses berauschende Gefühl der Ausdehnung auslösten, in das sich alsbald aber auch Unsicherheit und Angst mischte, änderte sich dieses Bild des Hohlraums jedoch grundlegend. Die Entdeckungen neuer Räume *relativierten* das alte räumliche Ordnungsgefüge, wodurch der sichere Halt eines Raumbewusstseins verlorenging, für das der eigene Lebensraum als Mittelpunkt der Welt galt. Nicht weniger tiefgreifend wirkte sich die Veränderung des Koordinatensystems durch die Entdeckung des Himmelsraums von Kopernikus (1473–1543) aus, denn das steigert beides, den Rausch der *Unendlichkeit* und die Angst vor der *Leere*. Darauf bezog sich etwa hundert Jahre später dann auch der französische Mathematiker, Physiker, Literat und christliche Philosoph Blaise Pascal (1623–1662) in seinen Pensées als die Lehre von der Größe und dem Elend des Menschen, wo die Verlorenheit im Schweigen der unendlichen Räume mit Schaudern empfunden wird. Dieses Schweigen ist aber nicht nur eine akustische, sondern auch eine visuelle Erfahrung, weil wegen der Reichweite der Sinne kein Horizont mehr zu erblicken ist, obgleich er lockt, die Menschen sehnen lässt und vorwärts zieht, selbst aber Ausdruck für ihre Endlichkeit bleibt.

Intimität

Kehren wir zurück zu den Bildern des Anfangs, auf den Berg, in die Wand und unters Dach. Dort erfährt das Pascal'sche Schweigen wegen der in unendlichen Räumen menschlichen Verlorenheit nämlich eine Wendung: Der Horizont der Kletterin ist nicht in unerreichbare Ferne gerückt, sondern steht unmittelbar, hautnah vor ihr. Die Wand stellt eine *harte Begrenzung* dar: für die Sinne, die Orientierung und die Bewegung. Was hilft, ist Tasten. Den Blick verstellt das Dach und das Glatte der Wand bremst die Bewegung. Es geht, wenn überhaupt, nur noch langsam voran, das kostet Kraft und zehrt – wegen der Länge und der Schwierigkeit – an den Nerven. Dagegen ist ein Kraut gewachsen und das heißt *Aufmerksamkeit*. Mit ihrer Hilfe verliert die Gegenwart ihre trennende Funktion in Vergangenheit und Zukunft und verleiht dem Augenblick jene Dauer, die nicht messbar, aber umso deutlicher zu fühlen ist, so, als handle es sich um einen Raum, der alles in sich aufnimmt und ausfüllt. Die für den Körper und seine Kräfte bedrängend knappe Zeit verwandelt sich durch die *Aufmerksamkeit* in eine qualitative Dauer und macht Zeit als einen Raum erlebbar. Dieser nun zu *erlebende Raum* ist stark begrenzt und aktiviert umso mehr, was seine Nutzung fördert. Als erstes wäre die *Haut* zu nennen. Sie ist selbst begrenzt und begrenzt, worum sie sich legt und schmiegt. Die Haut, sagt der ehemalige Schiffskapitän und französische Philosoph Michel Serres (*1930), trägt Singularitäten, ist eingefaltet, eingezeichnet und trägt Keime, Knöpfe, Nabel, Blütenstände so komplex wie Weidenkätzchen. Das ebene und unebene Gewebe der Haut bildet Inseln, hat Ränder, Kräuselfalten, Rüschen, Ziernähte aller Art, ist somit Bildträger und Leinwand der Sinne, die selbst aus lauter feinen Häuten bestehen. Die Haut ist ihrerseits daher „in einem fundamentalen Sinne variabel, *sensorium commune*: der Sinn, der allen Sinnen gemein ist, der die Verbindung, die Brücke, den Übergang zwischen ihnen darstellt, eine banale, gemeinschaftliche, von allen geteilte Ebene" (Serres 1998, S. 88). Mit einem Bild gesprochen, liegt die Haut am Fuße der „Gebirge", die wir Sinne nennen – Auge Ohr, Nase, Mund – und baut sie auf, überzieht sie, macht sie spezialisierter, leistungsfähiger, stärker vibrierend, faltet diese Bündel aber auch auseinander, verdünnt und verwässert sie. Die von allen Sinnen geteilte, gemeinsame Ebene Haut kann aber auch als Sand vorgestellt werden, der von den Bergen herabfließt, an den Flüssen entlang sich absetzt, ähnlich unserem Gesicht, das aus der Erosion von Tränen und Lachfalten geformt erscheint. Diese ausgedehnte, wandlungsfähige Hülle hört viel, sieht wenig, atmet geheimnisvolle Düfte ein und aus, zittert, bebt, zieht sich erschrocken zurück und sehnt sich zugleich nach Berührung. Ihre Sensibilität gibt den ungewöhnlichen, seltenen Botschaften den Vorzug, nährt sich von der Quantität und freut sich, wenn diese wieder in den Hintergrund tritt und nur noch die zarten Spuren von Sichtbarem und

Hörbarem zurücklässt. Dann ist die Haut erfüllt von dem, was sanft am Sinnlichen ist – *Qualitäten*, Liebkosungen gleich (vgl. ebd., S. 89).

So oder so ähnlich lässt sich beschreiben, was beim Klettern vor sich geht: Die Haut sucht alles Raue, jede kleinste Erhabenheit im feinkörnigen Fels, schmiegt sich an ihn, spürt die Wärme und Kälte, auch das Gewicht und jeden Anflug von Veränderung bei seiner Verteilung. Tasten ist diskret, ein intimer Vorgang, der in aller Stille die Grenze zwischen sich und dem Anderen zu Fall bringt – aufgrund der unerschöpflichen Kleinigkeiten, die über die Oberfläche des Gesteins sich streuen und ein gleichgültiges Außen in ein gemeinsam geteiltes Inneres wandeln (vgl. Jullien 2014).

Schlussbetrachtung

Die Denkbewegung ging von einem *Beispiel* aus und kam immer wieder darauf zurück. Es wurde ein Mikroblick auf ein Geschehen an einem abgeschiedenen Ort geworfen, der wegen seiner Ausgesetztheit wenig Raumergreifung zuließ. Umso entscheidender das *Timing* als sicheres Wissen um den richtigen Moment einer Bewegung. Es steckt *im* Körper und kam durch viel Übung nur dort hinein. Dieses *Körperwissen* ist kaum abfragbar, weitgehend sprachlos und wird dennoch sichtbar z. B. im Fingerspitzengefühl, Gleichgewichtsvermögen, Orientierungssinn, durch Geschicklichkeit und Tricks (vgl. Hirschauer 2016, S. 26), insbesondere zum Anbringen von Sicherungsmitteln vonnöten. Damit ist auch das Verständnis von Wissen – und das zog sich insgeheim von Beginn an durch diesen Beitrag – in den Körper hineinverlegt.[11] Nach erlebbaren Räu-

---

11 Die Frage wie Körper und Wissen zusammenhängen als zwei Begriffe für zunächst völlig verschiedene, voneinander getrennte Phänomenbereiche, hat Geschichte, man denke z. B. an die *Körpertechniken* in den ethnografischen Untersuchungen des französischen Soziologen und Ethnologen Marcel Mauss (1872–1950), an die *Routinen* und *Fertigkeiten* bei Alfred Schütz (1899–1959), einem aus Wien stammenden Juristen, Philosophen und Soziologen; an die *skills* in der Ethnomethodologie des US-amerikanischen Soziologen Harold Garfinkel (1917–2011); an das *Know-how* von Gilbert Ryle (1900–1976), einem der einflussreichsten britischen Philosophen des vergangenen Jahrhunderts; an das *tacit knowledge* des ungarisch-britischen Chemikers und Philosophen Michel Polanyi (1891–1976) sowie an die *Disziplinen* eines Michel Foucaults (1926–1984) und an den *Habitus* bei Pierre Bourdieus (1930–2000). Der Wissensbegriff der Praxistheorien zielt auf vorsprachliche *Kompetenzen,* denen gegenüber das auskunftsfähige Wissen nur eine Art „Restgröße" darstellt und eines der klassischen Merkmale philosophischer Wissensbegriffe – die Reflexivität – an den Rand gedrängt wird (vgl. Hirschauer 2016, insbes. S. 26). Das muss nicht zwangsläufig so sein, es kommt darauf an, wie und wann diese Reflexivität einsetzt und stattfindet. Folgt sie behutsam den Phänomenen und löst sich davon nie gänzlich ab, sondern bleibt wie auch immer fest oder loser damit verspannt, verliert sie auf Augenhöhe mit der vorsprachlichen Kompetenz ihren Restgrößen-Status. Denn vor-

men zu fragen, macht ohne Körper keinen Sinn. Sie sind es, die aus einem euklidischen einen qualitativen Raum machen, selbst räumlich verfasst, Zeitabläufen unterstellt (Atmung, Plusschlag, Verdauung usw.) und mithin endlich sind. Das Wissen im Körper liegt diesseits der Sprache, aber bedarf des Abstands, um es erinnernd aufzugreifen und benennen zu können. Zuverlässiger und auch rascher arbeitet es schweigend im Tun. Genau das haben die farb- und tonlos kriechenden Bilder des Anfangs gezeigt. Sie haben vorgeführt, dass Körper Träger von Praktiken, in diesem Fall Klettern, sind, und sie haben auch gezeigt, dass sich selbst dort noch, wo die Bewegung gegen null geht, ein Wissen um den richtigen Zeitpunkt zum Ausdruck bringt. Das dafür nötige Timing verdankt sich der Aufmerksamkeit, die im Akt des Grenzverlusts zwischen außen und innen, vorher und nachher sich erhöht. Aber das ist nicht schon alles. Um sich aus freien Stücken in Extremlagen zu bringen, bedarf es der Einbildungskraft. Auch sie gibt es ohne Körper nicht. In dessen materiale Struktur verankert, vollzieht sie eine Doppelbewegung, übersteigt den Körper und sinkt in ihn zurück. Das zeigt die Schlüsselstelle: Der „Houdini" wäre niemals geglückt, wenn sich Hills Einbildungskraft während des heiklen Bewegungsvorgangs irgendwo außerhalb befunden hätte, keine zehn Zentimeter ober- oder unterhalb hätte es vertragen. In diesem Augenblick musste sich die Kraft zur Einbildung *im* Körper befinden, um dessen stilles Wissen zu aktivieren. Das wiede-

---

sprachliches Wissen ohne eine nachträgliche Reflexion tritt ebenso auf der Stelle wie umgekehrt, rein sprachliches Wissen ohne jeden Körper- und Empiriebezug. Entscheidend sind auch hier die Qualität der Bewegung und ihre Frequenz sowie die Verschiebung der Fragestellung: nicht *wer* etwas weiß (Trägerschicht, Experten/Laien, Lehrer/Schüler, Kletterin/Forscher usw.), sondern *wie* etwas gewusst wird und gewusst werden kann tritt – ohne dabei den Kontext aus den Augen zu verlieren – ins Zentrum der Aufmerksamkeit. Bei Donna Haraway (*1944) lässt sich dafür der Ausdruck „*situatives Wissen*" finden und schaut man mit Francois Jullien (*1951) auf Struktur und Dynamik östlicher Denksysteme, findet sich die Strategie der „*Wirksamkeit*". Sie läuft darauf hinaus, in der Sphäre der Praxis sich am Rande der Sprache von den Umständen tragen zu lassen. Es geht – im Unterschied zu westlichen Vorstellungen einer „Handlung" – nicht darum, Wirkungen erzwingen zu wollen, sondern sie geschehen zu lassen. Je früher man eingreift, umso weniger muss gehandelt werden (vgl. Jullien 1999). Darin drückt sich ein zusätzlicher, wichtiger Aspekt aus: das Vertrauen in die eigenen Fähigkeiten, die Öffnung gegenüber dem jeweiligen Ort, an dem man sich befindet, Geduld und Mut, im richtigen Augenblick das vorhandene Situationspotenzial entschlossen zu nutzen. Das ist bei den Kletter-Beispielen geradezu existenziell, weil niemand, auch nicht Lynn Hill, über die Kraft für 1000 Meter Vertikale allein verfügt, ohne mit den in der Wand bestimmenden Umstände und Faktoren sich auch aufs Engste zu befreunden, davon „tragen" zu lassen. Dabei wird nicht von einer abstrakten Projektion ausgegangen, die einen starken Willen zur Verwirklichung von Zielen vorab an die Wand wirft, sondern es wird im Konkreten angesetzt und das heißt dann auch jenseits eines Heroismus der Aktion und jenseits der Vorstellung eines nur selbstbestimmten Subjekts (vgl. Peskoller 1998, 2002a, 2007, 2008 und 2015).

rum war nur deshalb möglich, weil Hills Vorstellung herunten auf sicherem Grund x-Mal eingeübt wurde in diese Verrenkung. Sichtbar wird auch das in den Bildern und Texten durch die Methode der Nachschreibung.[12] Es geht um Darstellung. Inwendig vor- und dargestellt sowie kleinteilig ausgestaltet muss vorher unten die Situation werden, die einen in der Wand oben dann möglicherweise erwartet. Ist man dann aber tatsächlich dort, stellt sich die Bewegung selbst als ein auswendiger Vorgang kommunizierender Körper dar. Und hier spätestens kommen jetzt die ZuschauerInnen ins Spiel, die auch nicht ohne Körper sind und über kein Wissen verfügen, das nicht im Körper sitzt sowie wie eine Einbildungskraft, die darin verankert auf- und niedersteigt. Gelingt es den Bildern – je langsamer sie laufen, umso eher ist das der Fall – die ZuschauerInnen so anzusprechen, dass die Energie zwischen ihnen, dem virtuellen Körper im Bild mit den real im Raum befindlichen Körpern, zu zirkulieren beginnt, wäre mit der Berliner Theaterwissenschaftlerin Erika Fischer-Lichte von einem Konzept der *radikalen Präsenz* zu sprechen (vgl. Fischer-Lichte 2006, S. 179–181). In diesen Momenten wird auffällig, was genaugenommen nichts Außergewöhnliches ist und zur Eigenart des Menschen gehört, *embodied mind* zu sein. In der Erfahrung der Präsenz ist das Gewöhnliche außergewöhnlich und wird zum Ereignis. Der „verkörperte Geist" lässt die Grenze zwischen Körper und Geist kollabieren und löst das trennende Verhältnis zwischen Subjekt und Objekt zweimal auf: unten, beim Schauen vor der Leinwand und oben, beim Klettern in der Wand dann, wenn es gut läuft. Das Zusammenwirken des vormals Getrenntem intensiviert das Erlebnis, forciert das Fortkommen am Fels und in der Erkenntnis. Präsenz im Raum wirkt wie die Haut und stellt – als das *sensorium commune* – die Verbindung zwischen Menschen, Bildern und Dingen her, verklammert und verdichtet sie. Die Haut als Medium, als das erste Medium wie wir seit Lukrez (98/7–55) wissen. In seinem unvollendeten Werk „De rerum natura" (Über die Dinge der Natur) werden zwei Grundprinzipien –

---

12 Zu dieser seit etlichen Jahren entwickelten Methode der *Nachschreibung* habe ich mich mehrfach, verstreut schon geäußert (vgl. Peskoller 2001, 2005, 2013a und b, 2014b) und Konturen für eine „Experimentale Anthropologie" (2000, S. 114) skizziert, die systematische Darlegung und Begründung steht aber noch aus. In aller Kürze hier so viel: Nachschreibung ist *nicht* Beschreibung. Letztere versucht aus einer beobachtenden Perspektive und Distanz heraus wiederzugeben, was in den stehenden oder bewegten Bildern sichtbar ist. Erstere verlässt die Beobachterperspektive und reduziert dadurch auch die Distanz, um sich in die auf den Bildern gezeigten Körper und Bewegungen ein muss weg oder? zu verwandeln. Dieser mimetische Akt hat zur Voraussetzung und Folge, dass zum einen der Gesichts- als Fernsinn und seine Vorrangstellung freiwillig trotz Kontrollverlust zugunsten des Tast- als Nahsinn abgibt und im Modus des Taktilen zu arbeiten beginnt; und zum anderen, dass der sprachliche Ausdruck sich dieser Transformation der Sinne mit einpasst und dadurch eine haptische, plastische Qualität erlangt. Erst dann ist auch mit „geschlossenen Augen" *nachzuschreiben*, was aus- und was inwendig zu „sehen" war, auf Augenhöhe mit dem Körper gewinnt die Sprache an Dichte und Intensität.

Vakuum und Atome – genannt für alles, was wird und hervorgeht.[13] Daraus kann eine Ethik des guten Lebens abgeleitet werden, die darin besteht, „naturgemäß" zu leben und sich im Flüchtigen seines Leibes so zu orientieren, damit das Atomgefüge unversehrt bleibt;[14] es kann aber auch ein an der Haut maßgenommenes Modell der Erkenntnis abgeleitet werden, das aufgrund ihrer Porösität die Geschlossenheit der Dinge auflöst und einen Seeleninnenraum öffnet. Dadurch werden wir *persona* im alten Sinn: ein darstellendes Medium der ele-

---

13 Damit knüpft der römische Dichter und Philosoph zum einen bei den griechischen Philosophen Leukipp (zw. 480 u. 470, gest. unbekannt) und dessen Schüler Demokrit (um 460–ca. 370) an, die der Ansicht waren – was genau von wem ist, lässt sich nicht sagen, da ersterer keine Dokumente hinterlassen hat –, dass die Materie aus unteilbaren Grundbausteinen, den Atomen (griechisch atomos) aufgebaut sein könnte, die bereits Eigenschaften der Materie aufweisen, die aus ihnen aufgebaut ist. Daraus lässt sich ein Mikro-Makro-Verhältnis ablesen: die Welt der Atome ist vorzustellen wie die „große Welt". Die Atome sollten dabei gleichmäßig mit Materie angefüllt sein und sich – ähnlich wie nach der klassischen Physik – mehr oder weniger wie harte Gegenstände verhalten. Dafür grundlegend war die Annahme, dass ein leerer Raum, ein Vakuum, existiert, in dem sich die Atome bewegen können. Wobei die Idee, dass die Welt aus wenigen Elementen aufgebaut sein könnte, nicht neu ist. Sie lässt sich bei Thales von Milet („Alles ist Wasser") bereits finden. Den Elementarteilchen der heutigen Physik käme wohl die Idee von Leukipp und Demokrit wegen der Unteilbarkeit näher. Deren Atomismus wurde später nochmals von Epikur (341–271) und seinen Schülern aufgegriffen. Hinsichtlich der Naturphilosophie aber – und damit schließt sich langsam auch der Kreis meiner Überlegungen in diesem Beitrag – nimmt Lukrez bei den Vorsokratikern, insbesondere bei Empedokles (um 495–ca. 435) Anleihe, der die Welt, das ist bereits oben nachzulesen, aus zwei polaren Kräften hervorgehen sah und diese offenbar theologisch begründete: die Liebe einerseits, die keine abstrakte physikalische Kraft ist, sondern als ethische Urmacht zu betrachten sei, die in der Welt zwischen den Menschen wirkt. Aber weil mit der Liebe allein die Welt nicht schon zu erklären ist, tritt ihr andererseits als Antipode der Streit entgegen als Zerstörer, der die Elemente uneins macht. So nah wie Lukrez Empedokles, so fern steht er Platon (um 427–ca. 437) und Aristoteles (384–322), denn beide lehnten den Atomismus ab und Hauptgrund ihrer Ablehnung bestand darin, dass sie die Existenz des „nicht seienden", des leeren Raums für unvorstellbar hielten.

14 Auch in diesem Bild über den Selbsterhalt menschlichen Lebens, das mit der Vorstellung über den Ursprung der Schöpfung korrespondiert, ist kein schärferer Gegensatz denkbar wie der zum platonischen Demiurgen, *fabricator mundi*, der die Elemente und Dinge der Natur nach den Gesetzen planender Vernunft und Schönheit einrichtet. Bei Lukrez fügen sich die Dinge nach endlosen Versuchen aus den chaotischen Gewalten des Zufalls; sie nehmen eine qualitativ veränderte, adäquate Bewegungsform an, die eine langwillige, aus dem unendlichen Werden und Vergehen dennoch nur vorübergehend auftauchende Welt entlässt. Anstelle der phytagoräischen Mathematik Platons, der die Urkörper nach harmonischen Verhältnissen konstruiert, erscheint bei Lukrez noch vage und nicht sagbar die Idee einer anderen Mathematik. Diese wäre in etwa so beschaffen, dass nach einer hinreichend langen Zeit der Versuche sich aus dem dynamischen Chaos relativ stabile Strukturen herausbilden und mithin auch die für unsere Sinne schöne, wohlgeordnete Welt. Wenn es einen Gott gibt, wäre er bei Lukrez jedenfalls ein Spieler, oder anders gesagt: ein Chaos-Mathematiker (vgl. Böhme 1993).

mentaren Dynamiken, die durch uns hindurchziehen und in den Gefühlen vorübergehend Physiognomien annehmen. Denn die Poren sind nicht allein solche der Haut, sondern auch ein Modell dafür, dass der Körper insgesamt durchlässig, ein feines Gewebe ist, das von seinen Umgebungen auf vielfache Weise durchdrungen wird. Derart wird dann auch die zarte Natur des Geistes geweckt und die Empfindung erregt (vgl. Böhme 1993). Empfindungen sind es dann auch, die Bilder und Körper zueinander führen und zugleich auf Abstand halten. Dabei ist das Unfassbare des „Bei-jemandem-Seins" zu entdecken, aber auch die Leere und Distanz. Der Grat dazwischen ist schmal, mitunter steil und ohne scharfe Ränder.

Ähnliches beim Klettern, auch hier bedarf es eines solchen Raums – nur am Fels zu kleben, trägt nicht zur Bewegung bei. Der Körper muss Abstand zum Steinernen halten, nicht viel, maximal die Länge der Gliedmaßen, sonst gleitet er ab oder kommt erst gar nicht vom Fleck. Ein Spiel beginnt. Es ist das Spiel zwischen zwei Körpern, dem menschlichen und dem aus Stein. Mit jeder geringsten Bewegung verschiebt und ändert sich das Ausmaß und die Gestalt des zwischen den beiden ungleichen Körpern geschaffenen Raums. Das Beispiel hat das gezeigt und in der Rezeption mit hervorgerufen: ohne Luft keine Bewegung, ohne Empfindung keine Resonanz. Dabei ist es leicht aus dem Rhythmus und Takt zu geraten, oben in der Wand und auch bei den Bildern unten vor der Leinwand. Kleinigkeiten genügen, um das inwendig Gewusste nicht mehr auswendig durchführen zu können. Das gilt für das Klettern und für das Wahrnehmen auch, störanfällig ist beides und fragil. Die Qualität des Zwischenraums hängt am Grad der Öffnung an das Gegenüber und wird von ihm bestimmt. Dieser Raum des Dazwischen ist somit ein unsteter, elastischwandelbarer „Ort" für / der Beziehung. Weder eng begrenzt, noch unendlich auszudehnen, verlangt er maßzuhalten. Das gilt für die Akteurin im Bild wie für die Bild-Betrachtenden im Raum. Raum und Bild sind durch die Darstellung zweier Praktiken – Klettern hier, Zuschauen dort – miteinander verbunden und zu einem unsichtbaren Netz verspannt, das alle – die virtuell und real Anwesende/n – temporär aneinanderhält. Dadurch wird der Raum des Bildes zu einem Raum des Lebens, der um vieles mehr zeigt als tatsächlich zu sehen ist. Wegen der Berührung: Aus ihr gehen dergestalt Beziehungsbündel hervor. Bei Lukrez heben sich die Bilder vom äußersten Rand der Dinge ab, erfüllen umherschweifend, die Luft für ihre schnelle Bewegung nützend, den Raum. Dieser zarte Abhub der Dinge ist auf Wahrnehmung hin geordnet und findet nur durch Berührung statt. Er fällt mit dem Denken in eins, wenn man sich offenhält für diesen „Hauch der Bilder" und sich von ihrem Atem durchdringen lässt. Ist das der Fall, kann Sehen auch im Modus des Tastens geschehen mit dem Körper als Perspektive und Horizont.

Abstrakt gefasst hat dieser Beitrag an einem Beispiel ansatzweise den epistemologischen Versuch einer Historisierung, Somatisierung, Mediatisierung,

Mimetisierung, Inszenierung und Didaktisierung von Wissen gewagt.[15] Die Wahl fiel auf ein prägnantes, medial verfüg- und nachbearbeitbares Beispiel abseits der Sehgewohnheiten als zentraler Bezugspunkt der Reflexion. Inhaltlich ging es um die ungleiche Begegnung zwischen Mensch und Natur, formal um schlichte, langsam sich bewegende Bilder, die an exponierter Stelle Bewegungen mit einer ausgefeilten Klettertechnik zeigten. Der Raum hierfür war streng begrenzt und zugleich übergroß und menschenleer; viel Luft rundum und eine Tiefe, die mit der Höhe wächst und dabei den menschlichen Körper fragil erscheinen lässt. Um dieses auch atmosphärisch starke Bild wurde zur Klärung der in ihm enthaltenen Themen, Begriffe und Konzepte ein historischer Rahmen von den Vorsokratikern bis zur Aufklärung gelegt und das Singuläre auf ein Allgemeines bezogen. Dieser Schritt der Theoriebildung war von der Frage motiviert, *wie Menschen werden* unter der Annahme, dass der Körper das Andere der Bilder und Natur weit mehr als ein blinder Begriff nur ist. Mein Erkenntnisinteresse ist somit ein empirisches und richtet sich auf die Qualität von Erfahrungen, die sich Menschen in Extremlagen schenkt; es ist ein methodisches, ethnomethodologisches und sprachliches Interesse, auch zu einer experimentellen Wegerkundung beizutragen, was die Fass- und Übersetzbarkeit sowie die Darstellung solcher Erfahrungen an den Rändern des Menschenmöglichen betrifft; und es ist ein Interesse an Theorie, die an der Kraft und Fülle des Empirischen sich misst und selbst reflexiv bricht in den offenen Wissensformationen einer historischen und pädagogischen Anthropologie, ihren epistemologischen Überlegungen,[16] Denk- und Arbeitsprinzipien[17] sowie der nicht ganz

---

15 Das ist ganz so neu nicht, es gibt eine Reihe von Vorarbeiten, einige davon wurden hier auch schon genannt und die ersten Ansätze reichen bis zu meiner Habilitationsschrift „BergDenken" aus dem Jahr 1996 zurück.
16 Der deutsche Erziehungswissenschaftler, Philosoph und Soziologe Dietmar Kamper (1936–2001) hatte im Frühjahr 1995 einen Zettel an die Tür seines Arbeitszimmers in der FU-Berlin angebracht, der mit 1994 in Fauzan/Südfrankreich datiert war und in sieben Punkten und kurz kommentiert das „Epistemologische Minimum einer Historischen Anthropologie" (HA) festhielt, nämlich: doppelte Historizität, nachträgliche Epistemologie, Empirio-Transzendalität, paradoxe Grundfigur, heterologe Grenze des Homogenen, jenseits des ‚Monolithismus' und performative Rückkoppelung. Sechs Jahre später, 2001, unternahmen Jörg Zirfas und ich einen ähnlichen, bislang unveröffentlichten Versuch für die Pädagogische Anthropologie (PA) in Form einer rekonstruktiven Systematik mit offenem Programm, ohne Allgemeingültigkeit und normativer Verbindlichkeit, hier in knappster Form: *Spurenwissenschaft* ohne Methode im strengen Sinn, weil vom jeweiligen Gegenstand mitkonstruiert; *Pluralismus* mit der Anerkennung der Relativität von Paradigmen und Methoden zugunsten eines Perspektivismus; *der/das Andere* als Bezugshorizont, nicht universalisierend und totalisierend, sondern historisch, mimetisch-performativ, differenzbewusst und prinzipiell nicht abschließbar; *Historizität* im Wissen um die eigenen historischen Grenzen und um die Geschichtlichkeit ihrer Gegenstände mit irreduzibler Offenheit gegen die Festlegung auf eine spezifische Zukunft hin; *Performativität* in dem Sinne, dass die Wirklichkeit des Menschen nicht in einem zeitlichen o-

zufällig in einem Band über „Natur" erstmals so benannten Dimensionen des Menschlichen.[18]

Möchte man am Schluss angekommen nicht mit einer Antwort, sondern Frage enden, die einem Schwungrad gleich die Unruhe des Denkens weitertreibt, wäre das im Moment wohl diese: Gehören Reflexivität und Selbst-Befragung zum Vermögen der menschlichen Natur *oder* zum Werkzeug einer Kultur, die möglicherweise kein Außerhalb ihrer selbst kennt und anerkennt? Was wäre im ersteren, was im letzteren Falle aufzuspüren und dann auch wie zu *räumen*?

Literatur

Baitello, N./Wulf Ch. (Hrsg.) (2014): Emoção e Imaginação: os sentidos e as imagens emmovimento. Sao Paulo: Estacao das Letras e Cores.

Bilstein, J./Peskoller, H. (Hrsg.) (2013): Erfahrung. Erfahrungen. Wiesbaden: Springer VS.

Bilstein, J./Brumlik, M. (Hrsg.) (2013): Die Bildung des Körpers. Weinheim und Basel: Beltz Juventa.

Böhme, G. (1997): Natur. In: Ch. Wulf (Hrsg.): Vom Menschen. Handbuch Historische Anthropologie. Weinheim und Basel: Beltz, S. 92–116.

Böhme, G. (2002): Die Natur in uns. Naturphilosophie in pragmatischer Hinsicht. Zug: Die Graue Edition.

Böhme, G./Böhme, H. (1983): Das Andere der Vernunft. Zur Entwicklung von Rationalitätsstrukturen am Beispiel Kants. Frankfurt am Main: Suhrkamp.

Böhme, G./Böhme, H. (1996): Feuer, Wasser, Erde, Luft: eine Kulturgeschichte der Elemente. München: Beck.

Böhme, H. (1989): Das Steinerne. Anmerkungen zur Theorie des Erhabenen aus dem Blick des „Menschenfremdesten". In: Ch. Pries (Hrsg.): Das Erhabene. Zwischen Grenzerfahrung und Größenwahn. Weinheim: VCH, S. 19–142.

---

der logisch vorgängigen Sinne existiert, sondern dass das Reden über den Menschen ihn erst als den erzeugt, als der er sich zeigt und gesehen werden kann. Insgesamt handelt es sich also um eine ‚negative' pädagogische Anthropologie, die sich gegen zirkuläre Reflexivitätsstrukturen richtet und die essenzielle Menschenbild-Pädagogik zurückweist zugunsten der Betonung eines ‚bildlosen Bildes des Menschen', mithin seine Freiheit und Plastizität hervorhebt und sich für *offene Wissensformen* einsetzt.

17 Sie bauen auf den epistemologischen Überlegungen auf und wurden 15 Jahre später vom Innsbrucker Erziehungswissenschaftler Bernhard Rathmayr (*1942) als „Denkprinzipien der Historisch-kritischen Anthropologie" (HkA) wie folgt formuliert: Grundprinzip des Wandels, radikale Historizität, Gegenwartsgeschichtlichkeit, anthropologische Differenz und Selbstreflexivität, Figurativität und Somatopsychik; zudem werden mit Lokalität und Konkretheit sowie Materialität auch zwei „Arbeitsprinzipien" noch genannt (Rathmayr 2013, S. 219–226).

18 Diese Dimensionen kristallisierten sich nicht ganz zufällig in einem Sammelband zum Thema „Natur" heraus und lauten: Leiblichkeit, Sozialität, Historizität, Subjektivität, und Kulturalität (vgl. Liebau/Peskoller/Wulf 2003, S. 7–10), kurze Zeit später wurde mit Liminalität noch eine weitere Dimension hinzugefügt (vgl. Zirfas 2004, S. 39–60).

Böhme, H. (1993): Welt aus Atomen und Körper im Fluss. Gefühl und Leiblichkeit bei Lukrez. In: V. M. Großheim/H.-J. Waschkies (Hrsg.): Rehabilitierung des Subjektiven. Festschrift Hermann Schmitz 65. Geburtstag. Bonn: Bouvier, S. 413–439.

Caysa, V./Schmid, W. (Hrsg.) (2002): Reinhold Messners Philosophie. Frankfurt am Main: Suhrkamp.

Fischer-Lichte, E. (2006): Verklärung und/oder Präsenz. In: N. Suthor/E. Fischer-Lichte (Hrsg.): Verklärte Körper. Ästhetiken der Transfiguration. München: Fink, S. 163–182.

Holzner, J./Walde E. (Hrsg.) (2005): Brüche und Brücken. Kulturtransfer im Alpenraum von der Steinzeit bis zur Gegenwart. Wien/Bozen: Folio.

Foucault, M. (1974): Die Ordnung der Dinge. Frankfurt am Main: Suhrkamp.

Foucault, M. (1976): Überwachen und Strafen. Frankfurt am Main.

Fröhlich, V./Stenger, U. (Hrsg.) (2003): Das Unsichtbare sichtbar machen. Bildungsprozesse und Subjektgenese durch Bilder und Geschichten. Weinheim und München: Juventa.

Garfinkel, H. (1986): Ethnomethodological Studies of Work. London: Routledge.

Hill, L./Greg, Ch. (2002): Climbing Free. In den steilsten Wänden der Welt. München: Malik.

Hirschauer, S. (2016): Diskurse, Kompetenzen, Darstellungen. Für eine Somatisierung des Wissensbegriffs. In: Paragrana. Internationale Zeitschrift für Historische Anthropologie. Band 25. Berlin: de Gruyter, S. 23–32.

Jullien, F. (1999): Über die Wirksamkeit. Merve: Berlin.

Jullien, F. (2014): Vom Intimen. Fern der lärmenden Liebe. Aus dem Französischen von Erwin Landrichter (im franz. Original 2003). Wien: Turia + Kant.

Mauss, M. (1978): Soziologie und Anthropologie. Bd. 2: Gabentausch, Soziologie und Psychologie, Todesvorstellungen, Körpertechniken, Begriff und Person. Frankfurt am Main: Suhrkamp.

Mirandola, P. d. (1997): De hominis dignitate. Über die Würde des Menschen. Stuttgart: Reclam.

Morin, E. (1974): Das Rätsel des Humanen. Grundfragen einer neuen Anthropologie (im franz. Original 1973). München/Zürich: Piper.

Pascal, B. (2004): Gedanken. Stuttgart: Reclam.

Peskoller, H. (1998): 8000 – Ein Bericht aus großer Höhe. In: Paragrana. Internationale Zeitschrift für Historische Anthropologie. Band 7, Heft 2. Berlin: de Gruyter, S. 228–240.

Peskoller, H. (1999): BergDenken. Eine Kulturgeschichte der Höhe (3. Aufl.). Wien: Eichbauer.

Peskoller, H. (2000): 1 cm – Zur Grenze der Beweglichkeit. In: Paragrana. Internationale Zeitschrift für Historische Anthropologie, Band 9, Heft 1. Berlin: de Gruyter, S. 108–116.

Peskoller, H. (2001): extrem. Wien/Köln/Weimar: Böhlau.

Peskoller, H. (2002 a): Bergeinsamkeit. Messners Scheitern am Nackten Berg – eine Dekonstruktion. In: V. Caysa/W. Schmid (Hrsg.): Reinhold Messners Philosophie. Frankfurt am Main: Suhrkamp, S. 75–114.

Peskoller, H. (2002 b): 180 Grad – Wendungen des Erhabenen. 180 gradi – Svolte del sublime. In: Schöne Aussicht – Der Blick auf die Berge von Segantini bis Weinberger. Bella Vista – Visioni della Montagna de Seganitini a Weinberger. [Publikation zur Ausstellung, 14.11.2002-9.3. 2003/kunst Meran]. Wien/Bozen: Folio, S. 140–165.

Peskoller, H. (2003): Wand-Bild. In: V. Fröhlich/U. Stenger (Hrsg.): Das Unsichtbare sichtbar machen. Bildungsprozesse und Subjektgenese durch Bilder und Geschichten. Weinheim und München: Juventa, S. 144–155.

Peskoller, H. (2004): Abstieg und Rückkehr. Das Animalische religiöser Erfahrung als Blickgeschehen. In: Ch. Wulf/H. Macha/E. Liebau (Hrsg.): Formen des Religiösen. Pädagogisch-anthropologische Annäherungen. Weinheim und Basel: Beltz, S. 370-381.

Peskoller, H. (2005): Berge als Erfahrungs- und Experimentierraum. Bildungstheoretische und anthropologische Aspekte. In: J. Holzner/E. Walde (Hrsg.): Brüche und Brücken. Kulturtransfer im Alpenraum von der Steinzeit bis zur Gegenwart. Wien/Bozen: Folio, S. 344–357.

Peskoller, H. (2007): Biwak. Zustände des Untätigseins. In: Paragrana. Zeitschrift für Historische Anthropologie. Band 16, Heft 1. Berlin: de Gruyter, S. 113–125.

Peskoller, H. (2008): Überlebt. In: Paragrana. Internationale Zeitschrift für Historische Anthropologie. Band 17, Heft 2. Berlin: de Gruyter, S. 195–209.

Peskoller, H. (2009): Außer Gewohnheit. Subjektive Ent- und Absicherung in extremen Lebenslagen. In: M.A. Wolf/B. Rathmayr/H. Peskoller (Hrsg.): Konglomerationen – Produktion von Sicherheiten im Alltag. Theorien und Forschungsskizzen. Bielefeld: transcript, S. 199–218.

Peskoller, H. (2013a): Erfahrung/en. In: J. Bilstein/H. Peskoller (Hrsg.): Erfahrung. Erfahrungen. Wiesbaden: Springer VS, S. 51–78.

Peskoller, H. (2013b): Ausgesetzte Körper. In: J. Bilstein/M. Brumlik (Hrsg.): Die Bildung des Körpers. Basel und Weinheim: Beltz Juventa, S. 116–131.

Peskoller, H. (2014a): Körperlicher Raum. In: Ch. Wulf/J. Zirfas (Hrsg.): Handbuch Pädagogische Anthropologie. Wiesbaden: Springer VS, S. 395–401.

Peskoller, H. (2014b): Equilíbrio Precário no Exemplo de Lynn Hill. In: N. Baitello/Ch. Wulf (Hrsg.): Emoção e Imaginação: os sentidos e as imagens em movimento. Sao Paulo: Estacao das Letras e Cores, S. 103–111.

Peskoller, H. (2015): Berge, Menschen, Meere. In: Paragrana. Internationale Zeitschrift für Historische Anthropologie. Band 24, Heft 1. Berlin: de Gruyter, S. 39–50.

Polanyi, M. (1985): Implizites Wissen. Frankfurt am Main: Suhrkamp.

Pries, Ch. (Hrsg.) (1989): Das Erhabene. Zwischen Grenzerfahrung und Größenwahn. Weinheim: VCH.

Ryle, G. (1969): Der Begriff des Geistes. Stuttgart: Reclam.

Rathmayr, B. (2013): Die Frage nach den Menschen. Eine Historische Anthropologie der Anthropologien. Opladen/Berlin/Toronto: Budrich.

Schütz, A./Luckmann, T. (1979): Strukturen der Lebenswelt. Bd. 1. Frankfurt am Main: Suhrkamp.

Serres, M. (1998): Die fünf Sinne (1985 franz. Original). Frankfurt am Main: Suhrkamp.

Suthor, N./Fischer-Lichte, E. (Hrsg.) (2006): Verklärte Körper. Ästhetiken der Transfiguration. München: Fink.

„The Nose – Free Climbing" (1997). Video von/mit Lynn Hill, 25 Minuten/Farbe.

Welsch, W. (1989): Adornos Ästhetik: eine implizite Ästhetik des Erhabenen. In: Ch. Pries (Hrsg.): Das Erhabene. Zwischen Grenzerfahrung und Größenwahn. Weinheim: VCH, S. 185–213.

Wolf, M.A./Rathmayr B./Peskoller, H. (Hrsg.) (2009): Konglomerationen – Produktion von Sicherheiten im Alltag. Theorien und Forschungsskizzen. Bielefeld: transcript.

Wulf, Ch./Macha, H./Liebau, E. (Hrsg.) (2004): Formen des Religiösen. Pädagogisch-anthropologische Annäherungen. Weinheim und Basel: Beltz.

Wulf, Ch./Zirfas, J. (Hrsg.) (2014): Handbuch Pädagogische Anthropologie. Wiesbaden: Springer VS.

Zak, H. (1995): Rock Stars. München: Rother.

Zirfas, J. (2004): Pädagogik und Anthropologie. Eine Einführung. Stuttgart: Kohlhammer.

„Wir gehen jeden Tag in den Wald und haben den Wolf noch nie gesehen"

Kindergartenkinder verhandeln ihre Umwelt

Eva Schwarz, Beatriz Lindqvist

1 Einleitung

Es ist ein graukalter Vormittag im Oktober. Die Kindergartengruppe Havet ist auf einem Spaziergang im Wald. Die Pädagogin Lina hält eines der Kinder an der Hand, zwei andere Kinder stehen dicht neben ihr, auch sie halten einander an den Händen. „Ohhh – riecht ihr das, jetzt ist Herbst in der Luft", Lina atmet tief ein und ermuntert die Kinder dasselbe zu tun. Sie erklärt, dass nun die Blätter von den Bäumen fallen und nach einiger Zeit auf dem Boden selbst zu Erde werden, und dass die Nadelbäume ihre Nadeln nicht verlieren. Schließlich nimmt sie ein Blatt in die Hand und schnuppert daran: „Es riecht nach Herbst!" Die Kinder folgen ihrem Beispiel und fangen an, Blätter zu sammeln und nach Plätzen zu suchen, die nach Herbst riechen. „Nein, das ist ein Weihnachtsbaum, der hat Nadeln", ruft Oscar Ali zu, der sich nach einem Baum streckt. „Nadeln", lacht Ali und winkt mit einem Tannenzapfen. Dann läuft er mit unsicheren Schritten einen schmalen wurzeldurchzogenen Pfad entlang hinter Oskar her, weiter in den Wald hinein. (Feldaufzeichnungen 10.10.2014)

    Es ist nun Winter. Ali spielt zusammen mit Fatima und Julia auf einer Lichtung. Sie liegen auf der mit weichem Neu-Schnee bedeckten Wiese. Alle drei haben Arme und Beine von sich gestreckt und machen Schnee-Engel, indem sie die Arme auf und ab bewegen und die Beine öffnen und schließen. Es schneit leicht. Weiße Schneeflocken landen auf Alis Wangen. Ali ruft begeistert: „Kalt, kalt. Kuss." (Feldaufzeichnungen 12.01.2015)

In beiden Beispielen befindet sich eine Gruppe Kindergartenkinder mit ihren Pädagoginnen auf einem Waldspaziergang in der näheren Umgebung ihres Kindergartens. Die Kinder scheinen sich *unmittelbar* und mit allen Sinnen mit ihrer Umgebung zu beschäftigen: Sie greifen nach Zapfen, riechen an Blättern, werfen sich in den Schnee. Die Bedeutung dessen, was sie unmittelbar erleben, wird aber auch an Ort und Stelle *verhandelt:* Oscar weist Ali darauf hin, dass es sich bei einem Baum um einen „Weihnachtsbaum" handle, Ali wiederum bringt im zweiten Beispiel die Schneeflocken mit „Küssen" in Zusammenhang. Die Schneeflocken landen sanft auf seiner Wange, der erste Eindruck ist „kalt", aber auch irgendwie zärtlich wie ein Kuss. Die Beispiele stammen aus dem Material, welches Resultat einer mehrmonatigen ethnografischen Feldstudie ist. Wir haben eine Gruppe vier- bis fünfjähriger Kinder aus einem Kindergarten in einer Kleinstadt südlich von Stockholm mehrere Monate begleitet. Dabei beobachteten wir ihre Aktivitäten im Rahmen eines frühpädagogischen Projektes, das im Kindergarten unter dem Titel „Kinder und ihre Beziehung zu Plätzen" durchgeführt wurde (September 2014 bis Dezember 2015). Unsere Forschung ist Teil eines größeren Forschungsprojektes über den schwedischen Kindergarten als Ort von Identitätsbildungen[1]. Der Kindergarten ist in Schweden angesichts des immer stärker segregierten Stadtmilieus einer der wenigen Orte, an dem Kinder und Erwachsene mit unterschiedlichen sozialen und kulturellen Hintergründen die Möglichkeit haben, ihren Alltag zu teilen (Dovemark/Holm 2015). Ein Ziel unserer Forschung ist die Untersuchung von Praktiken und Ausdrucksformen im schwedischen Kindergartenalltag, die diesen gemeinsamen Alltag ermöglichen oder erschweren (Schwarz 2015; Lindqvist 2015). In diesem Text soll anhand von Beispielen aus unserem Material, in denen die Kinder Ausflüge in die den Kindergarten umgebende Natur unternehmen oder im Atelier nachbearbeiten, diskutiert werden, was es für die Kinder (aber auch die PädagogInnen, die die Kinder in ihrem „Erforschen" der Umgebung anleiten) bedeuten könnte, sich ihre Umgebung anzueignen, mit ihrer Umwelt vertraut zu werden. Das frühpädagogische Projekt des Kindergartens steht zwar in einem thematischen Zusammenhang mit unserer Forschung, der spezifische Fokus hat sich aber eher zufällig, aus den Erfahrungen im Feld ergeben. Wir haben diesen Kindergarten für unsere Forschung ausgesucht, weil er sowohl hinsichtlich seiner räumlichen Lage, der Zusammensetzung der Kindergartengruppen, als auch dem pädagogischen Profil für uns interessant und repräsentativ erschien. So ist die Pädagogik dieses Kindergartens, wie viele in der Stockholm-Region, „Reggio-Emilia-inspiriert" und es wird mit Projektgruppen gearbeitet.

Ein Großteil der Kinder ist zu der Zeit, in der wir als Forschende zu Besuch im Kindergarten gewesen sind, neu in der Gruppe. Einige der Kinder sind im Sommer unter anderem aus Syrien nach Schweden gekommen. Die schwedische Sprache ist genauso neu für sie, wie die Umgebung, in der sie nun leben. Viele der Eltern besuchen das neben dem Kindergarten liegende Sprachzentrum, das staatlich geförderte Schwedischkurse für EinwandererInnen anbietet. Die Kinder pendeln zwischen Kindergarten und engen Quartieren oder Mietwohnungen. Der Kindergarten liegt auf einer Anhöhe, an einem Waldrand. Die

---

1 Der Titel des Forschungsprojektes ist "Being and and becoming. A phenomenological perspective on pre-school education. Sweden and Germany" und wird von der Baltic Sea Foundation (Östersjöstiftelsen) gefördert (Projektnummer 1254/3..1.172013).

Kindergruppe, die wir begleiten, besucht täglich zusammen mit ihren Pädagoginnen[2] die nähere und weitere Umgebung des Kindergartens. Sie spazieren im Wald oder spielen im Garten des Kindergartens, der an den Wald angrenzt. Zudem verbringen die Kinder jeden Tag Zeit in dem Atelier des Kindergartens. Ein Raum, in dem unter der Anleitung einer Kunstpädagogin Material, Ideen und Fragen, die die Kinder von den Ausflügen mitbringen, künstlerisch bearbeitet werden können.

Für einige der Kinder ist es das letzte Jahr im Kindergarten, bevor sie in der Vorschulklasse anfangen. Die Pädagoginnen erzählen, dass sie mit ihrem frühpädagogischen Projekt den Kindern helfen wollen, sich Wissen über die Umwelt anzueignen und sich in der Nahumgebung zu orientieren. Sie wollen dazu beitragen, den Blick der Kinder und ihre Wahrnehmung für die Umwelt zu schärfen. Letzteres soll auch durch ästhetische Zugänge erreicht werden. Die Pädagoginnen drücken in Gesprächen mit uns aber auch Unruhe darüber aus, was aus den Kindern werden wird, wenn sie mit der Schule anfangen. Wie wird es den Kindern in der Schule ergehen? Wird es der Schule gelingen, die Kinder gut zu fördern? Werden sie die Möglichkeit bekommen, sich am schwedischen Bildungs- und Arbeitsmarkt zu etablieren? Werden sie einen Platz finden in der Gesellschaft oder werden sie stets „EinwandererInnen" bleiben?

Im Anspruch der Pädagoginnen, den Kindern dabei zu helfen, sich in der Welt zu orientieren, drückt sich, so eine Ausgangsthese unseres Textes, ein möglicher Widerspruch aus: Ziel des von den Pädagoginnen explizit formulierten pädagogischen Handelns ist es einerseits, den Kindern Wissen über die Welt zu vermitteln – konkret in unserem ersten Beispiel über bestimmte Baumsorten. Die Kinder sollen teilhaben an der Welt „da draußen", die sie in der Rolle der Pädagoginnen in einer staatlichen Institution repräsentieren. Andererseits haben die Kinder bereits eine Alltagswelt, haben ausgehend von ihren Erfahrungen und ihrer Lebensgeschichte bereits einen bestimmten Platz in der Welt. Die pädagogische Praxis scheint eine Differenz – hier die Kinder, dort die Welt – zu konstruieren, die sie zugleich überwinden will.

Der „Wald" eignet sich unserer Ansicht nach als besonders fruchtbares Beispiel, um diesen möglichen Widerspruch zu untersuchen. Wir werden im Laufe des Textes auch immer wieder auf einige Beispiele, wie jenes Eingangsbeispiel

---

2 Wir verwenden durchgehend den Begriff der "Pädagogin" und unterscheiden nicht zwischen Personal mit oder ohne Berufsausbildung, d. h. zwischen ausgebildeten Vorschullehrerinnen und Helferinnen. Zudem verwende ich stets die weibliche Form, da an dem besagten Kindergarten zum Zeitpunkt unserer Forschung zwar männlichen Pädagogen angestellt waren, jene aber nicht mit der von uns begleiteten Gruppe zu tun hatten. Die Namen, die wir den Kindern und Pädagoginnen gegeben haben, sind fiktiv und teilweise wurde zum Zwecke der Anonymisierung die Geschlechterzugehörigkeit von den Kindern vertauscht.

mit Ali, zurückkommen. Der Wald und die Besuche der Kindergartengruppe dort ist nur *ein* möglicher Ort, von dem ausgehend Fragen nach der Möglichkeit eines Sozialraumes im Sinne eines gemeinsamen Handlungsraumes von sehr unterschiedlichen Menschen gestellt werden können. Er ist insofern interessant, als dass er ein spezifischer, aber auch allgemeiner Ort ist, der in Diskursen über Bildung schon immer eine wichtige Rolle gespielt hat. Der Natur-Raum „Wald" ist im pädagogischen Diskurs in Schweden seit jeher mit der Idee einer „glücklichen Kindheit" (Halldén 2015) und eines gesunden Lebensstils verbunden. Anderseits gilt der Wald aber auch als Ort des Mystischen, Dunkeln, als Ort von gefährlichen Tieren und „Trollen", wie wir sie beispielsweise in den nordischen Volkssagen finden können (Änggård 2009). Für Menschen, wie auch ein Teil der Kinder in unserer Feldstudie, die Krieg oder Verfolgung erlebt haben, ist der Wald zudem möglicherweise ein Ort an dem man sich verstecken muss oder Gefahr lauert (Öhlander 2006). Der Wald zeigt sich als ein ambivalenter Ort. Wenn eine Gruppe Menschen, mit ihren unterschiedlichen Erfahrungen, Herkünften, Bewegungsgewohnheiten, Körpergrößen, unterschiedlichem Schuhwerk und Blickweisen zusammen in einen Wald gehen, gehen sie dann in *einen* Wald?

2 Methodologische Überlegungen

Im Laufe unserer Forschung sind wir auf mehrere Problemfelder methodologischer Art gestoßen, die wir hier kurz darstellen und dann in weiterer Folge in Auseinandersetzung mit unserem Forschungsmaterial und mithilfe phänomenologischer Theoriebildung vertiefen möchten. Das erste Problemfeld betrifft die Frage nach der Möglichkeit, die unterschiedlichen Bedeutungen von Raum explizit zu machen. Die Frage nach der Bedeutung des Waldes war keine, mit der wir ausdrücklich an unsere Forschung herangetreten sind. Sie hat sich vielmehr nachträglich in der Diskussion des Materials in unserer Forschergruppe, aber auch in den Gesprächen mit den Pädagoginnen herauskristallisiert. Unsere Beobachtungen sind daher nicht speziell auf diese Frage ausgerichtet gewesen und wir haben keine expliziten Gespräche mit den Kindern oder den Pädagoginnen zu dieser Frage geführt. Auch lernen die Kinder gerade erst Schwedisch, sodass wir verbal mit ihnen kaum kommunizieren können. Die Frage ist daher, inwiefern das Reden *über* die Bedeutung des Waldes uns der Frage nach der Bedeutung des Waldes nähergebracht hätte. Die Erfahrungen und Deutungen, an denen wir interessiert sind, sind den von uns miterlebten Handlungen und Gesprächen eher implizit eingeschrieben, als dass sie unmittelbar versprachlicht werden können. Dies gilt sowohl für die Kinder als auch für die Erwachsenen. Auch die Pädagoginnen, die des Schwedischen mächtig sind, haben, wie sich in den studienbegleitenden Gesprächen zeigte,

Schwierigkeiten, die Fragen zu formulieren, die sie in ihrem pädagogischen Projekt behandeln wollen.

Eine weitere methodologische Herausforderung für unsere Untersuchung ist die Frage, wie wir uns zur Perspektivität von kindlichen Erfahrungen verhalten sollen. Wir können nicht davon ausgehen, dass die Art und Weise, wie vier- und fünfjährige ihre Waldausflüge erfahren und deuten, aus der Perspektive Erwachsener erfassbar ist (vgl. Warming 2011). Wir interessieren uns daher dafür, wie die Kinder und Pädagoginnen je unterschiedlich auf „Wald" Bezug nehmen, vor welchem Erfahrungshintergrund sie sich dem Wald nähern und welche gemeinsamen Erfahrungen der Wald ermöglicht. Aber wie können wir uns den Erfahrungen der Kinder und Pädagoginnen annähern? Und vor allem: Worin besteht der Unterschied zwischen „kindlicher" und „erwachsener" Erfahrung? Und worin liegt er begründet? Hier besteht die Gefahr einer Essentialisierung beider Perspektiven: Wir können nicht voraussetzen, dass es *die* kindliche oder erwachsene Perspektive gibt.

Die Frage, was es für bestimmte Kinder heißt, mit dem Wald oder der Welt im Allgemeinen mehr oder weniger vertraut zu sein, lässt sich daher nicht unabhängig von der Frage diskutieren, welche unterschiedlichen – kindlichen oder nicht kindlichen – Perspektiven und Bedeutungen, aber auch faktische Zustände, die Erfahrungswelt der Kinder mitgestalten. Dabei zeigen sich die Erwartungen der Pädagoginnen an die Kinder ebenso relevant, wie die Erfahrungen der Kinder, die sie schon früher im oder mit Wald gemacht haben, welche Geschichten sie über den Wald gehört haben, wie die Kinder die Haltung der Eltern zum Draußen-Sein deuten. Aber auch die Kleidung, die die Kinder tragen, ist hier entscheidend. Die Schuhe, Jacken und Winterbekleidung der Kinder ist mehr oder weniger für das sich im Wald bewegen geeignet. Die Frage nach der Perspektive der Kinder lässt sich nicht unabhängig von der Frage untersuchen, welche Perspektive wir auf die Kinder einnehmen. Wir folgen bei unseren Besuchen den Kindern auf ihren Ausflügen, wir teilen mit ihnen ein Hier und Jetzt im Wald oder auf der Wiese. Aber haben wir dadurch an den Erfahrungen der Kinder Teil? Sind wir als „teilnehmende Beobachterinnen" nicht stets auf unsere *eigenen* Erfahrungen zurückgeworfen?

Wir gehen davon aus, dass sich die Bezugnahme auf die Tradition phänomenologischen Forschens dazu eignet, die aufgeworfenen Problemfelder genauer zu untersuchen. Was aber charakterisiert einen „phänomenologischen Ansatz" und inwiefern kann er hilfreich sein, um sich der Perspektive von Kindern anzunähern? Seit jeher beschäftigt sich die phänomenologische Tradition mit der Frage nach der Weltlichkeit des Subjekts und der Räumlichkeit von Erfahrung. Unter anderem haben sich Hannah Arendt, Edmund Husserl oder Maurice-Merleau-Ponty unter je unterschiedlichen Leitbegriffen wie „Natalität", „Lebenswelt" oder „Offenheit" diesem Thema gewidmet. Während sich die philosophische Tradition der klassischen Phänomenologie unter anderem mit den *Strukturen* von Weltlichkeit auseinandersetzt, beschäftigen sich phänomenologische Studien innerhalb erziehungswissenschaftlicher und kindheitssoziologischer Forschung mit der konkreten *Bedeutung* von Raum für Kinder (Muchow/Muchow 1935/2012; Lippitz/Rittelmeyer 1989; Brinkmann/Westphal 2015; Holloway/Valentine 2000; Olwig/Gulløv 2003).

Trotz des großen Interesses an phänomenologischem Forschen ist jedoch die Frage, was man mit einem „phänomenologischen Ansatz" meint, umstritten. Liegt das „Phänomenologische" im Gegenstandsbereich oder der Methode begründet? Ein möglicher gemeinsamer Nenner phänomenologischer Forschung besteht in der Bezugnahme auf die „Erfahrung" von Subjekten oder, wie der Gründer der Phänomenologie Edmund Husserl es einmal ausgedrückt hat, im Rückgang auf die „Sachen Selbst", vor aller Theorie (Husserl 1951). Der Begriff der „Erfahrung" ist jedoch kein eindeutiger, auch wenn wir intuitiv zu verstehen glauben, was wir damit meinen. „Erfahrung" wird innerhalb der phänomenologischen Tradition oft weit gefasst. Er umfasst sowohl den Bereich der sinnlichen Erfahrung, als auch der Erinnerungen, er schließt Vorstellungen ebenso ein wie kategoriales Denken. Auch das Vermögen zu reflektieren, Dinge zu kategorisieren und/oder Abstraktionen vorzunehmen sind Erfahrungsweisen. Auch wir werden in weiterer Folge von einem weit gefassten Erfahrungsbegriff Gebrauch machen. Eine Gefahr der Verwendung dieses sehr weiten „Erfahrungsbegriffes" besteht darin, dass der Begriff an Kontur verliert: Wenn alles Erfahrung ist, auch das begrifflich-theoretische Denken, wie lassen sich die unterschiedlichen Dimensionen voneinander abgrenzen? Welchen Geltungscharakter haben „subjektive Erfahrungen"? Und was kann „Erfahrung vor aller Theorie" bedeuten, wenn wir davon ausgehen, dass unser alltägliches Wahrnehmen und Denken stets schon von Theorien, Urteilen und Begrifflichkeit geprägt ist? Die für uns interessante Frage ist, inwiefern dies auch für kindliche Erfahrungen gilt. Sind Kinder natürliche PhänomenologInnen? Auf diese Problematik werden wir später im Abschnitt über Merleau-Pontys Idee der Sedimentierung und Habitualisierung von Erfahrung zurückkommen.

Ein weiterer möglicher gemeinsamer Ausgangspunkt phänomenologischer Forschung besteht unserer Ansicht nach in der Art und Weise, wie man sich einer Fragestellung nähert: Das phänomenologische Forschen erfordert, darüber sind sich die meisten PhänomenologInnen einig, einen Blickwechsel von den Gegenständen der Erfahrung zu dem *Wie* des Erfahrens. Eine grundlegende Struktur der Erfahrung ist deren Gerichtetheit oder „Intentionalität" (Zahavi 1999). Ein erfahrendes Subjekt zu sein, heißt, auf die Welt hin ausgerichtet zu sein. Erfahrungen sind stets Erfahrung *von* etwas: man fürchtet sich *vor* dem Wolf, erinnert sich *an* den Duft des Herbsts. Die Objekte, auf die wir uns richten, sind stets für uns bedeutsam. Es ist ein bestimmter Wolf, z. B. der aus dem Märchen, vor dem ich mich fürchte, ein bestimmter Geruch fängt meine Aufmerksamkeit. Die Bedeutung eines Gegenstandes „für mich hier und jetzt" beruht auf früheren Erfahrungen, aber auch auf meiner räumlichen Positionierung, meiner Stimmung oder der Stimmung von anderen. Zudem verweisen unterschiedliche Bedeutungsgegenstände und Erfahrungsqualitäten aufeinander, stehen in einem „Bedeutungszusammenhang" (ebd.). So wie der Nadelbaum potentiell auf „Weihnachten" verweist oder die Schneeflocke auf einen Kuss. Wir können „Welt" nicht unabhängig von jeweils subjektiven oder intersubjektiven Bezugnahmen darauf denken. Dennoch gehen wir alltäglich davon aus, dass wir *eine* Welt teilen. Auch wenn wir uns fragen, wie kleine Kinder Welt wahrnehmen, gehen wir zumeist davon aus, dass es sich um diese *eine* Welt handelt. Aber worin ist diese Annahme begründet? Auch auf diese Frage werden wir zurückkommen.

In unserem Lebensalltag sind wir der Gerichtetheit und Bedeutungsvermitteltheit zumeist nicht bewusst. Es scheint vielmehr so, als ob der Vollzug unseres praktischen Alltagslebens gerade davon abhängig ist, dass die Form unserer Erfahrung – oder wie oben genannt, das „Wie" unserer Erfahrungen – nicht selbst thematisch wird. Sobald wir unsere Aufmerksamkeit auf die Gerichtetheit selbst richten, horchen wir auf. Laufen wir eine Treppe hinunter und beginnen auf unsere Schritte zu achten, kann es passieren, dass wir stolpern. Sobald wir anfangen daran zu zweifeln, ob wir mit einem anderen tatsächlich ein „Hier und Jetzt" teilen, z. B. wenn wir nicht verstehen, was ein kleines Kind meint oder jemand eine Situation ganz anders beurteilt als man selbst, beginnen wir möglicherweise darüber nachzudenken, *wie* jeweils unterschiedlich wir und die Anderen die Situation wahrnehmen. Der selbstverständliche „Bedeutungszusammenhang", von dem wir oben gesprochen haben, bekommt einen Riss.

Dieses alltägliche „Stolpern" ist jedoch oft nur vorübergehend, zumeist ordnen wir das vermeintlich Unverständlich in einen neuen Bedeutungszusammenhang ein. Für eine theoretische Analyse von Erfahrung, die darauf abzielt, das „Wie" der Erfahrung als solches in den Blick zu bekommen, ist ein Bruch mit der Vertrautheit des alltäglichen Lebensvollzugs jedoch grundlegend. Während unserer Feldstudie hat sich gezeigt, dass die Pädagoginnen im Laufe ihres frühpädagogischen Projektes mit den Kindern in ihren eigenen Vorstellungen von Raum und Wahrnehmung herausgefordert wurden. Indem sie sich dem Anspruch stellten, die Wahrnehmung der Kinder für den Wald zu schärfen, zum Beispiel indem sie mit ihnen über unterschiedliche Farbschattierungen, die sich im Wald finden, diskutierten, wurden sie mit den Grenzen ihrer sprachlichen Ausdrucksmöglichkeiten und Wahrnehmungsmuster konfrontiert. Die von den Pädagoginnen ursprünglich selbstverständlich angenommene „Welt" da draußen, der Wald mit seinen definierbaren Objekten und vermittelbaren Eigenschaften, die für alle – sobald ein bestimmtes Vorwissen ins Spiel kommt – gleichermaßen einsehbar ist, wurde fragwürdig. Das Hinterfragen ihrer eigenen Selbstverständlichkeiten bringt sie, so eine vorläufige Annahme, denen der Kinder potentiell näher. Wie verhält es sich mit der Perspektive der Forscherinnen: Welche Selbstverständlichkeiten bilden den Grund unserer Forschung? Welche Bedeutungen von „Wald" und „Kindheit" liegen unserer Untersuchung zugrunde?

3   Kindheit, Natur und Raum

Die Idee einer Kindheit draußen in der Natur entspricht in besonderer Weise der Idee „schwedischer Kultur" und „schwedischem Selbstverständnis" (Halldén 2009). Die Geschichten Astrid Lindgrens oder Else Beskows naturromantische Illustrationen sind über Schweden hinaus international bekannt. Die romantische Auffassung von Natur, mit der wir seit dem 19. Jahrhundert leben, ist eng verbunden mit der Idee von kultureller Identität und der Etablierung von Nationalstaaten. Die Idee der „eigenen Natur" sollte unter den Menschen Zusammenhalt stiften (Sörlin 2006). „Natur" wird so zu Kultur. In Schweden sind es bestimmte Landschaftsformen, die kanonisiert wurden. Bestimmte Bilder von Wäldern, Bergen und den Schäreninseln werden zum Sinnbild des „Guten" und „Schönen" (Rasmussen 2003). Um die Rolle der „Natur" in der gegenwärtigen Pädagogik in Schweden, in der das Erbe von Fröbel und Rousseau noch immer eine Rolle spielt, zu verstehen, kann man sich auf die sogenannten „Friluftsrörelse" („Freiluftsbewegung") beziehen. Die „Freiluftsbewegung" wurde zu Beginn des 20. Jahrhunderts gegründet, um auch in den oberen Schichten der schwedischen Gesellschaft eine „nationale Identität" zu verankern (Sandell 2006). Die Natur wurde hier sowohl zum Symbol für Gemeinschaft, d. h. etwas, was man mit anderen teilt, wie z. B. Bilder von Landschaften und Erinnerungen an Naturerlebnisse. Die romantische Idee von Natur beinhaltet aber auch eine Auffassung von Freiheit und „Eigentlichkeit".

Obwohl die naturromantischen Ideale und die Idee des Waldes als Ort der Freiheit und Gemeinschaft den pädagogischen Diskurs noch immer prägen, zeigt aktuelle Forschung in Schweden, dass sich die faktische Bedeutung des Waldes für die Kindheit geändert hat. Kinder halten sich viel weniger „frei" im Wald oder der Natur auf als früher. Wenn Kinder in den Wald gehen, so zumeist organisiert mit dem Kindergarten oder dem Freizeitheim, weniger jedoch alleine oder mit der Familie. Die schwedische Kindheitsforscherin Gunilla Halldén schreibt im Vorwort zu ihrer Anthologie *Naturens symbol för den goda barndomen* („Die Natur als Symbol der geglückten Kindheit") von der „Institutionalisierten Kindheit". Ein Großteil der Kinder verbringt ihren Alltag in einer Institution. Bezogen auf den Kindergarten, der sich dem Wald und der Natur zuwendet, sieht sie das Potenzial, eine Kritik an traditionellen Institutionen zu formen und eine „freiere Kindheit" im Draußen zu gestalten (Halldén 2009, S. 20). In Halldéns Arbeit ist der Wald ein Raum, der weniger begrenzt und stattdessen Freiheit auch innerhalb der Institution ermöglicht (ebd.).

Der Wald, als kostenfreier Ort für Erholung und Gemeinschaft, wird, das zeigt soziologische Forschung, jedoch nicht von allen Bevölkerungsschichten gleichermaßen genutzt, vor allem nicht von Menschen mit Migrationsgeschichte (Öhlander 2006). Der Kindergarten, in dem wir unsere Feldstudien durchgeführt haben, liegt in einer mittelschwedischen Stadt, die seit dem 20. Jahrhundert von umfassender internationaler Migration geprägt ist und in der viele Geflüchtete Wohnraum und Anschluss an örtliche Communities finden. Einige der Kinder, in dem von uns untersuchten Kindergarten waren, das berichten die Pädagoginnen, noch nie vorher auf einem Waldspaziergang. Die Pädagoginnen diskutieren in ihren Reflexionssitzungen, inwiefern der Wald für die Kinder einen fremden Raum darstellt. Sie spekulieren darüber, ob die Kinder frühere Walderfahrungen gemacht haben, ob sie Geschichten über den Wald gehört haben oder mit Erzählungen aufgewachsen sind, in den der Wald gefährlich und dunkel erscheint.

Aber auch die Pädagoginnen selbst verbinden, wie sich in ihren Gesprächen zeigt, mit dem „Wald" unterschiedliche Bedeutungen. Die Idee von Natur als ein Ort von „Freiheit" lässt sich in Gesprächen wiederfinden. So ist eine der Pädagoginnen, Lina, davon überzeugt: *„In der Natur kann man selber sein"* (Feldaufzeichnungen 10.10.2014). Eine andere Pädagogin erzählt, dass Jungen und Mädchen im Wald häufiger miteinander spielen als im Kindergarten, dass das Spiel im Wald „freier" sei und weniger von klassischen Geschlechterrollen definiert werde (ebd.). Sie ist auch diejenige, die in unserem Eingangsbeispiel die Kinder dazu ermuntert, den Herbst an den Blättern zu riechen und die Natur auf sich wirken zu lassen. Gleichzeitig versucht sie ihnen Dinge zu erklären, Wissen über die unterschiedlichen Baumarten zu vermitteln. Für Kinder und Pädagoginnen ist der Wald teilweise ein selbstverständlicher Ort, Spaziergänge und Ausflüge in den Wald scheinen ein Teil ihres Alltages auch außerhalb des Kindergartens zu sein. Sie bewegen sich frei, laufen mit sicheren Schritten schmale Pfad entlang, klettern auf Steine, kennen Pflanzen und Tiere beim Namen, sie sind bekannt mit Geschichten und Mythen, die sich in der Natur abspielen und auf die die Erzieherinnen sie hinweisen. Andere scheinen sich dort fehlplatziert, unsicher und verloren zu fühlen. Für sie ist das sich-in-der-Natur-Bewegen etwas Fremdes. Sich mehrere Lagen Kleidung anzuziehen, sich ohne „Grund" in die Kälte oder den Regen hinauszubegeben, scheint fragwürdig. Eine der Pädagoginnen, Irina, drückt Unsicherheit und Unbehagen aus. Sie will nicht bei Wind und Wetter hinaus. So wird eine Situation zur Sprache gebracht, in der dieses unterschiedliche Bedürfnis offensichtlich wird. An einem stürmischen Morgen macht sich die Kindergruppe bereit für einen Waldausflug zusammen mit den Pädagoginnen Lina und Irina. Während Lina enthusiastisch darüber spricht, wie schön es sein wird, frische Luft zu atmen und sich zu bewegen, hilft Irina einem der Kinder mit einem Reisverschluss, der festsitzt und knurrt vor sich hin. Normalerweise bietet Irina einigen Kindern, die nicht hinausgehen wollen, an, drinnen zu bleiben, während die anderen einen Spaziergang unternehmen. Dieser Morgen ist jedoch anders. Gemeinsam mit ihren Kolleginnen hat Irina entschieden, mit hinauszugehen und zusammen mit Lina die Kinder dazu anzuleiten, Blätter in unterschiedlichen Formen und Farben zu sammeln (Feldaufzeichnungen 10.10.2014).

Es stehen unterschiedliche Bedeutungen von „Natur" nebeneinander, die sich zum Teil auch widersprechen und in denen sich normative Erwartungen ausdrücken, Ideale, aber auch Gefühle von Angst und Unsicherheit. Vor allem am Nachmittag im Atelier, während den gemeinsamen Zeichen- und Malstunden, verhandeln die Kinder und auch die Pädagoginnen miteinander die unterschiedlichen Bedeutungen, die der Wald für sie hat. Hier zeigt sich ein interessantes Wechselspiel von unmittelbarem Erfahren und vermitteltem Distanznehmen, Reflexion und Interpretationsversuchen:

An einem Tag sind die Kinder gerade zurück von einem Waldspaziergang gekommen und sammeln sich im Atelier, um zu zeichnen. Eine Gruppe zeichnet ein Bild von einem Wolf ab, der mithilfe eines Projektors auf ein Blatt Papier vergrößert wird, das an der Wand hängt. Sie diskutieren, wie man den Pelz am besten zeichnen kann. Da kommt Irina an den Tisch: „Ich würde mich fürchten in den Wald zu gehen, stellt Euch vor, wenn der Wolf mich holt," ruft sie und verzieht das Gesicht zu einer Schreckgrimasse. „Ha, wir gehen jeden Tag in den Wald und haben noch nie einen Wolf gesehen", antworten die Kinder fast im Chor. „Ich will gerne einen richtigen Wolf sehen", sagt Hassan. „Ja, einen mit einem schönen Pelz", legt Rutan hinzu, während sie mit einem Stift den Linien des Bildes vom Projektor folgt." (Feldaufzeichnungen 21.10.2015)

In diesem Beispiel ist es wieder Irina, die sich negativ über den Wald äußert. Dennoch scheint sie selbst ihre Aussage, sie würde nicht in den Wald gehen wegen eines Wolfes, nicht ernst zu nehmen. Ihre Grimasse deutet an, dass sie sich nicht wirklich vor einem Wolf fürchtet. Die Kinder lassen sich von ihr jedoch nicht irritieren. Ihr Interesse am Wolf ist ein sinnliches: Sie wollen den Pelz so genau zeichnen, dass sie ihn fast spüren können. Irinas (gespielte) Angst lässt die Kinder als kompetent und wissend erscheinen. Es stellt sich die Frage, ob dies Irina beabsichtigt hat. Irinas Haltung, soweit wir sie aus dem Material heraus deuten können, ist interessant. Sie scheint im Laufe des Herbstes ihre Sicht der Dinge infrage zu stellen. Es erweckt den Eindruck, als ob die Freude aber auch Ernsthaftigkeit, mit der sich die Kindergruppe mit dem Wald auseinandersetzen, bei ihr Spuren hinterlässt.

4 Die Perspektive des Kindes – Zwischen Sedimentierung und Habitualisierung

Man redet oft von den Plätzen der Kindheit als Orte mit spezieller Bedeutung. Die Plätze der Kindheit sind an Gefühle und Stimmungen, Gerüche und Empfindungen geknüpft, an erste konkrete Erfahrungen von Gemeinschaft oder Einsamkeit. Jene Erfahrungen lagern sich in unseren Erinnerungen ab und können von neuen Erfahrungen wieder aktualisiert werden. Die Phänomenologin Talia Welsh argumentiert in ihrem Buch *The Child as a natural Phenomenologist* unter Bezug auf die Sorbonne-Vorlesungen zur Entwicklungspsychologie und Pädagogik des französischen Phänomenologen Maurice Merleau-Ponty, dafür, dass kindliche Erfahrungen auf eine spezifische Weise organisiert und strukturiert sind. Die kindliche Erfahrungsstruktur sei, so Welsh, nicht grundlegend anders als die von Erwachsenen, sondern sie sei zudem auch grundlegend für alle zukünftige Erfahrungen: „Our childhood disproportionally mold our lives despite their relative brevity" (Welsh 2013, S. 11). Die kindliche Wahrnehmung sei, so Welsh, sicherlich schon organisiert, aber auf ihre eigene Weise. Die Entwicklung der kindlichen Wahrnehmung kann sich nicht durch einfaches Hinzufügen von Wahrnehmungen, durch eine Steigerung der Komplexität vollziehen, sondern durch eine Neuorganisation (ebd., S. 23).

Wie könnte eine „Steigerung der Komplexität" aussehen? Auch in den Wintermonaten haben wir die Kinder auf ihren Ausflügen begleitet. Die Kinder bewegen sich nun viel freier im Wald als noch im Herbst: Ali, der sich in unserem ersten Beispiel aus dem Herbst, eher unsicher im Wald bewegt hat, hat nun, so wie es scheint, nicht nur neue Freunde, sondern auch neue Freuden am Spiel im Freien gefunden: *„Weiße Schneeflocken landen auf Alis Wangen. Ali ruft begeistert: „Kalt, kalt. Kuss"* (Feldaufzeichnungen 12.01.2015). Die Schneeflocken fallen auf Alis Wange und er deutet die Berührung von Schnee und Haut als Berührung. In dem Beispiel wird deutlich, inwiefern Ali die Bedeutung dessen, was er unmittelbar erlebt, an Ort und Stelle *verhandelt*.

Folgen wir hier Welshs Analyse kindlicher Erfahrung, so lagern sich die Erfahrungen unserer Kindheit nicht nur in unserer Erinnerung ab, als *Inhalte* auf die wir mehr oder weniger deutlichen Zugriff haben, so wie die Erinnerung, als Kind selbst Schneekugeln gemacht zu haben, sondern sie formen die Art und Weise *wie* wir erfahren. Die erste bewusste Erfahrung des Kontaktes mit dem kalten Schnee im Rücken oder das Schmecken des Schnees hat sich im Bewusstsein abgelagert, sie bestimmt die Art und Weise, wie ich mich zukünftig einer verschneiten Wiese nähere: Ich sehe den Schnee und weiß, wie Schnee schmeckt, auch, wenn ich niemals mehr vom Schnee koste. Der phänomenologische Begriff der „Sedimentierung" verweist auf die Habitus-Bildung der Erfahrung (Schwarz 2010). Jeder Gegenstand der Erfahrung, so Edmund Husserl in *Erfahrung und Urteil*, und er meint wohl die von Erwachsener, ist nicht als isoliertes Etwas gegeben, sondern stets schon in einem Horizont einer typischen Vertrautheit und Vorbekanntheit eingebettet (Husserl 1939, § 25). Dieser Horizont ist in einer ständigen Bewegung, denn mit jeder neuen Erfahrung erfolgen neue „Einzeichnungen" (ebd.), Näherbestimmungen und Korrekturen des Antizipierten. Jeder Gegenstand, wenn er einmal erfahrungsmäßig erfasst wurde, versinkt zwar, so Husserl, in der Passivität, ist jedoch als „passives Wissen" (ebd., S. 137) wieder abrufbar. Das Habituell-Werden des Resultates ursprünglicher Erfassung vollzieht sich in Passivität, sozusagen ohne unser Zutun, „auch dort, wo das Interesse an dem explizierten Gegenstand einmalig und vorrübergehend ist." (ebd.) Die Stiftung der Habitualität kann aber auch, so Husserl, willentlich und aktiv erstrebt sein. „Wir sprechen dann davon, dass das Interesse auf ein Sichmerken, Sichaneignen, Einprägen des Wahrnehmungsgebildes gerichtet ist" (ebd.).

Den Prozess der Sedimentierung kann man ähnlich dem Prozess verstehen, den ein Fluss durchläuft. Das strömende Wasser, gleich dem Bewusstseinsstrom, dem Strom der Erfahrungen, bringt Steine, Äste und Sand mit sich, die sich am Rand des Flusses ablagern und die seine Form und die Tiefe des Wassers beeinflussen. Unsere Erfahrungen, die wir im Laufe des Lebens machen, lagern sich nicht nur als Erinnerungen ab, sondern formen unseren Bewusstseinsstrom als Ganzen (Schwarz 2010). Die Habitualisierung der Erfahrung, auch der sinnlichen Wahrnehmung, kann dazu führen, dass uns Dinge und Zusammenhänge nicht mehr aufmerken lassen und unser Blick über sie hinwegstreift. Die ersten Male, in denen ich einen wurzeligen Waldweg entlanglaufe, lege ich meine Aufmerksamkeit aktiv und willentlich auf die Wurzeln. Richte ich meine Aufmerksamkeit auf den Weg hinter die Wurzel oder laufe ich zum Beispiel hinter jemandem her, kann es sein, dass ich stürze. Nach einiger Zeit verschwindet das Bewusstsein für die Bewegungen quasi „in" meinem Körper, die es braucht, um über eine Wurzel zu steigen. Man könnte metaphorisch sagen, dass die Wurzeln ein Teil meiner leiblichen Bewegung werden. Ich „sehe" die Wurzel nicht mehr.

Im Raum sein, heißt interessiert zu sein. Jenes Interesse baut auf frühere Erfahrungen auf. „Jede Wahrnehmung", schreibt Merleau-Ponty, „setzt schon eine bestimmte Vergangenheit des Wahrnehmungssubjektes voraus, und die abstrakte Funktion des Wahrnehmens als Bewegung mit Gegenständen impliziert einen geheimeren Akt, durch den wir unsere Umwelt entfalten" (Merleau-Ponty 1966, S. 327). Für den, der mit dem Wald vertraut ist, ist er nicht eine Vielzahl an Objekten mit tausend Facetten, sondern ein Ganzes. Jede einzelne Wahrnehmung – ein einzelnes Blatt, ein Zapfen, ein Stein – ist nur herausgeschnitten aus dem Ganzen des Waldes. Sind wir mit einer Umgebung vertraut, nehmen wir kaum einen einzelnen Gegenstand war, „so wie wir in einem vertrauten Gesicht nicht die Augen sehen, sondern seinen Blick, seinen Ausdruck" (Merleau-Ponty 1966, S. 327). Die Aktivitäten der Kindergruppe, denen wir in unserem Projekt gefolgt sind, pendeln zwischen verschiedenen Verhaltensformen: Immer wieder werden sie von den Pädagoginnen aufgefordert, stehen zu bleiben, inne zu halten und ihre Aufmerksamkeit auf bestimmte Aspekte zu richten. Auch im Atelier werden sie stets dazu angehalten, kleine Wahrnehmungen, Beobachtungen oder auch Gegenstände, die sie aus dem Wald mitgebracht haben, wie Blätter und Steine, genauer zu analysieren. Im Beispiel mit dem "Wolfs-Pelz" fokussieren die Kinder auf die Gestaltung der Textur des Pelzes. Einem „ganzen" Wolf seien sie aber noch nicht begegnet. Es wäre interessant zu untersuchen, welche Konsequenz das Herausschneiden von einzelnen Aspekten und dessen genauere Untersuchung für die kindliche Deutung des Waldes als „Ganzes" hat. Oder. Wie würden die Kinder einem „richtigen Wolf" begegnen, nachdem sie tagelang versucht haben, einen weichen Wolfspelz zu zeichnen? Würde ihnen der Wolf gleich vertraut erscheinen?

Kindlicher Erfahrung wird oft zugeschrieben, stets im „Hier" zu sein. Das Vermögen ein Hier und ein Woanders gleichzeitig zu denken, entwickle sich erst graduell. Merleau-Ponty argumentiert, dass kindliche Fantasie „konkret" sei, sie sei kein sich in eine „andere Welt" versetzten, sondern stellt eine Umformung des Hier und Jetzt dar. Ein kleines Kind „versetzt" sich nicht in eine Märchenwelt, sondern seine Welt wird zur Märchenwelt (ebd.). Er beschreibt die Relation von Kind und Welt in der frühen Kindheit als „synkratisch". Das Kind unterscheide nicht zwischen sich und der Welt. Im Unterschied zu anderen TheoretikerInnen (wie Stern 1985), die das Kleinkind als in seiner eigenen Welt lebend beschreibt, sieht Merleau-Ponty das Bewusstsein des Kleinkindes durch eine prinzipielle Offenheit zur Welt gekennzeichnet (vgl. Welsh 2013, S. 45). Welsh steht jedoch jener Darstellung Merleau-Pontys kritisch gegenüber und meint, dass hier die Gefahr einer Romantisierung kindlicher Erfahrungen bestehe. Man spreche, so Welsh, oft davon, dass Kinder die Welt viel unmittelbarer und „natürlicher" erfahren, einen ursprünglichen Kontakt zu ihrer Umgebung haben, im „Hier und Jetzt leben" (Welsh 2013, S. 147). Welsh argumentiert zwar, dass Kinder natürliche PhänomenologInnen seien, aber nicht, weil sie im Hier und Jetzt verankert sind oder weil sie die Welt „ursprünglicher" wahrnehmen als Erwachsene, sondern weil sie in der Beurteilung ihrer Wahrnehmungen und Erfahrungen nicht auf Theorien oder Common Sense zurückgreifen können. Man könnte z. B. darüber lächeln, dass Ali die Schneeflocke als „Kuss" wahrnimmt, denn wir „wissen" ja, dass dies nicht der Fall ist. Andererseits könnten wir uns fragen, was ein Kuss eigentlich ist, wenn nicht die Erfahrung einer zärtlichen Berührung.

5 Raum als existentielle Kategorie und die Möglichkeit eines dezentrierten Lebens

Die schwedische Historikerin und Kindheitsforscherin Gunilla Halldén hat für ihr Buch *Wälder der Kindheit* Erwachsene zu ihren Kindheitserfahrungen in der Natur interviewt. In den Interviews berichten sie über Flächen, die sie nun aus Erwachsenenperspektive als einige Bäume und Steine hinter einem Haus wahrnehmen, während sie früher die Wälder ihrer Kindheit waren. Eine Frau berichtet von einem „Tisch" im Wald, der eine zentrale Rolle in ihrem kindlichen Spiel hatte. Als sie als Erwachsene zurückkehrte, hatte sich der „Tisch" in einen „Stein" verwandelt. (Halldén 2011). In den Interviews sind es aber nicht nur Steine und Bäume, die als bedeutungsvoll beschrieben werden, sondern auch Gerüche und Erinnerungen an körperliche Erfahrungen, z. B. an eng sitzende Wollstrümpfe oder dicke Mäntel, Erinnerungen, die verknüpft sind mit Erfahrungen von langen kalten Wintern. Fast alle Befragten berichten auch von der Gegenwart anderer Kinder und vom gemeinsamen Spiel im Wald (Halldén 2011, 139). Fast alle Befragten berichten auch von der Gegenwart anderer Kinder. Diese Erzählungen von Kindheit sind gefiltert, sowohl sprachlich aber auch über die Zeit, durch Erfahrungen von Anderen. Die gelebte Kindheit ist eine andere als die „textualisierte Kindheit" (Gullestad 1996). Dennoch wird man als LeserIn dieser Geschichten sofort hineingezogen in die Erfahrungswelt der Erzählenden. Die engen Wollstrümpfe, man spürt sie an den eigenen Beinen. Wir sind in der Lage uns in andere Zeiten, andere Räume und andere Leben hineinzuversetzen, unser Hier und Jetzt hin zu einem anderen zu überschreiten.

Merleau-Ponty beschreibt dieses Überschreiten des Hier und Jetzt als Möglichkeit einer „Dezentrierung" (Merleau-Ponty 1966/2003, S. 332). „Dezentrierung" kann hier zwei mögliche Phänomene beschreiben: Eine aktive Bewegung hin zu der Erfahrung anderer, zum „Hier und Jetzt" einer anderen Person, zum Beispiel einem Kind mit einem anderen Erfahrungshorizont als man selbst, aus einer anderen Zeit, oder einer anderen Kultur. Es kann aber auch einen *Zustand* beschreiben, einen habituellen Zustand der Unmöglichkeit im „Hier und Jetzt" zu sein. Ein „dezentriertes *Leben*" zu haben, bedeutet ein Leben zu führen, das sich zwar im Hier und Jetzt abspielt, aber das auf einen anderen Ort gerichtet ist: „Unser Leib und unsere Wahrnehmung fordern beständig uns auf, die Umgebung, die sich uns bieten, als Mittelpunkt der Welt zu nehmen. Doch diese Umgebung ist nicht notwendigerweise die unseres Lebens selbst. Ich kann, wiewohl hier verbleibend, ganz woanders sein und hält man mich fern von allem was ich liebe, so fühle ich mich an den Rand des wahren Lebens gedrängt." (Merleau-Ponty 1966/2003, S. 332) Solch ein „dezentriertes Leben", wie es zum Beispiel Menschen im Exil leben, kann dazu führen, so Merleau-Ponty, dass Menschen zwar einen physischen Ort in Raum und Zeit teilen, zum Beispiel sich gemeinsam auf einer Waldlichtung aufhalten, aber sich trotzdem in einem „eigenen Raum" befinden. „Raum" verstehe sich hier nicht als geometrische Kategorie, sondern als *existentielle Kategorie* unserer Erfahrungen: Ein Raum kann, geometrisch betrachtet, groß sein, und dennoch kann ich ihn als beengend erfahren. „Raum" als existentielle Kategorie ist stets an die jeweiligen Erfahrungen von Subjekten geknüpft. Das können sowohl kollektive Erfahrungen sein, aber auch Plätze, die ein Subjekt sich selbst zu eigen gemacht hat, z. B. ein heimlicher Ort, eine bestimmte Erinnerung an eine Situation, die einem Ort für immer eine bestimmte Bedeutung zuschreibt. Unser Forschungsmaterial zeigt, wie Pädagoginnen und Kinder dem Wald eigene Bedeutungen zuschreiben. Die Idee eines gemeinsamen Raumes, einer Zentrierung ihrer Erfahrungen in einem gemeinsamen Hier und Jetzt, sowohl die der Pädagoginnen als auch der Kinder, kann nicht selbstverständlich vorausgesetzt werden.

6 Schlussreflexion

Welche Schlüsse können wir aus unseren Überlegungen ziehen? Zentral geht es um die Frage nach der Perspektive von Kindern. In den letzten Jahren wurde immer wieder die Frage gestellt, wie es gelingen mag, die Perspektive von kleinen Kindern forschend zu rekonstruieren. Es wurde Kritik an der Kindheitsforschung geäußert, durch die Kinder im Kontrast zur Perspektive von Erwachsene entweder als „not yets" untersucht (Sommer/Pramling Samuelsson 2013) oder als die „anderen" essentialisiert (Halldén 2003) werden. In unserer Forschungsarbeit zeigt sich die Frage nach der Perspektive von Kindern eng verwoben mit der Frage nach der Perspektive von Erwachsenen. Wenn man den Kindern und Pädagoginnen dabei zusieht, wie sie sich im Wald bewegen, so kann an ihren Schritten erahnt werden, wer es gewohnt ist im Wald zu laufen und wer nicht, wer sich im Wald zu Hause fühlt, sich ungehindert über Wurzeln und Steine bewegt, und wer jeden Schritt nach der Unebenheit des Weges neu anpassen muss. Sowohl Kinder und Erwachsene zeigen sich als „not yets", als AnfängerInnen und Neulinge im Wald.

Ein anderer wichtiger Aspekt betrifft die Rolle von Natur im Kontext frühkindlicher Bildung. Unser Material zeigt, dass der Wald nicht notwendiger Weise ausgrenzend ist, indem er nur für jene da ist, die bereits mit ihm in einer bestimmten Art und Weise vertraut sind. Der Wald erscheint in unserem Forschungsprojekt aber auch nicht als der „Ort der Freiheit und kulturellen Unbestimmtheit", wie ihn die naturromantische Ideologie oder die moderne Outdoor-Pädagogik vorschlägt (Halldén 2015). Vielmehr ist der Wald ein Raum, dem bereits Bedeutung innewohnt, bevor man sich ihm nähert. Der Wald ist nie ein „unbeschriebenes Blatt", aber stets offen für neue Deutungen und gemeinsame Verhandlungen. In Bezug auf die Frage, wem der Wald zu eigen ist, zeigt sich der Bedarf nach weiterer Forschung und Reflexion: Wer hält sich eigentlich wo und warum auf? Welche Räume sind wem zugänglich und vertraut? Das Beispiel „Wald", als konkreter Raum, kann als ein Symbol für „das zu Hause sein" gedacht werden. Wir „wissen" nicht, was damit gemeint ist, solange wir uns selbstverständlich darin bewegen. Aber gerade das ist Ausdruck unserer Vertrautheit. Der, der „zu Hause ist", kennt das Zuhause nicht. Erst Fremde, die zu Besuch kommen, lüften mit ihren Fragen das Selbstverständliche und das Implizite und holen es an die Oberfläche. Der fremde Blick konfrontiert uns mit unseren „Selbstverständlichkeiten" und Habitualisierungen, aber auch mit den Grenzen und Begrenzungen unserer Perspektive. Hier kann ein Potenzial für die Arbeit im Kindergarten entstehen: Der anfangs genannte Widerspruch, zuerst eine Differenz zwischen Kindern und „Welt" zu schaffen, die es dann pädagogisch zu überwinden gilt, ist nur ein solcher, insofern die Idee einer (von den Erwachsenen) vordefinierten „Welt", in der sich die Kinder orientieren sollen, vorausgesetzt wird. Der eingangs thematisierte Anspruch der Pädagoginnen, die Kinder in die Welt „hineinführen" zu wollen, erweist sich zumindest in Teilen unseres Materials zeitweise als ein gemeinsames Projekt des sich gegenseitig in je unterschiedliche Erfahrungswelten Einführens, des *miteinander* vertraut Werdens.

Literatur

Änggård, E. (2009): Skogen som lekplats: Naturens material och miljöer som resurser i lek. Nordisk pedagogik, 29(2), S. 221–234.

Änggård, E. (2010). Making use of 'nature' in an outdoor preschool: Classroom, home and fairyland. Children, Youth and Environment, 20(1), S. 4–25.

Brinkmann, M./Westphal, K. (Hrsg.) (2015): Grenzerfahrungen. Weinheim und Basel: Beltz.

Dovemark, M./Holm, A.-S. (2015): Förortens skola – möjligheternas skola? Utbildning & Lärande. Education & Learning, 9(1), S. 62–79.

Engdahl, I. (2011): Toddler interaction during play in the Swedish preschool. Early Child Development and Care, Nr. 181, S. 1421–1439.

Engdahl, I. (2012): Doing friendship during the second year of life in a Swedish preschool. European Early Childhood Education Research Journal, 20, S. 83–98.

Friesen, N./Henriksson, C./Saevi, T. (Hrsg) (2012): Hermeneutic Phenomenology in education. Rotterdam: Sage.

Gullestad, M. (1996): Everyday Life Philosophers. Modernity, Morality and Autobiography in Norway. Oslo: Scandinavian University Press.

Halldén, G. (2003): Barnperspektiv som ideologiskt eller metodologiskt begrepp. Pedagogisk Forskning i Sverige, 8(1–2), S. 12–23.

Halldén, G. (Hrsg.) (2015): Naturen som symbol för den goda barndomen. Stockholm: Carlsson.

Holloway, S. L./Valentine, G. (Hrsg.) (2000): Children's Geographies: Playing, Living, Learning. London: Routledge.

Husserl, E. (1939/1999): Erfahrung und Urteil. Untersuchungen zur Genealogie der Logik (7. Aufl.). Hamburg: Meiner.

Husserl, E. (1951): Ideen zu einer reinen Phänomenologie und phänomenologischen Philosophie. Buch 1: Allgemeine Einführung in die reine Phänomenologie (1. Aufl.). Den Haag: Martinus Nijhoff.

Lindqvist, B. (2015): Omprövande – om vikten av att ryckas ur sin förtrogenhet. In: L. Alsterdal/M. Pröckl (Hrsg.): Inifrån och Utifrån. Om Praktisk kunskap i förskolan. Huddinge: Södertörns högskola, S. 337–366.

Merleau-Ponty, M. (1966): Die Phänomenologie der Wahrnehmung. Berlin: de Gruyter.

Merleau-Ponty, M. (2003): Das Primat der Wahrnehmung. Frankfurt a.M.: Suhrkamp.

Merleau-Ponty, M. (2010): Child Psychology and Pedagogy. The Sorbonne Lectures 1949–1952. Evanston: Northwestern University Press.

Olwig, K. F./Gulløv, E. (Hrsg.) (2003): Children's places: Cross-cultural perspectives. London: Routledge.

Öhlander, M. (2006): Myten om ett brinnande naturintresse. In: E. Johansson (Hrsg.): Mångnatur. Friluftliv och natursyn i det mångkulturella samhället. Tumba: Mångkulturellt centrum & Naturvårdsverket, S. 21-27.

Relph, E. (1976): Place and Placelessness. London: Pion.

Schwarz, E. (2010): Habitualisierung und Sedimentierung: Zur Phänomenologie der Person. Filozofický asopis (Sonderband 2010), S. 69–88.

Schwarz, E. (2015): Inskolning – Om förnyelse och gemenskap på förskolan. In: L. Alsterdal/M. Pröckl (Hrsg.), Inifrån och Utifrån. Om Praktisk kunskap i förskolan. Huddinge: Södertörns högskola, S. 259–281.

Sommer, D./Pramling Samuelsson, I./Hundeide, K. (2013): Early childhood care and education: a child perspective paradigm. European Early Childhood Education Research Journal, 21(4), S. 459–475.

Warming, H. (2011): Getting under their skins? Accessing young children's perspective through ethnographic fieldwork. Childhood, 18(1), S. 39–53.

Welsh, T. (2013): The Child as Natural Phenomenologist. Primal and Primary Experience in Merleau-Ponty's Psychology. Evanston: Northwestern University Press.

Zahavi, D. (1999): Self-Awareness and Alterity. A phenomenological Investigation. Evanston: Northwestern University Press.

Bilder der Stadt kartieren

Bildende räumliche Untersuchungen mit SchülerInnen an der Wiener Peripherie

Antje Lehn, Elisabeth Sattler

Spielräume des Räumens werden in dem hier vorliegenden Beitrag transdisziplinär zwischen Architekturvermittlung und Bildungswissenschaft verhandelt. Im Fokus der Aufmerksamkeit steht das Projekt *Bilder der Stadt kartieren* aus dem Jahr 2016 in Bildern und Texten, das mit Studierenden der Akademie der bildenden Künste Wien sowie mit SchülerInnen in Wien realisiert wurde.[1] Diese Arbeit ermöglicht es, Karten als Zeugnisse des Raumerlebens von SchülerInnen in ihrer Weise der Stadtwahrnehmung zu erschließen und zu verstehen, auch in den Grenzen des jeweiligen Erschließens und Verstehens.

Um die methodischen Synergien und auch Differenzen zwischen diesen beiden disziplinären Perspektiven zur Sprache zu bringen, werden Prozessschritte und Materialen des Projekts *Bilder der Stadt kartieren* analysiert und kritisch diskutiert. Aus bildungswissenschaftlicher Perspektive und unter Berücksichtigung eines subjektanalytischen Zugangs werden diese Materialien auf Möglichkeitsräume von Bildungsprozessen hin befragt. Dabei wird Bildung als Transformationsprozess verstanden, der die Wechselwirkung und Responsivität zwischen Subjekt und Welt – und damit auch anderen Subjekten und/oder Zeit-Räumen – im Blick behält. Die Perspektive aus der Architekturvermittlung und den *urban studies* verwendet künstlerische Karten als Kommunikationsmedien, um diverse und vielfältige Perspektiven auf städtische Räume abzubilden und Methoden zur Darstellung von Stadtbildern von Jugendlichen (weiter) zu entwickeln.

---

1 Das Projekt wurde auch im Wien Museum im Rahmen der Ausstellung ‚Wien von oben. Die Stadt auf einen Blick.' gezeigt. http://www.wienmuseum.at/de/aktuelle-ausstellungen/ansicht/wien-von-oben-die-stadt-auf-einen-blick.html

1 Bilder der Stadt kartieren – Einblicke in die Projektkonzeption und die Projektphasen

Im Rahmen der Lehrveranstaltung ‚Mappings' am *Institut für Kunst und Architektur* der Akademie der bildenden Künste Wien wurde das Kartieren als Methode thematisiert, um Muster und Organisationsformen von Stadt und Gesellschaft sichtbar zu machen. Karten als Werkzeuge der Repräsentation und der Abbildung zeitabhängiger Beziehungen im Raum wurden analysiert und kritisch hinterfragt. Schließlich wurden künstlerische Methoden zur Stadtkartierung getestet, wobei der Schwerpunkt auf der Dokumentation von Orientierungsstrategien Jugendlicher im Umfeld von Schulen lag.

Um diverse Stadtbilder von Jugendlichen in Bezug auf die Stadt Wien und ihr jeweiliges Schulumfeld herauszuarbeiten, befragen Studierende des Studienfaches Architektur an der Akademie der bildenden Künste Wien Schülerinnen und Schüler im Alter von elf bis 19 Jahren an acht Schulen in Wiener Außenbezirken, der sogenannten „Peripherie". Methodisch orientiert sich das Projekt an der Recherche zu *Das Bild der Stadt* (1960) des Architekten und Stadtplaners Kevin Lynch. Die Fragen der Interviews aus Lynchs Studie werden wie folgt weitergedacht und an die jeweiligen Wiener Standorte adaptiert: Welche Bilder haben die Jugendlichen von ihrer Stadt und welche Orte sind ihnen wichtig? Welche Rolle spielt die Innenstadt, was bedeutet das Zentrum für sie? Wie bewerten sie ihr eigenes Stadtviertel? Zusätzlich werden die SchülerInnen im Rahmen des Projekts gebeten, einfache Skizzen ihres Schulweges anzufertigen und wichtige Orientierungspunkte zu nennen. Dabei ergeben sich ortsspezifische Unterschiede, bezogen auf den Schultypus, das Einzugsgebiet und die soziale Struktur der Schulumgebung. So befinden sich zwei der Schulen in traditionellen Arbeitervierteln, geprägt von der Blockstruktur der Gründerzeit, zwei Schulen in Stadterweiterungsgebieten mit heterogener Bausubstanz, drei Schulen in einer kleinteiligen Siedlungsstruktur nahe der Stadtgrenze und eine Schule in einem sogenannten „bürgerlichen Gemeindebezirk". Die diversen Schultypen Gymnasium, Neue Mittelschule[2], Berufsschule und Abendschule ergeben auch über die unterschiedlichen Schulprofile eine komplexe Gemengelage an Schülerinnen und Schülern aus allen Teilen Wiens.

Was alle acht Schulen vereint, ist ihre Distanz zum Zentrum, der Inneren Stadt, dem 1. Wiener Gemeindebezirk. Die Untersuchung von Schulstandorten fern vom Stadtzentrum und die Befragung von SchülerInnen, die in der Peripherie leben zum Thema ‚Stadtbilder' konfrontiert das offizielle, zentralistisch gedachte Stadtbild mit von diesem abweichend wahrgenommenen individuel-

---

2 Die Neue Mittelschule (NMS) ist ein österreichischer Schultyp, der nach der achten Schulstufe endet.

len Erfahrungen von lokaler Identität und Zugehörigkeit. Dabei werden periphere Stadtteile einerseits aufgrund der ihnen zugeschriebenen räumlichen Banalität nicht als prägender Teil der Stadtidentität gesehen, andererseits auch kulturell vernachlässigt, vor allem, wenn in diesen Wohnlagen mehrheitlich sozial schwächere Schichten leben (vgl. Stadt Wien 2016). Dabei reproduziert die Planungspolitik einerseits monofunktionale periphere Räume, die Kulturpolitik andererseits die Ballung kultureller Einrichtungen an zentraler Lage, anstatt in periphere Orte zu investieren. In Wien bemühen sich hauptsächlich kleinere Initiativen um dezentrale Kulturarbeit in der Peripherie (z. B. die ‚Brunnenpassage' im 16. Wiener Gemeindebezirk), aktuell gibt es jedoch auch von Seiten zentral gelegener Kulturinstitutionen neue Bemühungen um ein erweitertes Publikum aus der Peripherie.[3] Wenn man den Begriff Peripherie auf Schulstandorte in Wien anwendet, so spiegeln stadträumliche Randlagen in vielen Fällen innerhalb der SchülerInnenschaft soziale Marginalisierung, mangelnde Ressourcen und kulturelle Ausgrenzung wider. Ebenso gilt das für periphere städtische Orte, die einen trivialen Ruf haben z. B. Shoppingcenter, die beispielsweise als Treffpunkte für Jugendliche wichtig sind, auch wenn – oder gerade weil – sie nicht ‚attraktiv' sind.

Im Folgenden werden für den vorliegenden Text exemplarisch drei der Standorte mit verschiedenen Schultypen vorgestellt: ein Gymnasium in Favoriten (10. Wiener Gemeindebezirk), einem sog. ‚Arbeiterviertel' (vgl. Abb. 2), eine Neue Mittelschule (NMS) in Simmering (11. Wiener Gemeindebezirk), wo eine Stadtrandsiedlung im Fokus steht. (vgl. Abb. 3), und eine Berufsschule in Kagran (Stadtteil Wiens im 22. Wiener Gemeindebezirk), einem Teil Wiens, der als heterogenes Stadterweiterungsgebiet bezeichnet werden kann (vgl. Abb. 4). Dabei hat die Berufsschule aufgrund ihrer Spezialisierung das größte Einzugsgebiet, die beiden anderen Standorte haben eine sehr lokale SchülerInnenschaft.

Im Anschluss an die Befragungen (im unmittelbaren Umfeld der Schule) fertigen die Studierenden der Akademie der bildenden Künste Wien – neben einer geografischen Verortung aller Schulstandorte und der in den Befragungen genannten Bezugsorte auf einem Übersichtsplan (vgl. Abb. 1) – subjektive Karten der jeweiligen Schulumgebung sowohl auf Basis ihrer eigenen Eindrücke vor Ort, als auch auf Basis der von den SchülerInnen gesammelten Daten an (vgl. Abb. 2–4): Diese atmosphärischen ‚Portraits' der Schulstandorte bilden einerseits den Kosmos jedes Ortes, andererseits auch die spezifische Rolle der Schule im jeweiligen Viertel ab. Die acht in diesem Projekt entstandenen künstlerischen Karten wurden im Rahmen der Ausstellung ‚Wien von Oben. Die Stadt auf einen Blick.' im Wien Museum in einer kartografischen Installation um den Übersichtsplan

---

3   Vgl. Stadtrecherchen Burgtheater, https://www.burgtheater.at/de/offene-burg/produktionen/stadtrecherchen/

gruppiert, wobei die Schulstandorte mit den jeweiligen Kartenbildern durch farbige Schnüre verbunden wurden. In der Gesamtschau entstand so ein auf mehreren Ebenen lesbarer Metaplan (vgl. Békési/Doppler 2017, S. 230f).

2 Bildende räumliche Untersuchungen mit SchülerInnen an der Wiener Peripherie: Analytische Rück- und Einblicke

Im Rückblick auf das Projekt ergeben sich nun viele Fragen. Als eine davon kann die Folgefrage formuliert werden, wie diese Ergebnisse aus diesem Projekt an die SchülerInnen, an die Lehrenden und damit auch an die Schulen selbst zurückgespielt werden könnten. Denn vor der Projektumsetzung wurden die ausgewählten Schulen angeschrieben und auch zur Ausstellung eingeladen. Das explizite Interesse der Schulleitungen war so marginal, dass die Befragung bis auf eine Ausnahme auf Wunsch der Schulleitungen im öffentlichen Raum vor der Schule stattfand. Der Kontakt zwischen SchülerInnen und Studierenden als StadtforscherInnen beschränkte sich auf ein singuläres Setting. Für dieses Projekt ist also zu konstatieren: Die Schulen als Bildungsinstitutionen grenzten sich ab und zogen eine Strategie der Distanzierung einer proaktiven Kooperation vor. Wenn nun aber die erarbeiteten Fragen und Inhalte in ein Vermittlungsformat überführt würden, ließe sich dieses als Arbeitsmaterialien wieder in die Schulen einbringen. Dazu müsste sich das Material allerdings gezielt an bestimmte Unterrichtsgegenstände beziehungsweise an bestimmte Lehrpersonen wenden.

Die Schülerinnen und Schüler erscheinen in diesem Setting nicht nur als passive GesprächspartnerInnen. Sie agieren, indem sie eine Karte ihrer Schulwege zeichnen. Sie entdecken den (bekannten) Ort neu, indem sie (sich) ein Bild machen, den Ort aufzeichnen oder nach Roland Barthes *wiederfinden*: „Wiederfinden lässt sie [die Stadt] sich allein durch die Erinnerung an die Spur, die sie in uns hinterlassen hat: Einen Ort zum ersten Mal besuchen heißt dann: beginnen, ihn zu schreiben." (Barthes 1981, S. 54) Das Be-Schreiben des Weges durch den Raum in Form einer einfachen Karte schreibt dem Raum eine Handlung (Bewegung) ein. Das alltägliche ‚Räumen' wird sichtbar und neben die unterschiedlichen Darstellungen des vorgeblich gleichen Stadtraumes der Schulwege der anderen gestellt. Dabei wird es den SchülerInnen durch das abstrakte Format der handgezeichneten Karte erst möglich, sich bewusster zu diesen alltäglichen Handlungen zu verhalten. Dieses kann als ein Auftakt zum *Räumen* – im Sinne von Raum durch Handeln konstituieren – verstanden werden (vgl. Löw 2001).[4]

---

[4] Nach Egbert Daum ist subjektives Kartografieren als sozialräumliche Praxis eine Form des „Heimatmachens" (Daum 2011). Diese Erfahrung einer durch gemeinsames Ver-

Im vorliegenden Setting nehmen die Studierenden teilweise die Rolle von ForscherInnen ein, die SchülerInnen als ExpertInnen ihrer Alltagsumgebung ansprechen, deren vielleicht noch ‚ungewusstes' Raumwissen notieren und sich teilweise als Verbündete sehen, die sich über ihr Alter bzw. ihre Herkunft mit den SchülerInnen solidarisieren und ihre Erfahrungen (der Peripherie) teilen. In dieser Situation des Austausches von Wissen kann der Übersetzungsvorgang, das prozesshafte ‚Reden über den Raum' anhand der Karten sichtbar gemacht werden. Die Alltagserfahrungen der SchülerInnen werden auf diese Weise sichtbar und in ihrer Diversität anerkannt. Die Relevanz von Alltagswissen zum städtischen Umfeld in den Schulalltag und in Unterrichtssituationen zu integrieren, wäre ein nächster Schritt zur Förderung raumbezogener Handlungskompetenz (vgl. Hofmann 2015, S. 396). Dabei unterstützt eine begleitende Hinterfragung von Begriffen und Verhaltensmustern einen Perspektivenwechsel[5] und ermöglicht die Übertragung eigener lokaler Erfahrung auf eine kritische Wahrnehmung der ganzen Stadt (und der in ihr herrschenden Machtverhältnisse) im Sinne der Neuen Kulturgeografie (vgl. Hofmann 2015, S. 38).[6] Hier beginnt mit der Erstellung einer alternativen Karte ein emanzipatorischer Akt.

Wenn wir die Ergebnisse jenseits des Displaycharakters der Ausstellung betrachten und hinter die Kulissen im Sinne von ‚making-of' (vgl. Abb. 5) schauen, wird klar, dass sich in diesem experimentellen ad-hoc Umfrage-Setting wie auch im gesamten Projektverlauf Impulse für Bildungsprozesse zeigen, die hier in weiterer Folge in den Blick kommen sollen.

Das Projekt *Bilder der Stadt kartieren* als Raum für bildende Erfahrungen zu lesen, gibt mehrere Subjektpositionen in diesem Erfahrungsprozess zu sehen: Freilich verweist das Projekt auf SchülerInnen-Subjekte, die über ihre Sichtweisen des urbanen Schulstandortes befragt werden; dann belebt das Projekt von Studierenden-Subjektpositionen, die in ihren akademischen (Aus-)Bildungsformaten und nach theoretischen Auseinandersetzungen mit Fragen des Kartierens der Stadt auf den Weg geschickt werden, um im Zwischen-Raum an der Schnittstelle von Schule und Stadt jenes Material zu generieren, das dann in künstlerisch-gestalterischen Formaten des Kartografierens Ausdruck findet. In dieser Projektphase verweben sich die subjektiven SchülerInnen-Aussagen und Informationen zu einem neuen kartografierten, intersubjektiven Bild, zu einem

---

Handeln wachsenden Wir-Identität im Lebensumfeld Schule ist insbesondere als Baustein für interkulturelles Lernen wertvoll (vgl. Holzbrecher 2004).
5   Beispielsweise anhand folgender Frage: Warum mag ich diesen Ort? Wo in der Stadt ist es schön und wer definiert diese Schönheit? Was macht beliebte Treffpunkte aus? Welche Rolle spielt die Atmosphäre eines Raumes?
6   Vgl. zur Methode der Geografiedidaktik nach Romy Hofmanns ‚Urbanes Räumen' (Hofmann 2015, S. 212–215)

neuen ‚Portrait' des jeweiligen Schulstandorts. Und diese ‚Portraits' binden uns als Sehende dieser Bilder in jeweils eigene Erfahrungsprozesse ein, die mit Waldenfels nicht als subjektiver Sehakte, sondern als Seh-Ereignis zu verstehen wären (vgl. Waldenfels 2006).

Unter dieser phänomenologischen Perspektive wird deutlich, dass Sehen nicht nur wiedererkennendes, sondern neues Sehen werden kann. Das Bild kann so nicht mehr als bloßer Teil der Welt verstanden werden, sondern kommt als etwas in den Blick, das „in seinem Sein auf die menschliche Subjektivität verweist. Das Eigentümliche der visuellen Vermittlung findet seinen Sinn nicht im Inhalt, sondern in der Art und (Erfahrungs-)Weise, im Bild zu sehen" (Dickel 2015, S. 255). In dieser Perspektive erscheint damit nicht das Bild ‚an sich' als relevant, sondern es geht um die Relationalität zwischen Bild und betrachtendem Subjekt und damit auch um mögliche Seh-Ereignisse, als deren Anreiz Bilder in den Blick kommen können. „Vom Anreiz geht ein Sog aus, der intentionale wie affektive Wirkungen zeitigt, die sich erst in nachträglicher Analyse in kognitive und emotionale, in deskriptive und präskriptive Anteile aufspalten. Die originäre Verquickung dieser Elemente findet ihren Ausdruck in dem Mischbegriff der Affektion" (Waldenfels 2010, S. 71). Wenn Subjekte so pathisch affiziert werden, geht deren Erfahrung nicht von einem intentional und kognitiv geleiteten allmächtigen subjektiven Akt des Sehens aus, das vielleicht noch als Erkenntnis verkannt wird, sondern die Erfahrung entspringt vielmehr dem Ereignischarakter des Sichtbarwerdens: etwas macht sich bemerkbar, etwas fällt mir auf, als Widerfahrnis oder als Affektion, wir werden von etwas getroffen (vgl. Waldenfels 2002, S. 33). Dieses pathetische Widerfahrnis an den Bruchstellen der Erfahrung, über die wir als Subjekte nicht gänzlich verfügen, kann neue Räume eröffnen, neue Differenzierungen können sich zeigen, die Waldenfels als zeiträumliche Verschiebungen oder Diastasen bezeichnet: „Diastase bezeichnet einen Differenzierungsprozess, in dem das, was unterschieden wird, erst entsteht" (Waldenfels 2004, S. 174). In der Diastase bilden sich Zeit-Räume neu. Und in diesen Zwischenbereichen ereignen sich responsive subjektive Transformationsprozesse, die für Fragen ästhetischer Bildung bedeutsam werden können (vgl. Dickel 2015, S. 256). Für das Projekt *Bilder der Stadt kartieren* ist dieser Transformationsprozess nicht einer, der für SchülerInnen intentional geplant wäre – vielleicht kann er sich auf der SchülerInnen-Subjektposition ereignen; auch bei den Studierenden kann er nicht sichergestellt werden – und dennoch: Die Bruchstellen könnten auf ein Umlernen im oben genannten Sinne anspielen, das für Bildungsprozesse als subjektive Transformationsprozesse relevant sein kann. Auch für LehrveranstaltungsleiterInnen, WissenschafterInnen, AusstellungsbesucherInnen u. a. m. kann vielleicht ein Sehereignis ein neues und anders Wahrnehmen im Kontext von Selbst-, Welt- und Anderenverhältnissen anstoßen.

Die im Projekt angelegte kartografische Arbeit verweist auf einen Modus visueller gestalterisch-künstlerischer Vermittlung. Visuelle Vermittlung ist auf Prozesse des Sehens verwiesen, methodologisch erfragt so ein Projekt von ForscherInnen ein Einlassen auf die Un- und Unterbestimmtheiten des Bildes für wissenschaftliche Texte und die Vielfältigkeiten des Sehens. Da braucht es „die Bereitschaft zum Wagnis, sich für den Spielraum zwischen sich und dem Bild zu öffnen und sich im Zuge der Bilderfahrung selbst aufs Spiel zu setzen, da eine Bilderfahrung zu machen immer schon heißt, sich selbst zu verändern" (Dickel 2015, S. 258).[7] Im Prozess der visuellen Erfahrung vollziehen sich Transformationsprozesse im Sinne einer „Umstrukturierung des Vorwissens" als „Umlernen" (Meyer-Drawe 1996, S. 89), das nicht zu neuen Sicherheiten führt, das „gerade nicht zu einer Vergewisserung des derzeitigen Selbst- und Fachverständnisses" führt, sondern „über den Sinn für die Möglichkeiten des Bildes für unsere eigenen Möglichkeiten" (Dickel 2015, S. 258) öffnet, d. h. immer wieder auf Subjektivierungsprozesse in *formation* verweist.

3   Ausblicke auf Räume_n im Projekt Bilder der Stadt kartieren

Wenn ein weiteres Projekt in dieser Art an und in Schulen durchgeführt werden könnte, so ließen sich folgende drei weitere Prozessschritte unternehmen, die mit den SchülerInnen im Rahmen von Projektunterricht durchgeführt werden können, um die durch Interview und Schulwegskizze begonnene Selbstverortung im Sinne einer Handlungsermächtigung weiter zu bearbeiten: (1) Die Umwandlung der individuellen sinnlichen Wahrnehmung und persönlichen Erfahrungswelt der SchülerInnen in jeweils selbst gezeichnete Karten. Die Arbeit daran – so sie nicht von einem Normierungsanspruch begleitet wird – ermutigt die eigene Setzung/Zuweisung von Bedeutung zu einem bestimmten Zeitpunkt. Künstlerisch gestaltete, scheinbar ‚unscharfe' Karten ermöglichen den SchülerInnen verschiedene Wege der Materialisierung des persönlichen Wahrnehmungsraumes als einem ebenfalls gültigen Stadtbild. (2) In einem weiteren Prozessschritt werden die individuellen Repräsentationen diverser Stadtbilder nebeneinandergestellt. So können die Bruchstellen sichtbar, wahrnehmbar und vielleicht ansprechbar werden, wie auch die Existenz eines homogenen Stadtbildes fraglich wird. (3) Wenn es im nächsten Schritt darum geht, eine gemeinsame Karte kollektiv zu erstellen, können divergierende Ansichten und Bedeutungen verhandelt werden. Dabei können und sollen die geführten Diskussionen hinsichtlich Harmonisierung, Überschreibungen oder dem Beibehalten widersprüchlicher Mehrfach(be)deutungen auch visuell in die

---

7   Dies fragt nach einer riskierten Souveränität in der eigenen Subjektposition, wie ich sie an anderen Orten ausgeführt habe (vgl. Sattler 2009).

Karte eingeschrieben werden (vgl. Abb. 6). Denn Karten bieten Raum für unterschiedliche Maßstäbe und Kommentarebenen – vielstimmige narrative Elemente lassen sich in künstlerisch verdichteten collageartigen Kartenbildern einschreiben. Die Karte oder Sammlung von Karten (Atlas) bildet sowohl den Raum als auch den kollektiven Prozess ab, ohne jedoch den Anspruch zu haben alles überzeitlich repräsentieren zu können, ohne Bedeutungsüberschüsse tilgen zu müssen und ohne den Eigenraum des Sehakts, ja vielleicht des Sehereignisses gänzlich vorzeichnen zu können.

Die Arbeit an der Positionierung der SchülerInnen zum und im städtischen Raum im Projekt *Bilder der Stadt kartieren* zielt darauf ab zu erfahren, welches Wissen über Schulumgebungen jugendliche SchülerInnen haben, welche Bilder sie sich von ihrer Umgebung machen und wie sich dieses Wissen mittels künstlerisch-kartografischer Handlungen vertiefen lässt. Das Erstellen von Karten täglicher Schulwege und kartografische Untersuchungen der Schulumgebung dienen sowohl als qualitative Befragungsinstrumente als auch als kommunikative Werkzeuge. Die dynamischen Prozesse des Kartierens in einer Gruppe führen zu alternativen Darstellungen gemeinsam erlebter Stadt. Das emanzipatorische Potenzial nicht normierter künstlerischer Karten, die jenseits funktionaler Verortung situiert sind, ermöglicht Spielräume für Bildungsprozesse, die in unserem Text durchkreuzt werden.

Unsere Arbeit am Projekt *Bilder der Stadt kartieren* ist auch mit der Frage „Was können wir *an diesem Ort* machen?" (Stern 2014, S. 176; kursiv i.O.) verbunden, die Anna Stern mit de Certeau aufnimmt: „Insgesamt ist der Raum ein Ort, mit dem man etwas macht" (de Certeau 1988, S. 219). Das Machen im Raum, das Räumen ist als soziale Praxis zu verstehen, wodurch sich Raum als Produkt sozialer Praxen zu denken gibt (vgl. Lang 2014, S. 217). Siglinde Lang argumentiert in ihrem Text „Zwischen Fakt und Fiktion. Partizipative (Gegen-)Räume als Stätten kollaborativer Wissensproduktion" (Lang 2014), dass „Austausch und die Produktion polysemer Interpretationen (…) Inhalt und Intention einer kollaborativen Wissensgenese" (Lang 2014, S. 219) seien.

Unsere hier vorliegende Arbeit am Projekt *Bilder der Stadt kartieren* unternimmt den Versuch, ein Frage- und Antwortgeschehen zum Prozess des Räumens über Kartierung zu erschließen, die damit neben Architekturvermittlung und Bildungswissenschaft auch für Fragen der LehrerInnenbildung bedeutsam sein könnte. Dabei kann Stadt für die Institution Schule als ‚Gegenstand', ‚Material' oder ‚Ressource' betrachtet werden, anhand derer Bildungsprozesse für Lehrende und Lernende gleichermaßen angestoßen werden. Die selbst gezeichneten Karten dienen dabei als Werkzeuge zum Ausdruck der eigenen sinnlichen Wahrnehmung und als Austauschmedien für divergente räumliche Erfahrungen. Hier können Bedeutungen verhandelt werden und Gemeinschaft(en) (aus-)probiert werden – auf der Suche nach Bewegungs- und Spielräumen im Raum, im Räumen und in den Zwischenräumen der randlosen Stadt.

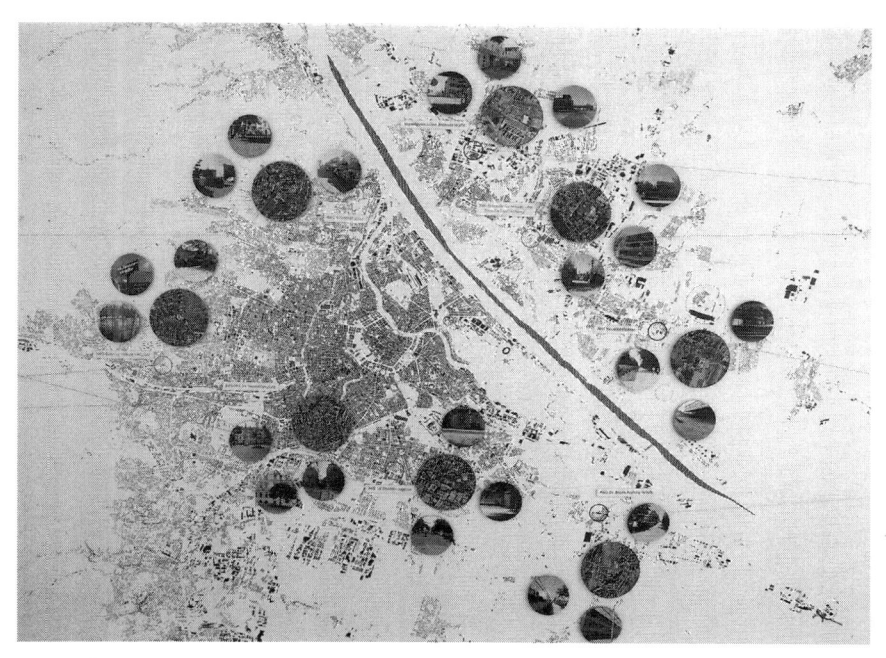

Abb. 1: Bilder der Stadt kartieren.

Schwarzplan mit Detailansichten, erstellt im Rahmen des Seminars „Mapping" am Institut für Kunst und Architektur der Akademie der bildenden Künste Wien für die Ausstellung „Wien von oben. Die Stadt auf einen Blick", Wien Museum, 2017 (Foto: Antje Lehn).
Studierende: Clemens Aniser, Michael Glechner, Pia Grobner, Cenk Güzelis, Valentin Heuwieser, Ronja Hye, Niklas Jakobsen, Simone Vestergaard Jensen, Man Ho Kwan, Linda Lackner, Ching Yee Leung, Marlene Lübke-Ahrens, Bahareh Mohammadi, Arianna Mondin, Wolfgang Novotny, Samy Omar, Signe Østergaard Pallesen, Natascha Peinsipp, Dominic Schwab, Raffael Schwärzler, Kristyna Sevcikova, Benjamin Softic, Veronika Suschnig, Rumena Trendafilova, Sara Zebec
Lehrende: Antje Lehn, Begleitung: Isabel Termini

Abb. 2: Schule Favoriten (Map)

Bundesgymnasium und Bundesrealgymnasium Ettenreichgasse, 1100 Wien
Studierende: Sara Zebec, Simone Vestergaard Jensen, Benjamin Softic
Kommentar: Die SchülerInnen (11-18 Jahre) zeigten bei der Umfrage große Begeisterung für ihr Grätzl. Sie sehen die Schulumgebung – die meisten SchülerInnen wohnen in unmittelbarer Nähe – als das eigentliche Stadtzentrum. Wichtige Subzentren sind für sie Mariahilferstraße und Donauzentrum. Das historische Zentrum im ersten Bezirk ist für sie touristisch konnotiert, es spielt in ihrem Alltag keine Rolle. Insgesamt haben die jungen Erwachsenen dieser Schule eine sehr positive Stadtwahrnehmung, sie schätzen die Stadt mit all ihren positiven und negativen Seiten.

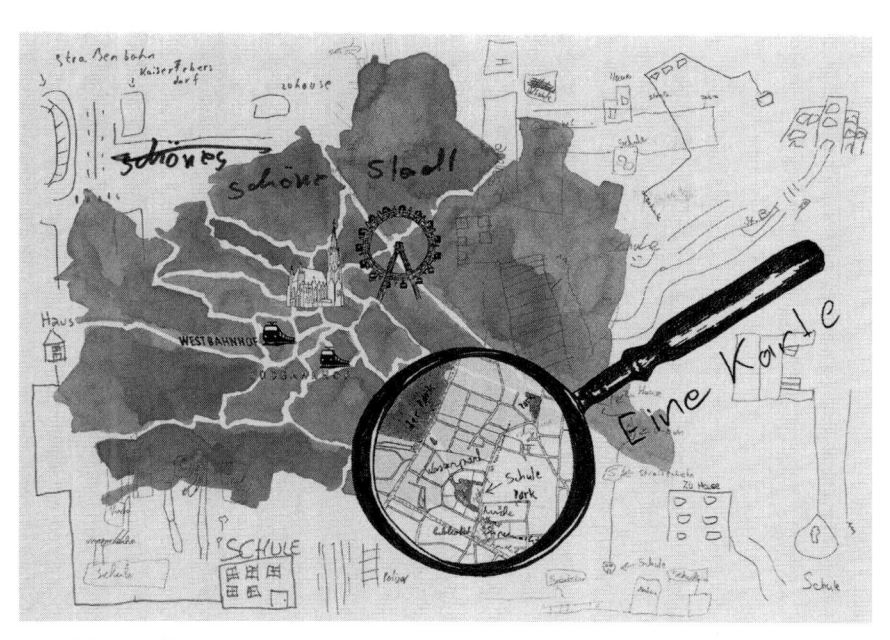

Abb. 3: Schule Simmering (Map)

Neue Mittelschule – Dr. Bruno Kreisky-Schule, 1110 Wien
Studierende: Veronika Suschnig, Ronja Hye, Bahareh Mohammadi
Kommentar: Den Kindern im Alter von elf bis 14 Jahren gefällt es im Grätzl sehr gut. Sie nehmen „ihre" Stadt als sehr grün wahr, da es in ihrer unmittelbaren Umgebung viele Parks und Gärtnereien gibt. Aus diesem Grund wurde die Karte „grün" gestaltet und mit den Zeichnungen der SchülerInnen, die den Schulweg darstellen, collagiert. Die Lupe kennzeichnet die Schule, die Kreuze markieren wichtige Orte der jungen Erwachsenen. Stephansdom, Prater und Bahnhöfe, die außerhalb des Grätzls liegen und wichtig sind, wurden ebenfalls aufgenommen. Die Mischung aus Malereien und Zeichnungen mit dem abstrahierten Plan von Wien soll der kindlichen Wahrnehmung entsprechen und ihren Mikrokosmos in Wien verorten.

Abb. 4: Schule Kagran (Map)

Berufsschule für Gartenbau und Floristik, 1220 Wien
Kommentar: Der collagenartige Wienplan, stellt die spezifische Wahrnehmung aus Sicht von 15- bis 17-jährigen BerufsschülerInnen dar. Die Karte illustriert, wie die Befragten den Stadtraum wahrnehmen bzw. nutzen und thematisiert die Lage der Schule in Relation zum Zentrum. Beinahe alle SchülerInnen bezeichnete das Donauzentrum als einen der wichtigsten Orte jenseits von Zuhause und Schule. Weiters hat sich gezeigt, dass die Schule als abseits gelegen wahrgenommen wird, da viele der SchülerInnen pendeln. Ein weiterer oft erwähnter Ort ist der Schulgarten. Das Bedürfnis, die innerstädtischen Bezirke zu nutzen ist kaum bis gar nicht vorhanden und es zeichnet sich deutlich das Bild ab, dass das Donauzentrum für die gesamte Umgebung als lokales Zentrum fungiert.

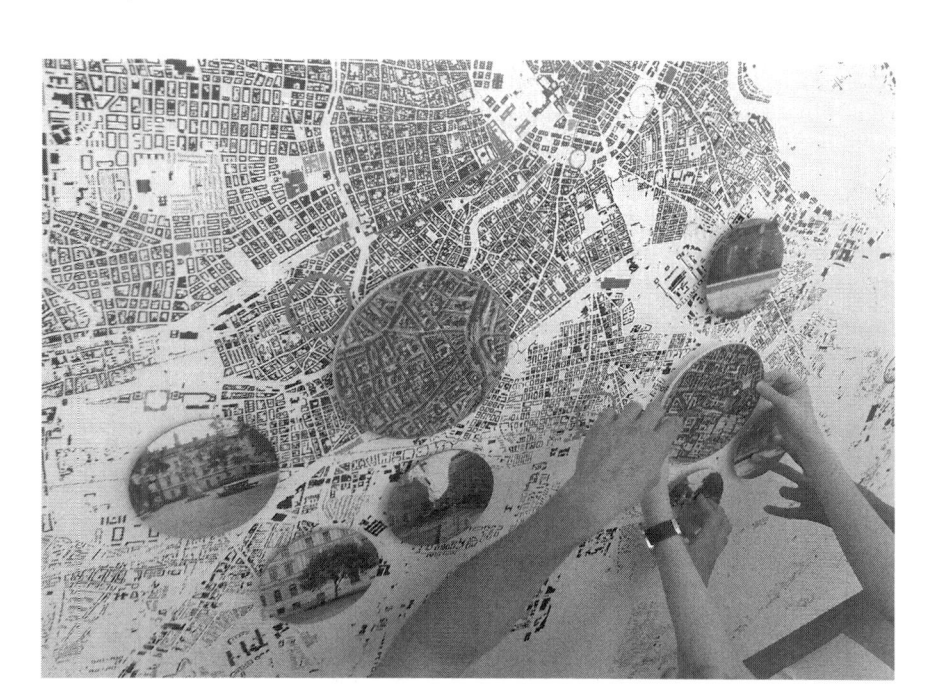

Abb. 5: Making of „Bilder der Stadt kartieren", Foto: Antje Lehn

Abb. 6: Atlas unsichtbarer Räume

Im Projekt „Atlas unsichtbarer Räume" wurde diese „Weltkarte der Schulumgebung" von einer Gruppe von SchülerInnen einer Schule im 15. Wiener Gemeindebezirk gemeinsam erstellt. 2015, Foto: Antje Lehn.

Literatur
Barthes, R. (1981): Das Reich der Zeichen. Frankfurt am Main: Suhrkamp.
Békési, S./Doppler, E. (Hrsg.) (2017): Wien von oben. Die Stadt auf einen Blick. Wien: Metroverlag.
Brinkmann, M./Westphal, K. (Hrsg.) (2015): Grenzerfahrungen: Phänomenologie und Anthropologie pädagogischer Räume. 2. Aufl. Weinheim und Basel: Beltz Juventa.
Certeau de, M. (1988): Kunst des Handelns. Berlin: Merve.
Coelen, T./Heinrich, A. J./Million, A. (Hrsg.) (2015): Stadtbaustein Bildung. Wiesbaden: Springer VS.
Daum, E.: Subjektives Kartographieren. Zugriff am 05.01.2014 unter http://www.sozialraum.de/subjektives-kartographieren.php
Dickel, M. (2015): Sehendes Sehen. Zur Praxis visueller Vermittlung. In: A. Schlottmann/J. Meiggelbrink (Hrsg.): Visuelle Geographien. Zur Produktion, Aneignung und Vermittlung von RaumBildern. Bielefeld: transcript, S. 243–258.
Gaugele, E./Kastner, J. (Hrsg.) (2016): Critical Studies. Kultur- und Sozialtheorie im Kunstfeld. Wiesbaden: Springer VS.
Hofmann, R. (2015): Urbanes Räumen. Pädagogische Perspektiven auf die Raumaneignung Jugendlicher. Bielefeld: transcript.
Holzbrecher, A. (2004): Interkulturelle Pädagogik. Berlin: Cornelsen.
Koller, H.-Ch. (2011): Bildung anders denken. Einführung in die Theorie transformatorischer Bildungsprozesse. Stuttgart: Kohlhammer.
Köster, W. (2007): Raum. In: R. Konersmann (Hrsg.): Wörterbuch der philosophischen Metaphern. Darmstadt: Wissenschaftliche Buchgesellschaft, S. 274–292.
Lang, S. (2014): Zwischen Fakt und Fiktion. Partizipative (Gegen-)Räume als Stätten kollaborativer Wissensproduktion. In: K. Westphal/U. Stadler-Altmann/S. Schittler/W. Lohfeld (Hrsg.): Räume Kultureller Bildung. Nationale und transnationale Perspektiven. Weinheim und Basel: Beltz Juventa, S. 216–220.
Löw, M. (2001): Raumsoziologie. Frankfurt am Main: Suhrkamp.
Lynch, K. (1965/2007): Das Bild der Stadt. Basel: Birkhäuser.
Meyer-Drawe, K. (1996): Vom anderen lernen. Phänomenologische Betrachtungen in der Pädagogik. In: M. Borelli/J. Ruhloff, (Hrsg.): Deutsche Gegenwartspädagogik. Band II. Baltmannsweiler: Schneider Hohengehren, S. 85–98.
Rosenberger, K. (2015): Schularchitektur in Bewegung – die räumlich-materielle Seite schulischen Lernens. In: C. Reisenauer/N. Ulseß-Schurda (Hrsg.): Das Ende der Schule, so wie wir sie kennen. Schlaglichter auf den Umbau der Schule von einer disziplinargesellschaftlichen zu einer kontrollgesellschaftlichen Institution. Innsbruck: StudienVerlag, S. 148–159.
Rosenberger, K./Lindner, D./Hammerer, F. (Hrsg.) (2016): SchulRäume. Einblicke in die Wirkkraft neuer Lernwelten. Innsbruck: StudienVerlag.
Sattler, E. (2009): Die riskierte Souveränität. Erziehungswissenschaftliche Studien zu modernen Subjektivität. Bielefeld: transcript.
Schlottmann, A./Migglbrink, J. (Hrsg.) (2015): Visuelle Geographien. Zur Produktion, Aneignung und Vermittlung von RaumBildern. Bielefeld: transcript.
Stadt Wien MA23 (2016): Zugriff am 01.02.2016 unter https://www.wien.gv.at/statistik/arbeitsmarkt/tabellen/einkommen-gesamt-bez.html
Stern, A. (2014): Geteilte Räume des Nicht-Wissens. Studierende der Kunstpädagogik erproben ortsspezifische und performative Strategien mit Grundschulkindern – ein Projektbericht. In: K. Westphal/U. Stadler-Altmann/S. Schittler/W. Lohfeld (Hrsg.): Räume Kultureller Bildung. Nationale und transnationale Perspektiven. Weinheim und Basel: Beltz Juventa, S. 174–182.

Waldenfels, B. (2002): Bruchlinien der Erfahrung. Phänomenologie, Psychoanalyse, Phänemenotechnik. Frankfurt am Main: Suhrkamp.
Waldenfels, B. (2004): Phänomenologie der Aufmerksamkeit. Frankfurt am Main: Suhrkamp.
Waldenfels, B. (2006): ‚Ordnungen des Suchtbaren. Zum Gedenken an Max Imdahl'. In: G. Böhm, (Hrsg.): Was ist ein Bild? München: Fink, S. 233–252.
Waldenfels, B. (2010): Sinne und Künste im Wechselspiel. Modi ästhetischer Erfahrung. Frankfurt am Main: Suhrkamp.
Westphal, K./Jörissen, B. (Hrsg.) (2013): Vom Straßenkind zum Medienkind. Raum- und Medienforschung im 21.Jahrhundert. Weinheim und Basel: Beltz Juventa.
Westphal, K./Stadler-Altmann, U./Schittler, S./Lohfeld, W. (Hrsg.) (2014): Räume Kultureller Bildung. Nationale und transnationale Perspektiven. Weinheim: Beltz Juventa.

Räumliche Differenzerfahrungen und ihre bildende Bedeutung.
Oder: Lernen verAntwOrten

Evi Agostini

> „Das – unermeßliche – Werk von Bachelard, die Beschreibungen der Phänomenologen haben uns gelehrt, daß wir nicht in einem homogenen und leeren Raum leben, sondern in einem Raum, der mit Qualitäten aufgeladen ist, der vielleicht auch von Phantasmen bevölkert ist."
> (Michel Foucault 1992, S. 37)

1 Raumerfahrungen im Spannungsfeld von Finden und Erfinden

Auf gewisse Weise ist es ein Wagnis, Raum in Zusammenhang mit Lernen oder Bildung zu thematisieren. Die Gefahr besteht zum einen darin, vorschnell von vorgängig gedachten Raumanordnungen und behavioristischen Reiz-Reaktions-Schemata auszugehen. Raum würde in dieser Perspektive lediglich als physisch-materielles Substrat begriffen, das menschliches Verhalten durch einen Außenweltreiz direkt beeinflusst. Die Annahme der anderen Polarität, die Vorstellung eines konstruierten Raumes, würde andererseits in konstruktivistisch orientierten Raumentwürfen gipfeln, welche einen Menschen in den Mittelpunkt stellen, der sich als selbsttätiger Gestalter Räume aktiv aneignet. In beiden Extremen würde der Lern- und Bildungsgedanke obsolet, da entweder der determinierte Erwerb kultureller Muster oder aber die eigenverantwortliche Selbstkonstruktion im Mittelpunkt stünden. Zugespitzt formuliert würde Lernen nach dem einen Extrem lediglich als reines Finden eines „Dinges an sich", im Sinne eines noch durch keinerlei Vorverständnis konstituierten ursprünglichen „Gegebenen" gefasst werden. In der Gegenposition würde es als reines Erfinden, als bloß Gedachtes eines Bewusstseins gedeutet werden, das sich vorwiegend auf eigene Projekte und Konstruktionen stützt (vgl. Agostini 2016a, S. 105f.). In beiden Sichtweisen würde Fremdes und Anderes von vornherein zum Verstummen gebracht und die Generierung eines neuen Sinnes damit letztlich verhindert. Im Gegensatz dazu untersucht Gaston Bachelard (1987) in seiner „Poetik des Raumes" den Raum als *erfahrbares Etwas* in all seinen empfindungsmäßigen Facetten. Für ihn sind Räume erspürte, erinnerte oder imaginierte Ausgedehntheiten, die auf ihre symbolische Bedeutung für den *gelebten Raum* hin analysiert werden müssen. In seiner Mutmaßung, dass erfahrene Räume mit aller Parteinahme der Einbildungskraft perzipiert werden, trägt er der Verflochtenheit der Menschen mit der Welt Rechnung. Der vorliegende Beitrag fokussiert, inspiriert durch Bachelards Raumanalyse, vor allem auf die Frage, *wie schulische* Räume *wahrgenommen* werden und welche *differenten Erfahrungen* in diesen Raumwahrnehmungen auftreten, wobei die Bedeutung der Begriffe „wahrnehmen" und „erfahren" zu klären ist und wie diesen Differenzerfahrungen ein angemessener Raum gewährt werden kann.

Geht man davon aus, dass der wahrgenommene Raum sowie Erfahrungen von Dingen jeweils ein differentes Realitätsurteil einfordern, so kommt man mit Martinus J. Langeveld (1956, S. 91) zu dem Schluss: „Die Welt und die Dinge in der Welt fordern uns heraus." Menschen stehen Dingen nicht lediglich als distanzierte BeobachterInnen gegenüber, sondern bringen in räumlichen Wahrnehmungen und differenten Erfahrungsweisen ihr *erlebtes Verhältnis* mit der Welt zum Ausdruck. So sind Räume und ihre Gegenstände den Menschen in ihrer Wahrnehmung alles andere als neutral gegeben. Während Erwachsene häufig aus ihrer eigenen habituellen Verflochtenheit heraus Differenzen in der Begegnung mit den Dingen einfach übergehen, ist insbesondere Kindern dieses präreflexive Angesprochen-Sein von den Gegenständen ihrer Lebenswelt keineswegs fremd (vgl. Stieve 2008). „Irgendeine Dingeigenschaft appelliert an uns, und der Gegenstand spricht uns sozusagen im Gerundivum an: der Gegenstand verlangt von uns, dass wir etwas mit ihm tun: [...] das Runde fordert auf zum Rollen, das Dünne zum Recken, Biegen und Peitschen usw." (Langeveld 1956, S. 95f.) Wie also mögen wohl Dinge auf SchülerInnen wirken? Welche differenten Erfahrungen machen sie im Umgang damit? Welche situativen, relationalen, sozialen und leiblichen, welche institutionellen, imaginativen und hörbaren Räume öffnen sich in verstehender und nachvollziehender Perspektive? All diese Fragen fließen nachfolgend in die Reflexion einer Vignette ein. Die leitende These dabei ist, dass räumliche Erfahrungen der Differenz die Menschen mit einer grundlegenden Fremdheit gegenüber sich selbst und gegenüber der Welt konfrontieren und (schulisches) Lernen allererst ermöglichen. Der Reichtum an Raumqualitäten und die mannigfaltigen Dinge der Welt fordern bestimmte Handlungen heraus, indem sie auf Menschen eine anziehende, anregende, irritierende oder abstoßende Wirkung ausüben sowie dadurch ihren Erwartungen zuvorkommen. Erst in der Antwort wird das, was sie in Anspruch genommen hat, zum Ausdruck gebracht und damit von der Möglichkeit in die Wirklichkeit überführt. Die dabei gemachte Erfahrung der Differenz zwischen Anspruch und Antwort ist die Bedingung der Möglichkeit von Lernvollzügen (vgl. Stieve 2013). Dieser Überzeugung schließen sich die folgenden Überlegungen an. Ein Wissen um Grenzen und Möglichkeiten von räumlichen Differenzerfahrungen zeigt sich dabei unvermittelt in schulischen Situationen selbst und überschreitet damit die Reichweite verbalen Begreifens. Wird über räumlich strukturierte pathische Erfahrungen gesprochen, ohne das Ungewusste, Präreflexive und Nonverbale des Erfahrens mitzudenken, wird nur ein Teil dessen erfasst, was sich Menschen durch Erfahrung schenken. Notwendig ist deshalb eine Betrachtungsweise, welche davon ausgeht, dass Menschen vor aller Reflexion bereits mit den Dingen und Räumlichkeiten verwoben sind. Phänomenologisch orientierte Vignetten als „kurze prägnante Erzählungen, die (schulische) Erfahrungsmomente fassen" (Schratz/Schwarz/Westfall-Greiter 2012, S. 34) ermöglichen diesen präreflexiven Blick.

Nach diesen einleitenden Worten zu Raumerfahrungen erfolgt zunächst ein Abriss zu ausgewählten Raumkonzepten, die nach den Prinzipen der „Moderne" verwirklicht, physischem Raum sowie Dingen eine zentrale Erziehungs- und Lehrfunktion einräumen. Dass die mit den Räumen und Gegenständen verknüpften Ziele nicht immer mit den von den ErzieherInnen intendierten Lernergebnissen übereinstimmen, weil Differenzen des Menschen mit der Welt effizient umgangen werden, wird Fazit des zweiten Kapitels sein. Zu zeigen sein wird in diesem Zusammenhang, wie unter den Schlagworten der Eigenverantwortung und Selbsttätigkeit behavioristische Reiz-Reaktions-Schemata – und damit einhergehend die Wahrnehmung von Räumlichkeiten als physische Substrate – ihre Verwirklichung erfahren, kreative Lernformen hingegen eher vernachlässigt werden. Drittens wird anhand von einer Unterrichtsvignette in einer Vignetten-Lektüre unterschiedlichen Erfahrungsräumen der *bildenden Differenz* nachgegangen. Rückgebunden werden diese Ausführungen viertens an der pädagogisch-ethischen Haltung einer kritischen VerORTung, die bei jeglichem Wahrnehmen, Erfahren und Forschen eine Rolle spielt. Diese wissenschaftliche Verortung, die sich als verantwortungsvolle und der Selbstkritik bedürftige Tätigkeit erweist, kommt im Zuge der Vignetten-Lektüre beispielhaft zum Einsatz und schließt mit Überlegungen dazu, wie Erwachsene, insbesondere Lehrpersonen lernen können, die ihnen fremde Sicht der Kinder und Jugendlichen wahrzunehmen und sich damit selbst der räumlichen Differenzen im Umgang mit der Welt wieder bewusst zu werden.

2 Modellierung des (physischen) Raumes: Schule zwischen Selbststeuerung und Gewöhnung

Als Horizont des Vorbegrifflichen sind Metaphern sensibler für das Unausdrückliche, entziehen sich damit jedoch zugleich ihrer vollständigen Verbegrifflichung und Zurwortbringung (vgl. Blumenberg 1999). Raum ist eine Metapher *par excellence*. Als generative Metapher (vgl. Johnson/Lakoff 1980) ist sie auf ein leiblich-räumliches Orientieren angewiesen. Dabei muss die Metapher

Raum als Resultat historischer Prozesse und sozialer Interaktionen gefasst werden, als Kategorie, welche von Machtbeziehungen mit bestimmten Wirkungen durchzogen ist. Während beispielsweise im Mittelalter anthropozentrisch-relative Vorstellungen von Raum im Vordergrund standen, erfolgt in der Neuzeit ein grundlegender Wandel des Raumverständnisses. Angenommen werden ab diesem Zeitpunkt physikalisch-objektive und damit vom Menschen unabhängige Raumvorstellungen. Das Konstruktionsprinzip des Panoptikums kommt in diesem Zusammenhang als *das* Beispiel des „modernen" Erziehungs- und Bildungsgedankens der Neuzeit in den Blick. Nachfolgend wird die Modellierung des (physisch-objektiven) Raumes im Spannungsfeld von Selbststeuerung und Gewöhnung an drei Beispielen veranschaulicht: Während beginnend Schule als panoptischer Raum eine Thematisierung erfährt, werden anschließend die Lernmaterialien nach Maria Montessori diskutiert, die räumlich in einer vorbereiteten Umgebung arrangiert werden und dadurch Lernen veranlassen sollen. Abschließend wird ein aktuelles Schulraumprojekt der Stadt München vorgestellt. Dieses weist, wie sich zeigen wird, in seiner nach heutigen Maßstäben „innovativen" Ausrichtung Parallelen zum Panoptikum auf. Aufgezeigt werden soll, dass Raum sowie Dinge ab der sogenannten „modernen Pädagogik" immer schon eine bildende Funktion ausüben sollten und (implizit) mit Lernen in Zusammenhang gebracht wurden. Infrage steht, *welches* Lernen (tatsächlich) gemeint ist und welches *Wissen über Lernen* dadurch in pädagogischen Räumen generiert wird? Zu zeigen sein wird, dass sich unter den Schlagworten von Eigenverantwortung und Selbsttätigkeit durchaus nach wie vor behavioristisch orientierte Lernformen fortsetzen können.

2.1 „Moderne" Lernräume? Die Schule als Disziplinaranstalt nach Jeremy Bentham

> „Die Sitten reformiert – der Gesundheit einen Dienst erwiesen – das Gewerbe gestärkt – die Methoden der Unterweisung verbessert – die öffentlichen Ausgaben gesenkt – die Wirtschaft gleichsam auf ein festes Fundament gestellt – der Gordische Knoten der Armengesetze nicht durchschlagen, sondern gelöst – all das durch eine einfache architektonische Idee!"
> (Jeremy Bentham 2013, S. 8)

Der britische Philosoph Jeremy Bentham, Begründer und Vertreter des Utilitarismus, prägte im 18. Jahrhundert ein architektonisches Konstruktionsprinzip, das in seinen Augen die Überwachung vieler Menschen in ganz unterschiedlichen Gebäuden von einem einzigen Standpunkt aus möglich macht: vom Standpunkt des Panoptikums. Als Beispiele dafür nennt er „Gefängnisse, Armenhäuser, Lazarette, Fabriken, Manufakturen, Hospitäler, Arbeitshäuser,

Irrenhäuser oder Schulen" (Bentham 2013, S. 7). Die Insassen des kreisrunden Gebäudes können weder den/die BeobachterInnen noch sich selbst gegenseitig sehen, allein ein Wächter im Turm hat alle im Blick. Von diesem zentralen Beobachtungsturm gehen die Zelltrakte in einer sogenannten „Strahlenbauweise" ab (vgl. ebd., S. 13 ff.). Mit dem Panoptikum zielte Bentham darauf ab, die Gefängnisse zu reformieren bzw. zu privatisieren, sowie ein Aufbegehren der Menschen zu verhindern. Weil die Einzelnen damit rechneten, dass sie gesehen werden könnten, weil sie glaubten, dass die Überwachung aufgrund der ausgefeilten räumlichen Anordnung permanent stattfindet, begannen sie sich entsprechend regelkonform zu verhalten. Im Sinne des Utilitarismus und der damit verbundenen zweckorientierten Ethik sollten die Untertanen durch ihr angepasstes Verhalten der Gesellschaft (bzw. den Regierenden) den größtmöglichen Nutzen erbringen. Unter dem Deckmantel der Aufklärung wurde damit eine Form der Vernunft propagiert, die zu wissen glaubt, was das Beste für den Menschen sei.

Die Räume innerhalb des Gebäudes sind so konzipiert und angelegt, dass die Besserung der Menschen durch die Gewöhnung an regelkonforme Verhaltensweisen unterstellt wird. Durch absolute Isolierung, allseitige Überwachung, minutiöse Beobachtung und Protokollierung, strikte Zuweisung und Kontrolle von Tätigkeiten, permanente Einübung von Bewegungsabläufen und ein effizientes System der Bestrafung und Belohnung werden die Augen der Anderen, die sehen, was man selbst nicht sehen kann, in den Leib der Menschen eingeschrieben (vgl. Grabau/Rieger-Ladich 2015, S. 91). Mit zunehmender Gewöhnung löst die Selbstüberwachung damit die Fremdüberwachung ab. Das höchste Erziehungsziel des räumlichen Arrangements ist nach Bentham damit die (Selbst-)Disziplinierung des Menschen. In den Aufzeichnungen von Michel Foucault wird deutlich, dass die panoptischen Prinzipien von der bürgerlichen Gesellschaft aufgegriffen wurden und ab Ende des 18. Jahrhunderts die Verwandlung der Schule in einen panoptischen Disziplinarraum stattfand (vgl. ebd.). So finden sich die Prinzipien der Überwachung, die im 18. Jahrhundert angelegt wurden, zum Zwecke der Kontrolle, Ordnung und Leistungssteigerung auch heute noch in formalen Bildungsinstitutionen wieder. Nach wie vor in Schulen vorherrschend sind die räumliche und zeitliche Strukturierung des Schulalltages, die Lenkung der Aufmerksamkeit hin auf die Lehrperson oder den jeweiligen Unterrichtsgegenstand sowie die damit einhergehende Separation bzw. Individualisierung, welche die Bedingung der Möglichkeit der aufmerksamen Beobachtung aller SchülerInnen darstellt. Ziel der neuen Raumgestaltung mit ihren machtförmigen Effekten ist ein Mensch, der sich beobachtet fühlt, und sich deshalb selbst diszipliniert sowie dadurch die Freiheit erwirbt, sich eigenverantwortlich und selbsttätig Neues anzueignen (vgl. Foucault 1977, S. 173 ff.).

2.2 „Kreative" Lernmaterialien? Maria Montessori und das schöpferische Kind

> „Sie liebten die Stille [...] und suchten sie als eine Quelle der Freude. Der Gehorsam entwickelte sich über verschiedene Stufen der Vervollkommnung zu einem ‚freudigen Gehorsam', einem Verlangen zu gehorchen, ähnlich dem der Hunde, die springen, einen Gegenstand wiederzuholen, den ihr Herr weit fortgeworfen hat."
> (Maria Montessori 1966, S. 42)

Dass Kontrolle und Ordnung, ähnlich wie bei Bentham, nutzbringende Freiheit schaffen sollen, durchzieht auch den Lern- und Bildungsgedanken der Reformpädagogik. Dabei sind es neben den Schlagworten der Selbsttätigkeit und Eigenverantwortung vor allem jene der Kreativität und der Schöpferkraft, die in Zusammenhang mit der Reformpädagogik häufig Verwendung finden. Als eine bekannte Vertreterin der doch sehr heterogenen reformpädagogischen Ansätze kann die italienische Medizinerin Maria Montessori genannt werden. Montessori geht davon aus, dass das Kind sich in einer adäquaten Umgebung zuallererst *selbst* hervorbringen und seine Persönlichkeit *aktiv* schaffen muss (vgl. Montessori 1992, S. 21 ff.). Dieses schöpferische Kind „bringt den Menschen hervor. [...] Das Kind formt von sich aus den zukünftigen Menschen, indem es seine Umwelt absorbiert" (ebd., S. 14).

Versucht man der lerntheoretischen Positionierung von Montessori auf die Spur zu kommen, so ergeben sich einige Differenzen zwischen der vorwiegend in der Sekundärliteratur (vgl. z. B. Becker-Textor 1994) vorherrschenden Propagierung des „schöpferischen" Kindes und der von Montessori in ihren Werken dargestellten anthropologisch begründeten Lern- und Bildungsvorstellungen (vgl. z. B. Montessori 1966; 1992). Eine erste Differenz in dieser Hinsicht ergibt sich allgemein im Hinblick auf die von den ErzieherInnen nach Montessori zu arrangierenden, vorbereiteten Umgebung und spezifischer im Hinblick auf die Montessori-Materialien. So ist kritisch anzumerken, dass in der Zielsetzung, die vorsieht, dass sich das Kind selbst hervorbringen soll, die ErzieherInnen scheinbar hinter den Dingen verschwinden, zugleich aber dennoch – oder gerade deshalb – einen entscheidenden Einfluss ausüben. Ihnen kommt in der Beschreibung Montessoris die Aufgabe zu, die räumliche Umgebung bestmöglich zu arrangieren sowie auf die Einhaltung des richtigen Umgangs mit dem Material zu achten. Nichts soll dem Zufall überlassen werden – Unbestimmtheiten und Unberechenbarkeiten sind nicht erwünscht (vgl. Grabau 2013, S. 179 ff.). Da versucht wird, den auffordernden Gegenstandsbezug der Montessori-Materialien auf einen einzigen möglichen hin einzuschränken, werden die Dinge ihrer Möglichkeit zum Appell und in der Folge ihrer *bildenden Differenz* beraubt. Die einseitige und auf einen einzigen Zweck zugespitzte Konzeption der Materialien steht damit im starken Widerspruch zur Aussage Montessoris, das Kind als „Schöpfer" zu sehen, das Neues zu erfinden in der Lage ist. Dabei sind die Montessori-Materialien in ihrer Aufforderung keineswegs eindeutig, wie beispielsweise Hilde Hecker und Martha Muchow (1931) ausführen. Sie erzählen davon, wie ein Junge mit den Klötzen, die zum Bauen einer Treppe vorgesehen sind, ein kubistisches Pferd anfertigte. Als die Leiterin ihn dreimal erfolglos aufforderte, die Treppe zu bauen, wurde ihm befohlen, die Klötze in den Schrank zu bringen (vgl. Hecker/Muchow 1931, S. 33 ff.). Montessori rechtfertigt sich damit, dass das Material Fehler kontrolliert, die auf entwicklungsbedingten Irrtümern beruhen (vgl. Montessori 1969, S. 171 ff.). Eine „missbräuchliche Benutzung des Materials" (ebd., S. 173) gelte es zu verhindern, was so viel bedeutet, dass etwa der Zylinderblock durch das Kind „wie ein Kärrchen gezogen [wird] oder Häuser mit den farbigen Seidenspulen gebaut werden, oder wenn Kinder auf den in eine Reihe gelegten Stangen laufen, sich einen Schnürrahmen wie eine Kette um den Hals legen und so fort" (vgl. ebd., S. 172f.). Montessori (1969, S. 173) fordert: „Hier muss dann die Lehrerin mit ihrer Autorität eingreifen, um der kleinen gefährdeten Seele beizustehen, um ihr bald sanft, bald energisch behilflich zu sein."

Die schöpferischen Prozesse sowie die gesamte kindliche Entwicklung sollen in der Rezeption Montessoris planmäßig mit der Hilfe einer räumlichen Ausgestaltung sowie ganz bestimmter Materialien verwirklicht werden. Dabei werden Fremdheitserfahrungen des Menschen mit der Welt effizient umgangen, sodass bildende Momente der Differenz gar nicht erst entstehen können. Trotz der Betonung Montessoris, dass es sich beim Kind um ein schöpferisches handelt, und der Rezeption ihrer Ideen, welche dieses Ideal vom kreativen Kind vor dem Hintergrund konstruktivistischer Lerntheorien diskutieren, ergibt sich durch die aufmerksame Lektüre ihrer Schriften eine andere Sichtweise auf Montessori und auf ihr Bild vom Kind. Im Grunde vertritt Maria Montessori eine *behavioristische Lerntheorie*. Nur dadurch ist die Funktion des Entwicklungsmaterials erklärbar[1] (vgl. Agostini 2016a, S. 100 ff.).

2.3 „Innovative" Raumkonzepte? Das Münchner Lernhaus

„Das Münchner Lernhauskonzept ist ein ganzheitliches Schul- und Raumprogramm, das Empfehlungen zur Pädagogik, zu den Räumen sowie zur Organisation und Leitung von Schule enthält: Es schafft die Grundlage dafür, dass Münchner Schulen wichtige Aspekte von Pädagogik heute umsetzen können: Ganztag und inklusiven Unterricht,

---

1 Mein Dank gilt Käte Meyer-Drawe für die Hinweise zum Missbrauch des Materials und dem strafenden Umgang damit (vgl. Montessori 1969, S. 172f.; Montessori 1966, S. 42).

schüleraktivierende Formen des Lernens und Lehrens, Fördern und Fordern, das Stärken von Selbstverantwortung und soziale Fähigkeiten."
(Landeshauptstadt München, Referat für Bildung und Sport 2017, S. 9)

Individualisierung und Differenzierung von Unterricht sind nach wie vor beliebte Schlagworte in der Schule. In diesem Zusammenhang ist meist auch die Rede von der idealen Lernumgebung, in welcher herkömmliche Unterrichtsmethoden umgangen und anhand von kreativen Ansätzen mehr Selbstverantwortung bei SchülerInnen sowie Lehrkräften, mehr Freiheit für die Unterrichtsgestaltung, enger Kontakt zwischen Lehrpersonen sowie SchülerInnen und nicht zuletzt altersübergreifender Unterricht verwirklicht werden können. Die Verwirklichung all dieser Prinzipien sieht auch das Raumprogramm zum Münchner Lernhauskonzept vor mit dem Ziel, durch die Auflösung der Schule in sogenannte „Lerneinheiten" Freiheitsspielräume kleiner Schulen hinsichtlich der Planung und Organisation zu nutzen (vgl. Landeshauptstadt München 2017, S. 11).

„Das Lernhaus ist wie eine kleine Schule in der großen Schule – mit eigenen Räumen, eigener Leitung und einer eigenen Planung und Organisation. Wie viele Lernhäuser eine Schule hat, ist unterschiedlich und hängt von der Größe der Schule und der Anzahl der Züge ab." (ebd., S. 9)

Jedes Lernhaus stellt eine eigene Einheit innerhalb der Lernhausschule dar. Während die Räume und Ausstattung im Lernhaus eine flexible Verwendung und Nutzung erfahren, sind sie zugleich offen für die unterschiedlichsten Funktionen und Lernsituationen. Die Anordnung der Räumlichkeiten ist dadurch charakterisiert, dass die Räume für die Lehrkräfte an jene der Klassenräume angrenzen, sodass ein kontinuierlicher gegenseitiger Austausch einfacher und rascher als in traditionellen Schulhäusern möglich ist. Die Gruppenräume können von allen genutzt werden. Generell gibt es keine ungenutzten Flächen. Die einzelnen Räume des Lernhauses sind in einem Kreis angeordnet. Die gemeinsame Mitte, auch „Forum" oder „Marktplatz" genannt, verbindet innerhalb eines Lernhauses alle Räume miteinander (vgl. ebd., S. 21). Von diesem Ort aus sind die meisten Klassen aufgrund ihrer Glaswände einsehbar. Sowohl zeitliche als auch räumliche Strukturelemente sind die Freiarbeit, der Epochenunterricht, die Leseschienen, das Stationentraining, die Lernwerkstatt sowie die Lerntheken (vgl. ebd., S. 32f.). Bei genauerer Betrachtung weist das Münchner Lernhauskonzept durch die Gestaltung und Anlegung der Räume sowie die offenen Unterrichtsformen und verwendeten Lernmaterialien sowohl Parallelen zum Panoptikum als auch zum Erziehungs- und Bildungsgedanken von Maria Montessori auf. Wie „innovativ" ist das Konzept damit wirklich?

> „Das Münchner Lernhaus ist ein Organisationsmodell. Es ist ein ganzheitliches pädagogisches Konzept, das die Fragen der räumlichen und sozialen Organisation miteinbezieht. Ziel ist es, ein zeitgemäßes und nachhaltiges Lernen und Lehren zu ermöglichen, das alle Kinder und Jugendlichen – auch mit Inklusionsbedarf – bestmöglich fördert und fordert." (ebd., S. 27)

Weitere Fragen, die vor dem Hintergrund des obenstehenden Zitats virulent werden, sind: Was genau meint „zeitgemäßes und nachhaltiges Lernen" (ebd., S. 27) in diesem Zusammenhang? Wie bzw. mit welchen Übergängen und Brüchen vollzieht sich dieses bei genauerer Betrachtung? Welche Gefahren können mit einer eigenverantwortlichen und selbsttätigen Arbeitsweise verbunden sein? Und: Welche Lern- und Lehrerfahrungen werden *wirklich* in Lernhäusern gemacht? Diese Fragen fallen aus der Ordnung des Diskurses rund um das Lernhauskonzept. Zu zeigen sein wird im Rahmen einer phänomenologischen Aufzeichnung, dass „moderne" bzw. „innovative" Raumkonzeptionen nicht ausreichen, um die Entstehung eines neuen Sinnes zu ermöglichen. Lernen findet immer dann statt, wenn Differenzen im Umgang mit den Dingen und Dimensionen des Räumlichen *nicht* umgangen werden. Dann, so die Annahme, kann sich Lernen in den unterschiedlichsten Orten und in der Konfrontation mit den ungewöhnlichsten Dingen ereignen.

3 Räumliche Erfahrungen der Differenz – eine pädagogische-phänomenologische Betrachtungsweise

> „In jeder Wohnung, sogar im Schloß, die Muschel des Anbeginns zu finden,
> das ist die erste Aufgabe des Phänomenologen."
> (Gaston Bachelard 1987, S. 31)

Indem bekannte und vertraute Orte wahrnehmungs- und handlungsbestimmend sind, leben Kinder und Jugendliche wie selbstverständlich in ihrer Lebenswelt (siehe hierzu auch neuere Studien im Anschluss an Martha Muchow zur Lebenswelt der Kinder und Jugendlichen, aber auch von SchülerInnen wie z. B. Mey/Günther 2015 und Westphal/Jörissen 2013). Sie tun bestimmte Dinge, ohne dass sie explizieren könnten, *warum* sie etwas tun. Dass sie sich als SchülerInnen auch in der Schule zurechtfinden, zeigt sich daran, dass sie in der Lage sind, gewisse Situationen zu antizipieren. Im Klassenzimmer können sie sich meist „blind" orientieren, sie wissen, wo die Türklinke ist und öffnen nach automatisiertem Schema den Schrank, um ihre Hefte aus dem Regal zu nehmen. Bereits bekannte Rechenoperationen oder Grammatikregeln führen sie mehr oder weniger ohne Zögern aus. All dies sind praktisch-räumliche Orientierungen, die sie sich im Laufe ihrer Schulzeit angeeignet haben und gewohnheitsmäßig ausführen. Wechseln sie die Klasse oder lernen Neues, so stellt sich nach einiger Zeit dasselbe Phänomen ein. Im praktischen Gebrauch und im besorgenden Umgang mit den Dingen zeigt sich eine besondere Form der Vertrautheit und Nähe. Nähe kann in diesem Zusammenhang nicht im Sinne von geometrischen Maßeinheiten begriffen werden. Das „Zuhandene", so Martin Heidegger (1993), befindet sich in der Nähe, wenn es „zur Hand" und damit zugänglich und verwendbar ist. Gegenstände erschließen sich dabei immer in einem bestimmten handelnden Umgang und aus einer bestimmten gewohnheitsmäßigen Praxis. Das Lineal dient dazu, *um zu* messen. Der Bleistift ist da, *um zu* schreiben. Das Buch wird genutzt, *um zu* lesen. Routinen und Gewohnheiten geben Sicherheit, schränken aber auch ein. Eingebettet in ein lebensweltliches Wissen muss die präreflexive „Um-zu'-Struktur" (Heidegger 1993, S. 68) zuallererst in ihrer praktischen Bedeutung, in ihrem *Dazu* gestört werden, damit Momente der „Unzuhandenheit" (ebd., 73) und damit der Fremdheit und Andersheit zum Ausdruck kommen (vgl. ebd., 68 ff.) und Ordnungen überschritten werden können. Etwas wurde aufgrund von bereits gemachten lebensweltlichen Erfahrungen antizipiert, es hat die eigenen Erwartungen jedoch überraschenderweise übertroffen. Etwas zeigt sich damit in der eigenen Wahrnehmung *anders* als erwartet. Als Widerständiges und Außerordentliches bricht es in die vertraute Ordnung ein und wird dadurch allererst thematisch. SchülerInnen stoßen mit ihrem bisherigen Wissen an Grenzen, finden sich mit dem Vorgefundenen nicht mehr zurecht und müssen etwas Neues er-finden (vgl. Agostini 2016a). Dabei machen die Lernenden eine *„Erfahrung über die eigene Erfahrung"* (Meyer-Drawe 2013, S. 74; Herv. i. O.). Dies ist dann der Fall, wenn die Übereinstimmung zwischen ihren Intentionen und den Vollzügen nicht mehr gegeben ist. Wir kennen diesen Umstand aus unzähligen Alltagserlebnissen, beispielsweise, wenn wir mit unserer Hand ins Leere greifen oder auf den Stufen einer Treppe stolpern, weil sie nicht nach der von uns verinnerlichten Norm gestaltet wurden (vgl. Meyer-Drawe 2010, S. 8). In diesem Prozess der Erfahrung werden unangemessene Antizipationen, welche sich aufgrund eines Vorwissens bilden, enttäuscht und gelangen damit zu Bewusstsein. In dieser *negativen Erfahrung*[2] ereignet sich somit eine aktuelle Erfahrung, die hinsichtlich der alten Erfahrung eigentlich „gemacht" wird. Lernen selbst ereignet sich folglich erst in einer nachträglichen, reflexiven Rückwendung auf das Vorverständnis, in einer Konfrontation mit dem in den Erfahrungen wirksamen Vorwissen. Zusammenfassend kann festgehalten werden, dass nur dann

---

2 „Negativität" wird im Sinne einer Funktion und nicht einer normativen Bewertung der Erfahrungsinhalte verstanden: So kann sich das Unerwartete im Erwarteten, das sich als das fruchtbare Moment im Lernprozess erweist, im Sinne einer Störung der Antizipation, sowohl als stolperndes Misslingen als auch als überraschendes, unverhofftes Gelingen zeigen (vgl. Agostini 2016a, S. 19).

eine Erfahrung gemacht bzw. gelernt wird, wenn man genötigt wird, das eigene Vorwissen aufgrund der neuen Erfahrung umzustrukturieren, sodass es zu einem „Wandel der ‚Einstellung', d.h. des ganzen Horizonts der Erfahrung" (Buck 1989, S. 47) kommt. Dieser Prozess des Lernens ist äußerst produktiv, hat jedoch auch die Hilflosigkeit der Lernenden zur Folge, da im Vollzug des Lernens nicht nur das eigene Wissen infrage gestellt wird, sondern auch die eigene Person. So stoßen die Lernenden mit ihren bisherigen Erfahrungen, ihrem Wissen und Können an ihre Grenzen. Bislang gewohnte Ordnungen ihres Selbst- und Weltverständnisses, vermeintliches Wissen über Dinge, den Anderen, aber auch über sich selbst greifen nicht länger (vgl. Meyer-Drawe 2013, S. 68; Meyer-Drawe 2010, S. 8). Die SchülerInnen machen die eigentümliche Erfahrung, dass es in Bezug auf die Welt mehr zu erfahren gibt, als ihnen jetzt schon zugänglich ist. Dabei sind es die „Dinge selber [...], die sich uns kundtun und uns über sie belehren" (Buck 1989, S. 13). Ein neuer Sinn nimmt seinen Ausgang, der nicht nur den Blick auf die Welt, sondern auch auf uns selbst grundlegend verändert.

Lernen meint in diesem Sinne „eine Art ‚Erwachen', das Aufgehen des Sinns *in statu nascendi*" (Meyer-Drawe 2010, S. 8; Herv. i. O.). Diesem Ereignis der Geburt von Sinn gilt bei einer phänomenologischen Sicht auf Lernen unsere Aufmerksamkeit. Als „eine alles durchdringende Dimension [...], als ein ‚Index', der jedem Aspekt oder Teil dessen, was wir ‚Welt' nennen, anhaftet" (Coenen 1987, S. 40), ist er in viele Momente von Wahrnehmung verflochten. Sinn kann sich bilden, umbilden oder zerfallen. Sinn ist situationsimmanent, zeitlich und mehrdeutig. Er entfaltet sich im Zusammenspiel von Bewegungen, Gesten und Blicken und entzündet sich an der Leiblichkeit des Menschen und der Sinnlichkeit der Dinge. Innerhalb des Kontextes Schule insbesondere von Interesse ist diese Genesis von Sinn im Übergang von einem „lebensweltliche[n] *Auskennen*" zu einem „wissenschaftliche[n] *Erkennen*" (Meyer-Drawe 1996, S. 88; Herv. i. O.). Schulisches Lernen ist vor allem durch diesen Übergang charakterisiert. In der Schule werden Kinder und Jugendliche oftmals mit Strukturen konfrontiert, die lebensweltlich nicht erfahrbar sind, da sich die abstrakte Bedeutung von ihrer sinnlich-präreflexiven Veranschaulichung emanzipiert hat und sich nur schwer an das lebensweltliche Vorwissen rückbinden lässt. Dabei graviert wissenschaftliches Wissen und Können lediglich eine neue, erfinderische Gestalt in vertraute Verwendungszusammenhänge ein und macht es damit auf neue oder andere Art und Weise zugänglich (vgl. Meyer-Drawe 1987). Im Lernen muss dieser erfinderischen Kluft zwischen den beiden Wissensformen Rechnung getragen werden. Insbesondere die Beachtung des erfinderischen Moments, welcher im Übergang von einem lebensweltlichen zu einem wissenschaftlichen Wissen entsteht und durch räumliche Erfahrungen der Differenz provoziert werden kann, setzt Möglichkeiten zur schöpferischen Mitgestaltung von Unterricht frei, weil SchülerInnen Verwendungsmöglichkeiten ausprobieren können, ohne dass Ergebnisse von einem immer schon feststehenden und erwünschten Ende her gedacht werden. Wie genau kann man sich jedoch diesen produktiven Erfahrungen der (räumlichen) Differenz mit all ihren Übergängen und Brüchen wissenschaftlich annähern?

3.1 Vignetten als räumliche und zeitliche Narrationen des Lernens

Die wissenschaftliche Sprache stellt uns häufig weder ausreichend Plastizität noch Differenziertheit bereit, den Bedeutungsgehalt der erfahrenen Wirklichkeit in Umfang und Tiefe auszudrücken. Die Welt der Erfahrungen gehört zu jenen Sphären unserer Existenz, die uns so nahe sind, dass eine Trennung durch Verbalisierung kaum möglich erscheint. So äußern sich Erfahrungen stets leiblich, beispielsweise als Weinen, Lachen, Nervosität, durch Blässe, Herzklopfen, Schweiß oder Erröten. Sprache kann diese Erfahrungen dann am wirkmächtigsten transportieren, wenn sie passende Bilder findet, welche diese einzufangen vermögen. Dies ist insbesondere für jene Erfahrungen von Bedeutung, die uns mit Stummheit schlagen und dennoch bzw. gerade darin zum Ausdruck kommen. Einen Ausweg bilden Sprachbilder, durch welche Erfahrungen narrativ verdichtet werden und deren Bedeutung sich dadurch nicht auf begriffliche Ausdrücke festlegen lässt, sondern die gerade im literarischen Ausdruck einen anschaulichen Überschuss bereithalten, sodass in der Form einer Vergegenwärtigungsleistung Dinge, Situationen, aber auch Gefühle und Einstellungen aufgezeigt und imaginativ bekannt gemacht werden können (vgl. Gabriel 2010, S. 45f.). Diese Sprachbilder haben den Anspruch, in der Ausnutzung ihrer konnotativen Kraft, markante und einprägsame Bilder zu evozieren, um in der Folge auf analogischer Grundlage Gegenstände und Welt zu repräsentieren. Anhand von Sprachbildern überführen Vignetten leibliche Vollzüge in schöpferische Ausdrucksformate und verschaffen damit dem Lernen *als* Erfahrung (vgl. Meyer-Drawe 2010) einen pathischen Artikulationsraum. So greift der räumlich und zeitlich situierte Blick der Vignette ausgewählte, besondere Momente der Lernerfahrung in unterschiedlichen Klassenstufen und Fächern auf und transformiert diese in verdichtete Erzählungen. Dadurch wird die pathische Struktur der miterfahrenen Erfahrung prägnant beschrieben. Zur pathisch geprägten Sprache der Vignette gehören Elemente wie Tonfall, Tempo und Rhythmus, die immer *mehr* sagen als sich sprachlich fassen lässt. In der Beschreibung der Tonalität der Stimmen sowie in Mimik, Gestik, Haltung, Gangart, Kleidung und Körperschmuck kommt zum Ausdruck, was die Einzelnen in schulischen Situationen anspricht, anregt und auffordert, *bevor* es in Worte gefasst oder in Taten umgesetzt wird (vgl. Agostini 2017, S. 27f.). Vignetten verweisen damit auf eine Ausdruckssphäre, in der es Nischen, Winkel, Falten und Spalten für räumliche Erfahrungen der Differenz gibt. Anhand von

Vignetten kann der Reichtum an Raumqualitäten erfasst und sprachlich zum Ausdruck gebracht werden, was und vor allem *wie* wahrgenommen und erfahren wird. Die schöpferische Genese von Sinn, die sich beim Lernen in der Struktur eines „im Finden Erfinden" (vgl. Meyer-Drawe 1999/2000) ereignet, vollzieht sich auch im Lesen der Vignette und zwar als *erfinderische Wahrnehmung* von scheinbar alltäglichen Unterrichtsszenen. In der Vignetten-Lektüre (vgl. Agostini 2016b, S. 55 ff.) werden unterschiedliche Möglichkeiten aufgezeigt, wobei je nach LeserIn anderes aufgegriffen und schreibend in Wirklichkeit übersetzt wird.

3.2 Bildende Lernräume (um-)gestalten

Lernen findet stets in Räumen statt. In der Schule als dem institutionalisierten Ort des Lernens sind es Lernende und Lehrende, welche Umgebungen des Lernens gestalten, sich in ihnen und mit ihnen auseinandersetzen. Raum gestaltet Lernen, gewährt oder verbaut Möglichkeiten, sich mit sich selbst, den Anderen oder der Sache in Beziehung zu setzen und die Tür zu neuen Erfahrungsräumen aufzustoßen. Zugleich gestaltet Lernen auch Räume, verringert Abstände und ermöglicht die Beschreitung und Aneignung neuen Terrains. Als ein Sich-in-Beziehung-Setzen mit Anderen, aber auch mit sich selbst, ist der Begriff der Gestaltung zudem eng mit dem Gedanken der Bildung verknüpft. Die Fragen, in welchen Räumen bildende Lernerfahrungen stattfinden, wie räumliche Erfahrungen Lernen gestalten und lernend unterschiedlichen Möglichkeiten der bildenden Gestaltung Raum verschafft wird, werden nachfolgend im Sinne der phänomenologischen Methode der „exemplarischen Deskription" (vgl. Lippitz 2003, S. 44 ff.) anhand einer ausgewählten Unterrichtsvignette (aus: Baur/Peterlini 2016, S. 53) diskutiert. Dabei stehen insbesondere die folgenden Fragen im Vordergrund: Welche Erfahrungsdimensionen von Räumlichkeit – haptischer, akustischer, visueller, atmosphärischer, sozialer, relationaler und machtförmiger Art – werden gemacht? Welche bildenden Differenzen ergeben sich im Übergang von einem Erfahrungsraum zum nächsten? Die gewählte Unterrichtsvignette und die anschließende Vignetten-Lektüre rückt insbesondere die Erfahrungen des Schülers Holger einer integrativen ersten Klasse Mittelschule (6. Schulstufe) in Südtirol (Italien) in den Mittelpunkt der Betrachtungen.

3.2.1 Vignette: Hanna, Holger, Heiner, Frau Hansen und Frau Hainz

Vor Beginn des Tests sagt Frau Hansen: „So! Mappen bitte richten", woraufhin die SchülerInnen Mappen als Barrieren zwischen sich stellen, um das Abschauen zu erschweren. Hanna sagt halblaut, „ich bin aufgeregt." Frau Hainz sagt mit kühler Stimme: „Ihr braucht nicht aufgeregt zu sein." Dann wartet sie einen

Augenblick und spricht ein betontes, scharfes „Sssso!" aus. Während sie nun die Aufgabenstellung erklärt, dreht sich Holger zu Heiner um, spielt kurz mit dessen Kleber, legt ihn zurück, kramt dann in Heiners Griffelschachtel, nimmt dessen Feder, legt sie sich an die Wange und lacht. Dann erst schwingt er auf seinen Platz zurück. Frau Hainz gibt nun mit einem noch stärker betonten „Ssssso!" das Kommando für den Testbeginn. Holger hat ein eigenes Arbeitsblatt bekommen, anders als jenes der meisten ist es nicht farbig, sondern schwarz-weiß, die Aufgaben scheinen vereinfacht zu sein und viel größer geschrieben. Ein Teil der Aufgabe besteht darin, ein Kreuzworträtsel mit Begriffen für Körperteile von Tieren zu lösen. Holger weiß den Begriff Luftsack, aber da er ihn mit einfachem „k" schreibt (Luftsak), bleibt das letzte Buchstabenfeld leer. Er geht weiter. An der Tafel steht ein Hinweis, dass es keine Umlaut-Zeichen gibt, als Beispiel ist „ae statt ä" angeschrieben. Holger will „Schädel" einfügen, merkt, dass es zu kurz wäre, zögert diesmal, drückt eine Hand gegen die Stirn, dann löst er sie plötzlich, halblaut vor sich hinsprechend: „Ah, na, da muss man ja Um... ae schreiben." Er fügt nun „Schaedel" ein, geht im Arbeitsblatt zurück zu „Luftsak" und bessert es zu „Luftsack" aus (B2HS10).

3.2.2 Lektüre: Topoi des Lernens. Oder: Einräumen, umräumen, ausräumen, aufräumen

Eine Aufforderung hallt durch den Raum. Es ist Frau Hansen, die Integrationslehrerin der Klasse, welche durch ihre Anweisung „So! Mappen bitte richten" und einem „scharfen" „„Sssso!"" den Rahmen einer Testsituation absteckt und damit zugleich einen *akustischen Raum* öffnet. Durch die Anleitung zum Aufstellen der Mappen etabliert die zweite in der Klasse anwesende Lehrperson, die Naturkundelehrerin Frau Hainz, einen *Ordnungsraum*, einen Raum zwischen „richtig" und „falsch", „drinnen" und „draußen", der das gegenseitige Abschreiben der SchülerInnen (präventiv) verhindern soll. Indem die Lehrerin hierarchische Anweisungen in Kommandoform gibt und diese von den SchülerInnen widerspruchslos befolgt werden, konstituiert sich ein *Machtraum*, der sich in der hierarchischen Unterordnung der SchülerInnen manifestiert. Ein weiterer Raum, der sich in der Lektüre neben den bereits angesprochenen Räumen nacherfahrend öffnet, ist der *atmosphärische Raum*. Dieser zeigt sich in der Vignette insbesondere in der Tonalität der Äußerung der Schülerin Hanna, aber auch in jener der Lehrerin Frau Hainz, welche auf die halblaute Aussage von Hannah „ich bin aufgeregt" mit „kühler Stimme" antwortet oder aber an den einzelnen SchülerInnen, welche unterschiedlich von dieser emotional besetzten Prüfungssituation in Anspruch genommen werden und jeweils anders darauf antworten. Ein weiterer Raum ist erkennbar: Die Lehrerinnen und ihre Klasse befinden sich im *Klassenraum*. Dies ist der festgelegte Ort, an dem die SchülerInnen die Testarbeit lösen sollen. Diese räumliche Verortung in der Vignette zeugt von der dauerhaften Festlegung unterschiedlicher Räume für bestimmte Tätigkeiten und Personengruppen, mit vorgefertigten Abläufen und bestimmten Zielen. Damit einher gehen die Formalisierung des Lernens sowie die Institutionalisierung des Schulraumes als *dem* Ort des Lernens, der mithilfe didaktischer Arrangements zweckdienlich so gestaltet wird, dass er zum Lernen einlädt. Arrangements von Schulräumen gelten als Spiegelbild der menschlichen Vorstellungen über das Lernen (vgl. Bilstein 2007, S. 96). Ist es ein frontales Arrangement, welches alle Aufmerksamkeit auf die Lehrperson zu lenken versucht und es umgekehrt dieser erlaubt, jede/n einzelne/n der SchülerInnen in den Blick zu nehmen? Über die Formierung der Bänke und Stühle, welche die Positionen und Haltungen der SchülerInnen prädeterminieren, wird nur am Rande Aufschluss gegeben: Die Schulbank von Holger steht vor jener seines Mitschülers Heiner und lässt somit auf eine frontale Anordnung schließen. Die einzelnen Bänke scheinen relativ eng beieinander zu stehen. Holger orientiert sich fast „blind" im Raum, er kennt sich aus im Klassenzimmer, ihm ist es möglich, mit seinem Stuhl rasch vor- und zurückzuschwingen. Gewohnheitsmäßig führt er diese Bewegung aus und überschreitet eine soziale Grenze, als er nach den Arbeitsmaterialien seines Klassenkameraden Heiner greift. Die Dinge sprechen ihn an und fordern ihn auf, etwas mit ihnen zu tun. Holger verlässt den akustischen Raum der Lehrerin und erschließt sich einen *haptischen Raum*, indem er mit Griffelschachtel, Kleber und Feder hantiert. Während die Lehrerin die Aufgabenstellung für die Testarbeit erklärt, richtet Holger seine Aufmerksamkeit auf diese Gegenstände, eignet sie sich, zumindest für kurze Zeit, an: Er „spielt" mit dem Kleber, räumt ihn anschließend in die Griffelschachtel von Holger ein, räumt diese damit um aber auch auf, räumt anschließend einen anderen Gegenstand, die Feder, aus. Die Feder legt er sich an seine Wange, um schließlich mit seinem Stuhl wieder an seinen Platz zurückzuschwingen. Einräumen, ausräumen, umräumen, aufräumen… In der Vignette lassen sich nicht nur ein Umstellen und Verändern von Dingen und Grenzen, sondern auch eine Vielzahl von gelebten und belebten Räumen ausmachen, die in ihrer bildenden Bedeutung für ein Lernen *als* Erfahrung erschlossen werden können. Dazwischen breitet sich ein Zeit-Raum als zeitlicher Prozess der Verzögerung und Verschiebung aus, der die Gegenwart zerdehnt, sie vor- und nachdatiert und welcher von Sprüngen, Rissen und Brüchen durchzogen ist.

Inzwischen ist Frau Hainz mit ihren Erklärungen an ein Ende gelangt, mit einem weiteren, diesmal stärker betonten „Ssssso" kündigt sie den definitiven Testbeginn an und zwingt damit auch Holger zum Verlassen seines Erfahrungsraumes. Vor ihm auf dem Tisch liegt ein schwarz-weißes Arbeitsblatt. Das Arbeitsblatt von Holger unterscheidet sich sichtlich von den übrigen Arbeitsblättern, einerseits in der Art der Aufgabenstellungen, andererseits durch seine nicht farbigen, vereinfachten, viel größer geschriebenen Sätze. Die Lehrerinnen nehmen damit eine eigentümliche Grenzziehung, eine regelrechte Ein- und Ausgrenzung, vor (vgl. Waldenfels 2009, S. 77). Bemerkt Holger diese Differenz zwischen seinem und den anderen Arbeitsblättern? Macht er eine Erfahrung der relationalen Distanz, eine Erfahrung, aus welcher er selbst als Anderer hervorgeht? Ein *sozialer Raum* zwischen Holger und seinen MitschülerInnen tut sich auf, der Holger ausgrenzt, den Abstand zu den anderen SchülerInnen vergrößert und ihn in seiner sozialen Position festschreibt. Dieser relational gefasste soziale Raum ist über Beziehungen bestimmt und wird über die sozialen Praktiken des Raumes durch Verkörperung einverleibt. Diese Verkörperung praktischen Handelns zeigt sich am Vorgehen von Holger. Sein Habitus selbst zeigt sich in diesen Handlungsweisen an. Als selbstverständliche Grundhaltung des Menschen, sich zu sich selbst und der Welt, die er bewohnt und die ihn bewohnt (*habitat*), zu verhalten (vgl. Bourdieu 2001, S. 183), macht sich der Habitus im leiblichen Ausdruck bemerkbar. Holger scheint sich in sein Schicksal gefügt zu haben, einem Unterricht beizuwohnen, der keinen Ort lässt für Menschen, die andere zeitliche oder räumliche Gestaltungen zur Ausführung bestimmter Tätigkeiten benötigen. Unter den Schlagworten der Inklusion und Individualisierung werden Abweichungen normalisiert und in den Strom der Ordnung eingegliedert. Holger beginnt mit dem Kreuzworträtsel und stößt damit die Tür zu einem *wissenschaftlichen Raum* auf. Wissenschaftliches Wissen konstituiert sich im Übergang von einem „lebensweltliche[n] *Auskennen*" zu einem „wissenschaftliche[n] *Erkennen*" (Meyer-Drawe 1996, S. 88; Herv. i. O.). Als ein „bestimmte[r] Stil unserer Erfahrung" (Meyer-Drawe 1987, S. 7) bleibt es rückgebunden an unsere spezifisch lebensweltliche Wahrnehmungsweise. Dennoch ist es im Hinblick auf den Zeichengebrauch und den spezifischen Sprachstil exklusiv, unerbittlich und kompromisslos (vgl. ebd., S. 8). Diese Erfahrung macht in der Vignette wohl auch Holger, als das letzte Buchstabenfeld beim Einsetzen des Wortes „Luftsak" leer bleibt. Vor dem Hintergrund dieser Überlegungen kann die Tür zu einem weiteren, leiblich verfassten und pathisch gestimmten Erfahrungsraum, einem *Bewegungs- und Handlungsraum*, aufgestoßen werden. Holger überspringt die Aufgabe und geht zur nächsten Aufgabenstellung weiter. Er orientiert sich neu, möchte das nächste Wort einfügen und „zögert".

Alle bisher angesprochenen Phänomene thematisieren je spezifische Perspektiven des Räumlichen, wobei die verschiedenen Räume in einem einzigen Erfahrungszusammenhang stehen. Es ist der *situative Raum*, welcher sich durch die wechselseitige Durchdringung aller für eine konkrete Lebenslage relevanten Raumbeziehungen auszeichnet. Wie ein Brennglas integriert er alle mit Bedeutungen aufgeladenen Raummodelle in eine einzige leibliche Ordnung. In diesem Zögern zum Stillstand gezwungen, ist es diese bestimmte und bestimmende Situation, die nun in der Nacherfahrung dominiert. Ein Moment der Bewegungslosigkeit, ein Moment der Verzögerung tritt ein, der in der Antwort auf eine Herausforderung notwendigerweise entsteht (vgl. Waldenfels 2002, S. 59). Zeit und Raum scheinen für einen kurzen Moment auseinanderzutreten.

Eingebettet in diesen situativen Raum, werden Holger mehrere Handlungsmöglichkeiten offeriert: Welches Wort soll er einsetzen? Wie soll er weiter vorgehen? Soll er jemanden um Hilfe bitten? Ein Überschuss an situativen Möglichkeiten (vgl. Nietzsche 1974, S. 121), ein Mehr an Sinn, der eine Vielfalt von Antwortmöglichkeiten provoziert, zeigt sich an und verlangt nach einer erfinderischen Feststellung. Irgendwo im Raum, wahrscheinlich an der Tafel, scheint er seine Antwort gefunden zu haben. Holger verändert seine leibliche Ausgangsposition, er berührt seine Stirn, scheint eine Eingebung zu haben und schreibt „Schaedel" in die Buchstabenfelder. Plötzlich scheint alles ganz leicht zu gehen. Der „Luftsak" wird zum „Luftsack" und findet nun ebenfalls Raum in der vorgegebenen Ordnung. Nach dem Kennenlernen von ganz unterschiedlichen Erfahrungsräumen setzt sich Holger nun wieder mit den vorgegebenen schulischen Ordnungsvorstellungen auseinander. In den räumlichen Erfahrungen der (bildenden) Differenz war es die eigene Relation zu Selbst, Welt und Anderen, die modelliert und (um-)gestaltet wurde. Im „Sichfremdwerden" im „Zwischen von Eigenem und Fremden" (Dörpinghaus 2009, S. 9) wurden Grenzen überschritten und Möglichkeiten ausgelotet.

Für räumliche Erfahrungen der Differenz reichen nicht nur „innovative" Räume und möglichst ausgefeilte Materialien aus. Im Sinne der Produktivität des situativen Raumes, der stets mehrere Handlungsmöglichkeiten gleichzeitig anbietet, sind „innovative" Räume als Bildungsräume immer wieder neu zu schaffen und zu gestalten. Die Lernmaterialien sollten dabei so beschaffen sein, dass sie die unterschiedlichsten Nutzungsmöglichkeiten gewährleisten. Ein Wissen um Erfahrungsräume und ihre bildende Bedeutung kann dabei helfen, auch, um sich als Lehrperson für die eigenen und die fremden Differenzerfahrungen stets offen zu halten.

4 Lernen VerAntwOrten. Eine erfinderische VerOrtung

„Ich meine, der ideale Lehrer müßte jedes Meisterwerk,
das er in der Klasse durchnimmt,
beinahe angehen, als ob er es noch nie gesehen hätte."
(Ezra Pounc 1962, S. 106)

Das Thematisieren der verschiedenen Erfahrungen von räumlichen Orten und Verortungen anhand der Lektüre ist ein explikativer Nach-Vollzug über Differenzen. Innerhalb dieser Differenzen werden die Grenzen zwischen wissenschaftlichem, akustischem, haptischem, relationalem, sozialem, leiblichem und situativem Raum nach-spürend ins Bewusstsein überführt. Als Grenzreflexion dringt Phänomenologie an diese Erfahrungsgrenzen vor und lotet gerade darin Möglichkeiten des Überschusses und der Überschreitung aus. Anhand von phänomenologisch orientierten Vignetten können Vertrautheiten aufgestört, Selbstverständlichkeiten infrage gestellt und irritierenden Verweisungszusammenhängen ein zweiter Blick geschenkt werden. Indem sie Situationen und Dinge *verfremden*, bringen sie Lesende und ihr bisheriges Wissen in Abstand zu sich selbst, um gegen die „Macht der Gewohnheit" (Meyer-Drawe 2012, S. 10) ein kritisches Bewusstsein ins Spiel zu bringen. Dabei repräsentieren Vignetten die Verankerung in der Welt und den damit verbundenen Blickwinkel, d. h. sie fangen den Wahrnehmungsstil von leiblichen Wesen, von Forschenden im Forschungsprozess auf. Damit wird die Wahrnehmung innerhalb der Forschung ernstgenommen sowie die einseitige Konstruktion einer Wirklichkeit umgangen, die alle anderen Möglichkeiten zensiert, die zwar in der Welt wurzeln, aber nur sinnlich zu begreifen sind. Vignetten erinnern an einen Ausdrucksreichtum, innerhalb dessen die Wahrnehmung und Erfahrung des physischen Raumes nur eine Möglichkeit unter vielen ist.

> „Wir dürfen uns in der Wissenschaft nicht vormachen, mithilfe eines reinen und wortlosen Verstandes zu einem von jeglicher menschlichen Spur unberührten Gegenstand vorzudringen, wie Gott ihn sehen würde. Die Notwendigkeit der wissenschaftlichen Forschung wird dadurch nicht im Geringsten gemindert, sondern es wird lediglich der Dogmatismus einer Wissenschaft bekämpft, die sich für ein absolutes und vollständiges Wissen hält. Dadurch wird man einfach nur allen Elementen der menschlichen Erfahrung gerecht, insbesondere unserer Sinneswahrnehmung." (Merleau-Ponty 2006, S. 17, zit. in Meyer-Drawe 2010, S. 12)

Im Anschluss an Maurice Merleau-Ponty (2006) und Bernhard Waldenfels (2002), welche in kritischer Abgrenzung zu Edmund Husserl nicht das Bewusstsein, sondern die Leiblichkeit und damit den Leib *als Bedeutungskern* und *Subjekt der Wahrnehmung* in den Mittelpunkt ihrer Untersuchungen rücken, wurde am Beispiel einer Vignette aus dem Schulunterricht der Blick auf häufig vernachlässigte fremde Erfahrungen gelenkt. Diese fordern uns auf, irritieren, verstören und nötigen uns dadurch eine leibliche VerAntwOrtung ab (vgl. Lévinas 1992, S. 72 ff.), die sich nach Birgit Engel (2016, S. 454) in der Form einer „wahrnehmenden Zuwendung dem ‚Schicksal' der Betroffenen pädagogisch-forschend" annähert. Sie verweist damit auf die Möglichkeit, einen „pädagogischen Ethos" (Engel 2016, S. 454) in den forschenden Blick zu integrieren (vgl. ebd.). Leiblichkeit, aber auch Fremdheit werden in diesem Zusammenhang nicht als Makel, sondern als Bedingung der Möglichkeit von Lernen und damit von Erkenntnis begriffen. Diese Situiertheit wird aufgezeigt sowie Rechenschaft über die damit einhergehende Positionierung gegeben. Da es uns als leibliche Wesen versagt ist, an die Dinge selbst heranzureichen, sind die stummen Dinge nicht einfach zum Sprechen zu bringen. Wir brechen ihr Schweigen durch unsere Antwort auf sie (vgl. Meyer-Drawe 1993). Die Vignetten-Lektüre als Antwort auf den Anspruch der Vignette drückt unseren Kontakt zu Räumen, Dingen, aber auch zu den Anderen und immer auch zu uns selbst aus. Die darin erhaltene erfinderische Geste repräsentiert den Widerstand gegen eine vermeintlich vollständige Welt, die uns nichts mehr zu sagen hätte. Es ist dieser fremde Anspruch, der es in der Vignetten-Lektüre ermöglicht, eine Differenz zwischen das Wissen und die Überzeugung zu schieben, dass es keine nur einzig mögliche und zutreffende Sicht auf (bildende) Erfahrungsräume gibt.

Die phänomenologische Interpretation von Räumen und Dingen verdeutlicht, dass es sich beim Wahrnehmen, Erfahren, aber auch Forschen stets um ein *engagiertes* Sehen, Hören, Riechen und Fühlen handelt. Dieser phänomenologischen Weltsicht können auch Lehrpersonen etwas abgewinnen, sofern sie die Differenzen zwischen sich und ihren SchülerInnen nicht umgehen wollen. Ezra Pound (1962) plädiert für eine Lehre, die sich mit dem neuen, dem unbefangenen (beinahe) Anfängerblick – der nicht auf das Wiedersehen von bereits Bekanntem aus ist – verbündet. Dazu bedarf es emphatischer Lehrpersonen, die sich vom Unbekannten treffen und vielleicht auch schockieren, auf alle Fälle aber provozieren lassen.

Literatur

Agostini, E. (2016a): Lernen im Spannungsfeld von Finden und Erfinden. Zur schöpferischen Genese von Sinn im Vollzug der Erfahrung. Paderborn: Schöningh.

Agostini, E. (2016b): Lektüre von Vignetten. Reflexive Zugriffe auf Erfahrungsvollzüge des Lernens. In: S. Baur/H. K. Peterlini (Hrsg.): An der Seite des Lernens. Erfahrungsprotokolle aus dem Unterricht an Südtiroler Schulen – ein Forschungsbericht. Mit einem Vorwort von Käte Meyer-Drawe und einem Nachwort von Michael Schratz. Gastbeiträge von Dietmar Larcher und Stefanie Risse. Innsbruck/Wien/Bozen: Studienverlag, S. 55–62.

Agostini, E. (2017): „Der Arnold hat es fein, braucht nix zu tun." Pathische Lernerfahrungen. Lernende Schule, 77(19), S. 26–29.

Bachelard, G (1987): Poetik des Raumes. Frankfurt am Main: Suhrkamp.

Baur, S./Peterlini, H. K. (Hrsg.) (2016): An der Seite des Lernens. Erfahrungsprotokolle aus dem Unterricht an Südtiroler Schulen – ein Forschungsbericht. Mit einem Vorwort von Käte Meyer-Drawe und einem Nachwort von Michael Schratz. Gastbeiträge von Dietmar Larcher und Stefanie Risse. Innsbruck/Wien/Bozen: Studienverlag, S. 55–62.

Becker-Texter, I. (1994): Kinder lernen schöpferisch. Die Grundgedanken für den Erziehungsalltag mit Kleinkindern. Freiburg: Herder Spektrum.

Bentham, J. (2013) [1787]: Panoptikum oder Das Kontrollhaus. Aus dem Englischen von Andreas Leopold Hofbauer. Herausgegeben von Christian Welzbacher. München: Matthes & Seitz.

Bilstein, J. (2007): Hör-Räume – Seh-Räume. Zur Real- und Imaginationsgeschichte von Schulbauten. In: K. Westphal (Hrsg.): Orte des Lernens. Beiträge zu einer Pädagogik des Raumes. Weinheim und München: Juventa, S. 95–120.

Blumenberg, H. (1999): Die Lesbarkeit der Welt. Frankfurt am Main: Suhrkamp.

Bourdieu, P. (2001) [1997]: Meditationen: Zur Kritik der scholastischen Vernunft. Aus dem Französischen von Achim Russer. Unter Mitwirkung von Hélène Albagnac und Bernd Schwibs. Frankfurt am Main: Suhrkamp.

Buck, G. (1989): Lernen und Erfahrung – Epagogik: zum Begriff der didaktischen Induktion (3., erw. Aufl.). Darmstadt: Wissenschaftliche Buchgesellschaft.

Coenen, H. (1987): Improvisierte Kontexte. Bewegung und Wahrnehmung in Interaktion tauber Kinder. In: W. Lippitz/K. Meyer-Drawe (Hrsg.): Kind und Welt. Phänomenologische Studien zur Pädagogik. (2. Aufl.). Frankfurt am Main: Athenäum, S. 39–62.

Dörpinghaus, A. (2009): Bildung. Plädoyer wider die Verdummung. Forschung und Lehre, 9, S. 1–14.

Engel, B. (2016): Buchbesprechungen. Evi Agostini: Lernen im Spannungsfeld von Finden und Erfinden. Vierteljahresschrift für wissenschaftliche Pädagogik, 92(3), S. 482–485.

Foucault, M. (1977) [1975]: Überwachen und Strafen. Die Geburt des Gefängnisses. Übersetzt von Walter Seitter. Frankfurt am Main: Suhrkamp.

Foucault, M. (1992): Andere Räume. In: K. Barck/P. Gente/H. Paris/S. Richte (Hrsg.), Aisthesis. Wahrnehmung heute oder Perspektiven einer anderen Ästhetik (6., durchges. Aufl.). Leipzig: Reclam, S. 34–46.

Gabriel, G. (2010): Kennen und Erkennen. In: J. Bromand/G. Kreise (Hrsg.): Was sich nicht sagen lässt. Das Nicht-Begriffliche in Wissenschaft, Kunst und Religion. Berlin: Akademie, S. 43–55.

Grabau, Ch. (2013): Leben machen. Pädagogik und Biomacht. München: Fink.

Grabau, Ch./Rieger-Ladich, M. (2015): Raum als Disziplinierung und Ort des Widerstands. Schule als Heterotopie. In: M. Brinkmann/K. Westphal (Hrsg.): Grenzerfahrungen. Phänomenologie und Anthropologie pädagogischer Räume (2. korr. Aufl.). Weinheim und Basel: Beltz Juventa, S. 87–110.

Hecker, H./Muchow, M. (1931): Friedrich Fröbel und Maria Montessori. Leipzig: Quelle & Meyer.

Heidegger, M. (1993) [1927]: Sein und Zeit (17. Aufl.). Tübingen: Niemeyer.

Johnson G./Lakoff, M. (1980): Metaphors we live by. London: The University of Chicago Press.

Landeshauptstadt München, Referat für Bildung und Sport (Hrsg.) (2017): Praxisbuch Münchner Lernhaus (Nachdruck mit aktualisiertem Vorwort). Zugriff am 01.04.2017 unter https://www.muenchen.de/rathaus/dam/jcr:924465db…/Lernhaus_Broschüre_web.pdf

Langeveld, M. J. (1956): Das Ding in der Welt des Kindes. In: O. F. Bollnow/W. Flitner/A. Nitschke (Hrsg.): Studien zur Anthropologie des Kindes, Bd. 1. Tübingen: Niemeyer, S. 91–105.

Lévinas, E. (1992) [1982]: Lévinas. Ethik und Unendliches. Gespräche mit Philippe Nemo. Aus dem Französischen von Dorothea Schmidt. Herausgegeben von Peter Engelmann (2., unveränd. Neuaufl.). Wien: Edition Passagen.

Lippitz, W. (2003): Differenz und Fremdheit. Phänomenologische Studien in der Erziehungswissenschaft. Frankfurt am Main: Suhrkamp.

Merleau-Ponty, M. (2006) [2002]: Causerien 1948. Herausgegeben von Ignaz Knips. Mit einem Vorwort von Bernhard Waldenfels. Übersetzt von Joan-Catherine Ritter, Ignaz Knips und Emmanuel Alloa. Köln: Salon.

Mey, G./Günther, H. (Hrsg.) (2015): The Life Space of the Urban Child: Perspectives on Martha Muchow's Classic Study. With a foreword by Jaan Valsiner. New Brunswick/London: Transaction Publishers.

Meyer-Drawe, K. (1987): Mathematisches Erkennen zwischen Kreation und Architektonik. Philosophische Anregungen für eine Didaktik der Mathematik. Mathematik und Philosophie. Themenheft der Zeitschrift MU. [Der Mathematikunterricht]. 33(2), S. 7–17.

Meyer-Drawe, K. (1993): „Die Welt betrachtet die Welt" oder: Phänomenologische Notizen zum Verständnis von Kinderbildern. In: H.-G. Herrlitz/Ch. Rittelmeyer (Hrsg.), Exakte Phantasie. Pädagogische Erkundungen bildender Wirkungen in Kunst und Kultur. Weinheim/München: Juventa, S. 93–104.

Meyer-Drawe, K. (1996): Vom anderen lernen. Phänomenologische Betrachtungen in der Pädagogik. Schaller zum siebzigsten Geburtstag. In: M. Borrelli/J. Ruhloff (Hrsg.), Deutsche Gegenwartspädagogik, Bd. II. Baltmannsweiler: Schneider Hohengehren, S. 85–99.

Meyer-Drawe, K. (1999/2000): Im Finden erfinden. Randbemerkungen zum Ausdrucksphänomen. Dilthey-Jahrbuch, 12, S. 100–106.

Meyer-Drawe, K. (2010): Zur Erfahrung des Lernens. Eine phänomenologische Skizze. Filosofija, 18(3), S. 6–17.

Meyer-Drawe, K. (2012): Lernen aus Passion. In: H. Felden von/C. Hof/S. Schmidt-Lauff (Hrsg.): Erwachsenenbildung und Lernen. Dokumentation der Jahrestagung der Sektion Erwachsenenbildung der Deutschen Gesellschaft für Erziehungswissenschaft vom 22.-24. September 2011 an der Universität Hamburg. Baltmannsweiler: Schneider Hohengehren, S. 9-20.

Meyer-Drawe, K. (2013): Lernen und Leiden. Eine bildungsphilosophische Reflexion. In: D. Nittel/ A. Seltrecht (Hrsg.): Krankheit: Lernen im Ausnahmezustand? Brustkrebs und Herzinfarkt aus interdisziplinärer Perspektive. Wiesbaden: VS Verlag für Sozialwissenschaften, S. 67-76.

Montessori, M. (1966) [1949]: Über die Bildung des Menschen. Herausgegeben und eingeleitet von Paul Oswald und Günter Schulz-Benesch. Freiburg/Basel/Wien: Herder.

Montessori, M. (1969) [1950]: Die Entdeckung des Kindes. Herausgegeben und eingeleitet von Paul Oswald und Günter Schulz-Benesch (8. Aufl.). Freiburg/Basel/Wien: Herder.

Montessori, M. (1992) [1949]: Das kreative Kind. Der absorbierende Geist. Erziehung ohne Zwang, Freiheit, Gehorsam, Unabhängigkeit, Normalisierung, Freude und Leistung, Spontaneität, Frieden, Sozialität. Übersetzt von Christina Callori di Vignale. Herausgegeben von Paul Oswald und Günter Schulz-Benesch (9. Aufl.). Freiburg/Basel/Wien: Herder.

Nietzsche, F. (1974): Nachgelassene Fragmente Frühjahr-Herbst 1884. Kritische Gesamtausgabe, Abt. 7, Ed. 2. Herausgegeben von Giorgio Colli und Mazzino Montinari. Berlin, New York: de Gruyter.

Pound, E. (1962): ABC des Lesens. Deutsch von Eva Hesse. Frankfurt am Main: Suhrkamp.

Stieve, C. (2008): Von den Dingen lernen. Die Gegenstände unserer Kindheit. München: Wilhelm Fink.

Stieve, C. (2013): Differenzen früher Bildung in der Begegnung mit den Dingen. Am Beispiel des Wohnens und seiner Repräsentation im Kindergarten. Zeitschrift für Erziehungswissenschaft, 16(2), S. 91-106.

Schratz, M./Schwarz, J. F./Westfall-Greiter, T. (2012): Lernen als bildende Erfahrung. Vignetten in der Praxisforschung. Innsbruck, Wien, Bozen: Studienverlag.

Waldenfels, B. (2002): Bruchlinien der Erfahrung. Phänomenologie, Psychoanalyse, Phänomenotechnik. Frankfurt am Main: Suhrkamp.

Waldenfels, B. (2009): Lehren und Lernen im Wirkungsfeld der Aufmerksamkeit. In: H. Röhr/N. Ricken/T. Ruhloff/K. Schaller (Hrsg.): Umlernen. Festschrift für Käte Meyer-Drawe (S. 23-33). Paderborn: Wilhelm Fink.

Westphal, K./Jörissen, B. (Hrsg.) (2013): Vom Straßenkind zum Medienkind. Weinheim und Basel: Beltz Juventa.

Raumwissen in Kunst und ästhetischer Praxis

Raum, Kunst und professionsbezogene Bildung

Sinnenbewusste Orientierungen
in einem gelebten Raum

Birgit Engel

> „Raum und die Zeit, denen ich einwohne sind stets umgeben von unbestimmten Horizonten, die andere Gesichtspunkte offen lassen. Die Synthese der Zeit wie des Raumes ist immer aufs Neue zu beginnen. Die Bewegungserfahrung unseres Leibes ist kein Sonderfall einer Erkenntnis; sie eröffnet uns eine Weise des Zugangs zur Welt und zu Gegenständen […], die es als eigenständig, ja vielleicht als ursprünglich anzuerkennen gilt."
> (Maurice Merleau-Ponty 1966/74, S. 170)

1 Einführung. Kunst, Raum und Pädagogik in Bewegung

Die Frage nach der bildenden Relevanz des Raumes ist innerhalb der Kunstpädagogik ein klassisches und traditionelles Thema, insofern sie sich mit Fragen der räumlichen Darstellungsweisen in der Bildenden Kunst und ihrer historischen Entwicklung befasst. Diese Darstellungsweisen und ihre Veränderungen sind an die Art und die Qualität der Erfahrungen gebunden, die die Menschen innerhalb einer bestimmten Epoche und innerhalb einer bestimmten Gesellschaftsform und ihrer Kultur machen und gemacht haben. Die Verknüpfung der Darstellung von Raum mit der Frage nach dem kulturell und naturbedingten menschlichen Umgang mit dem Raum ist eine Frage der Wahrnehmung und des Handelns im Raum. Auf diesen Zusammenhang geht die aktuelle Gegenwartskunst in einer anderen Weise ein. GegenwartskünstlerInnen befassen sich nicht mehr ausschließlich und auch nicht vorrangig mit der Frage der bildlichen oder skulpturalen *Darstellung* des Raumes, d. h. sie thematisieren die Qualität der Raumerfahrung nicht mehr zwangsläufig im Sinne einer *Verbildlichung*, sondern sie handeln selbst künstlerisch im und mit dem Raum im Sinne einer künstlerischen Praxis, in der sich Raumerfahrung selbst manifestiert und performativ werden kann.

Während die europäische Kunst- und Kulturgeschichte die Raumthematik seit der Neuzeit vorrangig als Fragen der räumlich-perspektivischen Gestaltung in Malerei und Skulptur behandelte, hat sich innerhalb der ästhetischen Moderne und der Postmoderne ein sinnlicher, performativer und auch (gesellschafts-) politischer Umgang mit dem Thema Raum und Räumlichkeit entwickelt, der die Grenzen des White Cube auf vielfältige Weise überschreitet. Dabei haben sich zugleich die Grenzen zu den Nachbardisziplinen der Musik und der Darstellenden Künste gelockert und verschoben. So werden z. B. John Cage und mit ihm inzwischen viele weitere KünstlerInnen in den Bereich der Bildenden Künste eingeordnet, auch wenn sie mit Klang- und auditiv-akustischen Alltagsphänomenen arbeiten. Sie greifen Wahrnehmungsphänomene der eigenen zeitlich-räumlich-gesellschaftlichen Präsenz auf, lassen sie wahrnehmbar und spürbar werden, intervenieren oder verschieben die Erfahrungsphänomene und machen sie damit auch in ihrer raum-zeitlichen Dimension des Alltäglichen und des kulturell gesellschaftlichen Lebens bewusst. Sie verorten und kontextualisieren ihre Arbeiten im öffentlichen Raum ohne zu repräsentieren, sondern indem sie mit diesem in einen Dialog treten. Auch Performances und andere performative künstlerische Verfahren werden im Rahmen der Bildenden Gegenwartskünste kultiviert und überschreiten dabei die örtlichen und institutionellen Grenzen des Theaterraums und nicht zuletzt die räumlichen Begrenzungen des White Cube. Sie dringen in den Dialog mit der Alltagswahrnehmung und Alltagspraxis der *Kunstkonsumenten* auf eine Weise vor, dass diese selbst an der raumbildenden Produktion der künstlerischen Arbeiten beteiligt werden.

Die Öffnung der Bildenden Künste über die engen traditionellen Grenzen der Disziplin hinaus fordert auch eine Öffnung der Kunstpädagogik heraus. Dies in besonderer Weise gegenüber der Bildungswissenschaft und -philosophie, weil Gegenwartskunst Wahrnehmungs- und Erfahrungsebenen mit allgemeiner Bildungsrelevanz thematisiert. Sie sind jedoch nicht nur curricular zu fassen, sondern in ihrer räumlichen Bezugnahme fordern sie auch einen anderen Blick auf die *Weisen* der Vermittlung im und mit dem Raum heraus.

Nicht nur die Verhältnisse zwischen kunsttheoretischen, bildungs- und erziehungstheoretischen Frage- und Problemstellungen müssen vor dem Horizont der Räumlichkeit von Bildung dabei neu verhandelt werden. Das Problem, das sich stellt, ist nicht nur theoretischer und systematischer Natur, sondern es fordert die Frage nach dem Modus des Lehrens in doppelter Weise heraus. Einerseits von der Kunst aus und ihren aktuellen Werkformen, da sie in die Wahrnehmungs- und Erfahrungsräume des Alltäglichen vordringt. Das heißt, indem der Umgang mit Raum in der Gegenwartskunst sich direkt oder auch indirekt auf Wahrnehmungsfragen unseres eigenen Alltags bezieht, kann er nicht einfach separat und entsprechend normiert in ein nur anzuwendendes methodisch-didaktisches Konzept überführt und schon gar nicht in operationalisierter Weise praxistauglich gemacht werden. Dabei sind die wahrnehmungsöffnenden und performativen Praktiken der Blickverschiebung und räumlichen Situierung mit einer besonderen Sensibilität im Umgang mit unvorhersehbaren

Situationen und singulären Erfahrungsdimensionen verbunden. Andererseits erfordern gerade die jüngeren und aktuellen Entwicklungen der Bildungspraxis im Rahmen der Bologna-Reform eine Neujustierung der grundlegenden Bildungsausrichtung ein, die ebenfalls in diese Richtung weist. Vor dem Hintergrund kritischer erziehungswissenschaftlicher Analysen zeigen sich zunehmend basale Defizite im LehrerInnenhandeln, da es dem grundlegenden singulären Charakter von Bildungsprozessen nicht (mehr) gerecht wird.

Auf diesen Zusammenhang soll im Folgenden zunächst eingegangen werden.

2   Kritische Antworten auf die gegenwärtige Bildungspraxis

Da sich diese Ausführungen wesentlich auch an einen Kreis von zukünftigen PädagogInnen und LehrerInnen richten, soll zunächst ein kritischer Blick auf den aktuellen schulischen Umgang mit Raum und Zeit gerichtet werden, bevor eine philosophietheoretische Rahmung und ein Beispiel der Gegenwartskunst die obigen Thesen weiter ausführen, konkretisieren und begründen werden. Dabei soll nach der bildenden Relevanz einer bewegten Raumerfahrung gefragt und beispielhaft gezeigt werden, dass und wie hier wichtige Impulse von der Gegenwartskunst ausgehen können. Abschließend wird auf die besondere Relevanz einer immer auch raumbezogenen Wahrnehmungsoffenheit für professionsbezogene Bildungsprozesse in der Lehrerbildung eingegangen.

Ein wesentliches Charakteristikum schulischer Praxis ist aktuell, dass sie sich im Rahmen der Bologna-Reform mehr und mehr an einer vermeintlichen Zeit- und Ortlosigkeit der schulischen Lehr- und Lernprozesse orientiert. Zeiträume sind gleichmäßig getaktet, werden inhaltlich fach- und jahrgangsbezogen parallel strukturiert und an standardisierten gemeinsamen Ergebnissen orientiert. Zeit und Raum spielen in schulischen Planungen und Evaluationen, wenn dann meist nur als Faktoren eine Rolle, die im Sinne einer Effektivität von Lernergebnissen, zeitnah und ortsneutral zu bewältigen sind. Dies hat zu einer Veränderung der professionsspezifischen Anforderungen an das Lehrerhandeln geführt.

Der kritische Diskurs der erziehungswissenschaftlichen Professionsforschung (vgl. Helsper 2011) weist zunehmend nachdrücklicher – auf der Grundlage vielfältiger qualitativer Schulstudien – darauf hin, dass es zu einem Verlust des bildungsfördernden pädagogischen Bezugs auf den Einzelfall im Unterricht der Schulen gekommen sei. In dieser Praxis mangle es – so Helsper in Bezugnahme auf Ulrich Oevermann – zunehmend an Handlungsorientierungen, die dem Kontingenzcharakter pädagogischer Prozesse und einer Offenheit für den Einzelfall entgegenkommen. Im Zusammenhang damit sieht er einen deutlichen Professionalisierungsbedarf des Lehrerhandelns. Dieses sei mit einer grundlegenden Ungewissheitsantinomie konfrontiert in einem Umfeld jedoch, in dem Lehrerhandeln Gewissheit vor einem grundlegenden Ungewissheitshorizont unterstellt wird (vgl. Helsper 2003, S. 146). Zu fragen ist, ob und wie hierbei Erfahrungsdimensionen aus den ästhetischen und künstlerischen Erfahrungsbereichen kreativ genutzt werden können (vgl. Engel/Böhme 2014/2015).

Nun könnte man vorschnell davon ausgehen, dass mit den aktuellen Konzepten von selbstgesteuerten Lernen und individueller Förderung, doch gerade das Ziel verfolgt würde, dem Einzelfall und seiner Spezifik stärker zu entsprechen. Dem Fall und der Spezifik werden – zumindest konzeptionell – aber dabei nur so viel Aufmerksamkeit und Interesse entgegengebracht, wie es dafür notwendig ist, die Lernprozesse wiederum an die vorgegebenen Normen der Kompetenzziele anzupassen. Auf diese gilt es hinzuarbeiten, nicht deshalb, weil sie sich für den jeweilig zu gestaltenden Bildungsprozess für besonders sinnvoll zeigen, sondern da sie – wie vorab festgelegt – innerhalb entsprechender Überprüfungs- und Feststellungsverfahren abgefragt werden sollen und können. Der Lernprozess als Erfahrungsprozess wird dabei aber ausgeklammert und die Lernerfahrung als ein Prozess der Negativität gerät als solche nicht in den Blick, weil sie nur auf ihr Resultat hin betrachtet wird.

Indem sich das pädagogisch-didaktische Planen, Gestalten und Reflektieren nicht (mehr) auf die immer auch singuläre Begegnung mit der Lerngruppe oder den Einzelnen richtet, sondern an einem von außen festgelegten methodischen Konzept und kontrollierbaren Standard orientiert, tritt zeitgleich eine bewusste und sensible Wahrnehmung von Zeit und Raum in den Hintergrund. Sie wäre aber u. a. die Voraussetzung dafür, das eigene Handeln nachträglich, begleitend und vorausschauend auch selbstkritisch zu betrachten und in solcher Weise eine erfahrungsbezogene und bildungsorientierte Art der professionsbezogenen Reflexivität zu entwickeln.

Andreas Gelhard hat im Rahmen einer kritischen Studie den aktuellen kompetenzorientierten Umgang mit der Bildungspraxis vor einem bildungsphilosophischen Hintergrund historisch untersucht. Er entwickelt die These, dass die im 20. Jahrhundert entwickelten psychologischen Testformate zu einer Verhaltenskontrolle führen, die mit den christlichen Gewissensprüfungen vergleichbar sei.

„Die neuen Tests arbeiten nicht mehr mit der Leitunterscheidung erlaubt/verboten, sondern mit der Unterscheidung können/nicht können. Sie überprüfen nicht moralische Qualitäten, sondern die Tauglichkeit für die Herausforderungen des Berufslebens. Fällt die Prüfung schlecht aus, verordnen sie nicht Bußübungen, sondern empfehlen Maßnahmen zur Kompetenzentwicklung. Dabei bleiben aber zwei Grundzüge erhalten, die schon Hegel an den Techniken der Gewissensprüfung kritisiert: Die Probanden agieren unter dem Blick einer beurteilenden Instanz, die selber unerreichbar und dem Spiel enthoben ist; zugleich beansprucht die Prüfung, virtuell jede Seelenregung mit demselben Maß beurteilen zu können. […] Die Rede von emotionalen Kompetenzen hat keinen

Sinn, wenn man nicht der Überzeugung ist, dass auch Emotionen eine Frage des Könnens sind." (Gelhard 2012, S. 14)

Im Rahmen einer sich „selbst-evaluativ" steuernden Kontrolltechnologie bleiben die „Kontrolleure", d. h. die eigentlich konzeptionell verantwortlichen Akteure unsichtbar und die Lehrpersonen agieren in einer nur von außen gelenkten *(Nicht-)Verantwortung.* Vor diesem Hintergrund zeigen sich die aktuellen schulpolitischen Maßnahmen als ein Instrument, das die je spezifische und singuläre Wahrnehmung und Verantwortlichkeit für den Einzelnen und für die jeweilige Spezifik der Bildungssituation nicht unbedingt fördert, sondern möglicherweise verhindert. Indem die personale Verantwortung ausgelagert ist, werden auch die räumlich und zeitlich spezifischen Bedingungen nicht mehr systematisch in die Reflexion, Gestaltung und Überprüfung der Lehr- und Lernpraxis einbezogen und damit wird auch die Möglichkeit zu einer kritischen Partizipation an den gemeinsamen Bildungssituationen verhindert.

Ebenso wie Horst Rumpf wiederholt deutlich gemacht hat (vgl. Rumpf 1999/Engel 2004/2011, S. 84 ff.) betont aktuell auch Andreas Dörpinghaus, dass und wie sich Bildung eben nicht in einer schnellen Bewältigung von Kompetenzanforderungen vollzieht, sondern dass der Bildungsprozess selbst gerade mit den zeitlichen Verzögerungen im Denken und Handeln zusammenhänge, aus denen sich erst eine eigenständige reflexive Antwort und Bezugnahme entwickeln könne.

„Im Moment der Verzögerung entstehen allererst die Erfahrungsspielräume, die Bildungsprozesse ermöglichen, die nicht gewissermaßen in der Reaktion auf eine Frage bestehen, sondern in einer Antwort, die die Frage selbst umgreift. Die unmittelbare Reaktion wird gehemmt und verhindert. Etwas, das möglicherweise auf den Fortgang nahezu drängt und den Abschluss sucht, wird verzögert, so dass eine andere Ebene der Sicht eröffnet wird." (Dörpinghaus 2009, S. 10)

Wie aber vollzieht sich eine solche *andere Ebene der Sicht und wie ist sie mit der Raumerfahrung verbunden*?

3 Bildung als RaumBildung in und mit gelebten Räumen – philosophische Bezüge

Prinzipiell kann über den Raum in seiner bildenden Dimension nicht ohne eine Bezugnahme auf die Zeit gesprochen werden, da beide Erfahrungsdimensionen in einem direkten Zusammenhang stehen.

Im Rahmen dessen, was man in der Wissenschaft seit Ende der 1980er-Jahre den *spatial turn* nennt, hat sich ein vielfältiger und breiter Diskurs über den

Raum begründet und kultiviert. Inzwischen scheint man sich im erziehungswissenschaftlichen Raumdiskurs weitgehend darüber einig, dass Schule als Bildungsraum mehr ist als ein feststehender architektonischer Behälter, in den sich die Beteiligten nach den bestehenden Ordnungen der Institutionen einfach nur einzufügen hätten (vgl. Engel 2010a, S. 5). Insbesondere die aktuelle Raumforschung im Bereich der Soziologie distanziert sich von der Vorstellung eines Behälter- oder auch Containerraums. Martina Löw reflektiert aus soziologischer Sicht, dass und wie Menschen selbst aktiv in die Entstehung oder auch Konstitution von Räumen einbezogen sind. „Zum einen können sie ein Bestandteil der zu Räumen verknüpften Elemente sein, zum zweiten ist die Verknüpfung selbst an menschliche Aktivität gebunden" (Löw 2001, S. 224). Erst im Zusammenspiel der Handlungsgewohnheiten, der sozialen Regeln und der immer auch organisatorischen Strukturbildungen der handelnden Menschen bildet sich aus aktueller soziologischer Perspektive ein Raum aus und nicht alleine durch die architektonischen Vorgaben.

Raum wird aus ästhetischer und phänomenologischer Perspektive aber auch nicht alleine als eine vorhandene und sich weiter ausbildende soziale Struktur verstanden, denn er wird in wichtigen Anteilen auch durch die Qualität der dort stattfindenden Erfahrungen geprägt. Das heißt „als was" ein Raum erlebt und bestimmt wird, ist auch eine Frage der spezifisch inneren – auch emotionalen – Bezugnahme der Beteiligten aufeinander, auf die Sache, den Ort und die gemeinsame Zeit. Die Frage, *wie* die dort handelnden Menschen ihn sinnlich leiblich wahrnehmen, was sie darauf gründend über ihn denken und *als was* sie die Dinge und die Anderen mit denen sie umgehen, spürend vergegenwärtigen, erinnernd interpretieren und vorausdenkend erwarten, beeinflusst die Qualität des gemeinsam geteilten Raumes und damit auch die Qualität von Bildungs- und Lernprozessen fundamental (vgl. Waldenfels 1992, S. 13 ff.). So verstanden liegt der Raum in einem Zwischenbereich: zwischen den Menschen, den Dingen und der Architektur (vgl. Engel 2010b).

Bernhard Waldenfels spricht von einem *leiblichen Wohnen in einem gelebten Raum* und meint damit nicht nur das Leben in einem privaten Wohnraum, sondern eine grundsätzliche *Art*, einen spezifischen *Modus* des Menschen in der Welt und mit dem Raum zu sein. Er schreibt:

> „Das Leben und Wohnen im Raum lässt sich nicht denken ohne eine innere Zugehörigkeit der Bewohner zu dem Ort, an dem sie sich aufhalten. [...] Im *gelebten Raum* findet sich die ganze Vielfalt der leiblichen Sinne, der leiblichen Bewegungen und der leiblichen Befindlichkeit." (Waldenfels 2009, S. 65)

Im Rahmen einer „Anthropologie des Hier und Jetzt" (Augé 1994, S. 14) betont Marc Augé die Bedeutung des Ortsbezuges im Raum. Nach Augé komme dem Ort die Bedeutung zu, die biografisch, kulturell und sozial je spezifischen Relevanzen zu verknüpfen. So gesehen seien anthropologisch bedeutsame Orte durch Relationalität, Identität und Geschichtlichkeit gekennzeichnet (vgl. Augé 1994, S. 66). Sie trügen die Spuren der Menschen, die in ihnen handeln und leben, sie erinnern an bedeutsame Erlebnisse und ermöglichen so Kontinuitäten in individuellen und gemeinsamen Lebensprozessen (vgl. Augé 1994, S. 67; Engel 2010a). Im Unterschied zum eher abstrakten Begriff des Raumes spreche man aber, nach Augé, vom Ort auch oft im Zusammenhang mit einem Ereignis, das stattgefunden habe. Räume, in denen sich Bildungsprozesse ereignen (können sollen), werden also immer auch als ganz bestimmte Orte zu einer spezifischen Zeit erfahren, in der sich ein erinnernder, vergegenwärtigender oder auch vorausschauender Bewusstseinsvollzug ereignen kann, der eine eigene Ebene der Sichtweise ermöglicht, die an das Subjekt und die Kontexte in dem es lebt und denkt gebunden ist.

> „So wie das Zurückkehren an einen Ort, an dem wir gelebt, gelernt oder gearbeitet haben, Erinnerungen in Erscheinung treten lässt, bleiben wir ebenso durch die Erinnerungen, seien sie ausgelöst von den Anderen, den Dingen, Gerüchen, Klängen oder auch Phantasien, Sehnsüchten oder Wünschen verbunden mit den Orten dieser Ereignisse. Was ein Ort war und ist, zeigt sich in der Spur (vgl. Zeillinger 2009[1]), die er hinterlässt, im Erscheinen des Bildes, das uns nachträglich gegenwärtig wird (vgl. Engel 2004/2011, S. 168 ff.). Oft ist es das Ganze einer gelebten Situation, das hier erinnernd in Erscheinung tritt, immer sind es auch die Spuren einer Materialität des Ortes selbst, die in unsere Erinnerungsbilder eingegangen sind." (Engel 2010a, S. 182)

Sie werden zur Grundlage von gemeinsamen Geschichten und öffnen Wege und Möglichkeiten für Transformation und Veränderung im Sinne lebendiger Bildungsbewegungen in einem gelebten Raum.

Der Begriff des *gelebten Raums* wird u. a. von Angelika Jäkel im Rahmen einer architektonischen Raumtheorie benutzt. Sie schreibt den Wirkungen der Architektur selbst einen gestischen Charakter zu, der eine spezifische Erfahrungsweise herausfordere, das heißt eine Beeinflussung der Qualität der Lebensvollzüge. In dieser Einflussnahme und ihrer Bewusstwerdung komme der Dimension des „leiblichen Spürens" eine besondere Bedeutung zu. Jäkel bezieht sich in ihrem Verständnis der Raumerfahrung zentral auf Karlfried Graf Dürkheims (1896-1988) Existenzialpsychologie und an dessen Vorstellung eines „räumlichen Herums". Dürkheim versteht darunter *die Gesamtheit der Dinge, Körper und räumlichen Konstellationen*, von denen wir im konkreten Raum

---

1 In Anlehnung an Levinas spricht Zeillinger von einer Spurbildung im Zusammenhang mit einer „[...] Affektion [...], die ganz offensichtlich an einen bestimmten Ort gebunden ist [...]" (Zeillinger 2009, S. 112, vgl. auch S. 109 ff.).

umgeben sind (vgl. Jäckel 2009, S. 17). Im Agieren und Reagieren in räumlichen Konstellationen entwickelt sich demnach ein vielschichtiger Prozess von Konstellationen, die teils alltagsrituell gerahmt sind und sich teils aus der jeweiligen Spezifik der Situation neu herausbilden. Insbesondere Nähe- und Distanzverhältnisse würden dabei immer wieder neu ausgelotet.

Lässt man beispielsweise bei der Wahl eines Sitzplatzes einen Stuhl zu der bereits sitzenden Person frei oder nicht. Nutzt man die Wand zum Anlehnen und als Rückhalt oder stellt man sich frei in den Raum. Wählt man in einem Café den Platz, von dem aus man aus dem Fenster blicken kann oder den Platz, von dem aus man den ganzen Raum am besten überblickt. Viele unserer alltäglichen Wahrnehmungen und Handlungsentscheidungen beziehen sich auf dieses „räumliche Herum" unserer Wahrnehmung, das aber mehr ist, als nur ein Umraum in dem wir uns bewegen und entscheiden.

Dürkheims Raumbegriff trennt – ebenso wie Merleau Ponty – den Raum prinzipiell nicht von den Menschen. Er bindet ihn an das, was die Menschen in und mit ihm wahrnehmen, wie sie in ihm handeln und agieren. Sie tragen dabei stets selbst zur „Raumbildung" bei, die sich in einer stetigen Bewegung befindet. Für Dürkheim ist „Bewegung" ein Grundphänomen des Raumes, das alle anderen Weisen der Raumgegebenheit überlagert (vgl. Jäckel 2009, S. 152). Während Maurice Merleau-Ponty die menschliche Orientiertheit im Raum als ein primordiales und ursprünglichstes Phänomen charakterisiert (vgl. Merleau-Ponty 1966/74, S. 296) verweist Dürkheim darauf, dass diese Verwobenheit von *Subjekt und räumlichem Herum*, eine besondere *Weise* des „Daseins" herausfordere. Er spricht von der Qualität eines *Ganz-Daseins*, das durch ein *Lageinnesein* und eine *Richtungsbestimmtheit* charakterisiert sei (vgl. Jäckel 2009, S. 153). Er spricht dabei auch von *personalen Erstreckungen*, die unabhängig von der visuellen Sichtbarkeit leiblich spürbar seien. Sie formieren eine „[…] leibliche Haltung des Subjekts zu seinem Herum, die […] als *Einheit und Aufeinandergestelltsein von Ich und Herum* zu denken sei" (Jäckel 2009, S. 153). Es handle sich dabei um einen lebensweltlichen Vollzug, der mit dem *Einrasten* einer Richtungsorientiertheit des Subjekts verbunden sei, indem es sich auf Wahrnehmungs- und Gefühlsqualitäten des Herum beziehe. Hieraus wiederum gehe die Entwicklung eines *dynamischen Körperschemas* hervor. Dieses *Lageinnesein* charakterisiert er auch als ein *Inne-Sein* und dabei als eine spezifische Art und Weise *wie* wir uns im Lebensvollzug mit dem Raum verbinden (vgl. Jäckel 2009, S. 153). Im Weiteren grenzt er dieses als eine Art *ungegenständliches Gegenwärtig-Haben* von einem *gegenständlichen Gegenwärtig-Haben* ab. „Insbesondere für den, der Bewusstsein immer als Bewusstsein *von etwas* fasst, liegt die Gefahr nahe, das *Etwas*, das uns bewusst ist, rein gegenständlich zu nehmen" (Jäckel 2009, S. 154). Das *Inne-Sein* oder auch *Inne-Werden* hingegen könne sich im räumlichen Bildungsvollzug mit durchaus unterschiedlichen Gefühlsqualitäten verbinden. Jürgen Hasse unterscheidet ebenso in Bezugnahme auf Dürkheim und die aktuelle Phänomenologie eine pathische Form der Teilhabe in räumlichen Erfahrungen von einer rein erkenntnisorientierten auf Distanzierung fundierenden Einstellung (vgl. Hasse 2014, S. 179). Er kritisiert, „dass im Überspringen der Gefühle wie des (Raum-) Erlebens ein Bereich der Vergesellschaftung ausgeblendet wird, der für das Verstehen menschlichen Lebens von sozial- und systemintegrierender Bedeutung ist" (Hasse 2014, S. 179/180).

> „Dieser konkrete Raum ist dem erlebenden Subjekt aktuell und strukturell verbunden. Er ist in seiner jeweils leibhaftigen und bedeutungsvollen Ganzheit ‚gegenwärtig' in Gesamteinstellung, Haltung, Gerichtetheit und Zumutesein, man hat ihn im ‚Innesein', hat ihn in den Gliedern und im Gefühl." (Hasse 2005, S. 136)

Dieses *Inne-Sein* und *Inne-Werden* reiche aber über den konkret materiell gegenwärtigen Raum hinaus. Indem der Raum sich immer in einem – möglicherweise auch institutionellen – Umfeld befindet, erhalte er eine *Platzbestimmtheit*. Auch diese Lage ginge in die Qualität der Wahrnehmung mit ein. Mit ihr wiederum gingen individuelle *Raumbindungen* einher, die sich auf Orte im näheren oder weiteren Umfeld beziehen können (vgl. Jäckel 2009, S. 155).

Jäkel sieht in Dürkheims Raumtheorie einen „Beitrag zu einer Konkretisierung des transzendentalen Bewusstseins hin zur leiblichen Existenz, wie sie für ein alltagsästhetisches Erleben räumlicher Umwelt konstituierend ist" (Jäckel 2009, S. 154). Entscheidend erscheint aus der Perspektive der Architektin dabei, dass auch der architektonische Raum immer aus der Perspektive des handelnden Vollzugs zu beurteilen sei, jedoch nicht aus distanzierter Beobachterperspektive, sondern in einer Verfassung, die das Empfinden als eigenständigen Erkenntniszugang zur architektonisch geschaffenen Situation favorisiere (vgl. Jäckel 2009, S. 154). Hier bietet sich ein interdisziplinäres Vorgehen insbesondere mit den PädagogInnen und den Schulraumgestaltern an. Während es Jäkel darum geht, dass und wie sich die *Bewegungsanmutungen* des gegenständlichen Raums zu einem *gestischen Raum* herausbilden, müsste aus (schul-)pädagogischer und bildungstheoretischer Perspektive auch danach gefragt werden, wie die zeitlichen, räumlichen und sozialen Konstellationen des Zusammenwirkens zu lebendigen Bildungsbewegungen der Beteiligten beitragen können.

Christian Rittelmeyer befasst sich bereits seit den 1980er-Jahren mit Fragen dieses Zusammenwirkens und insbesondere auch mit den anthropologisch-ästhesiologischen Qualitätsmerkmalen des Schulbaus (vgl. Rittelmeyer 2002, S. 203 ff.). In einer Reihe experimenteller und empirischer Untersuchungen kann er die Qualität eines Zusammenspiels zwischen der räumlichen und leiblichen Gestik, wie sie auch von Jäckel beschrieben wird, an unterschiedlichen Beispielen zeigen, bspw. bei der Beobachtung von Blickbewegungen in der Begegnung mit einseitig schräg konfigurierten Raumansichten. Stets gleiche hier die Blickrichtung oder die Kopfbewegung die Einseitigkeit der „Schräge" in die jeweilig andere Richtung aus (vgl. Rittelmeyer 2002, S. 212). Die Vitalität dieser antwortenden Begegnungen gelte es in die Gestaltung der Schulbauarchitektur bewusst einzubeziehen (vgl. Kosica 2018).

Kristin Westphal zieht teilweise aus diesen und weiteren aktuellen Forschungen die Schlussfolgerung, dass die Perspektive von Kindern und Jugendlichen konsequent in die Gestaltung der jeweiligen pädagogischen Räume mit einbezogen werden sollte. Dies sei eine zentrale Herausforderung, die sich grundlegend mit dem Anspruch demokratischer Teilhabe innerhalb der vorhandenen Machtkonstellationen verknüpfe.

> „Die Frage der Erfahrung von Macht im Raum verlagert sich, indem das Verhältnis des Individuums zur Institution in ein aktives Wechselverhältnis treten kann und den Prozess, der darin stattfindet, im besten Fall offen und aushandelbar sein und der Entfaltung der Benutzer dienen lässt." (Westphal 2007, S. 261)

Auch vor dem Hintergrund der hier aufgeführten theoretischen Ausführungen ist davon auszugehen, dass eine sowohl emotionale als auch reflexiv bewusste Begegnung mit dem Raum sich nicht im Sinne einer wiederholbar einzusetzenden Kompetenz feststellen lässt, sondern dass gerade die Bindung an die eigene Leiblichkeit und das Bewusstseinsphänomen, das sich mit dieser verknüpft, einer stets vollkommen neuen Aktualisierung, das heißt einer mimetisch offenen Bezugnahme auf das je singuläre, kontextuell sich zeigende Bewusstseinsphänomen bedarf. Ein pädagogisch verantwortungsbewusster Umgang mit Bildungsräumen ist und bleibt demnach an die emotionale und wahrnehmende Teilhabe und eine auf sie bezogene Reflexion gebunden.

Die aktuellen Gegenwartskünste können hier zu einer Bewusstwerdung diesbezüglicher räumlicher Bildungserfahrungen einen wichtigen Beitrag leisten.

4 Raumbildende Impulse durch die Gegenwartkunst. Am Beispiel der Hafenarbeit 2014, von Maik und Dirk Löbbert

Im Folgenden soll an einem Beispiel der Gegenwartskünste das zunächst theoretisch vorgestellte Phänomen einer raumbildenden Erfahrung konkretisiert werden. Es handelt sich um eine künstlerische Installation von Maik und Dirk Löbbert[2]. Sie war vom 7. Juni bis 28. September 2014 in der Kunsthalle Münster zu sehen.

---

2 Beide Künstlerbrüder sind Professoren an der Kunstakademie Münster, Maik Löbbert ist zugleich ihr Rektor. Für Maik und Dirk Löbbert ist die *Wahrnehmung des Besonderen im*

101

Der Ort, an dem sich die Arbeit befunden hat, ist eine ehemalige Lagerhalle am Münsteraner Hafen. Diese wird als Ausstellungsraum der Kunsthalle Münster genutzt. Um sich die Arbeit in ihrem kontextuellen Bezug vorstellen zu können, soll zunächst der Raum selbst, in dem sie entstand und gezeigt wurde, beschrieben und charakterisiert werden.

Der Ausstellungsraum wirkt groß, rechtwinklig, langgezogen und relativ hoch. Der Fußboden ist grau, die Wände sind weiß gestrichen. An einer der beiden Schmalseiten befinden sich drei kleinere Fenster, die beim Näherkommen den Blick auf das Hafengelände frei geben Die durchgängige Rechtwinkligkeit des Raumes löst sich im Bereich der Decke etwas auf. Eine Vielzahl an grauen Metallrohren stützten im stumpfen Winkel den First, der sich in der hinteren Raumhälfte der Längsseite befindet. Wenige mit Stahlrohren gestützte Betonsäulen stabilisieren die Höhe und Konstruktion der Halle.

Beim Betreten des Ausstellungsraums zeigt sich im ersten Moment keine eindeutig identifizierbare künstlerische Arbeit. Auch für diejenigen, die die Halle bereits kennen, erscheint der Raum in seiner Wirkung und Gestalt zunächst vertraut und bekannt. Erst beim weiteren Durchschreiten mit erkundendem Blick stellt sich ein Aufmerken ein, das durch eine gewisse Destabilisierung der eigenen körperlichen Bewegung hervorgerufen sein mag. Es ist ein Moment der Irritation, der den Blick nach und nach freilegt für die künstlerische Geste der Arbeit, die sich nicht frontal und auch nicht mehrperspektivisch als unmittelbar eigenständiges Objekt identifizieren lässt, sondern erst nach und nach als Teil der *Herum-wirklichkeit* erfahrbar wird und sich zu erkennen gibt.

Die Metallstäbe, die sich innerhalb der Konstruktion des Raumes vor allem im Deckenbereich wiederfinden, scheinen sich vervielfacht zu haben, sie reihen sich ein und unterstützen scheinbar die senkrechten Stützpfeiler. Doch das erscheint nur so, denn diese weisen eine leichte Schrägstellung auf, die zu der beschriebenen Irritation beizutragen vermag. Von dieser minimalen Veränderung der Metallstäbe gehen Bewegungsanmutungen und Blickbewegungen aus, die den Gleichgewichtssinn ansprechen und dazu führen, die eigene Stabilität neu auszuloten. Fast unmerklich verschiebt sich dabei die Wahrnehmung, antwortet der Blick, die Blickrichtung und die körperliche Geste auf diese Differenz. Diese Momente der Irritation sind mit einem Innehalten und einer Gewahrwerdung der eigenen Präsenz im Raum verbunden. Nicht als ein bloßes architektonisches Konstrukt zeigt sich nun der Umraum, sondern als Teil eines gemeinsamen Wahrnehmungsgefüges, in das die BesucherInnen selbst invol-

---

Alltäglichen das zentrale Thema. Sie beschäftigen sich auch mit der Erkundung der Beziehung zwischen Wahrnehmen und Erkennen des Umfeldes.

viert sind und in dem sie sich dieses *Involviertseins* gewahr und bewusst werden können.³

Hier präsentiert sich die künstlerische Arbeit nicht – wie einst – als ein plastisches *Werk*, dem wir als Betrachtende nur gegenüberstehen oder dass wir blickend umschreiben können, sondern die künstlerische Arbeit hat sich selbst in den Raum eingeschrieben. Sie befindet sich nicht *in dem Raum*, um *in ihm* präsentiert zu werden, sondern der Raum des Kunstwerks und der Ausstellungsraum verweben sich in ein gemeinsames Gefüge. Man kann auch sagen, die Arbeit hat sich mimetisch mit ihm verwoben, ohne ihn dabei zu imitieren, denn sie lässt zugleich eine eigene neue Sicht, eine Blickverschiebung auf und im Raum erfahrbar und performativ werden. Was Jäkel als einen *gestischen Raum* charakterisiert, wird hier im Rahmen einer künstlerischen Geste wiederum räumlich beantwortet.

Abb. 1: Hafenarbeit 2014, Maik und Dirk Löbbert, 07. Juni bis 28. September 2014 – Kunsthalle Münster, Fotografie: Tim Löbbert

Erst dies ermöglicht ein Aufmerken der raumgebundenen Erfahrung auch bei den KunstbetrachterInnen, die sich als wahrnehmende und partizipierende Teilhabende an einem selbst zum Kunstraum transformierten Ausstellungsraum erleben können. Es fordert zugleich die BesucherInnen dazu heraus, sich

---

3 Die Arbeit ist also nicht, wie ehemals und auch noch in der klassischen Moderne - in den Raum so hineingestellt, dass sie den Betrachter in einer perspektivisch ausgerichteten distanzierten Betrachtung anspricht bzw. so ausgerichtet, dass eine gewünschte oder auch vielfältige Betrachterperspektiven eingenommen werden, wie es bspw. auch noch mit den abstrakten Arbeiten eines Brancusi oder eines Henry Moore noch der Fall war.

ihrer eigenen räumlichen Orientiertheit als Grundphänomen der Wahrnehmung bewusst zu werden.

Abb. 2: Hafenarbeit 2014, Maik und Dirk Löbbert, 07. Juni bis 28. September 2014 – Kunsthalle Münster, Fotografie: Tim Löbbert

Wie und wodurch kann nun aber diese Bewusstwerdung der eigenen räumlichen Situierung und eigener Teilhabe, diese andere Ebene der Sicht, die als wesentlicher Teil der bildenden Dimension der Raumerfahrung zu verstehen ist, erfolgen? Dieter Mersch spricht im Zusammenhang mit seiner Interpretation der Werke von John Cage von einer *Blickumkehr* oder auch von einem *Um-Sprung der Wahrnehmung selber* (vgl. Mersch 2002, S. 111). Bei der hier vorgestellten Hafenarbeit der Löbberts kann dieses Moment der räumlich-zeitlichen Bewusstwerdung im Moment des Aufmerkens der eigenen Irritation erfolgen, in die die Besucher innerhalb des leiblichen Erfahrungsbezugs verstrickt werden. Erst indem sich die Irritation ereignet, kann auch die Spezifik des eigenen Blickhorizonts bewusst werden, ebenso wie seine stetige Veränderungen im Rahmen der eigenen leiblich-räumlichen Bewegungen. Dies ermöglicht eine Gegenwärtigkeit innerhalb des Wahrnehmungs- und Bewegungsgeschehens im und mit dem Raum, die mit einer Bewusstwerdung der eigenen sinnlich-leiblichen räumlich-zeitlichen Präsenz einhergehen kann.

Erst indem die vertrauten Ordnungen im wahrsten Sinn des Wortes aus der „Stabilität" geraten, kann auch der Ausstellungsraum selbst als Werk, bzw. als Kunstraum wahrnehmbar und dabei und in der Folge verständlich werden. Erst mit dieser Auflösung einer strengen Trennung zwischen dem *Umraum* des Ausstellungsraumes und dem *skulpturalen Raum des Werkes* können sich auch die BesucherInnen ihrer Teilhabe an diesem Geschehen und ihrer eigenen Orientierungen in diesem Geschehen bewusst werden. Erst hierdurch kann sich

Abb. 3: Hafenarbeit 2014, Maik und Dirk Löbbert, 07. Juni bis 28. September 2014 – Kunsthalle Münster, Fotografie: Tim Löbbert

Dürkheims Vorstellung eines *Lageinnesein* und eines *ungegenständlichen Gegenwärtighabens* vollziehen, das mit einer neuen oder auch anderen raumzeitlichen Orientiertheit einhergeht. Auch Merleau-Ponty schreibt:

> „Da nun jedes erdenkliche Sein sich direkt oder indirekt auf die Wahrnehmungswelt zurückbezieht, diese aber nur zu erfassen ist durch ihre Orientierung, sind also Sein und auch Orientiertsein nicht voneinander trennbar; der Raum ist nicht mehr zu *begründen*, die Frage nach einem Grundniveau nicht zu stellen" (Merleau-Ponty 1966/74, S. 296).

In der hier exemplarisch beschriebenen Weise einer sich verwebenden Vermittlung von Ausstellungskontext, Kunstraum und Kunstwerk zeigt sich die Frage der Kunstvermittlung und der künstlerischen Bildung nicht als das *pädagogisch Andere* gegenüber der Kunst, so wie es lange im Rahmen der Kunstpädagogik und der Erziehungswissenschaft (vgl. u. a. Mollenhauer, S. 484) als vermeintliche Unvereinbarkeit diskutiert wurde. Indem die künstlerische Arbeit selbst die Erfahrung der Vermittlung transportiert, fordert sie eine Wahrnehmungs- und Erfahrungsoffenheit für das Werk heraus. Das heißt, die künstlerische Arbeit kann sich nur selbst vermitteln, indem ihre eigene Verwobenheit mit dem Kontext im Rahmen eines Erfahrungsprozesses performativ wird. Anders könnte sie sonst gar nicht „funktionieren", wie man dies heute nennt.

Eine explizit pädagogisch-didaktische Vermittlung kann sich hier wiederum nur dann erfolgreich realisieren, indem sie sich auch selbst einbindet und als eingebunden versteht in die Erfahrungen innerhalb dieses künstlerisch-räumlichen Gefüges. Es soll hier im Weiteren aber nicht die daraus resultierende aktuelle Aufgabe der Kunstvermittlung reflektiert werden, sondern die

Übertragung der sich hierbei zeigenden Möglichkeit einer solchermaßen künstlerisch-räumlichen Wahrnehmungsöffnung auf die Gestaltung pädagogisch-didaktischer Situationen.

Was hier beispielhaft an der Arbeit der Löbberts vorgestellt wurde, verweist auf ein prinzipielles Potenzial der Gegenwartskünste, das insbesondere vor dem Hintergrund des aktuellen Raumdiskurses nicht nur für die Kunstpädagogik und ihre LehrerInnenbildung, sondern auch für pädagogisch-didaktische Qualifizierungen, das heißt für professionsbezogene Bildungsprozesse überhaupt fruchtbar gemacht werden kann. Sie sensibilisieren für einen spezifischen Modus der Wahrnehmung und eine sich darauf gründende Ebene der Reflexion, die sich an die Präsenz des eigenen Handelns gebunden weiß und die wesentlich zu einem Bewusstsein für den Unbestimmtheitshorizont und die Singularität pädagogischer Praxis beitragen kann.

Das hier beschriebene „Ins-Spiel-kommen" der sinnlich-leiblichen Erfahrungsmomente im Blick auf die eigene situative und gelebte Gegenwart im Raum kann im Sinne einer praxisorientierten selbstkritischen Reflexivität im Rahmen der Hochschulbildung für pädagogisches Handeln prinzipiell fruchtbar gemacht werden. Das heißt, die Kultivierung einer solchen Wahrnehmungsöffnung und „Blickumkehr" (Mersch 2002) kann hier übend erprobt und kultiviert werden, auch im Sinne einer phänomenologischen Epoché (vgl. Engel 2015, S. 61/75 ff.). Exemplarisch erfahrbar, vermag dabei der intentionale „Zugriff" zurückzutreten, um „räumend" Raum frei zu geben für neue Handlungsformationen, unvorhersehbare Frageperspektiven, Teilhabe und Kritik.

5 Perspektiven für die Gestaltung von Bildungsräumen und für die LehrerInnenbildung

Abschließend sollen einige wesentliche Grundannahmen der bisherigen Überlegungen für die Gestaltung von gelebten und orientierenden Raumbildungsprozessen fruchtbar gemacht und praktische Konsequenzen für die Gestaltung von professionsbezogenen Bildungsprozessen in der LehrerInnenbildung skizziert werden.

Die sozial-und kulturanthropologische Bedeutung des Raumes fordert ein Bewusstsein für ein Zusammenwirken *von architektonisch-räumlichen, zeitlich-strukturellen, leiblich-kommunikativen, personal-biografischen* Einflüssen in Bildungsprozessen heraus. Hierbei geht es nicht alleine um die Einflussfaktoren des architektonischen Raums auf Lehr- und Lernsituationen. Alle Bereiche, und insbesondere ihr jeweils spezifisches Zusammenwirken, tragen zu der Qualität einer individuellen und gemeinsamen Orientierung in Raum und Zeit und darauf basierenden Bildungsprozessen bei. In diesen *Zwischenräumen* kann und sollte pädagogisch-didaktische Praxis eine *wahrnehmungsoffene Sensibilität für die Qualität raumbildender Prozesse* entwickeln, systematisch kultivieren und im Sinne neuer Wahrnehmungs- und Reflexionsimpulse in das Geschehen einbringen. Eine Bezugnahme, die sich sensibel und zugleich kritisch bewusst auf diesen Raum bezieht, ist mit der Notwendigkeit einer sich offenhaltenden Wahrnehmung insbesondere auch für Unvorhersehbares und das eigene sinnlich-leibliche Zusammenspiel mit dem Raum, den Dingen und den Anderen verbunden.

Die *prinzipielle Fremdheit und primordiale Vorgängigkeit* der Raumorientierung bindet ein Geschehen an seine eigene Geschichtlichkeit und zeitliche Dimension. Auf diese gilt es sich in einer *pathischen Aufnahmebereitschaft* einzulassen ebenso wie auf die *Unbestimmtheit prozessualer Entwicklungen*. Hierbei kann ein mimetisches Wechselspiel in den *Zwischenräumen gelebte* und *bewegte Raumerfahrungen* im Sinne gemeinsamer *Raumbildungsprozesse* ermöglichen.

Trotz der Massivität struktureller institutioneller Machtkonstellationen kann die kreative Kultivierung eines immer auch wahrnehmbaren Handlungsspielraums und eines erfahrungsoffenen Bildungsraums zu einer Erweiterung des institutionell vorgegebenen Handlungsrepertoires beitragen. Die Möglichkeit zu Teilhabe und Kritik muss sich als gemeinsame Erfahrungsqualität im Raum konstituieren und realisieren können. Dabei zeigen sich Potenziale der Verschiebung und Transformation von selbstverständlich eingespielten Wahrnehmungsweisen, machtvollen Ritualen und Perspektiven im Sinne einer zugleich kritischen und lebendigen Weiterentwicklung alltäglicher Routinen und Rituale.

Ein solch gemeinsames Handeln und Reflektieren in einem *orientierten und gelebten Raum* ist an eine stets neue praktische Bewusstwerdung von Wahrnehmungsweisen und Voreinstellungen ebenso wie an ein Bewusstsein der eigenen sinnlich-leiblich seelischen Eingebundenheit in diese Prozesse gebunden. Diese Art einer immer auch (selbst)reflexiven Bezugnahme erfordert deshalb Momente und Räume des Innehaltens. In den Momenten eines *Inne-seins* können sich raum- und zeitbezogene reflexive Bezugnahmen auf die erlebten Zwischen- und Erfahrungsräume vollziehen (vgl. Engel 2004/2011). In der Verknüpfung mit inhaltlich-curricularen Ansprüchen können sich grundlegende Orientierungen für die pädagogisch-didaktische Gestaltung von Bildungsräumen in gemeinsamer Teilhabe weiterentwickeln. Eine Pädagogik und Didaktik, die diese Eingebundenheit und Relationalität des eigenen Wahrnehmens, Sprechens, Handelns und Urteilens nicht kritisch reflektiert, läuft Gefahr, den Grundauftrag der Ermöglichung demokratischer Bildungsprozesse zu verfehlen.

Eine Beschäftigung mit dem Raum ist auch deshalb im Rahmen der LehrerInnenbildung nicht nur auf theoretischer Ebene sinnvoll. Jegliche Lehr- und Lernpraxis vollzieht sich innerhalb einer raum-zeitlichen praktischen Situierung. Der raumbildende Erfahrungsbezug lässt sich bereits an der Hochschule nicht alleine theoretisch vermitteln und verstehen, sondern er kann innerhalb einer wahrnehmungsöffnenden und kritisch-reflexiven Praxis exemplarisch erfahrbar und reflektierbar werden. Hierfür benötigt es Rahmungen und Orientierungen, die eine große Offenheit für die Erprobung neuer Verhaltensdispositionen freisetzen. Denn neue Orientierungen und andere Sicherheiten können sich nicht alleine in der Erfüllung eines antizipierten Plansolls entwickeln. Künstlerische und ästhetische Erfahrungsweisen können hier einen elementaren Zugang zu exemplarischer Erprobung und Reflexion freisetzen. Insbesondere sinnlich-leibliche und raumbezogene Übungen bieten ein ästhetisches Erfahrungspotenzial, das zur Entwicklung einer praxisbezogenen Reflexivität beiträgt (vgl. Engel/Böhme 2014, 2015). Die sich innerhalb von Übungen oder auch Kunstrezeptionen ereignende Öffnung für Kontingenz und Unbestimmtheit macht eine andere Ebene der Sicht, d. h. eine Blickumkehr möglich, aus der sich situationsspezifische Orientierungen entwickeln können. Erst in einer sich kreativ öffnenden Responsivität gegenüber dem, was sich prozessual und örtlich ereignet, kann die innere Qualität gemeinsamer räumlich situierter Bildungserfahrungen exemplarisch erfahrbar und reflektierbar werden. Auch biografische und gesellschaftliche, zurückliegende oder aktuelle Bezugnahmen können dabei in die Präsenz treten und reflektiert werden. Anwesendes und Abwesendes geraten so in eine gemeinsame bewegte Dynamik und können zu einer Erweiterung gewohnter Handlungsmuster beitragen. Dies kann zu einer grundsätzlichen Beweglichkeit und Flexibilisierung der später eigenen Lehrerfahrungen beitragen. Bildungsphilosophische und anthropologische Theorien stehen nicht nur für sich, sondern erweisen sich auch für ein Verständnis und eine Hermeneutik dieser Prozesse als hilfreich und bildungsfördernd. Die jeweiligen Zusammenhänge können im Rahmen von forschungsorientierten Prozessen insbesondere in den schulischen Praxisphasen weiter reflektiert und vertieft werden (vgl. Engel 2015).

Die Erfahrungspotenziale künstlerischer Raumbildungsprozesse können in dieser Weise nicht nur theoretisch für die allgemeine Erziehungs- und Bildungsphilosophie fruchtbar gemacht werden, sondern sich auch im Rahmen einer sinnenbasierte wahrnehmungsoffenen Praxisreflexivität fruchtbar erweisen gegenüber den pädagogischen Herausforderungen eines bildungsoffenen Umgangs mit Singularität und Unbestimmtheit. Das bedeutet aber auch, dass die tradierten Verhältnissetzungen zwischen Kunst und Pädagogik, d. h. auch zwischen kunsttheoretischen, bildungs- und erziehungstheoretischen Frage- und Problemstellungen vor dem Horizont der Räumlichkeit von Bildung sich anders formieren werden.

Raumbezogene künstlerische und ästhetische Bildungserfahrungen fordern zu einer neuen Sicht und zu einem anderen Umgang mit dem Verhältnis zwischen Kunst und Pädagogik, Praxis und Theorie ganz prinzipiell heraus.

Literatur

Augé, M. (1994): Orte und Nicht-Orte – Vorüberlegungen zu einer Ethnologie der Einsamkeit. Frankfurt am Main: Fischer.

Dörpinghaus, A. (2009): Bildung – Plädoyer wider die Verdummung (Beiheft 9/2009 der Zeitschrift Forschung & Lehre). Halle (Saale): Selbstverlag Deutscher Hochschulverband.

Engel, B. (2004/2011): Spürbare Bildung – Über den Sinn des Ästhetischen im Unterricht. Münster/New York: Waxmann. Zugriff am 01.09.2017 unter http://www.pedocs.de/frontdoor.php?source_opus=4887

Engel, B. (2010a): Bildung im Ort der Zeit – eine reflexive Begegnung von schulischer, künstlerischer und forschender Praxis. In: M. Brinkmann (Hrsg.): Erziehung – Phänomenologische Perspektiven. Würzburg: Könighausen und Neumann, S. 179–202.

Engel, B. (2010b): Der bewegte Raum – Schulische Bildung braucht lebendige Ordnungen. Pädagogische Zeitung für die Allgemeinbildenden Höheren Schulen, AHAes 20/2010, S. 5–8.

Engel, B./Böhme, K. (2014): Kunstakademische Lehrerbildung – Künstlerische und ästhetische Bildungspotenziale im Fokus der berufsbezogenen Professionalisierung. Eine Einführung. In: ders. (Hrsg.), Kunst und Didaktik in Bewegung – Kunstdidaktische Installationen als Professionalisierungsimpuls (Didaktische Logiken des Unbestimmten Bd.1. München: kopaed, S. 8–31.

Engel, B. (2015): Unbestimmtheit als (kunst)didaktisches Movens in professionsbezogenen Bildungsprozessen. In: B. Engel/K. Böhme (Hrsg.), Didaktische Logiken des Unbestimmten – Immanente Qualitäten in erfahrungsoffenen Bildungsprozessen. München: kopaed, S. 60–85.

Engel, B./Böhme, K. (2015): Zur Relevanz des Unbestimmten im Feld der kunstdidaktischen Professionalisierung: In: ders. (Hrsg.), Didaktische Logiken des Unbestimmten – Immanente Qualitäten in erfahrungsoffenen Bildungsprozessen. München: kopaed, S. 10–33.

Gelhard, A. (2012): Kritik der Kompetenz. Zürich: diaphanes.

Hasse, J. (2005): Einführung in den Beitrag von Graf Karlfried von Dürckheim aus geographischer Perspektive. In: Ders. (Hrsg.): Graf Karlfried von Dürckheim. Untersuchungen zum gelebten Raum. Band 4 Natur – Raum – Gesellschaft. Frankfurt am Main: Selbstverlag Institut für Didaktik der Geographie, S. 133–145.

Hasse, J. (2014): Was Räume mit uns machen und wir mit ihnen. Kritische Phänomenologie des Raumes. Freiburg/München: Verlag Karl Alber.

Helsper, W. (2003): Ungewissheit im Lehrerhandeln als Aufgabe der Lehrerbildung. In: W. Helsper/R. Hörster/J. Kade (Hrsg.): Ungewissheit. Pädagogische Felder im Modernisierungsprozess. Weilerswist: Velbrück Wissenschaft, S. 142–161.

Helsper, W. (2011): Lehrerprofessionalität. Der strukturtheoretische Professionsansatz zum Lehrerberuf. In: E. Terhart/H. Bennewitz/M. Rothland (Hrsg.), Handbuch der Forschung zum Lehrerberuf. Münster: Waxmann, S. 149–171.

Löw, M. (2001): Raumsoziologie, Frankfurt am Main: Suhrkamp.

Merleau-Ponty, M. (1966/74): Phänomenologie der Wahrnehmung. Deutsche Übersetzung mit einem Vorwort versehen von Rudolf Boehm. Berlin: de Gruyter.

Mersch, D. (2002): Kunst und Medium. Kiel: Selbstverlag Mathesius-Hochschule

Mollenhauer, K. (1990): Ästhetische Bildung zwischen Kritik und Selbstgewissheit. In: Zeitschrift für Pädagogik, S. 481–494.

Jäckel, A. (2013): Gestik des Raumes. Zur leiblichen Kommunikation zwischen Benutzer und Raum in der Architektur. Tübingen/Berlin: Wasmuth.

Rumpf, H. (1999): Belebungsversuche – Ausgrabungen gegen die Verödung der Lernkultur, Weinheim und München: Juventa.

Waldenfels, B. (1992): Einführung in die Phänomenologie. Paderborn: Fink.

Waldenfels, B. (2009): Ortsverschiebungen, Zeitverschiebungen – Modi leibhafter Erfahrung. Frankfurt am Main: Suhrkamp.

Rittelmeyer, C. (2002): Qualitätsmerkmale des Schulbaus. In: L. Wiggers/N. Meder (Hrsg.), Raum und Räumlichkeit in der Pädagogik (1. Aufl.). Bielefeld: Janus, S. 203–227.

Westphal, K. (2007): Macht im Raum erfahren. Der Körper als Ursprung und Ort des Denkens von Raum. In: K. Westphal (Hrsg.), Orte des Lernens, Beiträge zu einer Pädagogik des Raumes. Weinheim und München: Juventa, S. 249–262.

Zeilinger, P. (2009): Der Ort der Zeit. Auf dem Weg zu einer politischen Phänomenologie. In: T. Bedorf/G. Unterthurner (Hrsg.), Zugänge – Ausgänge – Übergänge. Konstitutionsformen des sozialen Raums. Würzburg. Verlag Königshausen & Neumann, S. 107–119.

Zur Lippe, Rudolf (2000): Sinnenbewusstsein I und II. Grundlegung einer anthropologischen Ästhetik. Baltmannsweiler: Schneider Hohengehren.

Unterbrechungen. Verrückungen.

Teilhabe und Kritik als ästhetische Praxis in Theater und Schule

Kristin Westphal

> „Die Zeit verkörpert sich, indem sie in den Raum hinabsteigt."
> (Bernhard Waldenfels 2009, S. 103)

Kultur wie Bildung braucht Räume, deren Grund und Orte immer wieder „einzuräumen" sind: durch Unterbrechungen und das Ver-Rücken von Dingen sowie die Berührung mit Umgebungen. Durch eine – historisch wie aktuell – eigensinnige Interpretation des Wahrgenommenen in den ästhetischen Feldern geht es weniger darum den Gedanken zu verfolgen, Raum im Sinne einer Aneignung subjektiviert zu wissen, sondern ihn als eine demokratische Herausforderung zu begreifen. Unweigerlich stoßen wir mit dieser These auf Fragen zum kulturellen und ästhetischen Umgang des Menschen mit Raum und Zeit, das heißt auch den sozial auferlegten Raum- und Zeitordnungen und der Ordnung von Dingen und von Kultur als Kampfbegriff.

Ausgehend von einem Beispiel, das den „er- und gelebten Raum" und damit immer einhergehend der er- und gelebten Zeit[1] Schule zum Gegenstand einer ästhetischen Untersuchung und Aufführung im wiederum „er- und gelebten Raum" des Theaters macht, soll im Folgenden diese These genauer untersucht werden. Darunter verstehen wir zunächst, dass in einem gelebten Raum, der sich von den Konstruktionen des geometrischen und physikalischen Raums abhebt, sich die ganze Vielfalt der leiblichen Sinne, Bewegung und Befindlich-

---

[1] Vgl. die Studien von Eugène Minkowski (1971): Die gelebte Zeit, Bd. 1: Über den zeitlichen Aspekt des Lebens. Salzburg: Müller (franz. 1933); Vgl. Westphal: Zeit des Lernens. Perspektiven auf den Sachunterricht und die Grundschul-Pädagogik 2005, Beiheft 2, S. 12 unter: www.widerstreit-sachunterricht.de. „Der physikalisch-mathematische Zeitbegriff ist weder erlebnis- noch erfahrungsmäßig gegeben. Er ist ein wissenschaftshistorisch gesehen recht spätes theoretisches Konstrukt. Unterscheiden können wir zwischen dem biografischen, qualitativen Zeiterleben/ -empfinden als gestimmte Zeit (z. B. der Langeweile, von Tempo etc.) und der sozial auferlegten, objektiven, an Handlungen gebundenen, in Institutionen geregelten Zeit als Ordnungsmuster." Wobei die gestimmte Zeit stets in der sozial auferlegten und organisierten Zeit aufgehoben ist.

keiten spiegelt. Wir folgen damit auch der Unterscheidung nach Waldenfels zwischen „einem Wahrnehmungsraum als dem Raum des Gewahrens, einem Bewegungs- und Handlungsraum als dem Raum des Wirkens, einem pathisch geprägten Raum der Widerfahrnisse, einem atmosphärischen Raum der Gestimmtheit oder einem Phantasieraum als einem Spielraum von Möglichkeiten" (Waldenfels 2009, S. 66). Mit Blick auf unser Eingangszitat soll hervorgehoben werden, das die Frage des Raums immer auch eine Frage der Zeit beinhaltet. So hinterlassen Orte Spuren, indem der Sinn unserer Erfahrung sich in den Raum einzeichnet. „Dies alles ist auch für unser Bildungswesen ganz und gar relevant. [...] So wie die Raum- und Zeitkoordinaten auf das jeweilige Hier und Jetzt verweisen, so verweist die Geschichte auf Geschichten aus der Kindheit [...], in denen sie sich *en miniature* verkörpert, mitsamt ihren Erwartungen, Enttäuschungen und Verletzungen" (ebd., S. 104). Der Fokus liegt im Folgenden auf der Frage, wie sich eine ästhetische Raumpraxis als eine kritische Praxis in Theater und Schule kreuzen und woraus sie ihre Maßstäbe dafür rekurriert.

1 „Kinder testen Schule"

In der Schule gibt es viele Grenzen, die unsere Bewegungen steuern, räumliche Grenzen, zeitliche Grenzen und noch ganz andere. Meistens halten wir uns innerhalb dieser Grenzen auf. Doch heute wollen wir uns auf den Grenzen bewegen, um sie zu überschreiten. Wir sind unsere eigenen Bewegungsmelder.

Mit diesen Worten wird ein Projekt mit verschiedenen Grundschulen in Hamburg vom Fundustheater eingeführt: „Kinder testen Schule".[2] Erklärt wird zunächst, was ein Test, lat. *testum* bedeutet. Die SchülerInnen erfahren: Wenn man in einem Gefäß zwei Stoffe vermischt, werde in den Naturwissenschaften getestet, ob etwas Neues daraus entstehen könne. Dann lässt man die Kinder auch selbst dazu assoziieren, was sie unter Tests verstehen. Da ist die Rede von Geruchs- oder Hörtest, Test in der Schule etc. Auch im Theater werde getestet – erfahren die Kinder –, ob durch das Vermischen von Sound, Licht, Geste, Wort etc. etwas Neues entsteht.

An den Schulen werden verschiedene Testreihen mit den Mitteln des Theaters angestellt. Der Lehrertest: Ein Dummy wird häufig für Crashtests verwendet, erklärt die Spielleitung. Hier wird ein Dummy, der wie ein Roboter aus-

---

2 https://vimeo.com/16509265 Zugriff am 08.09.2017. „Kinder testen Schule" ist nach dem „Club der Autonomen Astronauten" und „Schuluhr und Zeitmaschine" der dritte Teil der Projekt-Trilogie des Forschungstheaters. Mitwirkende: Matthias Anton, Florian Feigl, Dorothee de Place, Jens-Jacob de Place, Hannah Kowalski, Sibylle Peters, Broder Zimmermann.

sieht, zum Lehrer gemacht, indem die SchülerInnen auf- und beschreiben, was ein Lehrer häufig sagt: Pst! Psch! Seid leise! Lass das! Schlagt die Seite x im Buch auf! etc. Diese Sätze – es sind vornehmlich Befehlssätze – werden dem Dummy eingespeist, der sie mit einer Computerstimme wiedergibt. Eine Maschine wird dazu eingesetzt, besondere Orte und Kräfte, die an der Schule vorherrschen, aufzusuchen. Gefragt werden die SchülerInnen nach Orten, wo sie sich besonders langweilen oder besonders froh sind. Orte, an denen alle das gleiche Gefühl und die gleiche Stimmung empfinden, so die Ausgangsthese, da müsse sich ein Geist befinden wie z. B. von den SchülerInnen einer Grundschule auf dem Dachboden ausgemacht wird. Getestet werden von den SchülerInnen im weiteren solche Bewegungen, die verboten, unmöglich oder lächerlich sind. SchülerInnen bewegen sich an ihren Tischen sitzend und sammeln Material: auf dem Stuhl kippeln bis zum Umfallen, auf den Tisch liegend, Füße auf den Tisch legend, anders herum auf dem Stuhl sitzend, essend etc. In Belastungstests werden Gegenstände und Materialien aus der Schule getestet, ob die Dinge das aushalten, wofür sie nicht gemacht wurden. Kann man ein Radiergummi zum Golfball, einen Schüler als Bücherregal, einen Tisch als Trommel, mehrere Tische kombiniert für eine In-line-skating Probe verwenden? Hält eine Tischtennisplatte es aus, wenn 15 Kinder auf ihr hüpfen etc.?

Abb. 1: Szene „Spukversicherung" aus dem Stück „Kinder testen Schule"
Fundus Theater Forschungstheater: Sibylle Peters.

Die Ergebnisse dieser performativ ausgeführten Testreihen werden im „Forschungstheater" des Fundustheaters von zwei SchauspielerInnen wiederum theatralisch umgesetzt. Die ZuschauerInnen, vornehmlich die Kinder der Grundschulen, die die Experimente selbst gemacht haben, fungieren dabei als SchiedsrichterInnen. Immer wenn z. B. die beiden SchauspielerInnen eine verbotene, unmögliche oder lächerliche Bewegung machen, soll auf einer Trillerpfeife gepfiffen werden. Die Kinder erhalten auf diese Weise nicht nur Einblicke in die „Einfälle" der anderen Klassen, sondern erfahren an dem Ort des Theaters dieses Mal aus der Perspektive des Rezipienten, was sie selbst dazu beigetragen haben – unter dem „Zauber" des Einsatzes professioneller SchauspielerInnen, Bühnentechnik, Sound- und Geräusche. Sibylle Peters äußert dazu:

> „Die Kinder finden ihre eigene Schule und Klasse und sich selbst als Teil des Geschehens auf der Bühne wieder. Das Publikum reagiert stark darauf, sich auf diese Weise als Teil der Öffentlichkeit zu erleben. Diese Erfahrung der Teilhabe korrespondiert auf einer inhaltlichen Ebene des Stücks. (…) Es macht deutlich, dass wir alle an der Generation und Organisation von Zeit beteiligt sind, dass Zeit also nicht etwas ist, was unserem Tun schon vorausgeht, sondern eher das Medium, in dem wir am öffentlichen Leben teilhaben" (Peters 2016).[3]

Der Videoausschnitt, dem die obige Beschreibung zum Raumprojekt entnommen ist, zeigt bei dem recherchierenden und szenischen Erkundungsvorgang höchst vergnügliche SchülerInnen einer Klasse 3b, die mit einem Riesenspaß, hoher Motivation und Aufmerksamkeit an diesem Unternehmen beteiligt sind: eine Pause, eine Unterbrechung zu einem Schulgeschehen der Be- und Entgrenzung bzw. der Aus- und Erschließung, an dem diese alltäglich selbst beteiligt sind. Er zeigt auch eine Lehrerin, die gerade dabei ist, einen Klassenraum *abzuschließen*, und dabei ebenfalls mit einem amüsierten Blick auf das Geschehen der „Freisetzung" jenseits der Einschließung blickt, eine Geste der Anerkennung für diese außergewöhnliche Situation, in der sie selbst zur Zuschauerin wird. Eine ausgelassene Stimmung zeigt sich, dem Karneval zu vergleichen. Klar ist: Hier wird in der Schule mit den Mitteln des Theaters gespielt. Theater ermöglicht eine besondere Art des Verhaltens: Vorspielen und Zuschauen, sodann eine besondere Situation, hier eine Art der Versammlung. Hier die Ordnung des schulischen Raums in der Schule selbst zum Thema gemacht, Dinge und Räume entgegen ihrer Funktion für etwas Anderes genutzt. Theater als eine szenische und ästhetische Praxis wird dabei zugleich als eine potenziell kritische Praxis erfahren im Sinne, dass es in der Ausnahmesituation, in der Unterbrechung des Regelhaften die Regel zu sehen gibt (vgl. Lehmann 2011, S. 29f.).

Das Besondere dieses Forschungstheaters, das unter der Leitung von Sibylle Peters ein fester Bestandteil des Fundustheaters ist, besteht darin, dass bei all diesen Projekten die Erprobung durch die SchülerInnen und die szenische Darstellung durch die SchauspielerInnen nicht als zwei voneinander geschiedene Vorgänge behandelt werden – wie es aus der klassischen Forschung oder

---

3   Siehe das Zeitprojekt: https://vimeo.com/16742247 Zugriff am 08.09.2017.

Theaterarbeit bekannt ist –, sondern sie ineinandergreifen. Auch geht man nicht zuerst ins Theater und dann in die Schule wie es in einer konventionellen Praxis üblich ist, sondern umgekehrt. Die Arbeit zielt so gesehen nicht in erster Linie auf ein von Erwachsenen gemachtes Werk ab, sondern rückt den Prozess der künstlerischen Erforschung/Erkundung/Recherche mit den Kindern selbst in den Mittelpunkt, der dessen Verfahrensweisen transparent und in einem interdisziplinären Austausch mit anderen weiter zu entwickeln sucht. Das Anliegen ist, szenische Mittel für die Gestaltung von „Forschungsprozessen" zwischen Kindern, Kunst und Wissenschaft in der Weise zu nutzen, dass alle Beteiligten ihren Zugang zu dem jeweiligen Thema finden. Selbst in der Präsentation des Ergebnisses soll der Öffentlichkeit – wie oben angezeigt – noch erlaubt sein, in den Prozess einzutreten (Peters 2007, 2013, 2018). Raum-Zeit und Zeit-Raum korrespondieren dabei im Spiel-Prozess unter den Bedingungen und Voraussetzungen von Schule und Theater, zwei Institutionen, die in diesem Projekt in ein Verhältnis treten und eine gegenseitige Wechselwirkung hervorzurufen suchen. Mit Jacques Rancière formuliert wird in diesem Projekt versucht, die etablierte und vorherrschende Politik der Ausschließung, wie es aus dem klassischen Theater und dem schulischen Raum *par excellence* bekannt ist, aufzubrechen, „Stimmen hörbar zu machen, die ansonsten überhört werden und keine Resonanz finden" (Rancière 2007, S. 32), wie hier die Stimmen der Kinder oder wie in dem Piratenprojekt es etwas von „echten" Piraten zu hören gibt. Diese Praxis zeigt sich immer in den konkreten Formen, „über ihren jeweiligen Kontext und über ihre Art, im Prozess von Produktion und Rezeption Beziehungen (neu) zu organisieren" (vgl. Primavesi 2011, S. 56f.). Sie ermöglicht Erfahrungen, die zunächst ein Vorwissen aufgreifen, die darüber hinaus über die bekannten Erfahrungen hinausweisen, die Formen des Teilens von Wissen bedeuten und ein Metawissen generieren, das über standardisierte schulische Formen und Schulbücher nicht zu erfahren wäre. Wer hat denn schon mal mit einem echten Piraten sprechen können, um über das bekannte Klischee und Bild hinaus anderes zu erfahren und ein Wissen mit ihm und den eigenen Vorstellungen und Fantasien zu teilen?

2 Kritik als ästhetische Raumpraxis

Die gegenwärtigen Diskurse innerhalb der Philosophie zur Kritik der Kritik (Jaeggi 2009) und der Krisis der Wissenschaften (Mühleis 2016, S. 49) fragen danach – wie Jean-Luc Nancy in einem Vortrag an der Goethe-Universität 2016 –, ob unserer Zeitalter überhaupt noch das Zeitalter der Kritik sei. Seine Überlegungen kreisen um den expliziten Gebrauch von Kritik: Obwohl an die Bedeutung des „unterscheidenden Erkennens" immer wieder in der Philosophie erinnert und festgehalten wurde, werde sie immer deutlicher von derjenigen einer Bewertung überdeckt. Die Bewertung selbst habe sich im Sinne der Verurteilung oder des Vorwurfs, der Anfechtung oder Zurückweisung verschoben. Dabei hat er vornehmlich die Kritik an der Kunstkritik im Blick, um die Frage nach Kunst *als* Kritik zu öffnen.

> „Die gesamte Geschichte des Wortes „Kritik" osziliert von daher zwischen zwei äußersten Punkten: Bald überwiegt die kaum definierbare *finesse* eines unterscheidenden Erkennens, eines Diszernierens, das nur zu erkennen vermag, was es erkennt, bald überwiegt die Sicherheit einer Unterscheidung, die sich auf einem Wissen oder einem Recht gegründet weiß." (Nancy 2015, S. 6)

Es geht Nancy um die grundlegende Frage nach den Maßstäben, die einer Kritik selbst unterlegen ist und diese bedingt und die – wie Waldenfels in Hinsicht seiner Überlegungen einer kritischen Haltung, die einer Alltagswelt entspringe, feststellt – selbst mehr oder weniger umkämpft seien aufgrund von Überschneidungen verschiedener Deutungen und Interessen verschiedener Zeichengemeinschaften (Waldenfels 1994, S. 175). Für Nancy geht es mit Rückgriff auf eine medizinische Beschreibung darum, dass das Kriterium selbst aus einer kritischen Operation, also einer Krise (Hippokrates), einer Abweichung von einer Norm bzw. Gesundem, hervorgehen müsse (Nancy 2015, S. 2).

Vor dem Hintergrund einer Auseinandersetzung u. a. eines universalen, idealen (Husserl) gegenüber totalitären Kritikverständnisses (Marx) sucht Waldenfels nach einem Kritikverständnis, dass nicht auf *eine* Norm oder *ein* Ziel zentriert bleibe, sondern sich an den Rändern der faktischen Alltagswelten aufhalte, ohne einen idealen Fluchtpunkt zu suchen (Waldenfels 1994, S. 175).

> „Die Ränder, das wäre das Ungesagte, das Nichtgetane, und Nichttubare im Getanen, das Ungeregelte und Unvertraute im Geregelten und Vertrauten, das Unalltägliche im Alltäglichen. Die Ränder gehören dem bestimmten Deutungsfeld selbst zu; sie verkörpern keine andere Welt, sondern das andere der bestehenden Welt als das, was durch die jeweilige Deutungspraxis unweigerlich ausgeschlossen, zurückgedrängt oder gar verdrängt wird und doch als Möglichkeit fortexistiert, faßbar etwa in Wünschen, Ängsten und Phantasien. Das bedeutet kein Ersetzen der faktischen Welt durch eine andere Welt, eher ein Ent-setzen der bestehenden Welt, das ihre Untergründe und Hintergründe bloßlegt und sie nicht übersteigt, sondern durchlässig macht." (Waldenfels 1994, S. 176)

Ohne an dieser Stelle vertiefend auf Waldenfels' noch auf Nancys Darlegungen zur Frage der Kritik der Kritik eingehen zu können, stellt sich in unserem Zusammenhang die Frage nach dem Grund von Kritik in dem Feld der ästhetischen Bildung – wie wir sie hier an unserem Beispiel an der „performativen Recherche" von Raumpraktiken im „gelebten Raum" der Schule festzumachen suchen und nach der Wahrnehmung solcher Ränder in der Alltagswelt Schule Ausschau gehalten wird. Leitend ist für unseren Zusammenhang mit der responsiven Phänomenologie nach Waldenfels, dass von der Erfahrung des Getroffenwerdens im Handeln ausgegangen wird (Waldenfels 1990, S. 89f.).

Auszugehen ist zunächst davon, dass Schule und Theater auf unterschiedliche Weise Orte der Kritik, der Krise wie auch Grenzziehung bzw. Überschreitung sind. Sie unterliegen dabei bestimmten Zeit- und Raumordnungen, die das spannungsreiche Verhältnis von Körper und Raum – im Kontext von Institution als öffentlicher/institutioneller Raum – zur Sprache bringen (Westphal 2012, S. 9).

Jörg Zirfas hält fest, dass Kriterien und Maßstäbe einer kritischen ästhetischen Praxis nicht ein für alle Mal festgestellt werden könnten, sondern an solchen Orten erst in der Auseinandersetzung mit den Gegenständen oder Positionen immer wieder hervorgebracht würden (Zirfas 2015, S. 21). Die ästhetische Bildung markiere Grenzen der Zivilisierung oder Modernisierung zwischen Individuellem und Sozialem, zwischen Deskriptivem und Normativem, Bedingungen und Effekten. Er bezeichnet diese Orte als Krisenorte der Infragestellungen und Herausforderungen, in denen sich nichts von selbst verstehe und in denen alle Faktizitäten und Geltungsansprüche nach kritischer Auslegung und Umsetzung verlange. Seine Argumentation zielt darauf ab, dass die ästhetische Bildung als ein kritisches Korrektiv von Formen und Prozessen der Gesellschaft und Politik fungiere. So befähige die ästhetische Bildung zur Relativierung, Skepsis, Ironie und Kritik etc. (Zirfas 2015, S. 22). Seine Auslegungen enden in zwei für unseren Zusammenhang wichtigen Aussagen.

> „Denn Kunst hat es *von Hause aus* mit Wahrnehmung, Ausdruck und Gestaltung und Darstellung, eben mit Sinnlichkeit zu tun. Es ist der Körper-Leib, der als eigentliche Arena ästhetischer Bildung gelten muss. Ästhetische Bildung ist dann nicht nur Kampf um den Geist, sondern vor allem Kampf um den Körper." (Zirfas 2015, S. 25)

Zunächst ist zu fragen, wie es sich mit einem Aushandlungsprozess in der ästhetischen Praxis verhält, setzt doch im Sinne einer Kommunikationstheorie nach Habermas ein Aushandlungsprozess ein symmetrisches Verhältnis zwischen den PartnerInnen voraus, dieses aber im Kontext von Schule zwischen Lehrenden und SchülerInnen jedoch immer asymmetrisch angelegt ist. Zu fragen wäre auch, ob die ästhetische Bildung wirklich ein Korrektiv für ein besseres Leben sein kann, in dem dann wiederum nur andere Normen wirksam werden. Folgt man jedoch den letzten Thesen, gelangen wir in der Konsequenz, die Zirfas nicht näher ausführt, zu einem anderen Verständnis einer kritischen ästhetischen Praxis, die weniger an einer von außen geleiteten Vernunft und von außen bestimmten Maßstäben orientiert ist, sondern aus der ästhetischen Praxis selbst hervorgeht. Denn kommt die Wahrnehmung, die Sinnlichkeit, der

Körper, die Leiblichkeit ins Spiel, haben wir es mit einer kritischen Praxis zu tun, die ihre Maßstäbe weniger aus einem moralischen Diskurs rekurriert, sondern – „was die eigentliche Chance des ästhetischen Diskurses wäre – die schwankenden Voraussetzungen des eigenen Urteilens erfahren" lässt (Lehmann 2011a, S. 37). Oder anders ausgedrückt: Ein Theater, das den Anspruch auf Selbstreflexion seiner eigenen Praxis beinhaltet, bedeutet mit Lehmann ein „Verblassen der Begriffe", sich, statt in der Sicherheit des Urteilens zu wiegen, auf den schwankenden Boden seiner Wahrnehmung zu begeben und die Sicherheit, was überhaupt „Handeln" ist, zu befragen (Lehmann 2013, S. 622).

Nicht die Welt gilt es zu verändern wie es die politische Bildung oder ein politisches Theater noch im Sinn hatten oder noch haben, sondern im Sinne einer Politik der Wahrnehmung wird mit dem Widerständigen des Sinnlichen vielmehr potenziell *eine veränderte Sichtweise* auf Selbst- und Weltverhältnisse ermöglicht. Nicht mehr und nicht weniger. Und das dürfte schon viel sein. In dieser Sichtweise geht es nicht um ein *Was* – also den Gegenstand einer Kritik –, sondern vielmehr um die Frage nach den Voraussetzungen und Bedingungen einer Hervorbringung von Theater, Bildung und Subjekt – also um das *Wie*: Eine ästhetische Praxis als eine kritische zu verstehen, bedeutet dann in Fortsetzung des oben aufgeworfenen Gedankens von Lehmann weitergedacht:

> „Nicht für die bessere politische Regel, nicht für die angeblich oder vielleicht bessere Moralität, für das beste aller möglichen Gesetze, sondern den Blick für das, was in aller Regel die Ausnahme bleibt, für das Liegengelassene, das Unaufgehobene, das, was nicht aufgeht und darum einen Anspruch darstellt: geschichtlich an die Erinnerung, gegenwärtig an die Abweichung" (Lehmann 2011a, S. 38).

In unserem Beispiel ist es die Art und Weise, wie sich die Beteiligten mit den Raumordnungen im gelebten Raum der Schule szenisch und performativ auseinandersetzen. Es ist kein Vorgang, der sich vom Begrifflichen herleitet, sondern einer, der sich in sinnlich-leiblich ästhetischer Weise als ein Selbstbildungs- und Reflexionsprozess vollzieht.[4]

So gesehen haben wir es mit der Unterbrechung bestehender Ordnungen des schulischen Raumes zu tun, die einen Spalt für andere Sichtweisen auf den schulischen Raum eröffnen. Die Schule wird temporär zu einem möglichen „Ausnahmeort" (Lehmann 1999, S. 303) wie wir es vom Theater her kennen. Denn das kritische Potenzial von *Theater als Unterbrechung* erlangt noch eine

---

4 Für Nancy bleiben Denkvorgänge im Theater nicht wie in der Philosophie beim Denken allein, sondern bringen diese Vorgänge zur Aufführung. Nancy bezeichnet das Theater insofern auch als einen Ort des Denkens (Nancy 2008). Er entspringt aus der Gegenwärtigkeit, einer konkreten Situation in Raum und Zeit.

besondere Note, wenn Orte ins Spiel kommen, die nicht für ein Theater wie hier der Schulraum selber vorgesehen sind (Westphal 2012, S. 10f.). Die Explorationen werden in einem weiteren Schritt an den eigentlichen Ausnahmeort, das Theater, überführt, der wiederum ebenfalls auf andere Weise erfahren wird als wir es von einem klassischen Kindertheater gewohnt sind.[5] Geht es doch um eine Darstellung dessen, was durch die Kinder selber vor dem Hintergrund ihrer schulisch- kulturell geprägten Raumerfahrungen räumlich-gestisch hervorgebracht wurde.

Erfahrungen machen wir nicht in einem abstrakten, homogenen Raum, sondern immer in einer räumlichen Situation. In diesen Situationen enthalten ist alles, was die Umgebung ermöglicht und die Menschen in sie einbringen: ihre Gefühle und Wünsche, ihre Erfahrungen, ihr Wissen, ihre Absichten (Westphal/Scholz 2017). Dabei ist in Situationen das je kulturell oder gesellschaftlich vorhandene Wissen um Ordnungen, Strukturen und Machtverhältnisse enthalten, das auch als Ergebnis eines historisch-kulturellen Lernprozesses zu verstehen ist, der von Generation zu Generation weitergeführt wird (ebd.).

Unser Experiment zum abweichenden Verhalten im schulischen Raum macht das Metawissen der beteiligten Kinder im Experimentieren selbst sichtbar, wie Raum- und Zeitordnungen, die Ordnung der Dinge ihr Leben und Verhalten bis in die körperlichen Wahrnehmungen, Bewegungen oder Sprache hinein prägen. Kunst im ästhetischen Sinn ist nach Volkmar Mühleis eine Radikalisierung der Inventivität: „nämlich den Findungsreichtum von der Verstörung der Regeln her zu denken, mit der neue Regeln entstehen" (Mühleis 2016, S. 47). In einem weiteren Abschnitt soll diesen Gedanken, die sich zwischen der Frage nach Selbst-Aufgabe und Selbstermächtigung bewegen, vertiefend nachgegangen werden.

3 Teilhabe als Kritik

Reflektiert wird in den neueren Diskursen des 21. Jahrhunderts die Rolle des Zuschauers vor dem Hintergrund einer postmodernen und postdramatischen

---

5 Infrage gestellt soll nicht sein, dass auch die Rezeption von Kindertheater von Kindern in der Rolle als Zuschauende nicht ebenso eine bildende Bedeutung zukommt. Vgl. hierzu die Beobachtungen von Geesche Wartemann und Bine Mohn (2011), inwieweit das Zuschauen bei Kindern sinnlich-leiblich körperliche Affekte auszulösen vermag und in den Projekten von Celestine Hennermann zu beobachten, Kindern, die Möglichkeit gegeben wird, das Erfahrene/Gesehene/Gefühlte im Nachhinein wiederum produktiv machen zu können. Die Qualität besteht gerade darin, Rezeptions- und Produktionsweisen in ein Verhältnis zu setzen. Zu Produktionen von Celestine Hennermann Zugriff am 28.8.2017 unter https://vimeo.com/188452390.

Theaterpraxis insbesondere seit den 1990er-Jahren mit ihren Vorläufen in der Historischen Avantgarde, dann bei Brecht, später Handke (vgl. Deck/Siegburg 2008). Diese Praxis hat vor einem Theater mit Kindern nicht Halt gemacht (vgl. Deck/Primavesi 2014; Westphal 2015). Erprobt werden zunehmend Varianten einer Aktivierung des Zuschauers. Dahinter verbirgt sich die Kritik an der Seh- und Raumordnung des klassischen Theaters, dass der Zuschauer „einer Erscheinung gegenüberstehe, von der er weder den „Herstellungsvorgang noch die Wirklichkeit, die von der Erscheinung verdeckt wird, kennt" (Rancière 2012, S. 12). Auch bleibe der Zuschauer, wie es Sartre als Ohnmacht beschrieben hat, „unbeweglich passiv auf seinem Platz und auf diese Weise von der Tätigkeit der Erkenntnis und der Handlung getrennt" (ebd.).[6] Er fordert ein Theater in seiner „ursprünglichen Tugend", ein Theater ohne Zuschauer, „wo die Anwesenden lernen, anstatt von Bildern verführt zu werden, aktive Teilnehmende werden, anstatt passive Voyeure zu sein" (Rancière 2012, S. 14). Das Theater sei so gesehen der letzte Ort der Konfrontation des Publikums mit sich selbst als Kollektiv.

Theater war und ist schon immer partizipativ und exklusiv zugleich, insofern in einer Aufführungssituation über ein Produkt hinausgehend von allen Beteiligten eine Wirklichkeit hervorgebracht wird. Andere Weisen einer Kommunikation durch und im Theater zeigen sich mittlerweile unter ästhetischen Gesichtspunkten in vielfältigsten Relationen von Publikum – Bühne, Akteure unter sich, ZuschauerInnen untereinander. In der Theaterarbeit sind seit den 1990er zunehmend auch neuere Spielarten in der Theaterarbeit *mit* Kindern zu beobachten, in denen häufig auch das Generationsverhältnis selbst zum Thema wird. Dazu gehören solche Arbeiten wie die vom Genter Kinder- und Jugendtheater Victoria, heute Art Campo, hervorgegangenen Produktionen von Künstlergruppen/KünstlerInnen mit Kindern für Erwachsene (Westphal 2015; 2017). Eine weitere Spielart hat sich in den letzten Jahren herausgebildet, insofern Kinder und professionelle erwachsene Akteure zusammenspielen. Zugunsten einer „neuen Intensität von Partizipation aller Teilnehmenden" zeige sich die Hürde zwischen Professionellem und Nicht-Professionellen, Ausstellung oder Dokumentation von Wirklichkeiten und Fiktion, Vorführung und gemeinsamer Versammlung dann auch niedriger (Lehmann 2011b, S. 29). Gebrochen wird mit der Norm eines literaturbezogenen bürgerlichen Theatermodells wie es sich im 18. und 19. Jahrhundert herausgebildet hat, das eine hohe Aufmerksamkeit und Konzentration auf das Kunstwerk sowie auf die Schauspielkunst und Rollenverkörperung verlangt. Gebrochen wird auch mit dem Tabu eines Kindertheatermodells, Kinder *als* Kinder (und nicht Schauspielkinder) wie in unserem Beispiel bei der Produktion einzubeziehen. Gebrochen wird

---

6 Vgl. zur Auslegung von Sartre: Westphal 2011, S. 145f.

ebenso mit der klassischen Sehordnung einer „angeblich natürlichen Zentralperspektive", die uns – der Kritik Merleau-Pontys zu Folge – „eine gelungene Domestizierung des Blicks vorgaukelt" (Waldenfels 2009, S. 106). So sind die Raumexperimente nebeneinander im schulischen Feld angelegt und nicht auf einen Punkt einer Black Box hin fokussiert, der Blick im schulischen Feld kann schweifen und es können verschiedene Perspektiven im schulischen Feld der Untersuchung eingenommen werden. Und nicht zuletzt wird auch gebrochen mit einer für das klassische Theater charakteristischen Zeitordnung, „die auf eine teleologisch ausgerichtete Zeitdauer angelegt ist, die sich zwischen Anfang und Ende ausspannt und vom Ziel her ihre Einheit empfängt" (Waldenfels 2009, S. 153). In der hier vorgestellten performativen Spielweise haben wir es dann nicht mit einer Handlungs-, sondern Ereigniszeit zu tun.

Im Umgang mit diesen performativen bzw. ästhetischen Spielweisen, die das Dargestellte in die Darstellung, die Produzenten als Rezipienten, die Gegenwärtigkeit von Schul/Zeit und Schul/Raum zugleich aufnimmt, werden die Künste im hohen Grad zu dialektischen Orten der Distanzierungen und Bezugnahmen, in denen die Beteiligten ein kritisches Verhältnis zur partizipativen Wirklichkeit lernen können. Insofern kann das Feld der Kulturellen Bildung kritisch-experimentelle Formen der Aushandlung und Umsetzung von Partizipation einüben und praktizieren (Zirfas 2015).

An unserem Beispiel zeigt sich dieses dialektische Verhältnis in der Weise, dass eine Distanz zur gewohnten Konstellation eröffnet und diese sogar noch überspitzt wird, wenn der alltägliche schulische Raum für die Versuchsanordnungen auf dem Spiel steht. Nicht nur für die SchülerInnen, sondern auch für die Lehrenden wird erfahrbar, dass Raum und Zeit im System Schule sowohl auf die SchülerInnen wie auch auf die Erwachsenen regulierend und disziplinierend wirksam sind und eine Differenz zum Theaterraum bzw. performativen Spielraum herstellen. Davon ist die Spielleitung nicht ausgenommen.

Elise von Bernstorff beobachtet in einem ähnlichen Projekt, dass für die Spielleitungen, die die „eigene Position im System Kunst auf der Grenze zwischen disziplinierendem Eingreifen, beobachtendem Geschehen lassen, zwischen Wahl und Entwicklung eines Experimentalsystems, Kunstvermittlung, szenischer Forschung und künstlerischer Setzung sichtbar und manchmal prekär wurde" (von Bernstorf 2011, S. 118). Auch stellten sich für die Spielleitung hinsichtlich ihrer Teilhabe die Fragen, ob man sich dem Disziplinieren entziehen könne und ob das Theaterprojekt zum System Schule gehöre oder ihm äußerlich bleibe. Solche Paradoxien und Spannungen sind vermutlich als Teil einer künstlerischen Vermittlungsarbeit an der Schnittstelle von Kunst, Bildung und Wissenschaft auszuhalten, sind sie nicht geradezu die produktive Sprengkraft, um eine künstlerische Praxis von einer schulischen differenzieren zu können. Ansonsten würde ja die Ausnahme zur Regel werden.

Fazit

Die hier reflektierte Vorgehensweise zeigt sich im doppelten Sinne als eine kritische ästhetische und soziale Praxis der Teilhabe. Sie eröffnet die Möglichkeit, das Raum- und Zeitwissen des schulischen Raums in Ausdrucksformate des szenischen und performativen Spiels zu überführen, die den Lernenden einen Artikulationsraum geben, in den einfließen kann, wie etwas *als* etwas wahrgenommen und empfunden wird, Wünsche und Stimmen von den Kinder Gehör finden und Einlass in die Gestaltung finden. Darin spiegelt sich dann mehr als ein bloßes Raum- bzw. Zeitwissen. Produziert werden im Merleau-Pontyschen Sinne in der Überspitzung und Überschreitung im Umgang mit den schulischen Raum- und Zeitordnungen „Überschüsse", ein Mehr als Wissen, ein verkörpertes Erfahrungswissen. In der Aufführung im Kindertheater wird es wiederum aus der Zuschauerrolle heraus aus einer Distanz erfahren, verarbeitet und als Erkenntnisgewinn einer Gruppe von SchülerInnen wird es sichtbar, indem das Publikum sich selbst darin wiederfindend erschafft.

Eine Partizipation von Kindern wird immer in asymmetrischen Machtverhältnissen ausgeübt, und kann von daher nur in einem bestimmten Ausmaß ermöglicht werden bzw. temporär im Mantel des Spielgeschehens, im Mit-sein und -handeln am Geschehen wird es jeweils anders erfahren. Die Kunst dient hier als Brücke einer solchen Unterbrechung auch des Generationsverhältnisses (vgl. Westphal 2018). Die Teilhabe der KünstlerInnen und WissenschaftlerInnen in der Arbeit an Schulen ist lediglich temporär angelegt. In diesem Zwischenfeld der Begegnung werden jedoch Möglichkeiten einer anderen Teilhabe und geteilten Verantwortung erfahren, die über die bestehenden Verhältnisse hinausweisen. Es zeigt sich nicht zuletzt, dass eine kulturelle und ästhetische Praxis als kritische einzuüben nur in einer solchen selbst erfolgen kann, indem ein Weg vom Individuum zur Gemeinschaft mit ihrem Fundus an kollektiven Bildern und der sie erzeugenden Welt/en gebahnt wird.

Literatur

Bernstorff, E. von (2013): Das Undisziplinäre im Transdisziplinären. Das pädagogische Verhältnis in der künstlerischen Forschung mit Kindern. In: S. Peters (Hrsg.): Das Forschen aller. Artistic Research als Wissensproduktion zwischen Kunst, Wissenschaft und Gesellschaft (1. Aufl.). Bielefeld: transcript, S. 95–120.

Deck, J./Sieburg, A. (Hrsg.) (2008): Paradoxien des Zuschauens. Die Rolle des Publikums im zeitgenössischen Theater. Bielefeld: transcript.

Forschungstheater Fundustheater (2016): „Kinder testen Schule". Zugriff am 08.09.2017 unter https://vimeo.com/16509265

Forschungstheater Fundustheater (2016): Schuluhr und Zeitmaschine. Zugriff am 08.09.2017 unter https://vimeo.com/16742247

Jaeggi, R./Wesche, T. (Hrsg.) (2013): Was ist Kritik? Frankfurt am Main: Suhrkamp.

Lehmann, H.-T. (1999): Das Postdramatische Theater. Frankfurt am Main: Verlag der Autoren.

Lehmann, H.-T. (2011a): Wie politisch ist das postdramatische Theater? In: J. Deck/A. Sieburg (Hrsg.): Politisch Theater machen. Neue Artikulationsformen des Politischen in den darstellenden Künsten (1. Aufl.). Bielefeld: transcript, S. 29–40.
Lehmann, H.-T. (2011b): Get down and party together. Partizipation in der Kunst seit den Neunzigern. In: Kulturstiftung des Bundes (Hrsg.): Wem gehört die Bühne? Heimspiel 2011. Dokumentation (1. Aufl.). Berlin, S. 27–34.
Lehmann, H.-T. (2013): Tragödie und Dramatisches Theater. Berlin: Alexander.
Minkowski, E. (1971): Die gelebte Zeit, Bd. 1: Über den zeitlichen Aspekt des Lebens. Salzburg: Müller (franz. 1933).
Mohn, B. E./Wartemann, G. (2011): Rezeption machen. Beobachtungen zur Rezeptionsforschung im Theater für Kinder. DVD aus der Reihe Kamera-Ethnografische Studien IVE Göttingen.
Mühleis, V. (2016): Der Kunstlehrer Jacotot. Jacques Rancière und die Kunstpraxis. München: Fink.
Nancy, J.-L. (2008): Nach der Tragödie. Dt. Übersetzung von Jörn Etzold und Helga Finter. Stuttgart: Verlag Jutta Legueil.
Nancy, J.-L. (2015): Unser Zeitalter ist nicht mehr das Zeitalter der Kritik. Critique, Crise, Cri. Unveröffentlichtes Manuskript übersetzt von Esther von den Osten.
Peters, S. (Hrsg.) (2007): Das Forschungstheater im FUNDUS THEATER. Grundlagen, Leitlinien, Spielregeln. Fundus Theater/Profund Kindertheater Hamburg.
Peters, S. (Hrsg.) (2013): Das Forschen aller. Artistic Research als Wissensproduktion zwischen Kunst, Wissenschaft und Gesellschaft. Bielefeld: transcript.
Peters, S. (2018): Performing Research. Szenische Forschungsprojekte mit Schulkindern. In: K. Westphal/T. Bogerts/M. Uhl/I. Sauer (Hrsg.): Zwischen Kunst und Bildung. Theorie. Vermittlung. Forschung im zeitgenössischen Theater, Tanz und Performance. Oberhausen: Athena.
Primavesi, P./Deck, J. (Hrsg.) (2014): Stop Teaching! Neue Theaterformen mit Kindern und Jugendlichen, Bielefeld: transcript.
Primavesi, P. (2011): Theater/Politik – Kontexte und Beziehungen. In: J. Deck/A. Sieburg (Hrsg.): Politisch Theater machen. Neue Artikulationsformen des Politischen in den darstellenden Künsten (1. Aufl.). Bielefeld: transcript, S. 41–72.
Rancière, J. (2007): Das Unbehagen der Ästhetik. Übers. Von Richard Steurer. Wien: Passagen.
Rancière, J. (2009): Der emanzipierte Zuschauer. Übers. von Richard Steurer. Wien: Passagen.
Waldenfels, B. (1994): In den Netzen der Lebenswelt. Frankfurt am Main: Suhrkamp.
Waldenfels, B. (2009): Ortsverschiebungen, Zeitverschiebungen. Modi leibhaftiger Erfahrung. Frankfurt am Main: Suhrkamp.
Westphal, K. (Hrsg.): Zeit des Lernens. Perspektiven auf den Sachunterricht und die Grundschul-Pädagogik; 2005; Beiheft 2. Zugriff am 24.06.2017 unter: www.widerstreit-sachunterricht.de
Westphal, K. (Hrsg.) (2012): Räume der Unterbrechung. Theater. Performance. Pädagogik. Oberhausen: Athena.
Westphal, K. (2015): Theater als Ort der Selbstermächtigung. Am Beispiel der Gruppe Gob Squad. Before your very Eyes. In: W.-A. Liebert/K. Westphal (Hrsg.): Performances der Selbstermächtigung (1. Aufl.). Oberhausen: Athena, S. 163–184.
Westphal, K. (2017): Strategien der Selbstermächtigung in den Performancekünsten mit Kindern. In: G. Taube/M. Fuchs/T. Braun (Hrsg.): Handbuch. Das starke Subjekt. Schlüsselbegriffe in Theorie und Praxis (1. Aufl.). München: kopaed, S. 355–364.
Westphal, K./Scholz, G. (2017): Here and Now oder in Between. Über Raumwissen. In: J. Budde/M. Hietzge/A. Kraus/Ch. Wulf (Hrsg.): Handbuch Schweigendes Wissen. Erziehung, Bildung, Sozialisation und Lernen (1. Aufl.). Weinheim und Basel: Beltz Juventa, S. 523–532.
Westphal, K. (2018): Weitergeben. Theater mit Kindern für Erwachsene als Generationsverhältnis am Beispiel Milo Raus Five Easy Pieces. In: I. Hentschel (Hrsg.): Theater als Tausch und Gabe. Gabentheoretische Perspektiven. Bielefeld: transcript.
Zirfas, J. (2015): Kulturelle Bildung und Partizipation: Semantische Unschärfen, regulative Programme und empirische Löcher. Zugriff am 08.09.2017 unter https://www.kubi-online.de/artikel/kulturelle-bildung-partizipation-semantische-unschaerfen-regulative-programme-empirische

Zirfas, J. (Hrsg.) (2015): Arenen der Ästhetischen Bildung. Zeiten und Räume kultureller Kämpfe. Bielefeld: transcript.

Was der Raum über den Anderen erzählt ...

Fotografische Darstellungen vom Räumen als Grundlage einer Reflexion (kunst)pädagogischer Fragen

Katja Böhme

1 „Blow Up"[1]: Beschreibung einer Filmszene

Tom, ein Londoner Modefotograf, steht in seinem Studio. An der Wand hängt eine Sequenz von großformatigen Schwarzweißfotografien, die er kurz zuvor in einem Park aufgenommen hat. Im Zentrum der Bilderreihe stehen zwei einander umarmende und küssende Personen. Die Kamera schmiegt sich Toms Blick an und tastet die Bilder langsam nacheinander ab. Sie bleibt am Gesicht der fotografierten Frau hängen und verweilt dort in Nahaufnahme. Während die Frau ihren Begleiter umarmt, ist ihr Blick auffällig von ihm abgewandt. Sie schaut offenbar auf etwas, das sich am Rand des Geschehens abspielt. Die Filmkamera folgt ihrer Blickrichtung und führt die ZuschauerInnen zu einem Detail abseits der Szenerie, ein Detail, von dem auch Tom gebannt ist. Mit der Lupe in der Hand begutachtet er das, was auch die Frau in den Blick zu nehmen scheint. Es ist etwas Peripheres und von der ZuschauerInnenperspektive kaum Wahrnehmbares, auf das die Lupe gerichtet wird. Der Filmschnitt macht deutlich: Tom glaubt, in den Fotografien Personen entdeckt zu haben, die er in der Situation zuvor selbst noch nicht bemerkt hatte. Hinter der Hecke taucht ganz plötzlich und schemenhaft das Gesicht eines weiteren Mannes auf. In einer anderen Fotografie zeichnet sich im Bildhintergrund die Kontur eines auf dem Boden liegenden Menschen ab. Ein Toter? Tom taumelt, ist eingenommen von den Bildern, die ihm eine unerwartete Sicht auf das dokumentierte Geschehen eröffnen. Eine Sicht, die ihm in der Situation selbst ganz und gar verborgen geblieben ist. Wurde er, ohne es zu bemerken, Zeuge eines Mordes? Oder hat vielmehr die Kamera in seinen Händen ein Verbrechen dokumentiert, das er selbst nicht wahrgenommen hatte?

Zwischen der erinnerten Wahrnehmung und der Wahrnehmung der nun vor ihm liegenden Fotografien tut sich eine *Bruchlinie* auf. Erst hier, in seinem Labor und Studio, macht Tom diese Entdeckung und versucht dem, was sich plötzlich in seine Aufmerksamkeit drängt, über wiederholte Vergrößerungen

---

1 „Blow Up", Regie: Michelangelo Antonioni (1966)

der entsprechenden Bildausschnitte auf die Spur zu kommen. Die fotografischen Bilder aber, je stärker er sie vergrößert, entziehen sich seinem Zugriff (vgl. Seelig 2014, S. 224). Je größer der Ausschnitt wird, desto mehr verstellt die gröber werdende Körnung den Blick auf die fotografierte Szene. Anstatt den Blick auf das Geschehen freizugeben, gibt sich die Fotografie in ihrer Materialität selbst zu zeigen und irritiert die sicher geglaubte Deutung des Wahrgenommenen umso mehr.

Die Bilder beantworten nicht das, was Tom fragend begehrt, sondern lassen in ihrer Mehrdeutigkeit die Situation vielmehr zuallererst *fragwürdig* werden. Für Tom wird das fotografische Bild zum Ausgangspunkt einer Suche, bei der er mehr sich selbst und der Einklammerung des eigenen Wissens auf die Spur kommt, als dass er *aufklären* kann, was sich *tatsächlich* in dem Park an jenem Nachmittag ereignete.

2 Fragen und Schnittstellen

Obwohl der vorliegende Text nicht direkt von dem Film handelt, bietet sich die beschriebene Szene an, um Fragen aufzuwerfen, die mich mit Blick auf meine Forschung in der LehrerInnenbildung in besonderer Weise interessieren[2]: *Wie sind die Betrachtung fotografischer Bilder und die Reflexion eines zuvor wahrgenommenen Geschehens miteinander verflochten?* Oder anders formuliert: *Wie können fotografische Bilder Reflexionsprozesse befeuern und wann werden sie zum Sand im Getriebe?*

Vor dem Hintergrund dieser Fragen erscheinen an der Szene zwei Aspekte besonders bemerkenswert, die auch für die Fortführung des Textes relevant sind:

Zum einen deutet sich an, dass fotografische Bilder die Gelegenheit bieten, rückblickend auf etwas aufmerksam zu werden, das in der Situation selbst gar nicht in die eigene Wahrnehmung gedrungen ist. So können sie die/den BetrachterIn mit einem *Überschuss* konfrontieren. Die damit verknüpfte Faszination für das zuvor Unbemerkte, die vom Bild ausgelöste Affizierung, das neu Entdeckte und das sich uns vom Bild Aufdrängende interessieren auch mich.

Zum anderen können Fotografien zwar ein Mehr zeigen, lassen im gleichen Moment aber auch einen *Entzug* spürbar werden. Sie durchkreuzen die eigene Wahrnehmung und lassen sie fragwürdig erscheinen. So tragen die fotografischen Bilder, die sich Tom anschaut, nicht nur dazu bei, das vorherige Geschehen besser zu verstehen, sondern sie führen im gleichen Moment paradoxer-

---

2   Die hier diskutierten Fragestellungen sind Bestandteil meines Promotionsvorhabens, das von Prof. Dr. Birgit Engel (Kunstakademie Münster) und Prof. Dr. Maria Peters (Universität Bremen) betreut wird.

weise auch dazu, dass ihm das vermeintlich Selbstverständliche in einem anderen Licht erscheint. Die Fotografien werden zum Anlass für abgründige Ahnungen und Mutmaßungen, die sich durch die Vergrößerungen der einzelnen Aufnahmen nicht vollkommen auflösen lassen. Die Fotografien selbst nähren den Zweifel, dass es sich lediglich um einen unbeschwerten Nachmittag gehandelt hat, an dem sich ein verliebtes Paar in einem Park umarmte.

In dem Film „Blow-Up" wird eine zutiefst ambivalente Begegnung mit fotografischen Bildern inszeniert, die für das Nachdenken über Reflexion im pädagogischen Kontext an späterer Stelle von weiterführender Bedeutung sein wird: Einerseits stiften fotografische Bilder zur *Rekonstruktion eines Geschehens* an – eines Geschehens, bei dem der Fotografierende zwar anwesend war, ohne aber die erst später entdeckten Details bewusst wahrgenommen zu haben. Andererseits macht die Szene aber auch deutlich, dass es im Grunde nicht möglich ist, ein Geschehen mithilfe von Fotografien restlos aufzuklären.

3 Fotografische Bilder und Raum

Sich mit dem Verhältnis von Fotografien und der Reflexion eines erlebten Geschehens zu beschäftigen, hat – vielleicht nicht auf den ersten Blick – aber doch bei genauerer Betrachtung aufs Engste mit Raum zu tun. Fotografische Bilder zeigen Raum. Im Fotografieren werden wie in keinem anderen Medium *Bilder von Raum* produziert (vgl. Günzel 2012, S. 7). Denn fotografische Bilder gehen – bewusst oder unbewusst – aus Bewegungen im Raum, der Handhabung der Kamera und der Positionierungen gegenüber dessen hervor, was fotografiert wird. Genau diesen Aspekt betont Vilém Flusser in seiner phänomenologischen Theorie vom fotografischen Bild. Er reflektiert das Foto als eine „fotografische Geste" (vgl. Flusser 1991) und meint damit die Geste desjenigen, die/der das Bild gemacht hat. Fotografien seien dem menschlichen Blick und der Körperlichkeit des Blickens in besonderer Weise anverwandt, indem sie aus der Bewegung des Fotografierenden im Raum hervorgehen. Sie werden immer von einem bestimmten Standpunkt, einer situationsspezifischen Perspektive aus aufgenommen (vgl. auch Winderlich 2010, S. 2). Das fotografische Bild, so Flussers These, könne nicht von seiner Herstellung entkoppelt werden und sei stets als Spur der Wahrnehmung desjenigen zu verstehen, der es gemacht habe (vgl. Wiesing 2010, S. 4).

Auch Toms Irritation und Gebanntsein haben ganz offensichtlich mit dem Raum zu tun: Die Betrachtung der Fotografien führt dazu, dass sich rückblickend ein ganz anderer Zugang zum erlebten Geschehen eröffnet. Mit der Lupe in der Hand und der Vergrößerung der Ausschnitte wird der Hintergrund ganz plötzlich zur Hauptbühne des Geschehens. Das, was sich in der Situation selbst lediglich am Bildrand abgespielt hat, schiebt sich während der Betrachtung der

Fotografien wortwörtlich in den Vordergrund der Wahrnehmung. Toms Blick tastet den fotografischen Bildraum in anderer Weise ab, als es im Moment des Fotografierens selbst der Fall war bzw. gewesen sein konnte: Die Fotos ermöglichen nicht nur, den Zwischenraum bewusst wahrzunehmen, der sich im Moment des Auslösens prominent zwischen dem Fotografierenden und Fotografierten aufgespannt hat (hier die Fokussierung auf das porträtierte Paar). Die Betrachtung der Fotos erlaubt darüber hinaus, auch auf *andere Zwischenräume* aufmerksam zu werden – die, wenn auch nicht explizit beim Fotografieren wahrgenommen oder bewusst ins Bild gesetzt – trotzdem im Bild dokumentiert sind. Hans Blumenberg spricht von *Mitwahrnehmung* und weist damit darauf hin, dass es neben dem bewusst Wahrgenommenen immer auch das Anwesende gibt, das lediglich als potenziell Aufgemerktes im Feld der eigenen Wahrnehmung liege (Blumenberg 2007, S. 194). Durch die Betrachtung der fotografischen Bilder kann das zuvor nicht Bemerkte in den Blick geraten, sodass rückblickend andere im Bild festgehaltene Verhältnissetzungen wahrgenommen werden können. Indem Tom sich auf das konzentriert, was sich im Hintergrund der Fotografien und am Bildrand abspielt, spannt sich während der Betrachtung des Bildmaterials ein vollkommen neuer Raum auf – ein Raum zwischen ihm selbst (er ist ja da gewesen) und den vermeintlich anderen, neu entdeckten Anwesenden. Die Betrachtung der Bilder offenbart ihm eine bisher nicht wahrgenommene Zwischenräumlichkeit, die rückblickend etwas Anderes oder sogar etwas Neues von der Situation zu erzählen vermag.

Ausgehend von diesen Überlegungen soll in dem vorliegenden Beitrag gezeigt werden, wie fruchtbar es für die Reflexion eines zuvor erlebten Geschehens sein kann, sich in besonderer Weise den in Fotografien wörtlich *abgelichteten Raum* genauer anzuschauen. Der Begriff *Zwischenraum* scheint mir für dieses Vorhaben besonders anwendbar zu sein, da so der im Bild sichtbar werdende Raum nicht von der Perspektive des Fotografierenden entkoppelt wird. Es geht – inspiriert von Flusser – vielmehr um einen *wahrgenommenen Raum*, der sich zwischen Fotografierendem und Fotografiertem im Moment des Auslösens aufspannt.

Der Raum, so die These, vermag weitaus mehr von dem Ereignis zu erzählen, als es auf den ersten Blick den Anschein hat. Die fotografische Repräsentation von Raum macht nicht nur einen physikalischen Raum oder einen geografischen Ort sichtbar, sie verweist auch auf den fotografierten Anderen und gleichermaßen auf den Fotografierenden selbst. Sie erzählt etwas von den Verhältnissetzungen zwischen Menschen und situativen Ordnungen, innerhalb derer sich Fotografierende als auch Fotografierte bewegen.

Es geht also um den Versuch, *den fotografierten Raum zum Sprechen zu bringen*. Dabei wird – wie im Film „Blow Up" – gerade das Randständige, das kaum Wahrgenommene, das Liminale eine besondere Rolle spielen. Kurz: die Entdeckung neuer, unerwarteter Räume und Zwischenräume. Es geht darum, dasjenige zum Sprechen zu bringen, was der Fotografierende selbst im Moment des Auslösens nicht unbedingt bewusst ins Bild gesetzt hat, unter anderem den Hintergrund, die Bildränder und optische Unschärfebereiche. Gerade solchen Momenten, in denen im fotografischen Bild etwas Neues entdeckt werden kann, gilt es auf die Spur zu kommen. In dem Moment, in dem aus dem heimlichen Porträt eines Liebespaares der Tatort eines Verbrechens wird, verschiebt sich der eigene Blick und eine bestehende Deutung verliert ihre Selbstverständlichkeit. Genau diesen Moment hebt auch Karl-Josef Pazzini als besonderes Potenzial von Bildbetrachtungen hervor: „Wenn man dann beginnt, die Uneindeutigkeiten wahrzunehmen, das Umkippen einer Deutung [...], dann ist die anfängliche Identifikationsfreude darüber, dass man genau zu wissen scheint, worum es da geht, dahin. Da bildet sich etwas." (Pazzini 2012, S. 30) Wenn die Wunde Christi ganz plötzlich durch die Berührung des „ungläubigen Thomas" zur Vulva wird (vgl. ebd., S. 28)[3], wenn sich ein idyllischer Park als Schauplatz eines Verbrechens entpuppt, dann haben wir es mit einem Kippmoment zu tun, der in Bewegung versetzen und der zum Ausgangspunkt von Bildung werden kann.

4 Kontext KunstlehrerInnenbildung

Der vorliegende Beitrag verortet sich in der LehrerInnenbildung, genauer: in der KunstlehrerInnenbildung. Es geht daher um die Frage, welche Potenziale Fotografien für die Reflexion *pädagogischer* Ereignisse haben können. Damit steht die Frage im Raum, inwiefern die Betrachtung von fotografischen Bildern, die während pädagogischer Situationen aufgenommen wurden, dazu verhelfen, gerade eben diese Situationen tiefergehend reflektieren zu können.

Das hier entfaltete Interesse hängt nicht zuletzt mit Reformen im Bildungssystem zusammen, die auch in den Hochschulen in jüngster Vergangenheit zu tiefgreifenden Veränderungen geführt haben (vgl. u. a. Dörpinghaus 2014; Gruschka 2015, S. 7 ff.). Dass *Reflexion* in den vergangenen Jahren insbesondere in der LehrerInnenbildung und im pädagogischen Professionalisierungsdiskurs zu einem zentralen Begriff geworden ist (vgl. Reh 2004; Herzog/Felten 2001, S. 17–28; Algermissen 2014, S. 71–81), ist eng mit der Einführung des Praxissemesters verbunden. Sechs Monate verbringen Lehramtsstudierende in der Schule und sollen sich dort sowohl pädagogisch-praktisch als auch forschend-reflexiv mit ihrem zukünftigen Handlungsfeld auseinandersetzen. *Forschungsortientierung* oder *Forschendes Lernen* sind Begriffe (vgl. Fichten 2012, S. 1–27; Schneider/Wildt 2009), die in der LehrerInnenbildung diese neuen

---

3 Pazzini bezieht sich auf Caravaggios *Der ungläubige Thomas*, 1602/03, 146x107 cm, Sanssouci Potsdam (vgl. Pazzini 2012, S. 14–31).

Ansprüche anzeigen. Sich forschend mit pädagogischer Praxis auseinanderzusetzen, stellt eine Herausforderung an alle an der LehrerInnenbildung Beteiligten dar: sowohl für Studierende als auch für Hochschullehrende und Lehrpersonen in der Schule. Die Implementierung des *forschenden Lernens* als ein hochschuldidaktisches Leitprinzip führt zu einem großen Bedarf nach neuen Lehrformaten, die nicht nur auf eine Verknüpfung beider Institutionen abzielen, sondern auch Orientierungen dafür anbieten, wie pädagogisches Geschehen *fachspezifisch reflektiert* werden kann (vgl. Engel/Böhme 2015, S. 18).

Sich in diesem Kontext speziell mit den Potenzialen von *fotografischen Bildern* zu beschäftigen, d. h. bewusst ein nicht-diskursives Medium in den Blick zu nehmen (vgl. Mersch 2002, S. 169-188; Gruschka 2005, S. 10, S. 18f.), hängt mit der eigenen Perspektive als Hochschullehrende/Forschende in der Kunstpädagogik zusammen: Während es aktuell eine Vielzahl an Forschungsprojekten in der LehrerInnenbildung gibt, in denen fachunabhängig Konzepte für studentische Reflexionspraxen entwickelt werden (vgl. z. B. Wyss 2013), erwecken viele Ansätze den Eindruck, dass dabei Phänomene im Unterrichtsgeschehen aus dem Blick geraten oder gar nicht erst in den Blick genommen werden, die gerade für kunstpädagogische Prozesse von grundlegender Bedeutung zu sein scheinen (vgl. Böhme 2017), wie u. a. der Umgang mit *Kontingenz*.

5 Kontingenz und Reflexion

Michael Wimmer beschreibt pädagogische Praxis als eine kontingente Praxis, weil sich Prozesse im Unterricht immer *anders* (als erwartet) entwickeln können und nicht notwendigerweise so sein müssen, wie sie sich tatsächlich ereignen (vgl. Wimmer 2014, S. 45–76; Ricken 1999, S. 178–194). Der Begriff *Kontingenz*, umfänglich und kritisch in den Bildungswissenschaften und der Bildungsphilosophie diskutiert sowie im kunstpädagogischen Diskurs aufgegriffen (vgl. Novak/Schürch 2016, Pazzini 2015, S. 108 ff.; Engel/Böhme 2015, S. 21), steht für die Vorstellung, dass einem pädagogischen Geschehen vorher nicht eingeschrieben ist, wie es sich später realisieren wird. Erst in der gemeinsamen Gegenwart von Lehrperson und SchülerInnen *ereignet* sich Unterricht im Wechselspiel aller Beteiligter (vgl. Sturm 2007, S. 76–81). Diese Diskussionen lassen sich mit der Analyse Werner Helspers in Verbindung bringen, der pädagogisches Handeln als ein antinomisches, d. h. paradoxes Unterfangen problematisiert (vgl. Helsper 1996, S. 528, 530–536): Pädagogisch zu handeln erfordere im Grunde die Antizipation dessen, was sich dem eigenen Blick immer wieder als unverfügbar erweise. So können sich LehrerInnen nie darüber sicher sein, woran SchülerInnen genau interessiert sein, was sie tatsächlich als relevant erachten, wohin sich eine Unterrichtssituation im Vergleich zur eigenen Planung schließlich entwickeln wird – man könne das, was den Anderen umtreibt, zwar vermuten und erahnen – *wissen,* was sich SchülerInnen von alledem *aneignen,* könne man aber nicht (vgl. auch Wimmer 1996, S. 429 ff.). Während das eigene pädagogische Handeln sich in konkreten Gesten manifestiert und für Andere sichtbar wird, so bleibt doch dessen *Wirkung,* die es bei anderen entfaltet, weitgehend im Dunkeln (vgl. Wimmer 2010, S. 15). LehrerInnen, schreibt Michael Wimmer, seien im Unterrichtsalltag unumgänglich mit einem „Nicht-Wissen-Können" konfrontiert, das als Kern und keineswegs als das Defizit pädagogischer Professionalität auszumachen sei (vgl. Wimmer 1996, S. 425 ff.). Unterricht sei gerade deshalb eine ambivalente Angelegenheit, weil er der ständigen Austarierung zwischen Kontingenz und Setzung, zwischen Offenheit und Rahmung usw. bedarf. Stets zielen die Bemühungen von LehrerInnen auf die Ermöglichung und Unterstützung von Erfahrungs- und Bildungsprozessen ab, die im Grunde selbst nicht einsehbar und dem Blick von Lehrpersonen entzogen bleiben.

Die Denkfigur einer Unbestimmtheit pädagogischer Praxis und einer Unverfügbarkeit von SchülerInnen taucht im Diskurs über Reflexion, wie er heute in den verschiedenen Disziplinen geführt wird, bisher kaum auf. Bemerkenswert wenig wird versucht, Reflexionsweisen zu entwickeln, durch die pädagogische Praxis als Spannungsfeld von Erwartung und Irritation, Offenheit und Rahmung, Kalkül und Kontingenz in den Blick von Lehramtstudierenden gerät (vgl. Novak/Schürch 2016).

Man muss nicht in den Tiefen der theoretischen Diskurse stecken, um sich ausmalen zu können, dass durchaus besondere Herausforderungen damit verbunden sind, ein kontingentes und grundsätzlich mehrdeutiges Geschehen zu reflektieren. Denn: Wie kann über Prozesse nachgedacht werden, die sich gerade dadurch auszeichnen, dass sie sich auch hätten anders entwickeln können? Wie kann ein Geschehen reflektiert werden, das immer wieder aufs Neue den eigenen Erwartungen zuwider laufen kann? Sind dann nicht immer auch potenziell *andere* Lesarten des zu reflektierenden Prozesses *möglich*? Obgleich Kontingenz, Unbestimmtheit und Unvorhersehbarkeit in ihrer Bedeutung für bildende und ästhetische Erfahrungen vielfach und schon lange hinsichtlich ihrer Bildungsrelevanz diskutiert werden, scheint es nicht verwunderlich zu sein, dass im aktuellen Diskurs über Reflexion auf diese Dimensionen noch erstaunlich wenig Bezug genommen wird.[4] Hier bedarf es besonderer Anstrengungen, um sich reflexiv auf das zu beziehen, was sich der Reflexion im Grunde zu entziehen sucht. Auch wenn es durchaus nachvollziehbar ist, warum Kon-

---

4   Sein Übriges tut die aktuelle Bildungspolitik, durch die Vorstellungen von Lernen und von Bildungsprozessen stark gemacht werden, in denen Kontingenz eher als Mangel an pädagogischer Kompetenz ausgewiesen wird (vgl. Pazzini 2015, S. 108f.), als dass es als ein konstitutives Moment oder gar als Movens pädagogischer Praxis verstanden wird.

tingenz ein weitgehend blinder Fleck im Diskurs über Reflexion ist, scheint es vor bildungstheoretischem Hintergrund und auch mit Blick auf kunstpädagogische Praxis, die auf Unbestimmtheit und Unvorhersehbarkeit in besonderer Weise angewiesen ist, umso wichtiger, sich dieser Bezugnahme auf das (Un)Mögliche und Mehrdeutige verstärkt zu widmen.

6 Ein Praxisbeispiel aus der kunstpädagogischen LehrerInnenbildung

Im Kontext der LehrerInnenbildung drängen sich vor dem Hintergrund dieser Überlegungen weitere hochschuldidaktische Fragen auf, durch die die Arbeit mit fotografischen Bildern eine besondere Relevanz gewinnt: *Wie können Lehramtsstudierende schon in der Hochschule erfahrungsfähig werden für den Anderen in seiner Unverfügbarkeit und für pädagogische Praxis in ihrer Unvorhersehbarkeit?* Weiter gefragt: *Wie kann ein pädagogisches Geschehen so reflektiert werden, dass dessen Unvorhersehbarkeit und die Unverfügbarkeit des Anderen nicht als methodisches Problem ausgegrenzt, sondern im Gegenteil zu einem konstitutiven Moment und Movens der Reflexion selbst werden?*

Um sich diesen Fragen möglichst konkret annähern und praxisnahe Anknüpfungspunkte entwickeln zu können, wird auf ein Fallbeispiel aus der KunstlehrerInnenbildung Bezug genommen. In der Doppelrolle als Forscherin und Hochschullehrende habe ich an der Kunstakademie Münster ein hochschuldidaktisches Setting entwickelt und mit Studierenden erprobt, in der das Nachdenken über kunstpädagogische Praxis an fotografische Bilder geknüpft wird. Dabei geht es gerade um jene Momente im Unterricht, in denen sich etwas entgegen der eigenen Erwartungen entwickelt hat und von den Studierenden als irritierend wahrgenommen wurde – kurz: in denen sich ein Geschehen in seiner Kontingenz und Unverfügbarkeit gezeigt hat.

6.1 Ein experimentelles Setting in der Hochschuldidaktik

Die Fotografien, die diesem Setting zu Grunde liegen, werden von Studierenden und von SchülerInnen zeitgleich während einer Projektsituation im Kunstunterricht[5] aufgenommen. Eine SchülerIn und eine StudentIn fotografieren im

---

5 Es handelte sich um ein kunstpädagogisches Projekt, das in Kooperation zwischen der Kunstakademie Münster, der Kunsthalle, der Stadt Münster und drei Münsteraner Schulen 09/2013–02/2014 in einem leerstehenden Bürogebäude in der Nähe des Hauptbahnhofs stattfand. An dem Projekt nahmen drei Kunstkurse aus dem 10. Jahrgang teil. Das Projekt bezog sich auf Installationen des Künstlers Tobias Rehberger, die zeitgleich im

Tandem. Beide Personen haben jeweils eine Kamera. *Die/der SchülerIn soll am Unterricht teilnehmen und immer dann ein Foto machen, wenn etwas in besonderer Weise in ihre/seine Aufmerksamkeit gerät. Die/der StudentIn soll die fotografierende SchülerIn begleiten und immer dann ein Foto machen, wenn sie/er ein Foto macht.*[6] Beide Personen wissen jeweils von dem Auftrag des/der Anderen. Es ist keine versteckte Beobachtungssituation.

Anschließend werden die fotografierenden Studierenden einzeln eingeladen, sich das entstandene Bildmaterial in einem Gespräch mit einer Hochschullehrenden genauer anzuschauen. Bevor die Fotografien auf den Tisch gelegt werden, regt ein offener Frageimpuls dazu an, von persönlichen Erfahrungen im Unterricht und beim Fotografieren zu erzählen. Erst wenn sich dieser Erzählimpuls erschöpft, kommen die fotografischen Bilder ins Spiel – zunächst die eigenen Bilder der Studierenden, dann in einem zweiten Schritt die zeitgleich entstandenen Bilder der/des SchülerIn. Während der Betrachtung der fotografischen Bilder setzt sich die Erzählung fort. Die Fotografien bieten Anlass, sich auf sehr spezifische Situationen und Momente beziehen zu können und davon zu erzählen, wie und *als was* bestimmte Augenblicke im Unterricht von ihnen wahrgenommen und gedeutet worden sind.

6.2 Auswahl des Fallbeispiels und analytischer Umgang mit dem Bildmaterial

Für diesen Beitrag wird eine Bildsequenz ausgewählt, in welcher der *Raum* eine besondere Rolle spielt. In der Situation vollzieht der fotografierende Schüler einen bemerkenswerten *Raumwechsel*. Dieser Raumwechsel wirft nicht nur Fragen bezüglich der konkreten Situation auf, sondern gleichfalls lassen sich davon ausgehend grundlegende pädagogische Fragen entwickeln – z.B. die Verhandlung einer räumlichen Grenze und deren Bedeutung im ästhetischen Bildungsprozess sowie die Frage nach der pädagogischen Verantwortung für den Anderen.

Um nachvollziehen zu können, dass es sich bei der ausgewählten Sequenz um fotografische Bilder handelt, die nicht nur für mich als Forschende (die

---

Bahnhofsviertel aufgebaut wurden. Die Kunstkurse kamen jeweils dreimal für 3 Stunden in das Bürogebäude und wurden eingeladen, auf die Arbeiten von Tobias Rehberger durch eigene gestalterische Arbeiten zu antworten.

6 Eine ausführlichere Beschreibung und Erläuterung der beiden fotografischen Aufträge und wie sie den Fotografierenden durch mich als Forscherin vermittelt wurden, kann in folgendem Artikel nachgelesen werden: Böhme, K.: Reflection and Attention – Considerations on The Importance of Perception in the Contexts of Pedagogical Reflection in Art Education (im Druck).

diesen Beitrag mit einer bestimmten Motivation schreibt), sondern die auch für die Studentin selbst eine besondere Relevanz haben, setzt die Analyse des Fallbeispiels nicht direkt mit dem Bildmaterial ein, sondern widmet sich zunächst dem, was die Studierende selbst von der Situation erzählt. Mehrmals, d. h. in allen drei Phasen des Gesprächs, kommt sie selbst auf die ausgewählte Situation zu sprechen. Erst über ihre Problematisierung dieser Situation und ihren Fingerzeig auf die Fotosequenz werde ich als Forscherin auf das Bildmaterial aufmerksam.

6.3 Fallbeispiel: Zugang zu den Fotografien über die Erzählung der Studentin

Um verstehen zu können, wovon die Studentin erzählt, sind wenige Informationen zum Kontext der Situation hilfreich: In dem leerstehenden Bürogebäude, in dem das kunstpädagogische Projekt stattfand, gab es zwei Stockwerke. Im Erdgeschoss war das Projekt eingerichtet, im ersten Stock befanden sich leere Büroräume, Heizungsräume, Abstellkammern usw. Der Zugang zur oberen Etage wurde den SchülerInnen untersagt. Das wurde zu Beginn des Projektes bekannt gegeben. Die Fotosequenz ist aber genau dort, d. h. im ersten Stock, entstanden. Noch bevor die Studentin in dem Gespräch die eigenen Fotografien und die des Schülers betrachtet, spricht sie diese Situation an:

[…] der ist dann, der ist dann ja in die erste Etage und dann ist der da aus dem fenster raus? und offen aufs Dach. und ich hab die ganze Zeit nur gedacht: ((atmet tief ein)) °ach du Scheiße° ((flüstert, lacht)) äh apropos Grenzerfahrung ne? oh dann stehste da und dann klettert der da auf dem Dach rum und du denkst nur so .) oh Gott […] eigentlich ist es nicht Sinn der Sache draußen auf dem Dach rumzuklettern. .) ja das war schon ähm (.)
[…] der ist da aber auch ähm .) n u r im prinzip aufs Dach? (.) ähm und z i e m l i c h nah am Fenster geblieben, sodass ich aus dem Fenster raus fotografieren konnte […] ich bin nicht hinterher. das war für mich son (..) ich weiß auch nicht, das war für mich .) ah ich bin ja auch, ich gehör ja auch zur Fraktion brav und keine Ahnung ((lacht laut auf)). äh ja das war echt so (.) °wow° ((flüstert)) genau. er ist wie gesagt dann er ist sehr sehr nah am Fenster geblieben so und deswegen war das jetzt für .) irgendwie keine .) äh aber das war dann schon erstmal so o k a y ((lacht)) schräger Typ! ((lacht)) ja. #00:31:47-5#[7]

---

7 Die Transkriptionsweise (Kleinschreibung, Unterstreichungen, Zeitangaben usw.) ist in vereinfachter Weise an Transkriptionsregeln orientiert, wie sie u. a. in der qualitativen Sozialforschung angewandt werden (vgl. Bohnsack 2010, S. 236f.).

Die Situation wird von der Studierenden als eine „Grenzerfahrung" wahrgenommen. Eigentlich sei es „nicht Sinn der Sache", dass der Schüler auf das Dach gestiegen sei. Sie flüstert „ach du Scheiße", betont sagt sie „oh Gott" – die Situation scheint eine stark affektive Wirkung zu haben. Da der Schüler „sehr nah" am Fenster geblieben sei, sei es schließlich „okay" gewesen, dass er auf dem Dach Fotos gemacht habe. Warum der Schüler sich auf dem Dach bewegt, scheint ihr unverständlich zu sein. Sie bezeichnet ihn schließlich als „schrägen Typen" und lacht. Eine Überforderung ist dem Sprechen anzumerken.

Als ihre eigenen Fotografien auf den Tisch gelegt werden, zeigt sie prompt auf jene Bilder, die in der berichteten Situation entstanden sind und sagt:

mhhh ((hörbar überrascht zeigt sie mit beiden Zeigefingern auf eine Fotografie aus dieser Sequenz)) das ist die Dachsituation! das hier (8) mhh, da weiß ich noch, da war der so begeistert davon da oben von den Räumlichkeiten .) auch so dieses ((sie deutet auf ein anderes Bild aus dieser Sequenz)) so ich weiß nicht (unv.) wie hat er das noch formuliert? mhh so dieses so: ich bin jetzt hier wo noch keiner war //mmhh// so n bisschen so diese Idee von Neuland entdecken .) ähm (.) und auch so Orte ((direkt nach „Orte" deutet sie nochmals auf die erste Fotografie)), wo .) die nicht //mmh// so stark äh frequentiert sind, sondern wo er sozusagen ist […] #00:50:37-0#

Sie erzählt, dass der Schüler von „den Räumlichkeiten" „begeistert" gewesen sei. Sie versucht sich zu erinnern, wie der Schüler selbst in der Situation seiner Wahrnehmung Ausdruck verschafft hat – „wie hat er das noch formuliert?" Diese Frage beantwortet sie aus seiner Perspektive mit veränderter Stimme: „ich bin jetzt hier wo noch keiner war". Der Schüler habe die Idee gehabt, „Neuland [zu] entdecken", d. h. sich an „Orten" aufzuhalten, die nicht „so stark frequentiert sind, sondern wo er sozusagen ist". Angesichts der fotografischen Bilder scheint sich die Weise, wie die Studentin auf die Situation Bezug nimmt, zu verschieben. Während in dem ersten Gesprächsauszug vor allem die Überforderung spürbar wird, findet hier eine stärkere Auseinandersetzung mit dem Interesse des Schülers statt. Sie erinnert sich daran, was der Schüler selbst in der Situation gesagt hat und antizipiert vor diesem Hintergrund seine Motivation, sich im oberen Stockwerk zu bewegen. Während zuvor noch vom „schrägen Typen" die Rede ist, tritt der Andere nun als jemand in Erscheinung, der Lust hat, sich in einem für ihn unbekannten und den MitschülerInnen verborgenen Raum zu bewegen.

Als die Fotografien des Schülers auf den Tisch gelegt werden, nimmt die Studentin noch ein drittes Mal unaufgefordert Bezug auf diese Situation:

wenn man jetzt so die die Bilder sieht .) dann ähm .) wird so ein Interesse des Schülers spürbar irgendwie was .) ich jetzt so ehrlich gesagt nicht so richtig vermutet hätte. also ich seh hier halt viel, was mit (..) Archi t e k t u r zu tun hat, was mit (…) weiß ich nicht. irgendwie, also immer wieder diese <u>Fensterblicke</u> zum Beispiel so, aber was er jetzt genau gesehen hat, wusste ich ja nicht. ich find das schon wirklich <u>total</u> spannend. also #01:11:31-9#

Hier ereignet sich nochmals eine Verschiebung der Deutung. Was zuvor als Interesse am unbekannten und den Anderen verborgenen Raum gedeutet wurde, wird nun mit Blick auf die Bilder des Schülers als ein gestalterisches Interesse an Raum, Linien und Architektur interpretiert. Angesichts seiner Fotografien wird das Interesse des Anderen „spürbar irgendwie". Das Wort „Architektur" wird bemerkenswert gedehnt ausgesprochen, wie als ob sich die Deutung just in diesem Moment langsam einen Weg bahnt.

Trotz des sehr kurzen Blicks auf die Ausschnitte lässt sich durchaus erahnen, wie sich in allen drei Phasen des Gesprächs die Deutung der Situation verändert. Mit den fotografischen Bildern kommt die Perspektive des Schülers verstärkt ins Spiel. Die Grenzüberschreitung, die zu Beginn von der Studentin vor allem als eine Überforderung wahrgenommen wurde, wird in Anbetracht der Fotografien mit dem Bemerken eines gestalterischen Interesses verknüpft. Dass Grenzen und deren Überschreitung mit ästhetischer Praxis und Erfahrung zusammenhängen, deutet sich in der Erzählung der Studentin zwar schon an, wird von ihr selbst aber nicht weiter als ein für den Kunstunterricht wichtiger Zusammenhang befragt. An diesem Punkt stellt sich daher die Frage: *Wie kann es gelingen, hochschuldidaktisch hier anzusetzen und die fotografischen Bilder für eine tiefergehende Reflexion der erlebten Situation fruchtbar zu machen?*

Ein Blick auf das Bildmaterial und im Speziellen der Blick auf den darin dokumentierten Raum sollen hierbei helfen. Im Folgenden wird mit dem Bildmaterial in einer Weise weitergearbeitet, die es so im Rahmen des Gesprächs mit der Studentin noch nicht gab. Die Perspektive als Forscherin, die es erlaubt, sich ausführlicher und vor Theoriehintergrund mit dem Bildmaterial zu beschäftigen, soll fruchtbar gemacht werden, um hochschuldidaktische Orientierungen entwickeln zu können, durch die an die spontanen Deutungen der Studentin im Sinne einer Fortschreibung und eines Aufblätterns angeknüpft werden kann. Es gilt also, sehr behutsam die verschiedenen Bedeutungsebenen, die in der Erzählung der Studentin zur Sprache gebracht werden, mit denen, die das Bildmaterial in eigener Weise anbietet, zu verknüpfen.

6.4 Die Fotografien

Bei der entsprechenden Sequenz handelt es sich um sieben fotografische Bilder, die innerhalb einer halben Minute aufgenommen wurden. Vier Bilder stammen von der Studentin, drei Bilder hat der Schüler aufgenommen. Um einen Überblick über die Sequenz zu vermitteln, werden zunächst alle Fotografien in ihrer Chronologie kurz beschrieben:

Abb. 1 (Studentin Foto 1): Die Studentin fotografiert durch ein geöffnetes Fenster nach draußen. Während der Schüler im Außenraum steht, fotografiert die Studentin aus dem Innenraum hinaus. Das geöffnete Fenster lässt vermuten, dass der Schüler zuvor hinaus geklettert ist. Entlang der Fensterbank sind aufgestellte Stacheln zu sehen. Ein Hinausklettern erfordert Vorsicht.

Abb. 2 (Studentin Foto 2): Acht Sekunden später fotografiert die Studentin von einem anderen Standort aus. Sie steht nah am geöffneten Fenster und fotografiert den Schüler, wie dieser nach vorne geneigt gerade selbst etwas fotografiert. Was in sein Blickfeld geraten ist, ist von diesem Standort aus nur zu erahnen: die Spiegelung auf der Glasscheibe, ein Selbstporträt oder ein unter der Glasscheibe liegender Raum?

Abb. 3 (Schüler Foto 1): In dem Foto des Schülers taucht in der Spiegelung der Glasscheibe die Studentin auf. Schemenhaft ist sie zu sehen, wie sie ihre Kamera in den Händen hält. Auf den zweiten Blick deutet sich unter der Glasscheibe ein weiterer Raum an. Ein filigranes Geflecht taucht auf, ähnlich einem Spinnennetz. Das Porträt der Studierenden und das Netz überlagern sich. Am linken Bildrand ist die Hand des Schülers mit der Kamera zu sehen.

Abb. 4 (Studentin Foto 3): Der Schüler hat sich bewegt und steht nun etwas weiter entfernt von der Studentin auf dem Dach. Er ist auf etwas ausgerichtet, das außerhalb des Blickfeldes der Studentin liegt. Sie hat die Kamera entsprechend der Bewegung des Schülers nach rechts geschwenkt.

Abb. 5a (Schüler Foto 2): Auf dem Foto des Schülers ist im unteren Bildteil das Oberlicht zu sehen. Das Fenster, an dem die Studentin steht, taucht in diesem Bild nicht auf. Im Gegensatz zum vorherigen Bild des Schülers erweckt diese Fotografie einen weniger bewusst gestalteten Eindruck. Erst bei genauem Hinschauen fällt auf, dass im Fenster gegenüber der Schüler selbst gespiegelt zu sehen ist (Abb. 5b, Detail).

Abb. 6 (Studentin Foto 4): Der Schüler hat sich von der Studentin abgewendet und steht etwas weiter entfernt. Er ist von hinten zu sehen. Er beugt sich leicht nach vorne über eine kniehohe Balustrade, die das Dach begrenzt.

Abb. 7 (Schüler Foto 3): Der Schüler fotografiert einen architektonischen Raum. Eine türkise Metallkonstruktion bestimmt prominent das Bild. Im Hintergrund ist eine Straße zu erkennen. Die Balustrade, die auf dem Foto der Studentin zu sehen ist, wird hier nicht abgebildet.

Sich in besonderer Weise auf den Raum zu fokussieren, macht deshalb Sinn, weil die Deutungen, die von der Studentin zur Sprache gebracht werden, allesamt mit Raum zu tun haben: die wahrgenommene *Grenzüberschreitung*; die Vermutung, dass es dem Schüler um die Entdeckung eines *unbekannten Raumes* geht; die Feststellung, dass sich in den Bildern ein ästhetisches Interesse an *Architektur* zeigt. Der in den Fotografien sichtbar werdende Raum, so die Idee, bildet eine Querverbindung, durch die sich die verschiedenen Deutungen der Studentin vertiefend miteinander verbinden lassen.

7 Analyse der Fotografien

7.1 Fotografische Zwischenräume

Prominent dokumentiert sich in den Fotografien der Studentin das geöffnete Fenster. Es werden zwei Räume sichtbar: ein Innen- und ein Außenraum. Während die Studentin vor allem innen und vor dem Fenster stehend fotografiert, schöpft der Schüler währenddessen im Außenraum seine Bewegungsmöglichkeiten aus. Mit jedem fotografischen Bild, das die Studentin von ihm macht, entfernt er sich weiter – die Grenze des Raumes, in dem er sich bewegt, verschiebt sich mit jedem Bild wortwörtlich weiter nach hinten. Bis zur Balustrade, weiter geht es nicht. Die Studentin klettert nicht auf das Dach. Sie verhält sich eher zurückhaltend und scheint in seinen fotografischen Prozess offenbar nicht einzugreifen. Lediglich die Ausrichtung ihrer Kamera verändert sich, indem sie in Schwenkbewegungen dem Schüler folgt.

Obwohl in ihren Fotografien Bewegungen, Gesten und Positionierungen des Schülers sichtbar werden, zeichnen sie sich gleichzeitig durch einen Entzug aus – denn im Grunde zeigen ihre drei fotografischen Bilder in unterschiedlicher Weise, dass etwas aus ihrer Perspektive *nicht einsehbar* ist: Im ersten Bild ist nicht abzuschätzen, was der Schüler genau fotografiert (Abb. 1); im zweiten Bild (Abb. 2) entspricht seine Blickrichtung ganz und gar nicht ihrer Blickrichtung; im dritten Bild (Abb. 6) ist der Schüler von hinten zu sehen. Vielleicht hat das im Gespräch geäußerte Nicht-Verstehen („Schräger Typ") mit diesem Entzug zu tun. Sie steigt nicht mit auf das Dach, was zwingendermaßen zu einem distanzierteren Blick und zum *Verlust eines gemeinsamen Sehens* führt.

Kommen die Fotografien des Schülers hinzu, so fällt zunächst die Gestaltung seiner Bilder ins Auge. Alle drei Fotos, besonders aber das erste, zeichnen sich durch eine komplexe und variantenreiche Bildsprache aus. Mit jedem Bild wird eine andere Qualität des Raumes erkundet: die Überlagerung von Räumen durch Spiegelungen (Abb. 3), die Ausdehnung des Raumes im Verhältnis zum eigenen Körper (Abb. 5a, 5b) und die Begrenzung des Raumes (Abb. 7). Der Raum scheint für den Schüler ein ästhetisches Potenzial anzubieten, auf das er fotografisch antwortet. Die Überschreitung kann dabei auch als emanzipatorischer Ausdruck gelesen werden – er erobert sich einen eigenen Raum nach dem Motto „Ich sehe was, was du nicht siehst." Mehr noch: „Ich bin da, wo du nicht bist."

Diese raumgreifende Bewegung und der Raum, der sich in ein Außen und ein Innen aufteilt, lässt sich mit dem Unbehagen der Studentin in Verbindung bringen: In dem ersten Interviewauszug hat sie die Überschreitung des Innenraums vor allem als ein Risiko wahrgenommen – berechtigterweise: denn der Überschreitung im pädagogischen Kontext wohnt etwas Prekäres inne. Die Grenzüberschreitung (Er geht aufs Dach!) wirft die Frage nach der Verantwortlichkeit auf, die LehrerInnen für SchülerInnen übernehmen (müssen). In dem Moment, in dem eine Ordnung überschritten wird, zeigt sich nicht nur ihre Kehrseite und damit eine andere Ordnung (vgl. Waldenfels 2013, S. 171), sondern auch das Risiko pädagogischen Handelns, Kontrolle zu verlieren bzw. sie gar nicht haben zu können, schlägt uns entgegen. Die Überschreitung einer gezogenen Grenze lässt die Beschaffenheit pädagogischer Verhältnisse spürbar werden.

Schaut man sich die Fotografien an, vor allem die des Schülers, löst sich das Prekäre zwar nicht auf, doch lassen sich daneben noch weitere Lesarten auf die Situation entfalten, die gleichfalls ihre Berechtigung haben: die Überschreitung scheint auch ein gestalterisches Potenzial für den Schüler zu bieten. Dass er sich in verschiedener Weise mit dem Raum auseinandersetzt, wird vor allem erst durch seine Fotografien sichtbar. In jedem Bild inszeniert er eine andere Qualität des Raumes, was von außen für die Studentin kaum beobachtbar ist. Die Wahrnehmung des Anderen zeigt sich als unhintergehbare Leerstelle.

7.2 Methodologische Zwischenüberlegungen

Durch die Beschreibung der Bildsequenz kann nachvollzogen werden, warum – wie Pazzini sagt – die „Identifikationsfreude" gekippt ist und warum der Studentin plötzlich etwas *als etwas anderes* in Erscheinung treten konnte. Denn auf der Grundlage des Bildmaterials wird erahnbar, wie unterschiedlich die Wahrnehmungen der beiden Personen in der gleichen Situation gewesen sein müssen und wie unverfügbar der Andere dabei dem eigenen Blick gewesen ist.

Die Bilder drängen der Studentin geradezu auf, die zunächst dominierende Deutung (es handele sich um eine Grenzüberschreitung) mit dem Aufblättern der Fotografien zu verschieben. Angesichts der Fotos entdeckt sie *Bild für Bild* Neues bzw. zuvor Unbemerktes, sodass sich neue Lesarten anbieten. *Aber wie kann das von der Studentin aufgedeckte Spannungsfeld von räumlicher Überschreitung einerseits und ästhetischer Erfahrung andererseits mithilfe des Bildmaterials filigraner ausgearbeitet werden?*

Diese Frage, die sich vor allem aus hochschuldidaktischer Perspektive stellt, knüpft unmittelbar an das Deutungsinteresse der Studentin an. Um diesen Zusammenhang mithilfe des Bildmaterials tiefergehend befragen zu können, wird das gesamte Bildmaterial zu Rate gezogen, das an jenem Tag im Laufe des Unterrichts von beiden Personen aufgenommen worden ist. Um die bisherige „Auslegung" der Bilder zu erweitern, werden alle Fotografien (Schüler: 29; Studentin: 88) mit dem Interesse gesichtet, auf Bilder aufmerksam zu werden, die in einen Zusammenhang mit der Situation auf dem Dach gestellt werden können und diesen erhellen. Während bisher die Affizierung der

Studentin richtungsweisend dafür gewesen ist, welche fotografischen Bilder genauer in den Blick genommen werden, gilt es nun, sich als Forschende von dem Bildmaterial selbst affizieren zu lassen. Während es also zuvor die Erzählung der Studentin gewesen ist, die den Blick auf bestimmte Bilder gelenkt hat und durch die gleichzeitig andere Fotografien ausgegrenzt wurden, wird nun mit einem von der Studentin angestifteten Interesse auf das gesamte Bildmaterial geschaut, um sich von den Fotografien „punctieren" (Barthes 1985) zu lassen. Dabei entstehen Bezüge zwischen Bildern, die in dem Gespräch nicht zur Sprache gebracht wurden, die aber *neue Perspektiven* auf die Situation und neue Perspektiven für die Deutung der Studierenden anbieten. Anders gesagt: Ab hier wird es *explorativ* – ein Forschen im „Modus des *Potentialis*", das sich als „Möglichkeitsdenken" versteht (vgl. Koller in Bezug auf Schäfer 2012, S. 144).

7.3 Grenzziehungen und ihre räumlichen Qualitäten

Beim Blättern durch die Fotografien erscheint eine kurze Sequenz der Studentin bemerkenswert, die aus drei Bildern besteht. In diesen drei Bildern, die fast sieben Minuten vor der Situation auf dem Dach aufgenommen worden sind, ist der Schüler zu sehen, wie er unter der Treppe liegt, die in den ersten Stock führt.

Abb. 8–10 (Fotos der Studentin)

Formal sind die fotografischen Bilder auf den ersten Blick unspektakulär. Ohne die vorherige Beschäftigung mit der Szene auf dem Dach, sind sie zunächst nicht in besonderer Weise aufgefallen. Unterbelichtet, leicht schief aufgenommen, sind sie nicht gerade ein Blickfang. Nun aber geraten sie wegen des Ortes, an dem sie entstanden sind, in die Aufmerksamkeit. Zu sehen ist der Schüler, wie er zunächst stehend (Abb. 8) und dann liegend (Abb. 9, 10) die Treppe fotografiert. Interessant sind die Bilder deshalb, weil sie zeigen, dass sich der Schüler fotografisch schon vor der Situation auf dem Dach mit einem Grenzraum auseinandersetzt – denn die Treppe führt in den ersten Stock. Kommt schließlich sein zeitgleich entstandenes Bild ins Spiel, zeigt sich, dass auch hier die formale Ästhetik einer architektonischen Form eine wichtige Rolle zu spielen scheint.

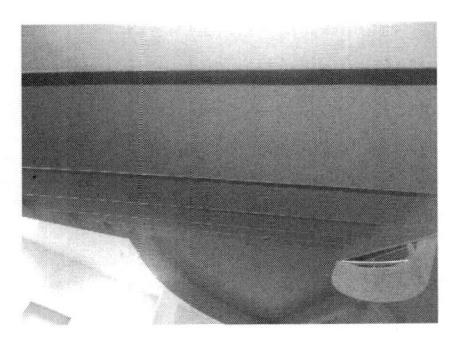

Abb. 11 (Foto des Schülers unter der Treppe liegend)

Die Treppe als Grenze wird zum Anlass einer gestalterischen Auseinandersetzung. Dass der fotografierende Schüler nicht der/die Erste gewesen ist, der die Treppe zum expliziten Gegenstand einer künstlerisch-praktischen Auseinandersetzung gemacht hat, zeigt sich, wenn man sich eines der fotografischen Bilder der Studentin in starker Vergrößerung anschaut:

Abb. 8b (Detail aus Abb. 8)

Ein kleiner Aufkleber mit roter Umrandung und der Aufschrift „Fettreduziert! tested" klebt an der Treppe. Es handelt sich um die Spur einer anderen SchülerInnengruppe, die mit ihren Aufklebern auch an anderen Stellen im und außerhalb des Gebäudes absurde Kommentierungen des Raumes vorgenommen hat. Tastet der Blick die Treppe und deren Umraum weiter ab, so fällt noch etwas anderes ins Auge (Abb. 9): Am rechten Rand des Bildes ist der Teil eines Aufstellers der Kunstakademie Münster zu sehen, wie er bei öffentlichen Veranstaltungen (z. B. dem Hochschulschultag, Rundgang o.Ä.) genutzt wird.

Abb. 12: Aufsteller der Kunstakademie Münster (zusätzliches Recherchematerial, Foto: K. Böhme)

Auf dem Aufsteller ist eine Schwarzweißfotografie vom Neubau der Akademie zu sehen. Es ist ein repräsentatives Architekturfoto, auf dem ein Teil des Gebäudes von unten vor wolkenfreiem Himmel zu sehen ist. Der Bau wird in seiner grafischen Struktur mit klaren Linien und reduzierten Formen gezeigt. In der oberen rechten Bildecke befindet sich das Logo der Hochschule. Dieser Aufsteller steht direkt vor der Treppe. Er wirkt neben der Treppe wie ein Fenster, das den Blick auf einen anderen Raum öffnet. Ein Raum, der etwas mit Gestaltung zu tun hat – das zumindest suggerieren das Logo und die Weise des fotografischen Blicks auf Architektur.

Auf der Suche nach Details, die diesen Raum zu charakterisieren helfen, gerät noch etwas in die Aufmerksamkeit: ein Objekt, das vor der Treppe steht und den Aufgang in den ersten Stock versperrt.

Abb. 13: Foto der Studentin, nachträglich bearbeitet (Markierung)

143

Abb. 14: Empfangstheke beim 25-jährigen Jubiläum der Kunstakademie Münster, Entwurf von Dirk Löbbert (zusätzlich recherchiertes Bildmaterial, Foto: Archiv der Kunstakademie Münster, M. Lehmann 2012)

Auf der Grundlage der Projektbegleitung ist mir bekannt, dass es sich um ein Objekt handelt, das vor die Treppe geschoben wurde, um zu verhindern, dass SchülerInnen in die erste Etage gehen. Ein Objekt, das die Grenze sozusagen sichtbar machen und den Zugang nach oben blockieren soll. Auch hier lässt sich weiteres Bildmaterial hinzuziehen, um genauer beschreiben zu können, was sich in dem Foto der Studentin andeutet: Leicht gebogen, mit gelber Tischfläche und mit buntem Filz bespannt (Abb. 14), steht das Objekt direkt vor dem Treppenaufgang (Abb. 13). Das Möbelstück wurde 2012 von Dirk Löbbert (Professor für Bildhauerei und Kunst im öffentlichen Raum an der Akademie Münster) für das 25-jährige Jubiläum der Kunstakademie Münster entworfen. Es handelt sich um eine Art „Theke". Ein Objekt, das gestaltet wurde, um Menschen in Empfang zu nehmen. Dieses Möbelstück ist so breit, dass es den Aufgang komplett verstellt.

9 Interpretation: Grenzen mit „Appeal"[1]

Die Beschreibung des Treppenraumes, der im Gespräch mit der Studentin noch nicht mit der Situation auf dem Dach in Verbindung gebracht wurde und den

---

[1] Ein Begriff, den Prof. Dr. Käte Meyer-Drawe im Kolloquium „Kunstunterricht als Forschungsatelier" (Leitung: Prof. Dr. B. Engel, Dr. C. Brohl, 09.07.2016) bezogen auf mein Fallbeispiel eingebracht hat.

ich als Forschende in der Beschäftigung mit dem Bildmaterial *als relevant* aufgemerkt habe, lässt auf drei zentrale Aspekte aufmerksam werden. Aspekte, die auf paradoxe Strukturmomente hinweisen, die auch für die Deutung des späteren Geschehens auf dem Dach wichtig sind:

(1) Die vermeintlich eindeutig kommunizierte Grenze ist viel weniger eindeutig, als sie auf den ersten Blick erscheint. *Wann wird eine Grenze – womöglich auch ungewollt oder sogar unwissentlich – für andere zu einer Schwelle? Und wer oder was ist im Unterricht an der Umwidmung einer Grenze beteiligt?*
(2) Die „Treppenfotos" regen dazu an, Überschreitungen nicht nur als ein räumliches, sondern – in Kombination mit den Fotografien auf dem Dach – auch als ein zeitliches Phänomen zu reflektieren. *Inwiefern hängen Überschreitungen mit vorherigen Ereignissen und (Raum)Erfahrungen zusammen?*
(3) Und schließlich: Die Überschreitung scheint eine Frage der Wahrnehmung zu sein. *Wann werden Bewegungen von Anderen im Raum als unerwartet und ggfs. als überschreitend wahrgenommen? Inwiefern zeigt sich die Gestaltung von Raum durchdrungen von den Erwartungshaltungen pädagogisch Handelnder?*

9.1 Wenn aus der Grenze eine Schwelle wird

Die Fotografien zeigen, dass die Herstellung und Einräumung einer Grenze nicht ausschließlich den pädagogisch Handelnden vorbehalten ist. Auch die Gegenstände und Objekte, die zum Zweck der Grenzziehung positioniert werden und die zum Teil (zumindest bei der Theke) die Aufgabe haben, einen Raum nicht passierbar zu machen, haben eine eigene und zum Teil unerwartete Qualität und Wirkung. Dass diese Qualitäten und die in den Objekten eingeschriebenen Implikationen zur Nutzung mitunter der intendierten Grenzziehung widersprechen, lässt sich mithilfe der fotografischen Bilder und vor allem mithilfe des zusätzlich recherchierten Bildmaterials herausarbeiten. Es zeigt sich, dass die genutzten Gegenstände ein Eigenleben haben, sie zeichnen sich durch eine – vielleicht unterschätzte – visuelle Attraktivität (Bild vom Aufsteller) aus und bringen spezifische funktionale Einschreibungen (Theke als Empfangsraum) mit sich.

Die Treppe, die nicht betreten werden soll, erscheint hier als eine architektonisch auffällige Konstruktion. Eine Konstruktion, auf der schon andere SchülerInnen ihre Spuren hinterlassen haben. Auch solche, mitunter im Prozess für die Studierenden kaum wahrnehmbaren Eingriffe gestalten eine vermeintlich eindeutige Grenze mit. So entsteht in dem Fallbeispiel eine räumliche Grenze mit „Appeal" (Meyer-Drawe). Oder anders formuliert: Grenzen können zwar vermeintlich präzise versprachlicht werden (z. B. durch den Satz: *Das obere Stockwerk steht für das Projekt nicht zur Verfügung.*), werden aber darüber hinaus nicht nur von pädagogisch Handelnden, sondern genauso auch von SchülerInnen als auch durch die Haptik und Form der Dinge mitgestaltet.

Die Grenze ist nicht einfach da, sie wird *als Grenze* von jemandem wahrgenommen. Das *Als* verweist auf eine Differenz, die insbesondere in der Phänomenologie von grundlegender Bedeutung ist: die Dinge und Phänomene gibt es nicht *an sich*, sondern sie zeigen sich den Wahrnehmenden in je spezifischer Weise. Bernhard Waldenfels versteht das *Als* als eine „Fuge oder ein Schanier der Erfahrung", innerhalb derer Sinn und Bedeutung liegen (Waldenfels 2002, S. 378). Auf das Fallbeispiel bezogen, lässt sich anhand der Fotografien vermuten, dass die vermeintlich eindeutig gezogene Grenze für den Schüler womöglich gar nicht *als Grenze* wahrgenommen wurde. Die Weise, wie er sich auf die Grenze bezieht, bringt vielmehr einen anderen Begriff ins Spiel: die *Schwelle*.

Grenzen markieren, schreibt Erika Fischer-Lichte (vgl. 2004, S. 356-359), eine deutliche Differenz zwischen zwei unterschiedlichen Räumen bzw. bringen eine Differenz zwischen Hier und Dort, Innen und Außen, Eigenem und Fremdem zu allererst hervor. Notwendigerweise wird durch Grenzziehungen etwas eingeschlossen und anderes ausgeschlossen. Grenzen zu überqueren, fordere Absprachen und das Einhalten bestimmter Regeln. Eine Grenze ohne Erlaubnis zu überqueren, stelle einen „gefährlichen, heimlichen, subversiven Akt dar, sie offen zu durchbrechen gar einen aufrührerischen, revolutionären, heroischen oder auch einen feindlich aggressiven von außen…" (ebd., S. 357). Die *Schwelle* stellt Fischer-Lichte der Grenze gegenüber. Die Schwelle sei ein Zwischenraum, in dem sich alles Mögliche ereignen könne (vgl. ebd., S. 358). Sie sei verlockend und lade geradezu zur Überschreitung ein. Anders als die Grenze sei die Schwelle ein Ort der „Ermöglichung, Ermächtigung, Verwandlung" (ebd.). Ob es sich um eine Schwelle oder Grenze handelt, sei in jeder Situation immer wieder aufs Neue zu verhandeln. Was der eine Menschen als unüberwindbare Grenze wahrnehme, könne im gleichen Moment ein anderer als eine Schwelle erleben, die ihn zum Überschreiten einlade (vgl. ebd.).

Die fotografischen Bilder zeigen, dass die Begrenzung des Projektraumes von dem Schüler *erkundet* werden. Darauf machen die Fotografien aufmerksam, die bei der Treppe und im ersten Stockwerk entstanden sind. Während die Bilder an der Treppe zeigen, dass der Schüler die Grenze zwischen erstem und zweitem Stockwerk fotografisch erkundet, bezeugen die kurze Zeit später aufgenommenen Bilder auf dem Dach, dass sich der Schüler an der „Theke", die den Treppenaufgang versperrt, vorbeigeschoben haben und die Treppe hochgelaufen sein muss. Ein – wie Fischer-Lichte fragt – aufrührerischer Akt der illegalen Überquerung? Mitnichten: Obwohl die Studentin selbst die Grenze zu Beginn des Projektes gezogen hat, hält sie den Schüler nicht zurück, als dieser nach oben geht. Man könnte denken, sie befolge lediglich sehr genau den fotografischen Auftrag, den Schüler zu begleiten. Sicher spielt auch das eine Rolle. Wirft man aber nochmals einen Blick in das Gespräch, stellt es sich darüber hinaus noch etwas anders dar:

[…] aber <u>eigentlich</u> spannend find ich als er dann <u>hoch</u> ging. das fand ich eigentlich am <u>spannendsten</u> bei ihm. weil da fing er an sich so zu <u>lösen</u> von, ich muss jetzt hier so n job erfüllen und möglichst so n bisschen rumlaufen, um nach coolen bildern suchen […] #00:46:34-8#

War die Neugier darauf, was es oben zu entdecken gibt, stärker als das Bedürfnis danach, die Einhaltung einer zuvor vereinbarten Regel einzufordern? Oder hat die Studentin ein ernsthaftes Interesse des Schülers wahrgenommen, dem sie wortwörtlich nicht im Weg stehen wollte? Dass sie den Schüler nach oben gehen lässt, kann auch als ein auf den Schüler hin ausgerichtetes „Gestimmtsein" gelesen werden. Eine „Einlassung" auf den Anderen und dadurch auch als eine für pädagogisches Handeln elementare Fähigkeit, auf ein gerade entstehendes Interesse oder eine Stimmung bewusst oder auch unbewusst antworten zu können (vgl. Engel/Böhme 2015, S. 25 bezogen auf Pazzini im gleichen Bd.). Sich einlassen, bedeute, als Lehrperson zum „bewegten Beweger" zu werden und zu stimmen als auch sich vom Anderen stimmen zu lassen (vgl. Pazzini 2015, S. 106). Sich auf den anderen einzulassen, bedeutet dann, ihn in seinem Interesse ernst zu nehmen und eine Stimmung nicht als vorübergehende Laune abzuwerten. Indem die Studentin selbst mit nach oben geht und sich auch an der Barriere vorbeischiebt, trägt sie selbst zur Transformation der Grenze in eine Schwelle bei. Sie unterbricht die Bewegung des Schülers nicht und zeigt sich selbst dem gegenüber, was passiert, neugierig. Möglicherweise keimt hier eine Komplizenschaft auf, die auch für die Situation auf dem Dach bedeutsam gewesen sein könnte. Davon zeugen die fotografischen Bilder nur indirekt – es sind vielmehr die Leerstellen, die zwischen den beschriebenen Fotografien bestehen, die diese Fragen aufwerfen.

Verknüpfung mit der Situation auf dem Dach: Vor dem Hintergrund dessen, was sich an der Treppe ereignet hat, ist es umso bemerkenswerter, was kurze Zeit später auf dem Dach passieren wird. Während die Treppe per se Begehbarkeit anbietet, bietet das Fenster zu allererst die Möglichkeit an, es zu öffnen. Ein Fenster – zumal mit Stacheln auf der Fensterbank – appelliert nicht daran, hinauszuklettern. Da sich der Raum hier weitaus eindeutiger als die Treppe in seiner Begrenzung zeigt, ist es umso erstaunlicher, dass der Schüler trotzdem hinaussteigt. Es scheint ein besonderes Interesse daran zu geben, auch gegen Widerständigkeiten einen *nicht begehbaren Raum* zu erkunden. Dies zeigt sich in besonderem Maße daran, wie der Schüler mit der Balustrade umgeht (Abb. 6, 7). Die Balustrade, anders als die Treppe und das Fenster, stellt eine absolute Begrenzung dar – einen dahinter liegenden begehbaren Raum gibt es nicht. Und dennoch: der Schüler überschreitet auch diese Raumgrenze, indem er seine Hände, in denen er die Kamera hält, über die Balustrade hinausstreckt. Nicht körperlich, sondern fotografisch überschreitet er die Begrenzung des Raumes und inszeniert dabei im Grunde einen *unmöglichen Blick*. Das Interesse an der Überschreitung scheint nicht nur mit der Ästhetik des Raumes, sondern auch mit seiner Nicht-Begehbarkeit zusammenzuhängen. Das zeigt sich an der Treppe ebenso wie auf dem Dach.

9.2 Überschreitung als raum-zeitliches Phänomen

Das Interesse an Grenzen und Nicht-Begehbarkeit ist kein Interesse, das bei dem Schüler erstmals auf dem Dach auftaucht. Es deutet sich schon in den Bildern an, die sieben Minuten zuvor entstanden sind. Vielleicht müsste eher von „Überschreit*en*" gesprochen werden, als von „Überschreit*ung*", denn es handelt sich nicht um ein einmalig performtes Interesse, sondern um einen – sich zumindest über mehrere Minuten erstreckenden – *Prozess*. Die Situation auf dem Dach mit der Situation an der Treppe zu verknüpfen, ermöglicht es, das Handeln des Schülers zeitlich und räumlich zu kontextualisieren und nicht als ein singuläres und einmaliges Geschehen zu isolieren.

Auch wenn die Studentin zunächst das Schülerhandeln in erster Linie als Überschreitung und Überforderung beschreibt, so kann sein Handeln – ohne dass diese spezielle Situation damit verharmlost werden muss – vor bildungstheoretischem Hintergrund auch noch anders gedeutet werden: Überschreitungsprozesse setzen nämlich die Bereitschaft voraus, sich womöglich unvorhersehbaren Veränderungen und Unwägbarkeiten auszusetzen, die für ein tiefgehendes Erfahrungs- und Bildungsgeschehen unerlässlich sind. Eine prozessuale Offenheit und Empfänglichkeit für Neues seien, so Meyer-Drawe (vgl. 2012, S.13–28), geradezu die Grundlage dafür, dass überhaupt ein Bildungsgeschehen seinen Lauf nehmen könne. Lernen beginne mit dem *Staunen*, d. h. in einem Moment der Unbestimmtheit, in dem eine gewisse Selbstverständlichkeit und Erwartbarkeit ins Wanken geraten. Ein neuer „Verständnishorizont" öffne sich dann, wenn das Unerwartete im Erwarteten auftauche, wenn wir irritiert werden und aus dem Trott des Gewohnten aufhorchen (vgl. Meyer-Drawe 2011, 198). Vor diesem Hintergrund kann die Bewegung des Schülers auch als eine Bewegung gelesen werden, aus der heraus eine bildende Erfahrung erwachsen kann. Im Erkunden mit der Kamera wird die Elastizität des Raumes und der bestehenden Ordnung auf die Probe gestellt. Der Schüler fordert die Verhandlung des Raumes und seiner Begehbarkeit geradezu heraus. In den Aussagen der Studentin hallt dieses Interesse des Schülers nach. Sie scheint aufmerksam dafür zu sein, was den Schüler umtreibt und lässt sich vielleicht auch deshalb auf seine Bewegungen ein. Möglicherweise erlebt sie auch deswegen die Umwidmung der Grenze in eine Schwelle nicht als einen Bruch, den es zu verhindern gilt.

9.3 Raum und Erwartungen

Die Studentin beschreibt das Geschehen als eine „Grenzerfahrung". Dass bestimmte Bewegungen von Anderen im Raum als überschreitend wahrgenommen werden, hängt mit den eigenen Erwartungen zusammen. Diese werden an pädagogische Situationen herangetragen und schreiben sich auch in den Raum ein. Insbesondere im kunstpädagogischen Kontext werden Räume von Lehrpersonen bewusst so gestaltet, dass sie Anlass und Gelegenheiten für ästhetische Erfahrungs- und Bildungsprozesse anbieten. In dem Fallbeispiel kommuniziert der Raum, dass das obere Stockwerk verschlossen ist. Die Einräumung kommuniziert die Erwartungen derjenigen, die das Projekt betreuen. Die Fotografien dokumentieren aber nicht nur die intentionale und geplante Gestaltung des Raumes, sie zeigen darüberhinaus auch, wie die an dem Projekt Beteiligten mit Raum umgehen. Es wird deutlich – und das ist für Lehramtsstudierende und LehrerInnen ein interessanter Aspekt – dass nicht nur die SchülerInnen entgegen der eigenen Erwartung den Raum nutzen, sondern es zeigt sich auch, dass sich die pädagogisch Handelnden selbst in der Weise, wie sie mit gesetzten Grenzen umgehen, widersprechen können. Als die Studentin dem Schüler in den ersten Stock folgt und zulässt, dass er nach oben geht, wird ihre selbst gezogene Grenze gewissermaßen fluid. Von außen betrachtet, könnte dies schnell *als inkonsequent* disqualifiziert werden. Es könnte aber auch ganz anders gelesen werden: als ein Indiz für die Bereitschaft der Studentin, die Grenze mit dem Schüler zu *verhandeln* und die eigenen Erwartungen im Geschehen zur Disposition zu stellen.

Insofern erzählt der Raum und besonders die Umwidmung des Raumes von dem Wechselspiel zwischen SchülerInnen und Lehrperson. Wer bestimmt darüber, wie der Raum eingeräumt und vor allem wie er *umgeräumt* wird?

10 Rück- und Ausblick

Fotografien sind in meinem Setting nicht nur eine Gedächtnisstütze, um die Erinnerung an eine Situation aufzufrischen. Die Arbeit mit den fotografischen Bildern zielt auf ein Verstehen ab, das aus einer sehr konkreten Situation hervorgeht und das sich der eigenen Einklammerung stets bewusst bleibt. Indem fotografische Bilder in ihrer Mehrdeutigkeit und ihrem Detailreichtum unseren Erwartungen und Erinnerungen etwas Widerständiges entgegenstellen können, erschweren sie die Produktion eines allzu abstrakten und allgemeingültigen Überblickswissens, wie es u. a. von Michael Wimmer gerade im pädagogischen Kontext kritisiert wird (vgl. 2014, S.29). Stattdessen regen Fotografien ein Verstehen an, das an die eigene Wahrnehmung rückgebunden bleibt und das sich immer wieder der „Durchkreuzung" von Wahrnehmungskonventionen (vgl. Meyer-Drawe 2012b, S. 189) ausgesetzt sieht.

Sich mit der Differenz der eigenen und der fremden Fotografien zu konfrontieren, fordert dazu heraus, sich mit der grundlegenden Differenz von menschlichen Wahrnehmungen zu befassen. Die Betrachtung des hier vorgestellten Bildmaterials regt dazu an, die verschiedenen Blickweisen einander gegenüberzustellen und diese nachträglich in einen neuen Zusammenhang zu bringen – so wird es möglich, dass aus der von der Studentin beschriebenen Grenzerfahrung zu einem späteren Zeitpunkt die Ahnung erwächst, dass sich der Schüler für Architektur interessiert habe. Diese Blickverschiebung scheint nicht ohne die Reflexion der eigenen Teilhabe an pädagogischen Prozessen möglich zu sein. Das Nachdenken über den Anderen ist auf die eigene Wahrnehmung angewiesen. Dietmar Kamper beschreibt diesen Zusammenhang sehr eingehend: „Denken wird [...] *Wahrnehmen* sein müssen, nicht Nehmen des Wahren, sondern Üben der *awareness*, Üben des Spürens, der Aufmerksamkeit, Achtung und Hochachtung vor dem Anderen." (Kamper 1996, S. 177) Versteht man das Bildmaterial, wie Flusser es tut, als Spuren von Wahrnehmungen, dann besteht vielleicht Hoffnung, sich im Betrachten der fotografischen Bilder dem Anderen über die eigene Wahrnehmung *annähern* zu können – ohne ihn dabei festschreiben zu wollen und zu können.

Dass die Fotografien eine Einlassung auf den Anderen anregen, indem sie die Differenz zweier Perspektiven zeigen, deutet sich durchaus im Gespräch mit der Studentin an: Vorstellungen und Deutungen vom Anderen verändern sich jedes Mal, wenn neues Bildmaterial auf den Tisch gelegt wird. Die Bezugnahme auf den Anderen kann, so eine Schlussfolgerung, mithilfe der Bildarbeit intensiviert werden, ohne dabei das „Perspektiviert-Sein" des eigenen Leibes (vgl. Merleau-Ponty 1966, S. 117) herauszurechnen. Der Raum, den die Fotografien sichtbar machen, ist dabei kein Raum, der nur von den SchülerInnen hergestellt wird und den es von außen zu beobachten und zu dokumentieren gilt. Es ist vielmehr ein *Zwischenraum*, der erst durch die Bewegungen der beiden Fotografierenden zueinander entsteht und in den Bildern in Erscheinung tritt.

Im Ausbreiten der Fotos, in der Arbeit mit Bilddetails, an Bildrändern und durch die Recherche weiterführenden Bildmaterials wird es möglich, eine sich im Moment des Fotografierens ereignete Aufmerksamkeitshaltung zu verschieben. Mit der Formel *Darauf habe ich damals nicht geachtet* gehe, so Hans Blumenberg, eine Endgültigkeit einher, denen fotografische Bilder etwas entgegenzusetzen haben. Die Vergegenwärtigung einer Situation sei, schreibt

Blumenberg, an die „ausschließliche[n] Angewiesenheit auf das Gegebene der Erinnerung" gebunden (Blumenberg 2007, S. 84). Mit den fotografischen Bildern öffnen sich hier neue Perspektiven, indem sie dazu anregen, dem erinnerten Geschehen mit einer *anderen, neu ausgerichteten* Aufmerksamkeitshaltung[2] zu begegnen. Wenn man nicht nur dem „prominent-ins-Bild-Gesetztem", sondern auch dem „aus-Versehen-ins-Bild-Geratenem" seine Aufmerksamkeit schenkt, dann kann *Etwas* auch *als etwas anderes* zur Deutung gelangen. Die fotografischen Bilder regen dazu an, die eigene Wahrnehmung rückblickend neu zu kontextualisieren. Dabei kann auch der Schüler *als ein Anderer* in den Blick geraten. In diesem Sinne können Fotografien einen neuen Wahrnehmungs- als auch Deutungsraum öffnen, in dem ein vermeintliches Verstehen des Anderen vertieft, hinterfragt, bezweifelt oder gar verworfen werden kann. Fotografische Bilder bieten viele Dimensionen an, um im Kontext der LehrerInnenbildung diese Möglichkeitsräume zu öffnen – der *Raum*, den sie sichtbar machen, ist dabei *eine* fruchtbare Dimension, verschiedene Lesarten anzustiften.

Der im fotografischen Bild dokumentierte Raum wird im vorgestellten Fallbeispiel insofern zum *Sand im Getriebe*, indem er darauf aufmerksam macht, dass das Geschehen auf dem Dach nicht losgelöst von der Perspektive und dem Handeln der Studentin gedacht werden kann. Die Grenzüberschreitung, die von der Studentin zur Sprache gebracht wird, zeigt sich nicht nur mit dem Schüler, sondern genauso auch mit ihrer eigenen Teilhabe am Geschehen verwoben. Das mag gerade dann irritieren, wenn man sich der Eindeutigkeit einer gesetzten Regel sehr sicher gewesen ist.

Literatur

Barthes, R. (1985): Die helle Kammer. Bemerkungen zur Fotografie. Frankfurt a./M.: Suhrkamp.
Blumenberg, H. (2007): Zu den Sachen und zurück. Frankfurt a./M.: Suhrkamp Verlag.
Böhme, K. (i. D.): Reflection and Attention – Considerations on The Importance of Perception in the Contexts of Pedagogical Reflection in Art Education. In: L. Rodriguez Sieweke (Hrsg.): Learning Scenarios for Social and Cultural Change: "Bildung" through Academic Teaching. London, New York: Peter Lang.
Bohnsack, R. (2010): Rekonstruktive Sozialforschung. Einführung in qualitative Methoden (8., überarb. Aufl.). Opladen, Farmington Hills, MI: Verlag Barbara Budrich.
Dörpinghaus, A. (2014): Post-Bildung. Vom Unort der Wissenschaft. Forschung und Lehre. Zugriff am 04.07.2017 unter www.forschung-und-lehre.de/wordpress/?p=16500
Engel, B./Böhme, K. (2015): Zur Relevanz des Unbestimmten im Feld der kunstdidaktischen Professionalisierung. In: Dies. (Hrsg.): Didaktische Logiken des Unbestimmten: Immanente Qualitäten in erfahrungsoffenen Bildungsprozessen (Bd. 2). München: kopaed, S. 8–33.

---

2   Ausführlich beschäftigt sich Birgit Engel mit ästhetischer Aufmerksamkeit bzw. mit ästhetischer Aufmerksamkeitshaltung als eine zentrale Frage der (kunstpädagogischen) LehrerInnenbildung (vgl. Engel 2015, S. 74 ff.).

Engel, B. (2015): Unbestimmtheit als (kunst)didaktisches Movens in professionsbezogenen Bildungsprozessen. In: Dies./Böhme, K. (Hrsg.): Didaktische Logiken des Unbestimmten: Immanente Qualitäten in erfahrungsoffenen Bildungsprozessen (Bd. 2). München: kopaed, S. 58–85.

Fichten, W. (2012): Über die Umsetzung und Gestaltung Forschenden Lernens im Lehramtsstudium. Verschriftlichung eines Vortrags auf der Veranstaltung ‚Modelle Forschenden Lernen' in der Bielefeld School of Education 2012. In: Didaktisches Zentrum Carl von Ossietzky Universität Oldenburg (Hrsg.): Lehrerbildung in Wissenschaft, Ausbildung und Praxis. Oldenburg, S. 1–29.

Fischer-Lichte, E. (2004): Ästhetik des Performativen, Frankfurt am Main: Suhrkamp.

Flusser, Vilém (1991): Die Geste der Fotografie. In: Ders. (Hrsg.): Gesten. Versuch einer Phänomenologie. Düsseldorf/Bensheim: Bollmann, S. 127–150.

Gruschka, A. (2015): Der Bildungs-Rat der Gesellschaft für Bildung und Wissen: Opladen, Berlin, Toronto: Verlag Barbara Budrich.

Gruschka, A. (2005): Fotografische Erkundungen zur Pädagogik. Wetzlar: Büchse der Pandora.

Günzel, S. (2012): Bild | Raum. Zur Logik des Medialen. Kulturverlag Kadmos: Berlin.

Helsper, W. (1996): Antinomien des Lehrerhandelns in modernisierten pädagogischen Kulturen. In: A. Combe./W. Helsper (Hrsg.): Pädagogische Professionalität. Untersuchungen zum Typus pädagogischen Handelns. Frankfurt am Main: Suhrkamp, S. 521–569.

Herzog, W./von Felten, R.: Erfahrung und Reflexion. Zur Professionalisierung der Praktikumsausbildung von Lehrerinnen und Lehrern. Beiträge zur Lehrerinnen- und Lehrerbildung 19 (2001) 1, S. 17–28.

Kamper, D. (1996): Your ground is my body. Von der Fundamentalphilosophie zum KörperDenken. In: N. Bolz/W. van Reijen (Hrsg.): Ruinen des Denkens. Frankfurt am Main: Suhrkamp, S. 174–178.

Koller, H.-C. (2012): Bildung anders denken. Einführung in die Theorie transformatorischer Bildungsprozesse. Stuttgart: Kohlhammer.

Kraus, A. (2015): Anforderungen an eine Wissenschaft für die Lehrer(innen)bildung. Wissenstheoretische Überlegungen zur praxisorientierten Lehrer(innen)bildung. Münster/New York: Waxmann.

Merleau-Ponty, M. (1966): Phänomenologie der Wahrnehmung (6. Aufl.). Berlin: de Gruyter.

Mersch, D. (2002): Kunst und Medium. (Eine Materialreihe der Mutesius-Hochschule, Bd. III). Kiel: Muthesius Hochschule.

Meyer-Drawe, K. (2012): Empfänglichkeit für die Welt. Ein Beitrag zur Bildungstheorie. In: A. Dörpinghaus/A. Nießeler (Hrsg.): Dinge in der Welt der Bildung. Bildung in der Welt der Dinge. Würzburg: Königshausen & Neumann, S. 13–28.

Meyer-Drawe, K. (2012b): Diskurse des Lernens (2., durchgesehene und korrigierte Aufl.). München: Wilhelm Fink Verlag.

Meyer-Drawe, K. (2011): Staunen – ein „sehr philosophisches Gefühl". Ethica & Politica, XIII, S. 196–205.

Novak, M./Schürch, A.: Fachdidaktik, forschend: Überlegungen zum Forschungspraktikum und seinen Potenzialen. Art Education Research, 11/2016, S. 1–5.

Pazzini, K.-J. (2012): Sehnsucht der Berührung und Aggressivität des Blicks, Kunstpädagogische Positionen, Bd. 24.

Pazzini, K.-J. (2015): Bildung vor Bildern: Kunst. Pädagogik. Psychoanalyse. Bielefeld: transcript.

Ricken, N. (1999): Subjektivität und Kontingenz. Markierungen im pädagogischen Diskurs. Würzburg: Königshausen & Neumann.

Reh, S. (2004): Abschied von der Profession, von Professionalität oder vom Professionellen? Theorien und Forschungen zur Lehrerprofessionalität. Zeitschrift für Pädagogik 50, 2004/3, S. 358–372.

Schneider, R./Wildt, J. (2009): Forschendes Lernen und Kompetenzentwicklung. In: L. Huber/J. Hellmer (Hrsg.), Forschendes Lernen im Studium. Aktuelle Konzepte und Erfahrungen (S. 53–68). Bielefeld: UVW, S. 53–68.

Schneider, R.; Wildt, J. (2004): Forschendes Lernen im Berufspraktischen Halbjahr. In: B. Koch-Priewe /F.-U. Kolbe /J. Wildt (Hrsg.): Grundlagenforschung und Mikrodidaktische Reformansätze zur Lehrerbildung. Bad Heilbrunn: Klinkhardt, S. 151–175.

Seelig, T. (2014): From Material Evidence to the Dematerialized Figure. In: W. Moser /K. A. Schröder (Hrsg.): Blow-Up. Antonioni's Classic Film and Photography. Katalog zur gleichnamigen Ausstellung in Albertina Wien 30.04.–24.08.14; Fotomuseum Winterthur 13.09.-30.11.14; C/O Berlin 13.12.14-8.3.15. Ostfildern: Hantje Cantz, S. 224–227.

Sturm, E. (2007): Mit dem was sich zeigt. Über das Unvorhersehbare in Kunstpädagogik und Kunstvermittlung. In: K.-P. Busse /K.-J. Pazzini (Hrsg.): Unvorhersehbares Lernen: Kunst – Kultur – Bild, Dortmund Schriften zur Kunst. Norderstedt: Books on Demand, S. 71–91.

Waldenfels, B. (2013): Ordnungen im Zwielicht. In: W. Eßbach /B. Waldenfels (Hrsg.): Übergänge. Texte und Studien zu Handlung, Sprache und Lebenswelt, Bd. 61. München: Wilhelm Fink.

Waldenfels, B. (2002): Bruchlinien der Erfahrung. Phänomenologie, Psychoanalyse, Phänomenotechnik. Frankfurt am Main: Suhrkamp.

Wiesing, L (2010): Fotografieren als phänomenologische Tätigkeit. Zur Husserl-Rezeption bei Flusser. Flusser Studies 2010. Letzter Zugriff am 02.08.2017 unter http://www.flusserstudies.net/sites/www.flusserstudies.net/files/media/attachments/wiesing-fotografieren.pdf

Winderlich, K. (2010): Sich ein Bild machen. zaeb, Jg. 2(1), S. 1–10.

Wimmer, M. (2010): Lehren und Bildung. Anmerkungen zu einem problematischen Verhältnis. In: K.-J. Pazzini /M. Schuller/M. Wimmer (Hrsg.), Lehren bildet? Vom Rätsel unserer Lehranstalten. Bielefeld: transcript, S. 13–37.

Wimmer, M. (2014): Pädagogik als Wissenschaft des Unmöglichen. Bildungsphilosophische Interventionen. Paderborn: Ferdinand Schöningh.

Wimmer, M. (1996): Zerfall des Allgemeinen – Wiederkehr des Singulären. Pädagogische Professionalität und der Wert des Wissens. In: A. Combe/W. Helsper (Hrsg.): Pädagogische Professionalität. Untersuchungen zum Typus pädagogischen Handelns. Frankfurt am Main: Suhrkamp, S. 404–447.

Wyss, C. (2013): Unterricht und Reflexion. Eine mehrperspektivische Untersuchung der Unterrichts- und Reflexionskompetenz von Lehrkräften. (Empirische Erziehungswissenschaft, Bd. 44). Münster/New York: Waxmann.

Abbildungsverzeichnis

Abb. 1–11, 13: Bildmaterial aus dem Promotionsvorhaben von K. Böhme © K. Böhme 2017
Abb. 12: Foto: K. Böhme 2016 © K. Böhme, 2017
Abb. 14: Foto: M. Lehmann 2012 © Kunstakademie Münster, 2017

Leibliche Erfahrungsräume

Zur Bedeutung synästhetischer Wahrnehmung
in Räumen der Kunst

Kerstin Hallmann

In den letzten Jahrzehnten haben sich nahezu alle Bereiche des menschlichen Lebens in ein weites Feld der Informations- und Bildtechnologie verlagert und diese verändert. Angesichts dieser umgreifenden Entwicklungen erfährt auch das Gefüge des Denkens, der Erinnerung sowie der Sinneserfahrung eine Umformung und Externalisierung. Neue elektronische Medien haben die Grenzen und Möglichkeiten menschlicher Wahrnehmung durch verschiedenste apparative und prothetische Fähigkeiten, digitale Bildtechnik und globale Telekommunikation erweitert (vgl. Crary 1997; vgl. Lanier 2014). Die Bildungspolitik reagiert darauf, indem die Beherrschung von Informations- und Kommunikationstechnologien als eine neue Kulturtechnik neben Lesen, Schreiben und Rechnen begriffen wird, die gesonderter Fördermaßnahmen bedarf (vgl. BMBF 2016, S. 2). Im Bildungsbereich geht es dabei primär um die Aneignung medialer Techniken, die Vermittlung digitaler Kompetenzen und das standardisierte Lernen mit digitalen Medien. E-Learning, selbstoptimierende Lerncoachings und Internetplattformen beschäftigen infolgedessen seit ein paar Jahren meist mit vorgefertigten Formaten oder Multiple-Choice-Fragen Schulkinder wie Studierende und arbeiten einer zunehmenden Standardisierung im Bildungswesen zu. Sie spiegeln die aktuellen medientechnologischen Entwicklungen, deren globale Nutzung zu einem prioritären Thema in Gesellschaft und Bildung geworden ist. Jonathan Crary mahnt jedoch, dass die zu beobachtenden Veränderungen eher passiv hingenommen und die medialen Mechanismen zu wenig kritisch hinterfragt werden. Eine Auseinandersetzung mit den Wahrnehmungsbedingungen im 21. Jahrhundert sei aus seiner Sicht von kulturhistorischer Bedeutung für unsere Gesellschaft (Crary 1997, S. 6 ff.).

Das Anliegen dieses Beitrages ist es daher, die Bedeutung vielfältiger Wahrnehmungsfähigkeiten für eine kritisch-reflexive Bildung herauszustellen. In einer Kultur, die sich immer mehr den technischen Vorgaben anpasst und in der zunehmend das Erkennen und Wiedererkennen von Formen dominiert, muss die Aufmerksamkeit wieder verstärkt auf grundlegende Wahrnehmungsbedingungen gelegt und in pädagogischen Situationen thematisiert werden. Synästhetische Wahrnehmung macht als eine elementare Wahrnehmungsdi-

mension darauf aufmerksam, dass nicht alle Wahrnehmungserfahrungen und Eindrücke im Verlauf ihrer Verarbeitung auf eine Sinnbedeutung oder einen Code beschränkt werden können. Wahrnehmung konfrontiert uns vielmehr immer auch mit der Schwierigkeit, dass uns das, was wir wahrnehmen, nie in Gänze zugänglich wird und sich nur schwer oder gar nicht begrifflich einholen lässt – auch wenn es dennoch unser Denken und Handeln beeinflusst.
Eine phänomenologisch orientierte Betrachtungsweise verdeutlicht, dass sinnliche Wahrnehmung als primäre Art der Weltbegegnung zu verstehen ist, die nicht auf ein endgültiges Ergebnis zielt, sondern uns den Horizont zukünftiger Wahrnehmungen antizipieren lässt. So wird Wahrnehmung als Vollzug verständlich, in dem sich stets neue Möglichkeitsräume ergeben, in denen sich Mensch und Wirklichkeit konstituieren. Mit der Frage nach der Wahrnehmng von Räumen, die im Folgenden unter besonderer Berücksichtigung der Bedeutung synästhetischer Wahrnehmung erörtert werden, eröffnen sich grundlegende Perspektiven auf Bildungsprozesse im Räumlichen: Wie nehmen wir Räume wahr? Welche Erfahrungsdimensionen von Räumen gibt es und in welchem Verhältnis stehen sie zueinander? Beginnt Wahrnehmung schon im Hervorbringen des Wahrgenommenen oder nimmt sie ihren Anfang durch Gewahrung einer Präsenz (vgl. Mersch 2001, S. 273 ff.) im Raum?

1 Synästhesie

Betrachten wir verschiedene historische und aktuelle Theorien zum Phänomen der Synästhesie, so wird schnell deutlich, dass der Begriff ‚Synästhesie' ein komplexes Bedeutungsfeld umfasst, dass von der Bezeichnung eines medizinischen Sonderfalls über die Utopie von der Ganzheitlichkeit im Sinnlichen bis hin zu einem grundlegenden Wahrnehmungsphänomen in seiner weiten Bedeutung reicht. Was die unterschiedlichen Positionen jedoch eint, ist das Problem der Synthese der Sinne, welches zugleich das Problem ihrer Scheidung evoziert und die Frage nach der Grundlegung von Wahrnehmung betrifft. Der Begriff Synästhesie, setzt sich aus den altgriechischen Worten „syn" und „aisthesis" zusammen, meint so viel wie zugleich Wahrnehmen bzw. Mitempfinden und bezeichnet einen Wahrnehmungseindruck, an dem mehrere Sinne beteiligt sind (vgl. Hallmann 2016, S. 15). So nehmen wir beispielsweise Räumlichkeit nicht nur optisch, sondern auch durch unsere eigene Bewegung im Raum körperlich und zeitlich bzw. kinästhetisch wahr, wie ebenso unser Ohr beteiligt ist, indem es zur Orientierung im Raum dient. Schon hier wird deutlich, dass die Wahrnehmbarkeit des Räumlichen, ebenso wie die Wahrnehmung alltäglicher Situationen oder spezifischer Dingqualitäten immer mehrere Sinnesmodalitäten betreffen. Die Frage, wie hierbei Sinn(es)einheiten hergestellt werden, wird je nach Wissenschaftsrichtung sehr konträr diskutiert und führt dementsprechend zu unterschiedlichem Stellenwert des Sinnlichen im Erkenntnisprozess.

In der Medizin, Biologie und Psychologie geht man vereinfacht dargestellt von getrennten Sinneseindrücken aus, die erst im Gehirn zu Sinneinheiten synthetisiert werden. Ähnlich nutzen wir auch im Allgemeinen zur differenzierteren Bezeichnung von Wahrnehmungen das Modell der fünf Sinne. Damit verbunden ist die Auffassung, dass Wahrnehmung über einen Prozess der Aufnahme von Eindrücken erfolgt, bei dem einzelnen Körperorganen, wie Augen, Ohren, Nase, Mund und Haut, die Zulieferfunktion von Sinnesdaten zukommt, die dann kognitiv synthetisiert und zu Sinn verarbeitet werden. Dass hierbei auch Verbindungen auftreten können, wie beispielsweise die Koppelung von Tönen, Klängen oder Graphemen (Buchstaben, Zahlen u.ä.) mit visuellen Erscheinungen (meist Farben) wird im medizinischen Bereich als unwillentliche Verknüpfung verschiedener sinnlicher Qualitäten, kurz Synästhesie definiert. Als die Abweichung von der Norm lassen Synästhesien Rückschlüsse über die Funktionsweise intermodaler Integration zu, was auch unter dem Begriff des „binding" diskutiert wird. Dabei werden einzeln wahrgenommene Sinnesdaten und die durch sie ausgelösten Erinnerungen, Emotionen, Bewertungen u.ä. zu einem einheitlichen Wahrnehmungseindruck synthetisiert. Die Medizin lokalisiert derartige Prozesse im Gehirn und definiert Synästhesien als eine unspezifische Vernetzung von Sinnesdaten, ein sog. „hyperbinding" (vgl. Emrich/Schneider/Zedler 2004, S. 45). Entscheidend für unseren Zusammenhang ist jedoch, dass von einer grundlegenden Differenz der Sinneswahrnehmung ausgegangen wird, die erst kognitiv zu Sinneinheiten synthetisiert werden. Wahrnehmung heißt so gesehen immer schon ein Wahrnehmen von etwas, was man Sehen, Hören, Riechen usw. kann und was sich von anderem, wie anderen Sinnesregistern unterscheidet.

Die Annahme differenzierter Sinneswahrnehmungen zieht sich wie ein roter Faden durch die Geschichte der Sinneslehren. Bereits Aristoteles gründet seine antike Erkenntnistheorie auf der Logik der Unterscheidungsfähigkeit der Sinne. Im Gegensatz zu neuzeitlichen Erkenntnistheorien verdeutlicht Aristoteles jedoch, dass Sinnesdaten nicht einfach gegeben, sondern in dem Moment, in dem sie unserem Bewusstsein als gegeben zugänglich werden, immer schon vermittelt sind. Im differenzierten Wahrnehmen des Hörens, Sehens, Fühlens usw. findet demnach nicht allein Datenaufnahme statt, sondern ebenso bereits eine Gerichtetheit darauf, wie etwas als etwas wahrgenommen wird. So sieht das Auge nur das, was es auch als etwas Visuelles erfassen kann, hört das Ohr nur das, was es akustisch zu erkennen vermag usw. Der einzelne Sinn erfasst aber eben nicht nur die ihm eigentümlichen Gegenstände, sondern kann auch das Nichtgegebensein solcher feststellen. Identifikation und Differenzierung sind daher in der antiken Wahrnehmungslehre zentrale Grundvoraussetzungen des Sinnlichen (vgl. Mersch 2001, S. 273 ff.).

Ausgehend von der Frage der Synthese der Sinne setzt sich auch Aristoteles mit dem Phänomen der Synästhesie auseinander – wenngleich er diesen Begriff nicht explizit nutzt. Unter der Bezeichnung „koinê aísthêsis" wird die Wahrnehmbarkeit „gemeinsamer Sinnesgegenstände" thematisiert (vgl. Welsch 1987, S. 256). Das Phänomen der Koppelung mehrerer getrennter Bereiche der Wahrnehmung wird von Aristoteles als notwendig erklärt, um Erkenntnis über spezifische, gemeinsame Eigenschaften von Gegenständen zu erlangen, die sich nicht allein mit einem Sinn erfassen lassen, wie beispielsweise die Bewegung, die sowohl visuell als auch haptisch wahrnehmbar ist (vgl. Aristoteles o. J./1995, S. 418a; vgl. Hallmann 2016, S. 58 ff.). Diese Sinneseinheit resultiert jedoch weder aus einer kognitiven Leistung, noch aus einer übergeordneten, synthetisierenden Sinnesinstanz. Vielmehr verdeutlicht Aristoteles Erklärungsansatz, dass das Wahrnehmen selbst schon erkennend, bestimmend und in den einfachsten Vollzügen unterscheidend ist (vgl. Welsch 1987, S. 334 ff.). Jeder Einzelsinn nimmt dementsprechend sein spezifisches Sinnesgebiet wahr und kann zugleich anderes unterscheiden. Die Unterscheidungsfähigkeit wird bei Aristoteles zum zentralen Kriterium des Wahrnehmens, welches grundsätzlich jedem Einzelsinn als Teil eines komplexen Wahrnehmungsvermögens möglich ist. Wolfgang Welsch konstatiert, dass dieses Wahrnehmungsvermögen von Grund auf und in jedem seiner Vollzüge „kritisch" sei. Die Struktur dieser Wahrnehmungsfähigkeit zeige sich dementsprechend darin, „[…] daß es überall die Form einer dialektischen, Einheit und Differenz verbindenden Einheit hat. Gerade so ist sie die Gesamtformel des Wahrnehmens und führt die Einheitlichkeit allen Sinnesgeschehens vor Augen" (Welsch 1987, S. 334).

Auf diese Weise zeichnen sich die Sinne für Aristoteles durch eine Doppelnatur aus, „die sie gleichzeitig getrennt und ungetrennt erscheinen lassen: Wahrnehmung *von etwas* und Wahrnehmung *der Wahrnehmung*" (Mersch 2001, S. 285). Der Wahrnehmung wird damit eine Eigenleistung im Erkenntnisprozess zugestanden und das Aisthetische im Wahrnehmen hervorgehoben. Sinnlichkeit wird von Grund auf als Sinnhaftes definiert und die logoshafte Struktur des Sinnlichen betont, wodurch das Sinnliche einen wesentlichen, eigenständigen Anteil im Erkenntnisprozess einnimmt (vgl. Welsch 1987, S. 45). Allerdings wurde die erkenntnistheoretische Bedeutung des Sinnlichen in neuzeitlichen Theorien wie zum Beispiel bei René Descartes, durch die alleinige Ausrichtung auf das Kognitive, sowie die Degradierung des Sinnlichen als Irrationales immer wieder bezweifelt. Sie wird heute zudem durch die Funktionalisierung des Sinnlichen auf schnelles Erkennen wie Wiedererkennen, bedingt durch das Diktat digitalisierter und ökonomisch standardisierter Abläufe, radikal zurückgedrängt.

Im Gegensatz dazu wertete Aristoteles das Aisthetische auf und räumte ihm eine zentrale Bedeutung in seiner Sinneslehre ein. Dennoch bleibt die antike aisthesis aktiv bestimmt, da Wahrnehmung als aktives *Hervorbringen* von etwas definiert wird (vgl. Mersch 2001, S. 274). Dem Wahrnehmen ist damit immer schon ein reflexives Moment eingeschrieben, welches die Möglichkeit zur begriffslogischen Analyse nährt und sich historisch als dominant erwiesen hat (vgl. Mersch 2001, S. 285). Die Intentionalität der Wahrnehmung dominiert demnach die Tradition der Wahrnehmungslehre seit der Antike und Synästhesie wird so nur von ihren einzelsinnlichen Komponenten, die immer schon ihre Anzahl und Verschiedenheit voraussetzen, erklärbar. Doch Wahrnehmungserfahrungen von ganzheitlich in Erscheinung tretenden Situationen, wie sie uns beispielsweise in alltäglichen, räumlichen Situationen, in architektonischen Räumen oder auf besondere Weise in künstlerischen Installationen begegnen, bringen das Modell einer einzelsinnlich differenzierten Wahrnehmung schnell an seine Grenzen. Die Frage nach der Herstellung von Sinn im Sinnlichen wurde daher in der Phänomenologie ganz anders thematisch.

2 Leibliche Sensibilität. Synästhesie in der Phänomenologie

Unter dem Begriff des Leibes und der Leiblichkeit stellt die Phänomenologie die bisher vorgestellten wissenschaftlichen und philosophischen Wahrnehmungs- und Erkenntnistheorien infrage. Der Ursprung jeglicher Erkenntnis wird aus phänomenologischer Perspektive ausgehend von den unmittelbar gegebenen Erscheinungen gewonnen, die nur mittels des wahrnehmenden Leibes erfassbar sind. In diesem Sinne haben wir nicht einen objektivierenden Körper, der einer Welt gegenüber steht und diese erkennend wahrnimmt, sondern wir sind als leibliche Wesen im Wahrnehmungsprozess anwesend, wie Maurice Merleau-Ponty in seiner „Phänomenologie der Wahrnehmung" (1945) immer wieder betont. Der Leib ist für ihn „nicht eine Summe nebeneinandergesetzter Organe, sondern ein synergisches System, (...) dessen sämtliche Funktionen übernommen und verbunden sind in der umfassenden Bewegung des Zur-Welt-seins (...)" (Merleau-Ponty 1945, S. 273). Es ist so gesehen unser Leib, der zum Ort des Wahrnehmungsgeschehens wird und der sich einer intersensorischen Welt öffnet. Sinnliche Synthesen werden daher auch nicht durch kognitive Prozesse konstruiert, sondern entspringen aus der Kommunikation des Leibes mit der Welt und der Kommunikation der Sinne untereinander.

Aus dieser Perspektive heraus betrachtet Merleau-Ponty das Problem der Einheit der Sinneswahrnehmung nicht mehr als Frage der Subsumtion einzelsinnlicher Wahrnehmungen unter ein kognitives Bewusstsein. Jede Wahrnehmung ist situativ und kontextuell gebunden, weshalb sie sich grundsätzlich synästhetisch im Sinne einer ungeteilten Synergie des Leibes vollzieht. Synästhesie wird als ein alltägliches Wahrnehmungsphänomen gedeutet, indem sich unsere leibliche Verbindung zur Welt ausdrückt. Als ein elementares Zusammen-Wahrnehmen der Sinne oder, wie es bei Merleau-Ponty heißt, als „Kommunikation der Sinne" untereinander und deren Integration in einen einzigen Erkenntnisorganismus, den Leib, wird Synästhesie zu einem durchgängigen Organisationsprinzip aller Sinnlichkeit (vgl. Merleau-Ponty 1945, S. 268). Es muss daher von einer ursprünglichen Ungeschiedenheit der Sinne ausgegangen werden. Synästhesie wird so als Ausdruck für die *Fülle* der Sinneseindrücke in ein und derselben Wahrnehmung verständlich, die eben keinen Sonderfall, sondern die Regel darstellt. Die Wahrnehmung gehorcht vielmehr einer grundlegenden Synästhesie, die einem unstrukturierten Feld gleicht und die sich erst in nachfolgenden, reflexiven Erkenntnisschritten in einzelsinnliche Wahrnehmungsmodi differenzieren lässt. Diese „Einheit der Sinne" darf jedoch nicht als fraglose Einheit, sondern muss vielmehr als „offene Totalität" verstanden werden, deren Vollendung unabgeschlossen bleibt (Merleau-Ponty 1945, S. 257 ff.; vgl. Hallmann 2016, S.65 ff.). Die dualistische Entgegensetzung von Geist und Körper, Subjekt und Objekt wird obsolet, denn wir sind immer schon als leibliche Wesen in Welt verstrickt. Erforderlich wird folglich eine Revision der bisherigen Auffassung von Subjektivität, die nicht mehr ausschließlich als aktives, erkenntnistheoretisches Bewusstsein, sondern wesentlich stärker als eine wechselseitige Durchdringung zwischen Innen und Außen, zu anderen und anderem befindlich gedacht werden muss (vgl. Hallmann 2017, S. 84f.).

Mit der Betonung des Leibbegriffes in der Phänomenologie wird eine zentrale Dimension des menschlichen Daseins benannt, die Wahrnehmungsprozesse aufs engste mit der Kategorie der Erfahrung verbunden verstehen. So wird aus phänomenologischer Sicht das Wahrgenommene stets in Richtung des eigenen Leibes, der mit Welt auf vielfältige Weise verschränkt ist, synästhetisch erfahren. Dem Wahrnehmen ist damit zugleich die Struktur des Widerfahrnisses immanent, die geschieht, noch bevor *etwas* sinnesspezifisch *als etwas* erschlossen werden kann (vgl. Mersch 2001, S. 280). Sinnkonstruktion gründet nicht auf einem intentionalen Wahrnehmungsakt, sondern ist an leibliche Responsivität gebunden, die als Antwortgeschehen auf einen Anspruch reagiert und sich damit immer schon in einer nachrangigen Position befindet. Bernhard Waldenfels hat diese „gleichzeitige Ungleichzeitigkeit zweier Ereignisse" (Waldenfels 2010, S. 112), die Vorrangigkeit des Anspruchs und die Nachrangigkeit unseres Antwortens in Erfahrungsprozessen herausgearbeitet, die auch für das Verständnis von grundlegenden Wahrnehmungsprozessen bedeutsam ist. Die responsive Leiblichkeit bedingt, dass wir Wahrnehmungsmomente wesentlich stärker auch von ihren passiven, empfangenden Momenten aus denken müssen. Denn Erfahrungen, in denen Überraschendes und Neuartiges auftritt, lassen sich nicht durch einen intentional gerichteten und geregelten Akt eines Subjektes erfassen, sondern entspringen vielmehr einem Ereignis des Wahrnehmbar-werdens in einer spezifischen Situation. In diesem Sinne spricht Waldenfels von einem Doppelereignis: „etwas fällt mir auf – ich merke auf" (Waldenfels 2010, S. 110).

Verbleiben wir im aktiven, gerichteten Wahrnehmen, so erfassen wir immer nur das „Bereits-Wahrgenommene", was auf ein vergangenes und verdinglichtes Wahrnehmen verweist, das uns bekannt ist und das wir nur wiedererkennen können. Die Ausbildung einer kritischen Wahrnehmungsfähigkeit setzt jedoch voraus, Wahrnehmung in seinem Wechselverhältnis zwischen aktiven und passiven Momenten zu verstehen, das sich zwischen Wahrnehmen und Gewahren, zwischen Auffallen und Aufmerken, zwischen Erfahren und Antworten ereignet. In diesem Moment des *Dazwischen* liegt das Potenzial der Möglichkeit zur Kritik, da sie diese Öffnung des Sichtbarwerdens von „etwas als etwas" benötigt, um sich der Gestaltbarkeit von Welt bewusst werden zu können. Der Rekurs auf synästhetische Wahrnehmung wird hier bedeutsam: Nur in der Auflösung einer sinnesfokussierten und zweckorientierten Wahrnehmung kann erscheinen, was sonst verborgen bliebe (vgl. Hallmann 2016, S. 170).

Welche Rückschlüsse lassen sich aus den bisherigen Ausführungen zum Synästhesie-Verständnis für Bildungsprozesse und pädagogisches Handeln ziehen? Schon einmal vor gut hundert Jahren entdeckten Vertreter der Wissenschaft, Philosophie und der Künste die Bedeutung des Synästhetischen. Damals versprach man sich durch die Erforschung des Synästhesie-Phänomens mehr über grundlegende Wahrnehmungsprozesse und die Wechselwirkung bzw. Zusammenarbeit der Einzelsinne zu erfahren. Die Forschungsergebnisse und Theorieansätze, aber auch die avantgardistisch-künstlerischen Praktiken, die über die traditionellen Grenzen der Künste hinaus zunehmend transdisziplinär arbeiteten, inspirierten Pädagogen und Lehrende dazu, Kindern und Jugendlichen neue gestalterische Freiräume zu eröffnen und tradierte, standardisierende Methodenkonzepte infrage zu stellen (vgl. Hallmann 2016, S. 107 ff.). Das gesteigerte Interesse am Synästhesie-Phänomen beruhte damals primär auf der Sehnsucht nach einer harmonisierenden Ganzheitlichkeit, die einen Ausgleich zur Einseitigkeit der intellektuellen Erziehung suchte. Diese reformpädagogische Ideologie der Ganzheitlichkeit kann auch als Antwort auf die oben beschriebene naturwissenschaftlich orientierte Trennung zwischen Sinnlichkeit und Kognition interpretiert werden. Sie blieb jedoch dem dichotomen Grundgedanken zweier entgegengesetzter bzw. sich ergänzender menschlicher Vermögen verhaftet.

Aus heutiger Sicht kann die kompensierende Wirkungsargumentation des (Syn-)Ästhetischen nur kritisch bewertet werden, verkennt sie doch seine Eigendynamik und Widerständigkeit. Aus phänomenologischer Perspektive ignoriert ein ganzheitliches Synästhesie-Verständnis zudem deren eigentliches Bildungspotenzial. Denn das Paradigma des Synästhetischen verweist nicht so sehr auf eine zusammenfügende Einheitlichkeit, sondern vielmehr auf die undifferenzierte *Fülle* des Wahrnehmens, die sich in ihrer „Eigenart der Distanzlosigkeit" vollzieht. Paradigmatisch wird daher im synästhetischen Wahrnehmen unsere unmittelbare Leiblichkeit und Präsenz im Wahrnehmungsaugenblick erfahrbar. Als solche ist uns die Synästhetik der Sinne zwar nicht explizit zugänglich, erzeugt aber mit Dieter Mersch gesprochen, einen konstitutionellen „Überschuss", der uns in jedem Moment „mehr" wahrnehmen lässt, als wir wissen, beachten oder ausdrücken können (Mersch 2001, S. 284).

3 Synästhetische Wahrnehmung von Räumen in der Kunst. Am Beispiel der Videoinstallation „Moving Images" von Christian Falsnaes

Für eine pädagogische Auseinandersetzung mit Räumen stellt sich nun die Frage, welche Erfahrungsräume eine Rückbesinnung auf synästhetische Wahrnehmungsanteile eröffnen und welche Konsequenzen dies für das Erleben und Wissen von Räumen, sowie für eine zeitgenössische Vermittlung von Räumen haben kann. Der Umgang mit Räumen in der Kunst eröffnet hierbei Erfahrungsräume fernab alltäglicher Wahrnehmungs- und Handlungsautomatismen, die auch synästhetische Wahrnehmungen begünstigen. Kunst wird als ein Handlungs- und Forschungsfeld verstanden, in dem Fragen und Bedingungen der Konstitution des Subjektes in unterschiedlichen Kontexten und unter bestimmten Bedingungen erfahren sowie auf spezifische Weise erkundet werden können. Während das Synästhesie-Phänomen zu Beginn des 20. Jahrhunderts vor allem unter der Perspektive des Gesamtkunstwerkes als geschlossene Einheit der Künste diskutiert wurde, muss heute im 21. Jahrhundert Synästhesie angesichts intermedialer Praktiken und sich entgrenzender Künste im Zeichen des offenen Kunstwerks verstanden werden. Für die Reflexion zeitgenössischer, hybrid-intermedialer Arbeiten ist die Bedeutung von Differenzen zwischen den jeweiligen Medien sowie zwischen den unterschiedlich angesprochenen Sinnen und Erfahrungsdimensionen konstitutiv (vgl. Rebentisch 2013, S. 102f.). Viele der intermedial arbeitenden Künstler realisieren ihre Arbeiten allerdings in raumfüllenden, begehbaren Installationen, was die Frage aufwirft, welche Wahrnehmungs- und Erfahrungsweisen eigentlich konstitutiv für deren Wirkung sind. Exemplarisch soll dies im Folgenden anhand einer künstlerischen Installation von Christian Falsnaes diskutiert werden (siehe Abb. 1, S. 162).

In der Video-Installation „Moving Images" (2015) wird der Ausstellungsraum des Hamburger Bahnhofs, einem Museum für Gegenwartskunst in Berlin, zum Handlungs- und Erfahrungsraum besonderer Art. Durch einen dunklen Vorhang gelangen die BesucherInnen von den weitläufigen Ausstellungsräumen in einen separaten, klassischen White Cube, in dem zwei Videos an gegenüberliegenden Wänden projiziert werden. Die Zwei-Kanal-Videoinstallation spielt zuvor gefilmte performative Inszenierungen mit verschiedenen Personen ab. Die Aufnahmen wurden in ebendemselben Ausstellungsraum gefilmt, in dem jetzt die BesucherInnen stehen und sich die Videos anschauen. In den Vi-

Abb. 1: Christian Falsnaes, Moving Images, Videoinstallation, 2015

deofilmen agieren die DarstellerInnen mal alleine, mal zu zweit oder in Kleingruppen. Sie sprechen die Betrachter mit ihren Blicken scheinbar direkt an. Manchmal schauen sie aber auch einfach über sie hinweg oder sind in Interaktion mit den anderen DarstellerInnen involviert. Erweitert werden diese inszenierten Szenen durch Party- und Tanzsituationen, die beliebig an verschiedenen Orten des Nightlife aufgenommen wirken. Die eindringliche Stimme eines Sprechers aus dem Off, die über Lautsprecher eingespielt wird, ist zu hören. Dieser spricht die BesucherInnen im Ausstellungsraum direkt an und fordert sie auf, sich in Beziehung zu den Videoprojektionen zu setzen. Immer wieder gibt es Handlungsanweisungen von der Off-Stimme, die so Einfluss auf ihre Zuhörer nimmt und sie zu performativen Handlungen animiert. Man wird beispielsweise aufgefordert still zu stehen, zu tanzen, sich hinzuknien oder umherzugehen (vgl. Falsnaes 2015). Nach kurzer Zeit ist der Raum gefüllt mit BesucherInnen, die angelockt von der Stimme mitmachen und sich agierend im Raum verteilen. Die BesucherInnen im Ausstellungsraum wie auch die DarstellerInnen in den Videos performen mal gleichzeitig, mal abwechselnd, mal beobachten die BesucherInnen die agierenden DarstellerInnen aus den Videos, mal scheint es umgekehrt. Wiederholt gibt es unerwartete Cuts, wird die Videoprojektion unterbrochen und der Raum in einfarbiges Licht versetzt. Trotz Videounterbrechung bleibt die Stimme im Raum präsent und spricht zu den BesucherInnen, die mittlerweile zu Akteuren einer Performance transformiert sind. Sie werden aufgefordert, ihre soeben gemachten Erfahrungen mit bzw. in der Arbeit zu analysieren, die eigenen Reaktionen zu reflektieren und sich zu zweit oder in Gruppendiskussionen darüber auszutauschen. Dann läuft unvermittelt das Video weiter und schon ist man wieder involviert, führt die Handlungsanweisungen aus, bis die nächste Reflexionsrunde instruiert wird usw.

Was passt hier? Wieso verhalten sich die BesucherInnen nicht so, wie man sich normaler Weise in Ausstellungsräumen aufhält und bewegt, nämlich unauffällig, kritisch distanziert die Ausstellungsexponate beobachtend? Warum machen die meisten sofort mit und folgen den Anweisungen der unbekannten Off-Stimme? Wie verändern sich gewohnten Wahrnehmungs- und Handlungsweisen durch die künstlerische Arbeit von Christian Falsnaes? Um sich diesen Fragen zu nähern, werden zunächst einige Aspekte phänomenologischer und anthropologischer Bildungstheorien des Raumes dargestellt und diese in Bezug zur Video-Installation „Moving Images" unter der Perspektive des Performativen erweiternd diskutiert. Mit Blick auf die Ausgangsfrage nach der Bedeutung synästhetischer Wahrnehmung für die Art und Weise von Raumwahrnehmungen und Raumwissen, werden im weiteren die spezifischen Wahrnehmungs-, Handlungs- und Erfahrungspotenziale dieser künstlerischen Arbeit erörtert.

In der phänomenologischen Erziehungswissenschaft und der pädagogischen Anthropologie wird der Raum weniger als physikalische Größe bzw. Behältnis gesehen, in dem sich Menschen oder Dinge befinden, sondern das Verhältnis des Menschen zum Raum unter der Perspektive potenzieller Erziehungs-, Sozialisations- und Bildungsverhältnisse betrachtet. Kristin Westphal weist in diesem Zusammenhang darauf hin, dass dies „[…] nicht nur die Beschaffenheit sozialer, sondern auch materieller, sinnlicher, symbolischer, aber auch imaginärer und sprachlicher Räume, deren Be-, Aus- und Entgrenzungen sowie Wirkweise und Wahrnehmung" umfasst (Westphal 2015b, S. 7). Dadurch eröffnen sich weniger Fragen danach, was Räume sind oder bedeuten, als vielmehr nach der Art und Weise von Raumwahrnehmung und -erfahrung, die in vielfältiger, sinnlich-leiblich vermittelter Weise geschehen (ebd.). Menschen schaffen sich Räume und verstehen sich selbst in räumlichen Kontexten, weshalb anthropologisch gesehen, Räumlichkeit auch als das Ergebnis sozialer Beziehungen verständlich wird, die menschlichem Handeln entspringt. So gesehen wird Räumlichkeit performativ erzeugt und entsteht durch die jeweils genutzten Möglichkeiten, wie sich Menschen durch und im Raum bewegen, wie sie ihre Wahrnehmung strukturieren und wie sie sich zu anderen und anderem in ein Verhältnis setzen (vgl. Fischer-Lichte 2012, S. 58; vgl. Wulf/Zirfas 2014, S. 24). Damit rücken die Handlungen und Vollzüge in denen Wirkung und Formung durch räumliche Situationen zur Geltung kommen in den Fokus raumtheoretischer Überlegungen. Raum nicht nur als architektonisch-geometrischen zu verstehen, bedeutet für die Frage nach seinem spezifischen Bildungspotenzial, diesen unter der Perspektive eines „Handlungsraums" zu betrachten, innerhalb dessen die Praktiken der Akteure, die die räumliche Ordnungen hervorbringen, im Mittelpunkt stehen.

In der Videoinstallation „Moving Images" wird der Ausstellungsraum insofern zum Handlungsraum, als er durch die Inszenierung von Video und Stimme leiblich wirkt und die BesucherInnen zu Akteuren im Raum transformiert. Entscheidend ist, dass hier allein durch die medial vermittelten Instruktionen der MuseumsbesucherInnen ein institutionell kodiertes Raumverhalten aufgebrochen wird. Der ansonsten Verhaltensweisen und Handlungsmöglichkeiten stark normierende und einschränkende White Cube des Museums wandelt sich zu einer „(…) ‚immersiven' Situation, in der filmischen Arbeit, Ausstellungsraum und Performance miteinander verwoben werden" (Gebbers 2015, o. S.). Zwar betreten die BesucherInnen zunächst als Rezipierende den Raum, werden dann aber schnell aufgefordert, ihre gewohnte Rolle als Betrachter zu verlassen und sich als Akteure zu beteiligen. Einerseits nehmen sie die Rolle der Performenden ein und realisieren dadurch erst die eigentliche künstlerische Arbeit. Andererseits werden die performenden BesucherInnen immer wieder in die Rolle der Betrachtenden zurückversetzt und zur bewussten Wahrnehmung der Situation und Reflexion ihres eigenen Reagierens animiert. Als entscheidend für das Verständnis der sich hierbei eröffnenden Wahrnehmungs- und Handlungsmöglichkeiten erweist sich die Doppelung von Betrachter- und Performerrolle, die sich in der eigenen Person vereinen. So erhalten die BesucherInnen das Angebot immer wieder zwischen der Wahrnehmung der Repräsentation im Video und der körperlichen Präsentation der Aufführung im Ausstellungsraum hin- und herzuwechseln (vgl. Gebbers 2015, o. S.). Anders als bei traditionellen Performances agiert hier nicht mehr der Künstler vor einem Publikum, sondern er ist abwesend, dirigiert aber durch die mediale Repräsentation seiner Stimme scheinbar mühelos die BesucherInnen im Raum. In diesem Sinne sind es die BesucherInnen selbst, die mittels der medial eingespielten Video- und Tonsequenzen in einem Feld performativer Verräumlichung die Situation konstituieren. Dadurch lösen sich in der Arbeit von Falsnaes typische Dichotomien (Subjekt – Objekt, Rezipient – Kunstwerk, Performancekünstler – Zuschauer), die für das Verhältnis zwischen Mensch, Kunstwerk und Raum in gewohnten Museumssituationen bestimmend sind, einerseits durch den Aufruf zur Teilhabe an der Performance auf, werden aber andererseits durch die „Reflexionsrunden" immer wieder versucht herzustellen.

In den Mittelpunkt rückt die Frage, auf welche Weise Bedeutungen und Erkenntnisse, die sich im räumlichen Wahrnehmen und Erleben vermitteln, mit individuellem und kollektivem Sinn verknüpft werden. Nicht das Video, die Personen oder die Handlungen an sich sind hier wirksam, sondern die Atmosphäre und Stimmung, die uns in ihrem räumlichen Charakter berühren. Im Sinne des zuvor dargelegten phänomenologischen Theorieverständnisses kann daher von einer „einverleibten Bedeutung" ausgegangen werden, die sich durch die leibliche Situiertheit im Wahrnehmungs- und Handlungsprozess ereignet (vgl. Hasse 2014, S. 15). Für die Wahrnehmbarkeit derartiger Situationen kann nicht auf das erkenntnistheoretische Konstrukt einer separierten und segmentierten Sinneswahrnehmung rekurriert werden. Aufgrund ihrer Bedeutung für das Erfassen von performativen Situationen spielen Synästhesien in diesem Kontext eine entscheidende Rolle. Durch die Transformation vom Betrachtenden zum Performenden werden die BesucherInnen zu Betroffenen, die das Geschehen weniger aktiv zu rezipieren vermögen, als vielmehr synästhetisch, leib-räumlich *erfahren*. In seinem performativen Charakter entzieht sich der Strom der Ereignisse weitgehend jeder zielsicheren Wahrnehmung und Dekodierung. Insbesondere in Situationen des Plötzlichen zeige sich, so Jürgen Hasse, dass die Individuen nicht immer intelligible Akteure und nicht selbstverständlich Herr ihrer selbst sind (Hasse 2014, S. 12). Dadurch wird eine gleichsam mitnehmende Affektdynamik in Gang gesetzt, was auch bedeutet, dass diejenige Distanz aufgehoben wird, die Voraussetzung für eine kritische Reflexion ist. So erklärt sich, wieso sich die BesucherInnen in „Moving Images" der Off-Stimme unterordnen und willig deren Instruktionen ausführen.

In unserem Beispiel verhält es sich allerdings nicht ausschließlich unreflektiert, denn auch wenn die BesucherInnen in performative Handlungen verstrickt sind, werden diese doch immer wieder zwecks ‚verordneter' Reflexion unterbrochen. Auf diese Weise eröffnet sich den Teilnehmenden die Möglichkeit, sich wiederholt in eine kritische Distanz zu begeben und das Geschehen reflexiv zu betrachten. Falsnaes macht dadurch die *Vermittlung* seiner künstlerischen Arbeitsweisen selbst zum Thema seiner Arbeit. Denn ein wesentliches Element dieser Videoinstallation bildet die Inszenierung einer performativen Situation, um sinnliche Wahrnehmung direkt durch das eigene leiblich-sinnliche Handeln zu erfahren, sowie reflexiv über deren leibliche Wirkung nachzudenken. Die Off-Stimme nimmt für die raumzeitliche Organisation von Übergängen zwischen diesen Zuständen eine entscheidende Funktion ein, indem sie einerseits durch ihre wiederholte Aufforderung zum Performen die ‚immersive' Situation maßgeblich erzeugt. Andererseits greift sie vermittelnd zwischen filmischer Arbeit, Ausstellungsraum und Performance ein, indem sie die BesucherInnen immer wieder zur Selbstreflexion anleitet. Dadurch ergeben sich verschiedene Dimensionen von Wahrnehmungsmöglichkeiten des Geschehens, die zwischen dem phänomenalen Leib und dem semiotischen Körper, zwischen Phänomenalität und Zeichenhaftigkeit, zwischen leiblicher Wahrnehmungserfahrung und der Konstitution von Bedeutung oszillieren. Was im Laufe der Aktion in *Erscheinung* tritt, ist bei Beginn nicht vorhersagbar und hängt von den Handlungen und Interaktionen der BesucherInnen im Raum ab.

4 Inszenierung von Erscheinungen

Was ist aus den bisherigen Darstellungen und Überlegungen zu synästhetischer Wahrnehmung für die Erforschung und das Verständnis von grundlegenden Wahrnehmungs-, Erfahrungs- und Erkenntnisweisen im Allgemeinen, sowie von ästhetischen Bildungsprozesse im Räumlichen, speziell durch künstlerisch geschaffene Raumsituationen gewonnen?

Mit dem vorgestellten phänomenologischen Verständnis von synästhetischer Wahrnehmung wird die Annahme einer aktiven, subjektgesteuerten Aneignung und Sinnkonstruktion von Welt infrage gestellt. Wahrnehmung gehorcht vielmehr einer grundlegenden Synästhesie, die sich in einem unstrukturierten, offenen Feld unserer leiblichen Verbindung zur Welt ereignet. Primär ist Wahrnehmung kein gerichtetes, sinnesspezifisches Hervorbringen, sondern erscheint zunächst als unstrukturierte Fülle, die wir synästhetisch wahrnehmen und erst im Nachhinein in einzelsinnliche Wahrnehmungsmodi differenzieren können. Dementsprechend kann Wahrnehmung nicht mehr ausschließlich von seinen aktiven, sondern muss auch von seinen passiven Momenten her gedacht werden, die beide konstitutiv für Erkenntnisprozesse sind. Das Subjekt gerät, wie es Westphal verdeutlicht, in eine gedoppelte Position:

> „Das Subjekt ist ein aktives Selbst, sofern es Antworten hervorbringt, indem es sich leiblich-konkret auf das Andere einlässt, und es ist zugleich Teil eines Kontextes, dem es sich erfahrend überlässt und über den es nicht vollständig verfügt bzw. bestimmen kann. Das Subjekt kommt in dieser Sichtweise im Unterschied zu traditionellen Bildungstheorien gerade nicht auf sich selbst zurück (...)." (Westphal 2015a, S. 41)

Synästhetische Wahrnehmung verdeutlicht als eine elementare Wahrnehmungsform, dass Wahrnehmung immer an unsere leibliche Situiertheit gebunden und als ein Prozess zu verstehen ist, in dessen Verlauf nicht alle Wahrnehmungseindrücke auf eine Sinnbedeutung bzw. ein erfassbares Ergebnis beschränkt werden können. So eröffnet sich uns ein Horizont zukünftiger Wahrnehmungen, der einen dynamischen Prozess der Wissensgenerierung produziert. Das Subjekt gerät dadurch in eine Situation, die sich dem Anspruch des radikalen und universalen Verstehens als sperrig erweist und die Grenzen intentionaler Akte aufzeigt (vgl. Meyer-Drawe 2003, S. 512).

Bildungstheoretisch gesehen eröffnet ein phänomenologisches Synästhesie-Verständnis eine theoretische Perspektive, die auch heute noch bzw. gerade heute wieder aufgrund der veränderten Wahrnehmungsbedingungen von Relevanz ist. Denken ohne Leiblichkeit ist unmöglich und die Hinwendung zur Leiblichkeit könnte dazu dienen, aktuell diskutierte Phänomene neu und anders theoretisch zu erfassen und zu verstehen. Im Zuge digitaler und globaler Homogenisierung wie Standardisierung scheint sich die menschliche Wahrnehmung in Richtung einer Kultur des erkennenden und wiedererkennenden Wahrnehmens einzuschränken, die sich zudem auf die Ausbildung des Visuellen konzentriert. Dadurch werden nicht nur wesentliche Wahrnehmungs- und Erkenntnisdimensionen verkürzt, sondern zudem eine Zurichtung des Wahrnehmungsprozesses auf symbolische Vergegenwärtigung und die Rekonstruktion vorgefertigter Interpretationen bewirkt. Die Rückbesinnung auf unsere Sinnlichkeit und die Aufmerksamkeit für das, was *erscheint* erweist sich jedoch als wesentliche Grundlage für die Ausbildung einer kritischen Wahrnehmungs- und Erkenntnisfähigkeit. Sie bildet die Voraussetzung dafür, die Mechanismen, denen wir ausgesetzt sind, als solche zu erkennen, die Sedierungen und Somatisierungen unserer medialen Gesellschaft durchschauen zu können und dadurch die Möglichkeit einer Veränderung in die Wege zu leiten (vgl. Huber in Angerer/Huber/Neumann-Braun/Richard/Sachs-Hombach/Wetzel 2008, S. 189).

Sich des Synästhetischen unseres Wahrnehmens gewahr zu werden, hieße in pädagogischen Situationen zunächst einmal schlicht und einfach, sich seiner leiblichen Wahrnehmungsvermögen wieder zu bedienen. Folglich hätte eine zeitgemäße Ästhetische Bildung die Aufgabe, intentionale Wahrnehmungsgewohnheiten zu lösen und sich für ein *Gewahren* zu öffnen. Dies gelingt vorzugsweise in Situationen, in denen unsere gewohnten Wahrnehmungs- und Erkenntnisweisen an ihre Grenzen kommen, nicht mehr greifen und in denen wir leiblich erfahren, dass Sinnkonstitution etwas ist, was sich immer wieder neu ereignen kann. Der Kunst als Erfahrungsraum kommt hierbei eine spezifisch bildende Bedeutung zu, da sie sich fernab alltäglicher oder didaktisch-intendierter Situationen als ein Ort erweist, an und in dem Wahrnehmungsweisen erfahrbar, experimentell erprobt und reflexiv werden können. So eröffnet die zuvor besprochene Videoinstallation von Christian Falsnaes ein Experimentierfeld, innerhalb dessen medial erzeugte Machtsituationen sowohl analytisch betrachtet, aber vor allem deren Wirkungsmacht synästhetisch erfahrbar wird. Prozesse der Auseinandersetzung mit künstlerisch inszenierten Räumen eröffnen leibliche Erfahrungsräume, in denen in Erscheinung treten und aus denen gelernt werden kann, wie sich räumliche Situationen auf unsere Wahrnehmung und unser Verhalten auswirken. Die künstlerische Inszenierung performativer, medial-räumlicher Situationen ist daher für bildungstheoretische Überlegungen so relevant, weil sie verdeutlichen, dass die Künste nicht alleine Bedeutungen, Ikonografien oder Diskurse repräsentieren, sondern primär auf einer sinnlichen Ebene affektiv wirken und somit durch den Gebrauch der Sinne diese bahnen, trainieren und bilden (vgl. Perniola 2009; vgl. Schulze 2016).

Literatur

Angerer, M.-L./Huber, H. D./Neumann-Braun, K./Richard, B./Sachs-Hombach, K./Wetzel, M. (2008): Panel zu DENKEN 3000. In: Kunstforum international (190), S. 182–193.

Aristoteles (o J.): Über die Seele (Griechisch-deutsch). Herausgegeben von Horst Seidl (1995), Hamburg: F. Meiner.
Bundesministerium für Bildung und Forschung (2016): Bildungsoffensive für die digitale Wissensgesellschaft. Zugriff am 28.03.2017 unter: https://www.bmbf.de/files/Bildungsoffensive_fuer_die_digitale_Wissensgesellschaft.pdf
Crary, J. (1997): Olafur Eliasson: Visionäre Ergebnisse. In: Kunsthalle Basel (Hrsg.): Olafur Eliasson. The curious garden. Unter Mitarbeit von Olafur Eliasson. Basel: Schwabe, S. 5–13.
Emrich, H. M./Schneider, U./Zedler, M. (2004): Welche Farbe hat der Montag? Synästhesie: das Leben mit verknüpften Sinnen. (2., überarb. und aktualisierte Aufl.). Stuttgart, Leipzig: Hirzel.
Falsnaes, C. (2015): Moving Images. Zugriff am 21.02.2017 unter http://www.falsnaes.com
Fischer-Lichte, E. (2012): Performativität. Eine Einführung. Bielefeld: transcript.
Gebbers, A.-C. (2015): Christian Falsnaes. Moving Images. In: Nationalgalerie Staatliche Museen zu Berlin (Hrsg.): Preis der Nationalgalerie 2015 (Besucherinformation), 11.09.2015–17.01.2016, Hamburger Bahnhof, Museum für Gegenwart, Berlin (o. S.).
Hallmann, K. (2016): Synästhetische Strategien in der Kunstvermittlung. Dimensionen eines elementaren Wahrnehmungsphänomens. München: kopaed.
Hallmann, K. (2017): Zwischen Performanz und Resonanz. Potenziale einer Kunstvermittlung als Praxis des Erscheinens. In: P. Maset/K. Hallmann (Hrsg.): Formate der Kunstvermittlung: Kompetenz – Performanz – Resonanz. Bielefeld: transcript, S. 79–89.
Hasse, J. (2014): Was Räume mit uns machen – und wir mit ihnen. Kritische Phänomenologie des Raumes. Freiburg/München: Verlag Karl Alber.
Lanier, J. (2010): Gadget: warum die Zukunft uns noch braucht. Berlin: Suhrkamp.
Merleau-Ponty, M. (1945/2008): Phänomenologie der Wahrnehmung. Unter Mitarbeit von Rudolf Boehm. (6. Aufl. Photomechanischer Nachdruck 1974). Berlin: de Gruyter.
Mersch, D. (2001): Aisthetik und Responsivität. Zum Verhältnis von medialer und amedialer Wahrnehmung. In: E. Fischer-Lichte/C. Horn/S. Umathum/M. Warstat (Hrsg.): Wahrnehmung und Medialität. Tübingen: Francke, S. 273–300.
Meyer-Drawe, K. (2003): Lernen als Erfahrung. In: Zeitschrift für Erziehungswissenschaft 6. Jahrg. 4, S. 505–514.
Perniola, M. (2009): Über das Fühlen. Berlin: Merve.
Rebentisch, J. (2013): Theorien der Gegenwartskunst zur Einführung. Hamburg: Junius.
Schulze, H. (2016): Die Bierdusche des Klangs. Sensologiekritik bei Deichkind. Zugriff am 25.04.2017 unter: http://www.soundstudieslab.org/events/die-bierdusche-des-klangs/
Waldenfels, B. (2010): Sinne und Künste im Wechselspiel. Modi ästhetischer Erfahrung. Berlin: Suhrkamp.
Welsch, W. (1987): Aisthesis. Grundzüge und Perspektiven der Aristotelischen Sinneslehre. Stuttgart: Klett-Cotta.
Westphal, K. (2014): Phänomenologie als Forschungsstil und seine Bedeutung für die kulturelle und ästhetische Bildung. Zugriff am 12.03.2015 unter: https://www.kubi-online.de/artikel/phaenomenologie-forschungsstil-seine-bedeutung-kulturelle-aesthetische-bildung
Westphal, K. (2015a): Wirkweise des Ästhetischen – Ein Versuch, das Unbestimmte zu bestimmen: am Beispiel des Performancekollektives ‚Showcase Beat Le Mot mit Animal Farm/Farm der Tiere'. In: B. Engel/K. Böhme (Hrsg.), Didaktische Logiken des Unbestimmten. Immanente Qualitäten in erfahrungsoffenen Bildungsprozessen (S. 36-57). München: kopaed.
Westphal, K. (2015b): Einleitung. In: K. Westphal/M. Brinkmann (Hrsg.), Phänomenologie und Anthropologie pädagogischer Räume. Weinheim und Basel: Beltz Juventa, S. 7–16.
Wulf, Ch./Zirfas, J. (2014): Homo educandus. Eine Einleitung in die Pädagogische Anthropologie. In: Ch. Wulf/J. Zirfas (Hrsg.): Handbuch Pädagogische Anthropologie. Wiesbaden: Springer VS, S. 9–26.
Wulf, Ch./Zirfas, J. (2007): Performative Pädagogik und performative Bildungstheorien. Ein neuer Fokus erziehungswissenschaftlicher Forschung. In: Ch. Wulf/J. Zirfas (Hrsg.): Pädagogik des Performativen. Theorien, Methoden, Perspektiven. Weinheim und Basel: Beltz, S. 7–40.

Abbildungsnachweis

Abbildung 1: Christian Falsnaes, Moving Images; Installation views, Hamburger Bahnhof – Museum für Gegenwart, Berlin (2015), Photo by: David von Becker, Courtesy PSM Gallery and the artist.

Kinderspiele in performativen Settings

Ilona Sauer

„Kinderöffentlichkeit beginnt mit der Freisetzung körperlicher Bewegungen und der Überwindung gewohnter Raumaufteilungen." (Oskar Negt 1978)

Kommen Sie zu mir. Sprechen Sie mit mir. Ich lade Sie ein, Ihre Stimme hörbar zu machen. Kommen Sie zu mir – in den leeren Laden Hauptstraße 41. Erzählen Sie bitte gerne: Was ist Ihre Vorstellung von Ihrer Stadt? Was soll mit mir passieren? Wem gehöre ich? Wem gehört die Stadt? Kommen Sie in LIGNAs „Wirtshaus im Spessart". (LIGNA 2016)

Bad Orb, eine Kurstadt am Rande des Spessarts mit schwindenden BesucherInnenzahlen, eine Gemeinde mit dem höchsten Durchschnittsalter Hessens, eine Kommune, in der auch wohlhabendere Zugezogene leben und viele PendlerInnen täglich nach Frankfurt fahren, eine Kommune im Umbruch. 2016 eröffnete das Performancekollektiv LIGNA dort temporär in einem der zahlreichen Leerstände das „Wirtshaus im Spessart" als Wirtshaus, Kommunikations- und Veranstaltungsraum und für Kinder als Räuberhöhle.

Abb. 1: Wirtshaus im Spessart

Durch die Adressierung der Kinder als RäuberInnen und GendarmInnen wurde der Leerstand zu einer Räuberhöhle und Teil der temporären Residenz „Wirtshaus im Spessart". Auf diese Weise entwickelt die „szenische Kunst der Versammlung eine neue Virtuosität der Adressierung", indem sie dem Versprechen nachgeht, „durch neue Arten der Ansprache neue Öffentlichkeiten auf Probe ins Leben [zu] rufen" (Peters 2013, S. 163).

> Das Fundament des öffentlichen Raums ist sein Boden, auf dem sich die Menschen treffen. (LIGNA 2016)

Das „Wirtshaus im Spessart" eröffnete einer Gruppe von Orber Kindern einen Spielraum inmitten des kleinstädtischen Stadtraums. Spielräume ergeben sich, so Natascha Adamowsky, „wenn man Spielen wesentlich als Praktiken des Körpers versteht" (Adamowsky 2005, S. 43). Ein Kinderspiel, das Körperpraktiken in den Mittelpunkt stellt, ist das „Räuber-und-Gendarm-Spiel", das die Medienkünstler Ole Frahm, Torsten Michaelsen und Michael Hüners für ihre performative Arbeit mit Kindern im Grundschulalter auswählten. Dieses Spiel war konstituierend für ihr Räuberprojekt. Im Spiel, so die These von Christoph Wulf, wird der Körper in zweifacher Hinsicht wahrgenommen.

> „Einerseits gibt es den individuellen Körper des Menschen, der in eine Spielwelt eintritt; andererseits legt sich über diesen Körper derjenige, den die Rolle, des Spiels vorschreibt […]. In dieser Verdopplung entsteht ein Spiel-Körper, der sich nach den Regeln und Kriterien des jeweiligen Spiels bewegt, ohne dadurch in seinem Handeln wesentlich eingeschränkt zu sein." (Wulf 2005, S. 16)

Im Spiel vollziehen die Kinder Handlungen und nutzen dabei Gesten, von denen sie glauben, dass sie eine/einen RäuberIn kennzeichnen. Dabei spielen nicht nur die Kinder das Spiel, sondern gleichermaßen „spielt das Spiel die Kinder" (Guss nach Wenzel 2006, S. 103).

Die ästhetischen Erfahrungen, die in diesen Prozessen angestoßen werden, sind nach Kristin Westphal nicht nur im Sinne der aktiven Weltaneignung zu verstehen, vielmehr tritt der Aspekt des Geschehens, das auf den Handelnden einwirkt, hinzu.

> „Der Blick richtet sich auf das Individuum im Theater als Teil einer Gemeinschaft auf Zeit, das unter den gegebenen Verhältnissen als Rezipient und Produzent von Sinnstiftungen handelt, wie auch auf das Geschehen, das auf die Individuen einwirkt. Im Mittelpunkt solcher Überlegungen steht das Subjekt in seiner Dezentrierung und Verschränkung mit Welt zwischen Eigenem und Fremden in der Auseinandersetzung mit kultureller Praxis weniger in ihrer vertrauten als in ihrer fremden Wirksamkeit." (Westphal 2014, S. 127)

Die „Rotte", die Kindergruppe, das Kollektiv, ein inzwischen im öffentlichen Raum selten gewordener Anblick, erobert die Turnhalle, überquert den Schulhof, rennt durch die Gassen und die Fußgängerzone, verständigt sich mit Sendern und Empfängern, durchstreift das Kurparkgelände und hinterlässt Zeichen: Räuberzeichen und Spuren. Die VerfolgerInnen, die „GendarmInnen", machen sich auf den Weg, suchen und fangen schließlich die RäuberInnen an einem geheimen Ort. Dabei „umschafft" die Kindergruppe das Gelände. Sie stellt nahezu beiläufig während des Spiels Ordnungen und Regeln infrage und stellt zugleich neue Ordnungen her, indem sie die Wege der Erwachsenen durchkreuzt und in die von ihnen gesetzten Raumordnungen interveniert. Bereits in den 1930er-Jahren beschrieb Martha Muchow den Lebensraum als Wechselwirkung von Menschen, Räumen und Aneignungsformen und den Lebensraum der Kinder als einen, in dem das Kind „lebt", den es „erlebt" und „umlebt" (*spacing*) und ihn dadurch verändert (vgl. Mey 2013, S. 22–39).[1] Wie nutzen Kinder Plätze, Einkaufsmalls und Fußgängerzonen und verwandeln sie in Abenteuerspielplätze?

Abb. 2: Mit akustischen Medien durch die Stadt

In der heutigen Zeit, in der Kindheit wesentlich in segmentierten und vordefinierten Spezialräumen wie Schule und Hort organisiert ist, sprechen die SozialforscherInnen von einem verinselten Lebensraum, der Zerstückelung des sozialen Raums und entsprechend von einer Zerstückelung der sozialen Beziehung (vgl. Röll 2013, S. 52).

Die Kommunikation der Kinder untereinander findet hingegen durch digitalisierte Medien statt, welche die Lebenswelten und Wahrnehmungsmuster der Kinder entscheidend mitstrukturieren. „Es gibt heute keine von Medien unbeeinflusste Lebenswelterfahrung, vielmehr sind die Wirklichkeitswahrnehmungen von Jugendlichen heute als Hyperrealitäten zu verstehen" (Röll 2013, S. 53). LIGNAs Räuberprojekt nimmt diese medialen Kindheiten zum Ausgangspunkt und verbindet die Inszenierung von Hörräumen mit dem Kinderspiel.

Die Interventionen der Kinder greifen in gesetzte Raumordnungen der Kleinstadt ein, definieren den öffentlichen Raum in einen von ihnen gestalteten um und schaffen auf diese Weise Möglichkeitsräume für andere Öffentlichkeiten. Das Räuber-und-Gendarm-Spiel gibt diesen Interventionen die Rahmung.

---

1 Die Forschungen Muchows lassen sich auch als eine sozial- und entwicklungsgeschichtliche Studie zum Kinderspiel lesen. Darauf verweist Günter Mey (2013, S. 33) unter Bezugnahme auf Zinnecker (1978) in seinem Ausblick.

> „[…] ein Raum des Offenen und der Möglichkeiten der Entgrenzungen und Entdifferenzierungen entsteht. In der Dekonstruktion werden keine Abbildungen der Wirklichkeit, sondern unterschiedliche Lesarten geschaffen, bei denen der Anspruch erhoben wird, alles ernst zu nehmen und somit in einem rhizomatischen Spiel einen neuen Text zu erzeugen." (Forster/Zirfas 2005, S. 9)

Zugleich enthalten Spiele wie das Räuber-und-Gendarm-Spiel auch Gebrauchsanweisungen, die eingehalten werden müssen und die bestimmte körperliche Vollzüge wie Rennen, Schleichen, Verstecken oder auch das Einhalten von Richtungen erfordern. In dieser Hinsicht sind Spiele auch als Dispositive der Macht zu verstehen. Doch sind ihre Raum-Strukturen und Form-Reservoirs nicht ohne den Spieler zu betrachten (vgl. Adamowsky 2005, S. 43).

> Ein paar Schritte gehen. Die Füße nur auf die Fugen der Fliesen setzen. Anhalten.
> (LIGNA 2011)

Die Praktik des Gehens ist auch im Räuber-und-Gendarm-Spiel zentral. Wie bewege ich mich durch den Raum, schleiche ich, renne ich, gehe ich gemütlich voran, habe ich es eilig? Wie bewege ich mich als GendarmIn? Wie setze ich meine Füße auf den Asphalt? Wie bewege ich mich in der Fußgängerzone, wie in der kleinen Gasse? Wie verändert sich die Gasse durch meine Schritte und wie durch die Zeichen, die ich hinterlasse? Was macht die Straße mit mir?

Erika Fischer-Lichte beschreibt „Körperlichkeit, Räumlichkeit, Lautlichkeit und Zeitlichkeit" als „Grundkomponenten performativer Ästhetik" (Fischer-Lichte 2004 nach Fischer 2011, S. 19). Das Gehen selbst wird zu einer autonomen künstlerischen Handlung und zu einer zentralen künstlerischen Praktik im Spannungsfeld von Theater, Tanz und Performance. Im Zeitalter der Beschleunigung rückt die Praktik des Gehens als eine Form, mit der Welt und damit zugleich mit sich selbst in Beziehung zu treten, ins Zentrum. Dies fällt zusammen mit einem veränderten Verständnis von Raum, das diesen als einen begreift, der durch Handlungen, Bewegungen und Interaktionen erst konstituiert wird (vgl. Fischer 2011, S. 123).

Abb. 3: Gehen

Die neuere Geschichte des Gehens hat für Patrick Primavesi kaum mehr etwas mit Rollenspiel und dramatischer Handlung zu tun, vielmehr wird „jene elementare Körpertechnik nicht als untergeordnetes Element verwendet, sondern in den Status einer autonomen künstlerisch-performativen Handlung gehoben" (Primavesi 2006 nach Fischer 2011, S. 18). Dies gilt auch für die Arbeiten der Künstlergruppe LIGNA. Die Arbeit mit den Kindern im öffentlichen Raum ist insofern auch in diesem kontextuellen Zusammenhang zu betrachten.

Öffentlich ist immer das Unerwartete. (LIGNA 2011)

Beim Räuber-und-Gendarm-Spiel spielt das Hinterlassen von Zeichen, seien sie zeichnerischer oder akustischer Natur, eine wesentliche Rolle. Durch das Verstecken an einem für die GendarmInnen unbekannten Ort wird dieser zugleich mit Bedeutung aufgeladen. Die RäuberInnen warten in ihrem Versteck auf die VerfolgerInnen, es entsteht eine Pause, voll Anspannung und Erwartung, bevor die GendarmInnen in die Stille, die Unterbrechung, hineinplatzen. Sind die RäuberInnen gefangen, treten die AkteurInnen aus den angenommenen Rollen heraus, kommentieren den Spielprozess, immer schon mit Blick auf die nächste Runde und den Augenblick der Überraschung, um dann von Neuem zu beginnen. Sie spielen erzählend und erzählen spielend, zugleich brechen sie die Spielhandlung ab, treten aus ihr heraus und kommentieren beiläufig das Gespielte und was sie demnächst spielen werden. Dabei reflektieren und untersuchen sie zugleich das Gespielte im Spiel. Kommentar, Unterbrechung und Distanznahme verweisen hier auf das epische Theater Brechts.

Brecht beobachtete sorgfältig das Spiel der Kinder, und diese Beobachtungen flossen in seine Theorie des epischen Theaters ein (vgl. Hoffmann 2006, S. 249–254). Ihn interessierte am Spiel der Kinder insbesondere das Beobachten, das Zeigen als „epischer Gestus", und ihr Spielen aus der Erinnerung.

Für Brecht hat das Theaterspielen immer auch eine soziale Funktion. „Das Kind erfährt, lange bevor es mit Argumenten versehen wird, auf ganz theatralische Art, wie es sich zu verhalten hat" (Brecht 1978, S. 179). In seiner Lehrstückpraxis, die er als „Entwürfe einer nicht bevormundenden Praxis der Übung des Durchspielens eigener und fremder Erfahrungen in Laborsituationen zur Überprüfung von Handlungen und Gesten" (Primavesi 2014, S. 22) verstanden wissen will, bezieht er auch Laien ein. Gerade die Lehrstückpraxis zielt auch auf eine kollektive experimentierende künstlerische Praxis sowie flüchtige Versammlungen. Kinderspiele wie das Räuber-und-Gendarm-Spiel verbinden Spielformen der Kinder mit einem forschenden künstlerischen Impuls und können auch in diesen Zusammenhang gestellt werden.

Kinderspiele aus dem pädagogischen Kontext herauszulösen und sie aus ästhetischer Perspektive zu beleuchten, ist relativ neu (vgl. Wenzel 2006, S. 94–

153).² Betrachtet man sie aus dieser Perspektive, wird sichtbar, dass sich die Spiele mit künstlerischen Gestaltungsprinzipen auseinandersetzen und Keime theatraler Formen und Dramaturgien enthalten. Dabei sind die Pause, Leerstelle, Wiederholung, aber auch chorische Formen wesentliche Elemente vieler Kinderspiele. Diese Formen finden sich auch in den alltäglichen Spielformen der Kinder.³ Die Spielprozesse der Kinder sind durch offene und bedeutungssuchende Prozesse gekennzeichnet. Die Kinder wechseln ständig zwischen der Rolle des Regisseurs, Spielers, Zuschauers und der Rolle des Kritikers und bestimmen dabei stets reflexiv ihren Standpunkt neu. Dies sind bekanntlich auch Merkmale des zeitgenössischen Theaters und der Performance.

> „Somit sind es die ironisch-brüchigen Montageformen des postmodernen Theaters mit seinen Rhythmisierungen, mit Simultanität, Wiederholung, Überzeichnung, Parodie und Selbstreferenz (Lehmann 1999), die den Spielformen der Kinder ähneln." (Wenzel 2006, S. 106)

Jedes gespielte Spiel ist einzigartig und in jeder Wiederholung neu, hierin gleichen Kinderspiele dem Theater. Walter Benjamin stellt das Spiel der Kinder in den Kontext der Erfahrungsverarbeitung.

> „Das Kind schafft sich die ganze Sache von neuem, fängt noch einmal von vorn an. Vielleicht ist hier die tiefste Wurzel für den Doppelsinn im deutschen ‚Spielen': Dasselbe wiederholen wäre das eigentlich Gemeinsame. Nicht ein ‚So-tun-als-ob', ein ‚Immer-wieder-tun', Verwandlung der erschütterndsten Erfahrung in Gewohnheit, das ist das Wesen des Spielens." (Benjamin nach Pinkert in Taube 2007, S. 250)

Ute Pinkert verweist in ihrem Beitrag „Alles schon da gewesen?" auf die Bedeutung dieses von Benjamin formulierten Spielbegriffs für die zeitgenössischen Performances und bezieht sich auf Andrew Quick: „Spielen [ist] ein wichtiger Bestandteil von Wiederholung und immer bereit, die Welt der Gewohnheit zusammenstürzen zu lassen" (Quick 2004 nach Pinkert 2007, S. 251).

---

2   Hierauf verweist Karola Wenzel in ihrer Dissertation „Arena des Anderen". Diese basiert unter anderem auf den Untersuchungen von Faith Guss, die die Spielformen der Kinder beobachtete und untersuchte.
3   Bei allen Gemeinsamkeiten gilt es dennoch den Unterschied zwischen kindlichem und theatralem Spiel festzuhalten. Hierauf verweist Kristin Westphal: „Das theatrale Spiel zeichnet sich im Unterschied zum kindlichen Spiel im Sandkasten dahingehend aus, dass wir es mit einer absichtsvoll eingeleiteten und ausgeführten Inszenierung als verkörperte Form der Erfahrung und Kognition zu tun haben und nicht wie beim kindlichen Spiel in der Präsentation einer erlebten Gegenwärtigkeit" (Westphal 2005, S. 106).

Abb. 4: Das leere Haus

> Jedes leere Haus ist ein Versprechen.
> Sprecher: Ich bin eine Höhle.
> Ich bin ein Wolkenkratzer.
> Ich bin ein Baum.
> Ich bin ein Jugendzentrum.
> Ich bin ein Tanzlokal.
> Ich bin eine Wiese.
> Ich bin ein Palast.
> Ich bin eine Räuberhöhle.
> Ich bin ein Haus. Ich stehe da, ich bin leer. Ohne Menschen. Das ist schade. Ja, und das wars. (LIGNA 2016)

Der Parcours der Bad Orber Kinder endete immer im Leerstand in der Hauptstraße, in ihrer Räuberhöhle, ihrem Versammlungsort. Dort stärkten sich die RäuberInnen an der Bar bei Wasser, Saft und Brot, kartografierten ihre Wege, stöberten in Büchern und Fotomaterial zu den Spessart-RäuberInnen. Der kulturelle Charakter der Kinderspiele transportiert auch Geschlechterrollen: Räuber und Gendarmen sind eindeutig männlich konnotiert.

Angeklebte Bärte als Zeichen der Bande und das vorgefundene Bildmaterial führten zu Gesprächen der Mädchen über die Geschlechterrollen: Wie sahen die Räuberinnen aus? Haben sie sich immer als Männer verkleidet? Oder waren auch Raubzüge in Frauenkleidern möglich? Gab es Räuberfrauen, die den Ton angaben? Oder waren sie gar gleichberechtigt?

Zu jedem „Walk" verfertigten die Kinder Zeichnungen und Tonspuren und erschufen so eine Topografie des Ortes.[4] Den Stadtplan und die akustischen

---

4 Für die erste Tonspur beschrieb ein hinter einer Tür versteckter Räuber Orte des Walks. Die zweite Tonspur enthielt Handlungsanweisungen, die über Lautsprecher auf die Stra-

Bilder konnten sich die BesucherInnen bei Projektabschluss über Kopfhörer oder Lautsprecher anhören. Gesendet wurde die Soundcollage vom Wirtshaus auf die Straße; wer nicht reinkommen wollte, konnte das Geschehen von draußen und durchs Schaufenster verfolgen. Auf diese Weise wurden für die PassantInnen Hör- und Schauräume initiiert, die sich vom gewohnten Einkaufsbummel in der Fußgängerzone abhoben.

Abb. 5: Adressierung

Das Radio stellt bei LIGNA den Rahmen her, in dem die Teilnehmenden den Raum, sein Regime und dessen Auswirkungen auf den eigenen Körper untersuchen können. Radio wird verstanden als „Verräumlichung der Stimme", die in den Alltag eingreift und sich auf der Straße mit vielen anderen Geräuschen vermischt (vgl. Frahm 2013, S. 144 ff.).

Abb. 6: Verräumlichung der Stimme

ße gesendet und von den PassantInnen erfüllt werden mussten. Die dritte Tonspur präsentierte gesammelte Räubergeschichten der Kinder.

Probiert eine Geste aus. Ihr werdet sie noch brauchen. (LIGNA 2011)

Akustische Medien waren in unterschiedlichster Weise Bestandteil des Räuberprojektes und des Wirtshauses im Spessart. Individuelle Hörwahrnehmung und kollektive Handlung greifen ebenso ineinander wie künstlerische Virtuosität, technische Apparatur und Körperlichkeit. In einigen Walks verständigten sich die RäuberInnen und die GendarmInnen mit Sendern und Empfängern. In einem weiteren Projektteil erhielten die Kinder – adressiert als Reisende, die mit einer Postkutsche den Spessart durchqueren, und als SpessarträuberInnen – Regieanweisungen per Kopfhörer, die Handlungen initiierten.

> „Die Materialisierung der Radiostimme in den Körpern der HörerInnen, die jeweils die vorgeschlagene Geste ausführten, machte ihre Unheimlichkeit sichtbar, nicht mehr nur als mediales Moment, sondern als Veränderung des Raums." (Frahm 2013, S. 152)

Abb. 7: Tanz aller

Auch während der Spaziergänge durch die Gassen Bad Orbs, bei denen BewohnerInnen – Kinder und Erwachsene – eingeladen waren, verschiedene Arten des Gehens auszuprobieren, erhielten die Teilnehmenden die Spielanweisungen über Kopfhörer. Teilnehmende und PassantInnen wurden bei dieser Expedition im Stadtraum zu AkteurInnen, die sich die Straße teilten und deren Atmosphäre veränderten. „Niemand geht allein und so geraten auch die anderen, die gleichzeitig das Pflaster treten, in das Spiel, werden Zuschauer und Akteure zugleich" (LIGNA.org 2013).

Wechselspiele zwischen Hören, Handeln und Schauen gestaltete LIGNA auch in einer Version der Performance „Tanz aller" für Kinder, in der sie Elemente der Bewegungschöre der 1920er-Jahre erkundeten. Hier machten ebenfalls einfache Handlungsanweisungen theatrale Gesten in der Nachahmung erfahrbar.

> „In der Geste erfährt der Mensch seine eigene körperliche Medialität: In ihr wird der Körper bedeutsam, sie ist intelligibel und doch unwillkürlich. Dieser Fremdheit kann er sich zu keinem Zeitpunkt entziehen. Ein Mensch kann zwar aufhören zu sprechen, aber er kann nicht aufhören mit seinem Körper zu kommunizieren." (LIGNA 2008, o.S.)

Mit „Tanz aller" für Kinder erprobte LIGNA ein Format des Theaters mit Kindern, das Kinder nicht in die Rolle des Kinderpublikums verweist, sondern sie als AkteurInnen aktiv zum Teil einer Aufführung macht und die Trennung von SpielerInnen und ZuschauerInnen aufhebt. LIGNA sendet an alle, eben auch an Kinder.

Um das „unsichtbare" Bad Orb zu entdecken, wurde in einem Projektteil für ältere Kinder virtuelle Realität mit der tatsächlichen Umgebung kombiniert. Hier konnten die Kinder und Jugendlichen auf Räuberjagd gehen und mit Smartphone und Stadtplan Orte ausfindig machen. Diese „Virtual-Reality-Arbeit" hauchte unscheinbaren Objekten des Stadtraums Leben ein und ließ sie sprechen.

> „Die Arbeit basierte auf der App Aurasma, die einfach und umsonst auf jedem Smartphone installiert werden kann. Die App ermöglicht es, kurze Filme ‚über' ein Objekt aus dem Stadtraum zu legen. Wird dieses Objekt nun mit der Kamera des Handys abgefilmt, erscheint auf dem Bildschirm des Gerätes ein Film – die Kamera wird so zum Fenster in eine verborgene, für das bloße Auge unsichtbare Welt."
> (LIGNA 2016, o.S.)

Räubergeschichten stellen die Frage nach Glück und Gerechtigkeit (LIGNA 2016)

Als „Archive kulturellen Wissens" (Adamowsky 2005, S. 44) verweisen Spiele ebenso wie die Geste auf gesellschaftliche Ordnungen und Verfasstheiten. „In Spielhandlungen zeigt sich die Art und Weise, wie sich die Gesellschaft organisiert, Entscheidungen trifft, wie sie ihre Hierarchien konstruiert, Macht verteilt, wie sie Denken strukturiert." (Gebauer/Wulf 1998, S. 192)

Die Räuber-und-Gendarm-Spiele wie auch die Beschäftigung mit den SpessarträuberInnen stellen die Frage nach den Eigentumsverhältnissen und der Rechtsordnung. Das Wirtshaus als Treff- und Versammlungsort wird in den Überlieferungen zu einem von Mythen umwobenen Ort für das fahrende Volk und für Personen, die sich der Rechtsordnung entziehen. Das Wirtshaus gehörte zu dem verbrecherischen Untergrund. Das Wirtshaus war der Ort, an dem die RäuberInnen die Überschreitungen der Rechtsordnung planten, wo sie aber auch verraten und gefasst werden konnten.

„Die mythische Ambivalenz, von der die Figur des Räubers umgeben wird, ist Ausdruck ihrer ambivalenten Position, dies gilt vor allem für Räuber wie Peter von Orb, der als eine Art Robin Hood des Dreißigjährigen Krieges mythisiert ist und die Wälder um den heutigen Kurort unsicher gemacht haben soll." (LIGNA 2016, o.S.)

Abb. 8: Der Leerstand spricht

Der Leerstand spricht. (LIGNA 2016)

In Bad Orb wurden Rechtsordnung und Eigentumsverhältnisse anhand der zahlreichen Leerstände verhandelt. In der Performance „Der Leerstand spricht" etablierte LIGNA in der Fußgängerzone einen akustischen Raum, indem sie vor allen leerstehenden Häusern und Geschäften Radios positionierten, die als „Häuser" sprachen. Im ersten Durchgang wurden von den PassantInnen, Kindern wie Erwachsenen, Vorschläge eingesammelt, was mit den Leerständen geschehen solle. Beim zweiten Durchgang kam es zum Konflikt. Das Aufstellen der Radios an den Leerständen wurde von der Polizei wegen Schädigung des Eigentums verboten. Die Radios durften nun nicht mehr in Türeingänge oder vor Fenster gestellt, sondern mussten auf der Straße mit kleinem Sicherheitsabstand zu den Leerständen postiert werden. Die Leerstände sprachen dennoch:

Junge: Ich bin ein Haus. Ich steh da, ich bin leer. Ohne Menschen. Das ist schade. Ja, und das wars.
Junge: Also ich stehe gerade vor diesem Haus, da könnten jetzt wie ein kleines Hotel, da könnten Leute einziehen und da wohnen, die keine Häuser mehr haben. Die können das neu anstreichen, alle Sachen neu machen und so – und dann können sie sich einen neuen Arbeitsjob suchen. Also die armen Leute haben ja nichts mehr, die vom Krieg geflüchtet sind, also wäre gut, wenn wir auch für sie spenden und Sachen hergeben.
Junge: Eine Soccerhalle, da kann man drin Fußballspielen, das ist geil, da ist Kunstrasen, da gibt's zwei Tore und da mietet man das für zwei Stunden oder sechs Stunden.

Junge: Kinder können ein Haus bauen, wo alle Kinder rein können, auch Flüchtlingskinder und Erwachsene und Bettler und dann noch Kinder, die krank sind, können von Erwachsenen gepflegt werden und sich ausruhen, und die Erwachsenen können den Kindern was zu essen geben.

Die Kinder wandten sich gegen eine Politik des Ausschlusses und positionierten sich mit ihren Wünschen für eine Nutzung der Leerstände in Orb. Die Spiele der Kinder und die performativen Setzungen von LIGNA verbinden sich hier zu einer Intervention im öffentlichen Raum mit allen sozialen und politischen Implikationen.

Das Räuber-und-Gendarm-Spiel, mit dem das Projekt startete, war als Intervention angelegt und nutzte den Stadtraum in einer Art und Weise, wie dies in den offiziellen Selbstdarstellungen und Vermarktungen öffentlicher Räume gar nicht vorkommt. Schauplätze des öffentlichen Lebens konnten durch LIGNAs Interventionen neu entdeckt und besetzt werden.

Vieles spricht daher dafür, Kinder als Mitforschende auch in die kommunalen Entwicklungsprozesse – z. B. die Entwicklung des Leitbildes – einzubeziehen, ihre von der Erwachsenensicht unterschiedene Sichtweise aufzugreifen und ihrem „Eigensinn" Raum zu geben. Interventionen im öffentlichen Raum, wie sie LIGNA in Bad Orb initiiert hat, stellten im „Wirtshaus im Spessart" Räume Kultureller Bildung inmitten ihrer künstlerischen Arbeit bereit.

Literatur

Adamowsky, N. (2005): Spielen und Erkennen – Spiele als Archive. In: J. Bilstein/M. Winzen/Ch. Wulf (Hrsg.): Anthropologie und Pädagogik des Spiels. Weinheim/Basel: Beltz, S. 37–53.

Brecht, B. (1978): Lehrstücke. In: Ch. Hoffmann (Hrsg.): spiel.raum.theater. Aufsätze, Reden und Anmerkungen zum Theater für junge Zuschauer und zur Kunst des Darstellenden Spiels (S. 315-319). Frankfurt am Main: Peter Lang.

Fischer, R. (2011): Walking Artists. Über die Entdeckung des Gehens in den performativen Künsten. Bielefeld: transcript.

Forster, E./Zirfas, J. (2005): Einleitung. In: J. Bilstein/M. Winzen/Ch. Wulf (Hrsg.): Anthropologie und Pädagogik des Spiels. Weinheim und Basel: Beltz, S. 7–15.

Frahm, O. (2013): Das Ende der Autonomie. LIGNA 1995–2002. In: S. Peters (Hrsg.): Das Forschen aller. Artistic Research als Wissensproduktion zwischen Kunst, Wissenschaft und Gesellschaft. Bielefeld: transcript, S. 141–155.

Gebauer, G./Wulf, Ch. (1998): Spiel, Ritual, Geste. Mimetisches Handeln in der sozialen Welt. Reinbek: Rowohlt.

Hoffmann, Ch. (2006): spiel.raum.theater. Aufsätze, Reden und Anmerkungen zum Theater für junge Zuschauer und zur Kunst des Darstellenden Spiels. Frankfurt am Main: Peter Lang.

Hoffmann, Ch. (2006): Warum das narrative, insbesondere das epische Theater, das den Kindern gemäße ist. In: Ch. Hoffmann (Hrsg.): spiel.raum.theater. Aufsätze, Reden und Anmerkungen zum Theater für junge Zuschauer und zur Kunst des Darstellenden Spiels. Frankfurt am Main: Peter Lang, S. 249–254.

LIGNA (2008): Wem gehört die Geste? In: T. Bara/A. d'Urbano (Hrsg.): Eine Frage (nach) der Geste/A Question(ing) of Gesture. Ein Projekt von Tina Bara und Alba D'Urbano in der Oper Leipzig (o.S.). Salzburg: HGB Leipzig.

LIGNA (2011): LIGNA. An alle! Radio, Theater, Stadt. Leipzig: Spector Books.
LIGNA (2013). Projekt „Walking the City". Zugriff am 15.05.2017 unter http://www.ligna.org/2013/10/walking-the-city/
LIGNA (2016). FLUX-Projektdokumentation „Wirtshaus im Spessart". Zugriff am 01.04.2017 unter https://theaterundschule.net/fileadmin/Dateien/Residenzen/LIGNAs_Wirtshaus_Dokumentation.pdf
Mey, G. (2013): „Der Lebensraum des Großstadtkindes". Eine Pionierarbeit zu Forschung von kindlichen Lebenswelten. In: K. Westphal/B. Jörissen (Hrsg.): Vom Straßenkind zum Medienkind. Raum- und Medienforschung im 21. Jahrhundert. Weinheim und Basel: Beltz, S. 22–39.
Negt, O. (2008): Vorwort. In: Ch. Hoffmann (Hrsg.): Gedacht – Gemacht. Programmschriften und Standpunkte zum deutschen Kinder- und Jugendtheater von 1922–2008. Frankfurt am Main: Kinder- und Jugendtheaterzentrum in der Bundesrepublik Deutschland, S. 4.
Peters, S. (2013): The art of being many. Zur Entwicklung einer Kunst der Versammlung im Theater der Gegenwart. In: S. Peters (Hrsg.): Das Forschen aller. Artistic Research als Wissensproduktion zwischen Kunst, Wissenschaft und Gesellschaft. Bielefeld: transcript, S. 155–173.
Pinkert, U. (2007): Alles schon da gewesen? Überlegungen zu einer Ästhetik des Performativen unter theaterpädagogischer Perspektive. In: G. Taube (Hrsg.): Kinder spielen Theater. Methoden, Spielweisen und Strukturmodelle des Theaters mit Kindern. Uckerland OT Milow: Schibri, S. 240–258.
Primavesi, P. (2014): Stop teaching! Theater als Laboratorium (a)sozialer Phantasie. In: P. Primavesi/J. Deck (Hrsg.): Stop Teaching! Neue Theaterformen mit Kindern und Jugendlichen. Bielefeld: transcript, S. 15–46.
Röll, F. J. (2013): Kinder und Jugendliche im Spannungsfeld zwischen realen und virtuellen Lebenswelten. In: K. Westphal/B. Jörissen (Hrsg.): Vom Straßenkind zum Medienkind. Raum- und Medienforschung im 21. Jahrhundert. Weinheim und Basel: Beltz, S. 49–74.
Wenzel, K. (2006): Arena des Anderen. Zur Philosophie des Kindertheaters (Lingener Beiträge zur Theaterpädagogik, Bd. 5). Uckerland OT Milow: Schibri.
Westphal, K. (2014): Fremdes in Bildung und Theater/Kunst. In: P. Primavesi/J. Deck (Hrsg.): Stop Teaching! Neue Theaterformen mit Kindern und Jugendlichen. Bielefeld: transcript, S. 125–139.
Westphal, K. (2005): Möglichkeitsräume im theatralen Spiel und ihre Bedeutung für Sinnstiftungsprozesse. In: J. Bilstein/M. Winzen/Ch. Wulf (Hrsg.): Anthropologie und Pädagogik des Spiels. Weinheim und Basel: Beltz, S. 103–123.
Wulf, Ch. (2005): Spiel. Mimesis und Imagination, Gesellschaft und Performativität. In: J. Bilstein/M. Winzen/Ch. Wulf (Hrsg.): Anthropologie und Pädagogik des Spiels. Weinheim und Basel: Beltz, S. 15–23.

Ablösung durch die Kontrollgesellschaften

Gouvernementale Techniken in Pädagogik und Theaterarbeit

Georg Ehrhardt

Bildung vollzieht sich in Räumen, die es durch „räumen" zu schaffen und die es immer wieder „umzuräumen" gilt. Verändert sich jedoch die Ordnung, der Bildungsräume unterliegen, verändert sich auch die Ordnung, in der wir uns als Subjekte der Bildung entwerfen müssen. „Räumen" und „Umräumen" haben damit nicht nur Auswirkungen auf das Verständnis vom Bildungsraum, sondern auch auf unser Selbstverständnis als gebildete Subjekte.

Mit den Bildungsreformen, die PISA und OECD-Berichterstattungen nach sich zogen, haben sich institutionalisierte Bildungsräume nachhaltig verändert. In den hieran anschließenden Diskussionen in der Bildungswissenschaft wurde die Frage danach, wie sich hierdurch das Verhältnis von pädagogischem Denken und politischen Dimensionen des menschlichen Zusammenlebens verändert hat, bisher wenig entfaltet. Zu diesem Zweck wird zunehmend der bereits 1990 erschienene Text „Postskriptum an die Kontrollgesellschaft" von Gilles Deleuze fruchtbar gemacht, wie sich an den ausführlichen Arbeiten Olaf Sanders und den bereits frühen Rezeptionen von Ludwig A. Pongratz belegen lässt. Im Zentrum der „Nachschrift" von Deleuze steht die Einsicht, dass die großen Einschließungsmilieus, die noch die Foucault'schen Disziplinargesellschaften charakterisierten, bereits seit geraumer Zeit in einer Krise stecken, was dazu geführt hat, dass zunehmend „neue" Führungstechniken, sogenannte gouvernementale Praktiken zum Einsatz kommen, um weiterhin ihre Produktivität zu garantieren. Mit dieser These setzt Deleuze an die Arbeiten des „späten" Foucault an, der diese Entwicklung, so Deleuze in „Kontrolle und Werden", bereits vor dem Hintergrund seinerzeit stattfindender soziopolitischer und ökonomischer Transformationen andachte (vgl. Deleuze 1993a, S. 250). „Wir stehen", so formulierte Foucault, „vielleicht am Beginn einer großen krisenhaften Neueinschätzung des Problems der Regierung" (Foucault zit. n. Lemke 1997, S. 240). Nach Deleuze sind es die *Kontrollgesellschaften*, die dabei sind, die Disziplinargesellschaften abzulösen. Mit diesem Transformationsprozess verändert sich zudem das Spannungsverhältnis von Sichtbarkeit und Produktivität nachhaltig.

Mit Bezug auf die Eingangsthese stellt sich somit die Frage, welcher Art diese „neuen" Techniken sind, mit denen aktuell Bildungsräume verändert werden und welche Konsequenzen sich aus diesem „Umräumen" für das Subjekt der Bildung ergeben.

Hierfür werden zu Anfang die Gedanken der Deleuze'schen „Nachschrift" dargestellt, um anschließend am Beispiel einer Theaterarbeit die Anwendung gouvernementaler Praktiken in pädagogischen Feldern weiter auszuführen. Zum Abschluss wird Bezug auf die bildungstheoretischen Diskussionen, die sich um jenes „Umräumen" formiert haben, genommen.

1 Aufstieg der Kontrollgesellschaften

Im Zentrum der „Nachschrift" von Deleuze steht zunächst die nüchterne Feststellung, dass sich die Disziplinargesellschaft des 19. und 20. Jahrhunderts, deren Produktivität noch an den Rahmen spezifischer Einschließungsmilieus gebunden war, in einer Aporie befindet. „Wir befinden uns", so Deleuze,

> „in einer allgemeinen Krise aller Einschließungsmilieus. Eine Reform nach der anderen wird von den zuständigen Ministern für notwendig erklärt: Schulreform, Industriereform, Krankenhausreform, Armeereform, Gefängnisreform. Aber jeder weiß, daß diese Institutionen über kurz oder lang am Ende sind. Es handelt sich nur noch darum, ihre Agonie zu verwalten und die Leute zu beschäftigen, bis die neuen Kräfte, die schon an die Tür klopfen, ihren Platz eingenommen haben. Die Kontrollgesellschaften sind dabei, die Disziplinargesellschaften abzulösen." (Deleuze 1993b, S. 255)

Fand die Disziplinargesellschaft, entlang des verallgemeinerbaren Modells der Bentham'schen Gefängnisarchitektur des „Panopticons", ihren genuinen Ausdruck in Akten der Disziplinierung, Normierung und Normalisierung, so waren ihre Disziplinartechniken stets an sogenannte „Einschließungsmilieus" gebunden. Einschließungsmilieus bezeichnen dabei überschaubare Gemeinschaften, in denen jeder jederzeit von einem zentralen Punkt aus gesehen werden kann, sich sichtbar machen und beweisen muss. Der „Panoptismus" brauchte, um seine disziplinären Effekte zu erreichen, immer einen geschlossenen Rahmen, ein spezifisches Milieu. Auf seinem Lebensweg wechselt der Einzelne dabei stets von einem Milieu zum nächsten über. Einschließungsmilieus erscheinen damit, so veranschaulicht es Deleuze mit Bezug auf Foucaults machtanalytische Folie, als hermetisch abgeschlossene Rahmen, die sich jedoch konvergierend fortschreiben, aufeinander verweisen und sich damit letztlich als ein einziges System ineinander greifender Normierungsmechanismen entpuppen (vgl. Dzierzbicka/Sattler 2004, S. 116). Deleuze gibt diesen Umstand exemplarisch zu denken, indem er schreibt:

> „Zuerst die Familie, dann die Schule („du bist hier nicht zu Hause"), dann die Kaserne („du bist hier nicht in der Schule"), dann die Fabrik, von Zeit zu Zeit die Klinik, möglicherweise das Gefängnis, das Einschließungsmilieu schlechthin." (Deleuze 1993b, S. 250)

Ihr Ziel ist es, das Individuum zum Subjekt einer Macht zu machen, indem sie möglichst früh lernen, sich zu sich selbst mit Bezug auf die Disziplin zu verhalten. Die Disziplinarmacht zielt damit nicht auf die Identifikation des Einzelnen mit der Norm, sondern auf den Übergang von Disziplin zur Selbstdisziplin ab. Dieser Vorgang steht dabei im Dienst einer gesellschaftlichen Produktivität, die darauf angelegt ist, Menschen im Hinblick auf größtmögliche Kapitalakkumulation des Nationalstaats einzuschließen, indem unterstellt wird, dass der gesellschaftliche Wohlstand in einer notwendigen Beziehung zur individuellen Interessenbefriedigung steht. Sind es also die im Entstehen begriffenen Kontrollgesellschaften, die in der, von Foucault und Deleuze gleichermaßen konstatierten, „Krise der Einschließungsmilieus", zunehmend an die Stelle der Disziplinargesellschaften treten, stellt sich die Frage, was diese „neue" Gesellschaft ausmacht.

Mit den Kontrollgesellschaften tritt ein neuer Macht-Typ auf den Plan, den Deleuze modellhaft im Übergang von der „Fabrik" zum „Unternehmen" zu greifen versucht:

> „Die Fabrik setzte die Individuen zu einem Körper zusammen. [...] Das Unternehmen jedoch verbreitet ständig eine unhintergehbare Rivalität als heilsamen Wetteifer und ausgezeichnete Motivation, die die Individuen zueinander in Gegensatz bringt, jedes von ihnen durchläuft und in sich selbst spaltet." (Deleuze 1993b, S. 255)

Ihren Unterschied faltet er noch weiter aus: Waren also die einschließenden Institutionen noch „unterschiedliche *Formen*, Gußformen", die eine im geschlossenen System operierende Disziplinarmacht ermöglichten, so erscheinen die *Kontrollen* viel mehr als „eine Modulation", die einer „sich selbst verformenden Gußform" gleichen, „die sich von einem Moment zum anderen verändert" (Deleuze 1993b, S. 256). War also die Disziplinarmacht noch vermassend und individuierend zugleich, konstituierte sie noch diejenigen über die sie ausgeübt wurde, ist das Wesentliche der Kontrollgesellschaft nicht mehr authentische Signatur, die das Individuum angibt, oder die Zahl, mit der das Individuum seine Position in der Masse angibt, sondern die *Chiffre*. Nach Pongratz treten damit zunehmend Begriffe wie „Flexibilität", „Motivation", „Zielvereinbarung" und „Selbststeuerung" an die Stelle von Disziplin und Norm, um auch unter krisengebeutelten Einschließungen Produktivität zu garantieren (vgl. Pongratz 2013a, S. 223).

Im Zentrum dieses neuen Regierungsmodus steht jedoch, so Stephan Lessenich,

> „der tendenzielle Übergang von der öffentlichen zur privaten Sicherheit, vom gesellschaftlichen zum individuellen Risikomanagement, von der Sozialversicherung zur Eigenverantwortung, von der Staatsversorgung zur Selbstsorge. Ziel dieser veränderten Programmatik ist die sozialpolitische Konstruktion verantwortungsbewusster, und das bedeutet: sich selbst wie auch der Gesellschaft gegenüber verantwortlicher, zugleich *ökonomischer* und *moralischer* Subjekte." (Lessenich zit. n. Pongratz 2013a, S. 225)

Der aktuelle Umbruch äußert sich also nicht nur in ökonomischen und sozialen Deregulierungsprozessen, sondern auch in seiner, wie Pongratz formuliert, „moralischen Aufrüstung" (Pongratz 2013, S. 225). Indem zentrale Werte eines modernen Selbstverständnisses – wie Selbstkontrolle, kritisches Urteilsvermögen, Autonomie oder Verantwortung – dementsprechend umdefiniert werden, gelten sie nun nicht mehr, wie einst angedacht, als Grenze des Regierungshandelns, sondern als ihr Vehikel, um das Verhältnis des Subjekts zu sich selbst und zu anderen zu verändern (vgl. Lemke/Krasmann/Bröckling 2000, S. 30), wodurch sie den unhintergehbaren und unumstößlichen Rahmen des Wettbewerbs um ökonomische Vorherrschaft anheimgestellt werden. Damit wird es zunehmend weniger notwendig, Autoritäten zu gehorchen und Vorbildern nachzueifern, sondern lediglich die sich stetig verändernden Marktbedingungen anpassende, modularisierte Bewertungsinstanz für das eigene Tun stets neu internalisieren zu lernen. Autonomie gilt es daher auch nur noch in dem Maße einzufordern, wie sie auch auf Wirtschaftsziele hin einzuschränken ist.

Es lässt sich aus Deleuzes Analyse folgern, dass das „Unternehmen" damit nicht bloß die „Fabrik" ablöst, sondern auch das „Panopticon" der Foucaultschen Disziplinargesellschaft als verallgemeinerbares Modell der neuen Kontrollformen. „Familie, Schule, Armee, Fabrik sind", so räsoniert Deleuze,

> „keine analogen Milieus mehr, die auf einen Eigentümer konvergieren, Staat oder private Macht, sondern sind chiffrierte, deformierbare und transformierbare Figuren ein und desselben Unternehmens, das nur noch Geschäftsführer kennt" (Deleuze 1993b, S. 257).

Dadurch wird – ungeachtet struktureller Benachteiligung – die eigene Flexibilität und Anpassungsfähigkeit zur zentralen Voraussetzung gesellschaftlicher und individueller Existenz, was das ganze Leben – wie Pongratz bemerkt – zu einer einzigen, schwankenden Modulation macht (vgl. Pongratz 2013, S. 132). Wer es also an „Initiative, Anpassungsfähigkeit, Dynamik, Mobilität und Flexibilität fehlen lässt", zeigt damit auch „objektiv seine […] Unfähigkeit, ein freies […] Subjekt zu sein" (Lemke/Krasmann/Bröckling 2000, S. 30).

Für das „Schul-Regime" macht das die Einführung kontinuierlicher Kontrollen und eine zunehmend stärkere Einwirkung zur permanenten Weiterbildung auf allen Ebenen des Bildungs- und Ausbildungswesens nötig (vgl. Deleuze 1993b, S. 262). Insbesondere vor dem Hintergrund der mit dem „PISA-Schock" einsetzenden Bildungsreformen, werden Deleuzes Thesen erneut virulent. Denn wie

> „das Unternehmen die Fabrik ablöst, löst die permanente Weiterbildung tendenziell die Schule ab und die kontinuierliche Kontrolle das Examen. Das ist der sicherste Weg, die Schule dem Unternehmen auszuliefern. In der Disziplinargesellschaft hörte man nie auf anzufangen (von der Schule in die Kaserne, von der Kaserne in die Fabrik), während man in den Kontrollgesellschaften nie mit irgendetwas fertig wird." (Deleuze 1993b, S. 257)

Werden nun Bildungsräume jenem, von Deleuze skizzierten Regime entsprechend „umgeräumt", verändert sich mit unserem Selbstverständnis auch das Verhältnis des Individuums zu seiner Sichtbarkeit im Raum. War die Kontrolle durch Sichtbarkeit in der Disziplinargesellschaft noch an einen zentralen Punkt gebunden, unter denen sich Individuen konstituierten und figurierten, zielen gerade die neuen Führungstechniken auf ihre Verlagerung von zentralisierten Instanzen, „Staat oder private Macht", hin zu „selbst-verantwortlichen" und „selbst-organisierenden" Einzelnen ab. Kontrollgesellschaften setzen somit nicht mehr auf lokalisierbare, fixierbare Identitäten im Raum, sondern nur noch auf Stichproben, Durchschnittwerte, Wechselkurse und Datenbanken (vgl. Pongratz 2013b, S. 132). Wodurch der Mensch der Kontrollgesellschaft auch nur noch als „wellenhaft" (Deleuze 1993b, S. 258) erscheint. Wie der Andere in Erscheinung tritt, hängt damit nicht mehr von Vorbildern, sondern von den schwankenden Modulationen ab, die es daher stetig von neuem zu internalisieren gilt. Der panoptische Blick wandert auf diese Weise gewissermaßen ins Innere des Einzelnen, womit das Verhältnis des Subjekts zu sich selbst nicht mehr als Fluchtpunkt und Grenze der Disziplinartechniken fungiert, sondern selbst zum Vehikel wird, um sich den unhintergehbaren Rahmenbedingungen spätkapitalistischer Ökonomie zu unterwerfen. „Die Individuen", so resümiert Deleuze, „sind *dividuell* geworden" (Deleuze 1993, S. 258).

Auch bei Theaterräumen handelt es sich um Bildungsräume, die es jedoch darauf anlegen, die bestehenden Ordnungen zu unterbrechen (vgl. Westphal 2012, S. 9), an einer Theaterarbeit werden daher im Folgenden, die Konsequenzen die der von Deleuze prognostizierte Regierungswechsel für TeilnehmerInnen von Bildungsprozessen haben (kann), weiter ausgeführt.

2 „Frontalunterricht" mit arbeitslosen Jugendlichen

Der Pädagoge Ludwig A. Pongratz macht exemplarisch an der „Trainingsraummethode" anschaulich (vgl. Pongratz 2013, S. 226 ff.), was im Zentrum der

„neuen" Techniken steht, die unter dem „neuen" Schul-Regime zunehmend Eingang in pädagogische Felder gewinnen. Unter aktuellen Maßgaben von „Kompetenzen" und „Schlüsselqualifikationen", markiert die Selbstwahrnehmung des Einzelnen den Einschnitt, unter dem Teilnehmer von Bildungsprozessen zu „Selbstmanagern des Wissens" und autopoietisch „lernenden Systemen" (vgl. Pongratz 2013, S. 224) umdefiniert werden (sollen). Versuchte die Disziplinarmacht noch, das Individuum durch Strafe und Ausgrenzung zur Selbstdisziplinierung zu bewegen, wird nunmehr dazu aufgefordert, defizitäres Verhalten zur Selbstzuschreibung zu machen, um dadurch schneller ein verändertes Selbstverhältnis hervorzubringen. Unter dem Stichwort „Selbst-Kontrolle" obliegt es damit TeilnehmerInnen von Bildungsprozessen selbst, sich offen, flexibel und lösungsorientiert zu präsentieren, um ihre Verhaltensweisen in Zukunft kontrollieren zu lernen, defizitäres Verhalten selbstständig zu erkennen und auf die jeweiligen kontextuellen Anforderungen hin anpassen zu können. Es wird ihnen dabei „frei" gegeben, das Lehrangebot bei unpassendem, störenden Verhalten, weiter wahrzunehmen oder sich ein als defizitär proklamiertes Verhaltensmuster selbst zuzuschreiben, um anschließend nach einer alternativen Verhaltensvorstellung zu suchen und sich in den Gesamtzusammenhang zu reintegrieren. Der Einzelne soll es so möglichst früh als seine eigene Verantwortung erkennen, sich eigenständig kontextuellen Anforderungen anzupassen. Wodurch sogenannte „Basiskompetenzen" in eine frappierende Nähe zu Foucaults Analysekategorie „Technologien des Selbst" rücken. Das Perfide der neuen Führungstechniken besteht jedoch gerade in ihrem – wie Deleuze schreibt – „freiheitlichen *Aussehen*" (Deleuze 1993b, S. 255).

Bei der Videoinstallation „Frontalunterricht" handelt es sich um das Ergebnis einer gescheiterten Theaterarbeit des Berliner Künstlers Ulf Aminde mit einer Gruppe langzeitarbeitsloser Jugendlicher, die bereits von Mayte Zimmermann zum Gegenstand theaterwissenschaftlicher Untersuchungen gemacht wurde (vgl. Zimmermann 2017).

Mit dieser Einstellung beginnt die Videospur „Frontalunterricht": Sie zeigt ungefähr 15 Jugendliche, die mir vor schwarzem Hintergrund frontal in zwei Reihen gegenübersitzen. Auffällig ist hierbei, dass die Kamera bei ihrer Darstellung der Jugendlichen von der konkreten Materialität des Raumes, in dem sich die Jugendlichen befinden, sowie der Ordnung des von der Kamera präfigurierten Raumes enthoben zu sein scheint, was den Anschein erweckt, einen voraussetzungslosen Blick auf sie gewährt zu bekommen.

Die Kamera ist dafür ebenerdig positioniert und auf Augenhöhe ausgerichtet, während der Raum, der sie umgibt, kontextlos, fast wie eine Blackbox erscheint. Gleichgültig und vermutlich in Alltagskleidung sitzen sie da. Während einige „cool" über mich hinweg oder an mir vorbei schauen, schauen andere herausfordernd oder erwartungsvoll drein, andere tauchen wiederum tuschelnd in die Anonymität der zweiten Reihe ab. Auf Anhieb scheinen alle Vorstellungen von einer prekären sozialen Herkunft, wie minderwertige Kleidung, Übergewicht oder einen gebrochene Nase, bestätigt zu sein. Der Raum, in dem mir die Jugendlichen gegenübergesetzt erscheinen, ist jedoch keineswegs leer, sondern ihm ist eine Ordnung der Sichtbarkeit eingeschrieben. Denn durch den von der Kamera präfigurierten Blick wird suggeriert, den Jugendlichen auf Augenhöhe zu begegnen und gleichzeitig ein scheinbar vorbehaltloses Urteil über sie und ihre soziale Herkunft fällen zu können, da sie es „augenscheinlich" selbst sind, die mir da gegenübersitzen.

Die Aufnahme zeigt die Gruppe Jugendlicher, mit denen Ulf Aminde an seiner Auftragsarbeit für die Schillertage 2009 in Mannheim scheiterte. Mit dieser Gruppe Langzeitarbeitsloser sollte er Schiller inszenieren, im Gegenzug sollten die Jugendlichen für regelmäßige Teilnahme eine Praktikumsbescheinigung für das Arbeitsamt erhalten. Da die geplante Aufführung jedoch nicht zustande kam, gab ihnen Aminde für den letzten gemeinsamen Probentag die Aufgabe, eine Imitation seiner Person vorzubereiten. Sie sollten ihn so nachmachen, wie sie ihn während des gemeinsamen Probenprozesses erlebt hatten. Für die beste Imitation hatte Aminde ein Preisgeld von 50 Euro ausgeschrieben. Am Aufführungstag wurde also nicht Schiller auf die Bühne des Mannheimer Theaters gebracht, sondern den BesucherInnen wurde ein ungefähr vierzig Minütiges und sich im Loop wiederholendes Video präsentiert, das jene Jugendlichen zeigt, wie sie ihren Spielleiter Ulf Aminde imitieren. Die Kameraeinstellung bleibt dabei unverändert und fokussiert lediglich diese Jugendlichen, wie sie unter gegenseitigem Anstacheln und den ständigen Aufforderungen Ulf Amindes nacheinander, mal einzeln mal zu zweit, vor die Kamera treten, um ihre Nachahmungen in Form kleiner szenischer Darbietungen zu präsentieren. Aminde befindet sich dabei hinter der Kamera und tritt über die gesamte Dauer nicht in Erscheinung, er bleibt jedoch während der gesamten Zeit deutlich aus dem Off hörbar.

Unvermittelt beginnt die Videospur und mit ihr das Spiel zwischen Aminde und den Jugendlichen.

Der erste, ein junger Mann mit verkehrt aufgesetztem Cap und lila T-Shirt, tritt nach anfänglichem Zögern mit den Worten „Ey, ich mach´ so wie er jetzt" seinen Stuhl hinter sich her ziehend vor die Kamera. Er stellt seinen Stuhl zentral vor sie und präsentiert auf und ab gehend eine irritierend wirkende Darbietung, da zunächst noch unklar ist, wen oder was er mit seinem Brüllen und Gestikulieren darstellen will.

Als dann zum ersten Mal zwei der Jugendlichen gemeinsam vor die Kamera treten, zeigt sich, dass sie während ihres Spiels keineswegs einem voyeuristischen Zuschauerblick ausgesetzt sind, sondern sich für ihre Darbietungen selbstständig vor der Kamera in Szene setzen. Auch ihr Abwarten, ihre Blicke und Körperhaltung finden also die ganze Zeit über im Wissen um die Kamera statt, was sie nicht in die Sichtbarkeit eines „vorbehaltlosen" Zuschauerblicks überführt, sondern bewirkt, dass ihre (Selbst-)Darstellung immer schon als Reaktion auf den von der Kamera präfigurierten Blick gewertet werden muss.

Auf jede ihrer Szenen folgt prompt eine Antwort Amindes, die darin besteht, dass er ihre Nachahmungen seiner Person wiederum mit seinen Nachahmungen von ihnen spiegelt. Er versucht sie zu aktivieren, indem er sie immer wieder in ein Wechselspiel mit ihm zu verwickeln versucht, denn zwischen den Darbietungen der Jugendlichen ergeben sich im weiteren Verlauf häufiger längere Pausen. In solchen Situationen ertönt dann meist Amindes Stimme aus dem Off, der noch einmal die Aufgabenstellung erklärt oder sie zu motivieren versucht. Durch die Aufgabe allein *ihre* Wahrnehmung von Aminde zum Thema ihrer Imitationen zu machen, sind die Jugendlichen dabei nicht gezwungen von sich selbst, ihrer Herkunft oder ihrer Arbeitslosigkeit zu sprechen, was ihre abschließende Identifikation mit diesen Attributen unmöglich macht. Da sie sich auf diese Weise nicht auf ihre Sichtbarkeit und die damit implementierte Ordnung, der sie durch die Kamera unterworfen sind, festlegen lassen, wird auch zunehmend unklar, ob es sich bei den DarstellerInnen überhaupt um jene Erwerbslosen handelt. Indem Aminde für sie unerwartet stets auf ihre Imitationen mit einer eigenen antwortet, schafft er es jedoch, sie immer wieder zu eigenen Darbietungen zu provozieren, was zur Folge hat, dass das Wechselspiel, in das er sie zu verwickeln sucht, vor allem gegen Mitte des Videos Züge eines Wettstreits annimmt, der an ein Hiphop-Battle erinnert, und dabei auch offensichtlich beleidigende Imitationen seiner Person zutage fördert.

Der Kameraeinstellung kommt dabei noch eine weitere Funktion zu. Obwohl sie den Anschein erweckt, dass es den Jugendlichen in jenem „spontanen" Wettstreit möglich wird, jenseits institutioneller Normen mit ihrem Spielleiter Ulf Aminde auf Augenhöhe zu konkurrieren, entpuppen sich auch ihre Darbietungen durch die Rahmenbedingungen, die ihnen vorangestellt sind, als präfiguriert. Denn sie sind nicht nur dazu angehalten, eine Nachahmung ihres Spielleiters vor der Kamera zu präsentieren, sondern dadurch auch gezwungen, in einen offenen Konkurrenzkampf untereinander um das ausgesetzte Preisgeld von 50 Euro einzutreten. Was Aminde sichtbar macht, ist der Versuch, die Jugendlichen über den Wettstreit, den er mit ihnen zu initiiert, in einen Konkurrenzkampf untereinander zu verstricken, der sich wiederum an die von ihm vorangestellten Maßgaben knüpft. Der Versuch, erneut Zugriff auf sie zu erlangen, besteht darin, sie einer „neuen" Produktivität zu unterwerfen. Indem Aminde von ihnen verlangt, ihn zum Thema ihrer Darbietungen zu machen, sich dabei jedoch selbst buchstäblich aus dem Bild nimmt, bleibt nicht nur seine Souveränität unangetastet, sondern dadurch zeigt er sie auch dabei, wie sie ihr Verhältnis zum gemeinsam Erlebten verändern, indem sie dazu aufgefordert sind, es unter veränderten Maßgaben erneut hervorzubringen. Damit stellt er sie nicht mehr als Arbeitslose aus, sondern verlangt ihnen vielmehr durch das Nachahmen seiner Person eine spielerische Distanznahme zum gemeinsam

Erlebten und ihrer Arbeitslosigkeit ab. Der szenische Ausdruck der eigenen Erfahrungswelt wird auf diese Weise mit der Möglichkeit einer veränderbaren Selbstwahrnehmung enggeführt, die jedoch gleichzeitig einem unterhintergehbaren Konkurrenzkampf untereinander anheimstellt wird.

Barg die Unmöglichkeit den Anderen auf seine Darstellbarkeit zu reduzieren unter Voraussetzung der Disziplinarmacht noch kritisches Potenzial, wird sie hier gerade zum Vehikel der Unterwerfung gemacht. Anstatt die Jugendlichen zur Selbstdisziplinierung zu zwingen, wird es ihnen nun „frei" gegeben, sich den ökonomisch ausgerichteten Rahmenbedingungen zu fügen, indem sie ihnen ihr Verhalten selbstständig anpassen oder es bleiben lassen.

Mit dieser Verlagerung von Führungskapazitäten, von zentralisierten Instanzen hin zu „selbst-verantwortlichen" Einzelnen, buchstabiert „Frontalunterricht" im Spannungsfeld von Sichtbarkeit und Teilhabe gesellschaftlich Unterprivilegierter die Grundfiguren jenes, von Deleuze angedachten Umbruchs aus, und kündigt damit jenes neue Regime an, das sich nicht mehr an Disziplin und Norm orientiert, sondern sich Formen der Gouvernementalität bedient, um Produktivität zu garantieren. Gerade vor dem Hintergrund aktueller bildungswissenschaftlicher Debatten, stellt sich die Frage, ob es sich bei Amindes Vorgehen nun um eine ökonomische Funktionalisierung der Jugendlichen handelt, die dem Zweck dient auch in krisengebeutelten Einschließungsmilieus, wie dem Staatstheater, erneut pädagogischen Zugriff auf sie, auf eine zu bildende Masse zu erlangen oder ob hierdurch nicht vielmehr eine neue Art der Teilhabe gesellschaftlich Unterprivilegierter veranschaulicht wird.

3 Gouvernementalität und gesellschaftliche Teilhabe

Während in den bildungswissenschaftlichen Diskussionen, die PISA & Co. nach sich zogen, vehement gegen die Setzung von Schlüsselqualifikationen und (Basis-)Kompetenzen protestiert wird, indem gerade hierin eine ökonomisch motivierte Funktionalisierung des Bildungsgedankens gesehen wird, sind es gerade die Vertreter jener Bildungsreformen, die hierin die Möglichkeit gesellschaftlicher und ökonomischer Teilhabe für einen Großteil der Gesellschaft, der bislang weitgehend von dem Luxus hehrer Bildungsideale, sofern überhaupt jemals existent, ausgeschlossen waren. Zwar lässt sich nicht von der Hand weisen, dass das internationale Bildungsmonitoring vor allem ökonomisch motiviert ist, jedoch öffnen sich hiermit auch gerade die Tore für eine umfassende und so viele wie nie zuvor betreffende Möglichkeit zur selbstreflexiven Bildung. Statt in der immer größer angelegten, auch auf sog. „bildungsferne" Schichten zielenden *Ausbildung* einen Verrat an der Bildungsidee zu sehen, kann es auch, so gibt Sattler zu denken, als Chance begriffen werden, durch breitflächige Ausbildung, wenn auch unbeabsichtigt, eine erhöhte Anschlussfähigkeit an selbstreflexive Bildung zu implementieren (vgl. Sattler 2009, S. 139). Die Ausbildungsnotwendigkeit spätkapitalistischer Gesellschaften kann damit zur Erweiterung der Spielräume für Bildung führen, was die „Gefahr" entstehen lässt, im gleichen Atemzug Bildung zu provozieren, die kritisches, gar subversives Potenzial zutage fördert, sodass sich die dann „Gebildeten" gegen die Intention ihrer AusbilderInnen und ErzieherInnen wenden.

Räume, so die Eingangsthese, insbesondere Bildungsräume machen es nötig, dass sie immer wieder „umgeräumt" werden, vor dem Hintergrund des von Foucault und Deleuze angedachten Regierungswechsels sowie Ulf Amindes „Frontalunterricht", scheint sich dieses „Umräumen" zukünftig inmitten zunehmender Deregulierungsprozesse in Wirtschaft, Politik und Bildungswesen sowie an den veränderten Möglichkeitsbedingungen von Sichtbarkeit und Sagbarkeit vollziehen zu müssen.

„Weder zur Furcht noch Hoffnung besteht Grund", schreibt Deleuze in seinem „Postskriptum", „sondern nur dazu, neue Waffen zu suchen" (Deleuze 1993b, S. 256). Denn jedes „Umräumen" von Bildungsräumen erfordert es weiterhin, nach einer, dieser Regierungsform inhärenten „widerständigen Subjektivität" (Lemke 1997, S. 256) zu suchen und damit erneut die Frage danach zu entfalten: „Wie nicht dermaßen regiert zu werden" (Foucault 1992, S. 12). Insbesondere dem Theaterraum obliegt es dabei, durch sein darstellungspraktisches Außerkraftsetzen, durch das Unterbrechen bestehender Ordnungen, Erfahrungsräume entstehen zu lassen und so einen Spalt für neue Sichtweisen auf den Zusammenhang von Gesellschaft, Politik, Ökonomie und Bildung sowie für Techniken im Umgang mit ihm zu öffnen, um Entwicklungspotenziale freizusetzen, mit denen kommenden Arten widerständiger Subjektivität Raum gegeben wird.

Literatur

Deleuze, G. (1993a): Postskriptum über die Kontrollgesellschaft. In: ders. (Hrsg.): Unterhandlungen 1972–1990 (1. Aufl.). Frankfurt am Main: Suhrkamp, S. 254–262.

Deleuze, G. (1993b): Kontrolle und Werden. In: Ders. (Hrsg.): Unterhandlungen 1972–1990 (1. Aufl.). Frankfurt am Main: Suhrkamp, S. 243–253.

Dzierzbicka, A./Sattler, E. (2004): Entlassung in die „Autonomie" – Spielarten des Selbstmanagements. In: L.A. Pongratz/M. Wimmer/W. Nieke/J. Masschelein (Hrsg.): Nach Foucault. Diskurs- und machtanalytische Perspektiven der Pädagogik (1. Aufl.). Wiesbaden: VS Verlag für Sozialwissenschaften, S. 114–134.

Foucault, M. (1992): Was ist Kritik? Berlin: Merve.

Lemke, T. (1997): Eine Kritik der politischen Vernunft: Foucaults Analyse der modernen Gouvernementalität. Berlin und Hamburg: Argument.

Lemke, T./Krasmann, S./Bröckling, U. (2000): Gouvernementalität, Neoliberalismus und Selbsttechnologien. Eine Einleitung. In: Dies. (Hrsg.): Gouvernementalität der Gegenwart (1. Aufl.). Frankfurt am Main: Suhrkamp, S. 7–40.

Pongratz, L. A. (2006): „Lebenslanges Lernen". In: A. Dzierzbicka/A. Schirlbaue (Hrsg.): Pädagogisches Glossar der Gegenwart. Von Autonomie bis Wissensmanagement (1. Aufl.). Wien: Löcker, S. 162–171.

Pongratz, L.A. (2013a): Selbst-Technologien und Kontrollgesellschaft. Gouvernementale Praktiken in pädagogischen Feldern. In: H. Bublitz/I. Kaldrack/T. Röhle/M. Zeman (Hrsg.): Automatismen – Selbst-Technologien (1. Aufl.). München: Wilhelm Fink, S. 221–237.

Pongratz, L.A. (2013b): Unterbrechung. Studien zur Kritischen Bildungstheorie. Opladen, Berlin und Toronto: Verlag Barbara Budrich.

Sattler, E. (2009): Die riskierte Souveränität. Erziehungswissenschaftliche Studien zur modernen Subjektivität. Bielefeld: transcript.

Westphal, K. (2012): Einleitung. In: Dies. (Hrsg.): Räume der Unterbrechung. Theater Performance Pädagogik (1.Aufl.). Oberhausen: Athena, S. 9–33.

Zimmermann, M. (2017): Von der Darstellbarkeit des Anderen: Szenen eines Theaters der Spur. Bielefeld: transcript.

… Raumwissen durch Dinge, Bilder, Sprache

Der Blick durch das Schlüsselloch

Raum-Schaffen zwischen Erinnerung und
ihrer narrativen Erfassung

Ulrich Leitner

> „Wir schlichen zur Tür und guckten durch das Schlüsselloch. Die [Erzieherin] ging durch den langen Gang und probierte bei jeder Türe, ob [sie] ja nicht offen war. Es ist alles still wie immer. Bevor sie zum Krankenzimmer kommt, huschen wir schnell in unsere Betten. Schon öfters war es vorgekommen, daß die diensthabende Erzieherin in das Krankenzimmer kam, um noch einmal nachzusehen. Nur einmal war ich dabei erwischt worden, wie ich in mein Tagebuch schrieb. Die Erzieherin wollte uns dann das kleine Lämpchen, das wir im Zimmer hatten, wegnehmen. / [Die Erzieherin…] kam jedoch nicht ins Zimmer, nachdem sie die Klinke niedergedrückt hatte, entfernten sich ihre Schritte wieder. Ich schlich mich zurück ans Schlüsselloch und was ich jetzt zu sehen bekam, entlockte mir fast ein schallendes Gelächter." (Birkl ca. 1974, S. 35)

Die Szene, die sich Eva Birkl (Pseudonym) und ihrer Zimmergenossin im Krankenzimmer des Erziehungsheims St. Martin in Schwaz bei Innsbruck darbietet, ist für die 17-Jährige so bedeutend, dass sie Erwähnung in ihrem Tagebuch findet. Drei Erzieherinnen *„schlichen auf Strümpfen durch den langen Gang. In jeder Hand ein Schuh und ganz vorsichtig blieben sie vor dem Schlafsaal der Nähgruppe stehen. […] Den Kopf lauschend an die Tür legend, verharrten die drei Damen. Plötzlich begannen sie leise zu flüstern, wobei [eine der Erzieherinnen] immer wieder mahnend den Zeigefinger auf den Mund legt[e…]. Es mußte sehr interessant sein, was die Drei da zu hören bekamen, denn sie hielten ziemlich lange auf ihrem Posten aus"* (ebd.). Der Blick durch das Schlüsselloch drehte die Machtverhältnisse der hierarchisch strukturierten Erziehungsordnung des Heimes um. In diesem Moment sind es nicht lediglich die Mädchen im Schlafsaal der Nähgruppe, die ohne ihr Wissen durch das Erziehungspersonal belauscht werden. Die *„Lauscherinnen"*, wie sie Eva Birkl nennt, werden selbst beobachtet, ohne davon Notiz zu nehmen. Der geschlossene Erziehungsraum des Heimes weitet sich. Sobald der Schlüssel vom Schloss gezogen ist, kehrt sich die Macht dieses Dinges um: Der Schlüssel verschließt nicht nur zwei Mädchen in einem Krankenzimmer, er schafft Raum. Ein Schlupfloch wird freigelegt, das außerhalb der erzieherischen Ordnung des Heimes liegt. Eingang in die Geschichte findet die Szene als Eintrag in das Tagebuch der Eva Birkl, das sie zwischen 1961 und 1962 in St. Martin schreibt und etwa zehn Jahre später als Grundlage für eine autobiografische Nachschreibung des Tagebuches mit dem Titel „Das verlorene Jahr" benutzt. Eva Birkl erwächst durch die Ausdehnung des verschlossenen Raumes ein Wissen, von dem sie künftig Gebrauch machen werde, wie sie ankündigt: *„So also ging das! Na, das würde ich mir bestimmt gut merken."* (ebd.)

Wenn es stimmt, dass „die Geschichte pädagogischer Raumkonzeptionen [...] als Wechselspiel zwischen Öffnung und Schließung des pädagogischen Raums zur Welt" (Göhlich 2016, S. 41) gelesen werden kann, ist dies an geschlossenen Erziehungsinstitutionen wie durch ein Brennglas zu beobachten, wie hier im Landeserziehungsheim für als verwahrlost geltende Mädchen und junge Frauen in St. Martin in Schwaz. Kein anderes Ding wie der Schlüssel steht so augenscheinlich zwischen dem Inneren des pädagogischen Raumes und dem Außen. Dementsprechend finden Schlüssel häufig Erwähnung in den Erinnerungen ehemaliger Heimkinder: Der Schlüsselbund ist Schlaginstrument der ErzieherInnenschaft, sein rasselndes Klimpern eine mahnende Drohung an die Zöglinge, wer über den Schlüssel verfügt, kann ihn einsetzen. Stets ist dieses Ding geprägt von einer merkwürdigen Zweiheit: Er versperrt den Weg in die Freiheit, schafft aber auch Privatheit. Ausgehend von dieser ambivalenten Figur des Schlüssels, die für die vielfältigen im Heim wirkenden Verschließungsmechanismen stehen kann, nimmt der vorliegende Beitrag das Raum-Schaffen in autobiografischen Texten und Erinnerungen ehemaliger Heimkinder in den Blick. Als Quellenmaterial dient zum einen das eingangs zitierte Tagebuch der Eva Birkl. Ergänzt wird die schriftliche Quelle durch Sequenzen aus einem narrativ-biografischen Interview, das 2013 mit Irmgard Thöni (Pseudonym) geführt wurde. Die Zeitzeugin war, wie Eva Birkl, Anfang der 1960er-Jahre im Erziehungsheim St. Martin untergebracht, das eines der insgesamt vier großen öffentlichen Fürsorgeerziehungsheime der westlichsten Bundesländer Österreichs, Tirol und Vorarlberg, darstellt. Die Heimstrukturen wurden im Rahmen eines Forschungsprojektes an der Universität Innsbruck anhand archivarischer Quellen und einer Interviewstudie untersucht (vgl. hierzu Ralser/Bischoff/Guerrini/Jost/Leitner/Reiterer 2017).

Dass dem Sprechen über Raum und die Räume stets ein komplexer Übersetzungsvorgang vorausgeht, eine Annahme, die dem vorliegenden Band zugrunde liegt, zeigt sich am hier verwendeten Quellenmaterial in exemplarischer Weise. Denn das Raum-Schaffen über die Erinnerungsarbeit ehemaliger Heimkinder in der Interviewsituation geht über die sprachliche Erfassung von Raumerfahrungen hinaus. Wo das gesprochene Wort, das Tagebuch wie das Transkript als Interviewdokumentation, rhetorische Mittel der Raumkonstruktion und topische Raumvorstellungen aufweist, da vermittelte das oft Unausgesprochene der unmittelbaren Erhebungssituation eine Raumqualität, welche die ZeitzeugInnen nicht sprachlich auszudrücken und die WissenschaftlerInnen mit Ton- und Filmaufnahmen, einfacheren oder komplexeren Transkriptionssystemen nur schwer adäquat einzufangen imstande sind. Oft waren es Gesten, die das verbale Erinnern begleiteten, oft schlossen die ZeitzeugInnen die Augen und schritten im Gedanken die Räume ihrer Kindheit und Jugend ab und ließen die Interviewenden so an ihrem Erlebten teilhaben. Oft waren es Zwischensequenzen, in denen nicht gesprochen, sondern gemeinsam verweilt wurde: eine Gleichschaltung der Blicke etwa, die mitteilt was gemeint ist, aber nichts ausspricht. Dann wieder waren es leibliche und körperliche Reaktionen beider InterviewpartnerInnen, ein Schauer, der den ZeitzeugInnen, für die interviewende Person deutlich am eigenen Leib vernehmbar, sprichwörtlich kalt über den Rücken lief. Diese leiblichen und körperlichen wie atmosphärischen Zwischentöne vermittelten den Interviewenden oft den am stärksten bleibenden Eindruck der verschiedensten Geschlossenheitserfahrungen, welche die Befragten in den Räumen der Fürsorge machten.

Zwischen diesen beiden Ebenen des Raum-Schaffens, der sprachlich-narrativen und der leiblich-körperlichen Erinnerungsarbeit, bewegt sich der Beitrag, der als Parcours durch das Erziehungsheim St. Martin angelegt ist: In den ersten fünf Abschnitten begleiten wir Eva Birkl anhand ihrer schriftlichen Aufzeichnungen zunächst ins Krankenzimmer des Heimes, gehen dann gegenüber in den „Kinderstall" und machen einen Abstecher in den Karzer im zweiten Stock. Über die langen Gänge des Hauses begeben wir uns in den ersten Stock zum Aufenthalts- und Schlafsaal der „A-Gruppe" und in die Waschküche im Erdgeschoss (zur Verortung der Räume vgl. Ralser/Bischoff/Guerrini/Jost/ Leitner/Reiterer 2017, S. 735). Nachgezeichnet werden dabei Topo-Grafien, wie sie die Neuzeithistorikerin Susanne Rau (2014, S. 227) nennt: die schriftliche Artikulierung von relationalen Raumerfahrungen, die über Raumbegehungen, hier in der Erinnerung, entstehen und sich im Tagebuch in allen Formen ihrer narrativen Konstruiertheit präsentieren. Eva Birkls Schilderungen der genannten Räume des Heimes werden mit jenen von Irmgard Thöni anhand des Interviewtranskripts verglichen. Neben dieser Textanalyse versucht der Beitrag im sechsten und letzten Abschnitt, auch jene Momente der Erhebung während der Interviewsituation zwischen ZeitzeugInnen der Heimgeschichte und der interviewenden Person stark zu machen, die im Dazwischen liegen, inmitten von Erinnerung und ihrer narrativen Erfassung. Hier scheinen ehemalige Heimkinder jene Erfahrungen wieder zu erleben, die ihnen in der Kindheit und Jugend durch die Räume der Fürsorge zugemutet wurden, und vielfach auf die InterviewerInnen zu übertragen. Sie lassen sich sprachlich kaum artikulieren und stellen daher eine methodische Herausforderung für die ForscherInnen dar. Insofern ist der Beitrag mehr ein Fragen als ein Wissen, hinter dessen Titel auch eine methodische Prämisse steckt: Durch das Schlüsselloch zu schauen heißt auch auf den Rand des sicheren Terrains der (historischen) Textanalyse zuzusteuern, um auszutesten, was einem in der unmittelbaren Interviewsituation mit ehemaligen Heimkindern jenseits des gesprochenen Wortes an Erkenntnis über deren Raumerfahrungen zuwachsen kann.

Das Krankenzimmer und der „Kinderstall"

Bleiben wir zunächst bei dem, was uns Eva Birkl über das Krankenzimmer mitteilt, das zu den *„freundlichsten Räumen dieses Hauses"* gehörte, wie sie schreibt. *„Es war nicht besonders groß. Die Einrichtung bestand aus fünf großen Eisenbetten mit Jokamatratzen. Zwei Fenster nach Westen ließen viel Licht in das Zimmer und machten es freundlich. Links neben der Tür stand ein kleines Nachtkästchen mit Büchern. Neben dem rechten Fenster war ein Waschbecken mit kalt und warm Wasser. Über meinem Bett war ein hübsches Bild angebracht. Es zeigte die Aussicht aus dem Krankenzimmer und war von einem ehemaligen Zögling gemalt worden"* (Birkl ca. 1974, S. 32–33). Eva Birkl zeichnet das Krankenzimmer als einen Ort, der sich für die junge Frau als Erholungsraum darstellte, nicht etwa, weil sie sich dort von ihrer Krankheit auskurieren konnte, sondern vielmehr, weil sie dort *„von den kleinen täglichen Ärgernissen"* des Heimes verschont blieb. Die Beschreibung der Landschaft und des Wetters, die sie vom Krankenzimmer aus beobachten kann, dient Birkl dazu, ihre innere Verfasstheit zum Ausdruck zu bringen; ein rhetorisches Mittel, das sich durch ihre autobiografische Erzählung zieht. Sie schreibt: *„Dicht fielen die Schneeflocken zu[r] Erde, die Bäume und die hohen Mauern hatten schon dicke Pölster. Der Schnee deckte alles zu. Lange konnte ich so aus dem Fenster schauen und träumen. Überall herrschte Ruhe, das waren meine schönsten Stunden und später dachte ich oft wehmütig an diese Zeit zurück, als ich wieder in die laute lärmende Gruppe zu den anderen Mädchen kam. Wenn ich schon nicht hinaus in die Freiheit konnte, so wollte ich wenigstens diese Zeit hier im Krankenzimmer genies[s]en. Rundherum war Ruhe und Frieden, nur in meinem Herzen wurde der Haß immer größer"* (Birkl ca. 1974, S. 34). In der Abgeschlossenheit des Erziehungsheimes zeichnete sich das Krankenzimmer für die Autorin insbesondere durch seine Durchlässigkeit aus, wodurch ihr auch eines der Mädchen ihr Tagebuch hineinschmuggeln konnte: *„Das Krankenzimmer war nur in der Nacht abgeschlossen, den ganzen Tag jedoch die Tür unversperrt. Da konnte immer jemand von den Mädchen schnell hereinschlüpfen und ein bißchen plaudern. [...] Nach dem Abendessen kam die Schwester, löschte das Licht aus und versperrte die Tür"* (ebd., S. 33).

Die Krankheit selbst, eine *„böse Beinhautentzündung"* (ebd., S. 32), spielt in der Erzählung Eva Birkls eine untergeordnete Rolle und tritt hinter die topografische Beschreibung des Krankenzimmers zurück. Ganz anders im Interview mit Irmgard Thöni. Nachdem diese von einer Erzieherin unter die kalte Dusche gestoßen wurde, wobei sie sich ihr Trommelfell verletzte, kam auch sie ins Krankenzimmer: *„dann bin ich in so ein (,) ins Krankenzimmer gekommen (,) da haben sie sogar eine rein getan zu mir & weil ich habe die Nacht nicht schlafen können ge [Rückmeldesignal] (,) ich habe allweil den Kopf so hin und her & weil das hat ja weh (gedehnt) getan ... und und (wiederholend) wie es nachher* *gut war haben sie mich nachher operiert"* (Thöni, Z 265–268). Der Raum ist hier der Ort, der mit den starken Schmerzen in Verbindung gebracht wird, was die Zeitzeugin mit der Erwähnung bestärkt, dass ihr „eine", wohl ein anderes Mädchen, zur Seite gestellt wurde. Das Krankenzimmer selbst, seine Topografie und Einrichtung, spielt weiter keine Rolle.

Eva Birkl wiederum grenzt das kleinteilig beschriebene Krankenzimmer mit einer sich durch das gesamte Tagebuch ziehenden Hell-Dunkel-Metaphorik als „*friedlichen Ort*" (Birkl ca. 1974, S. 40) vom Rest des Hauses ab, wo sich furchterregende Szenen abspielten: „*Plötzlich hörten wir im Gang ein lautes Geschrei [,] das immer näher kam. Wir erkannten die Stimmen mehrerer Erzieherinnen und Zöglinge. Ein Mädchen wurde in den ‚Kinderstall' gesperrt."* (ebd., S. 38) „*Der ‚Kinderstall' war ein Raum gegenüber des Krankenzimmers [sic], in dem Mädchen schliefen, die ein Blasenleiden hatten. Der Raum hatte nur drei Betten und eine kleine Stellanlage. Er wurde öfters als Karzer benützt. Eine schrille Stimme schrie immer wieder: ‚Nein[,] nicht einsperren, nein, nein!"* (ebd.) Die junge Frau, die in den als „Kinderstall" bezeichneten Raum gesperrt wurde, charakterisiert Birkl „*als sehr schwer erziehbares Mädchen",* das *„immer Schwierigkeiten"* machte (ebd.), weil es entweder ständig mit anderen Mädchen raufte oder aber andere bestahl. Die Autorin bedient sich der Rhetorik der Fürsorgeorgane, hinterfragt aber sogleich die Sinnhaftigkeit der Isolationsstrafe als Erziehungsmethode. Für das Mädchen habe es *„nur eine Strafe"* gegeben: den Karzer. „*Vor dem hatte sie eine geradezu wahnsinnige Angst, da brüllte sie wie eine Verrückte"* (ebd.). Eva Birkl versucht, aus der Retrospektive auf die im Heim erlebten Erziehungspraktiken zurückblickend, eine Erklärung für die Beziehung des Mädchens zu verschlossenen Räumen zu finden, indem sie die Ursachen hierfür in deren Kindheit vermutet: „*Wahrscheinlich kam diese Angst vor dem Alleinsein aus ihrer frühesten Kindheit und sie konnte diese Angst auch heute noch nicht überwinden. Wer weiß[,] was [das Mädchen] als kleines Kind, schon durch ihre dunkle Hautfarbe[,] mitgemacht hatte?"* (ebd.) Durch die Schreie des Mädchens untermalt Birkl die als laut und dunkel beschriebene Atmosphäre des Erziehungsheimes, die bis in das Krankenzimmer vordrang: „*In dieser Nacht kam noch lange niemand zum Schlaf, denn [...die] Stimme [des Mädchens] hallte furchterregend durch das Dunkle Haus [sic]"* (ebd.).

Im Karzer

Aus Eva Birkls Tagebuch erfahren wir, dass es vier Karzerräume im Erziehungsheim St. Martin gab (Birkl ca. 1974, S. 18; vgl. zur Geschichte des Karzers in St. Martin Guerrini 2017). Sie selbst wurde während ihres einjährigen Heimaufenthaltes zwei Mal in einem dieser Isolierräume eingesperrt. „*[Die Erzieherin...] brachte mich durch den langen halbdunklen Gang in den Karzer."* (Birkl ca. 1974,

S. 10) Ähnlich wie das Krankenzimmer beschreibt Birkl diesen Raum als eine Möglichkeit, Zeit allein verbringen zu können: *„Nachdem sie mir die Haarspangen und Schuhbänder abgenommen hatte, ließ sie mich endlich allein. Wie oft hatte ich mich nach diesem stillen Raum gesehnt?"* Die Schilderung der Verschlossenheit des Raumes unterstreicht die Autorin mit der Beschreibung der knappen Atemluft: *„Ich stand am Fenster[,] das durch ein feinmaschiges Gitter verschlossen war. Die Luft war kaum zu atmen, denn das Fenster war nur ein paar Zentimeter geöffnet. Dann legte ich mich auf die Britsche [mundart. schlechte Liege] und dachte wieder einmal, wie so oft in letzter Zeit über meine hoffnungslose Lage nach"* (ebd.). Eva Birkl schildert, wie sie sich zuerst ihrem eigenen Inneren und ihrer aus ihrer Sicht unverschuldeten Einweisung in das Fürsorgeerziehungsheim zuwandte, ehe sie eine genaue Beschreibung des Karzerraumes bietet: *„Als ich endlich das Grübeln aufgab, betrachtete ich den Isolierraum genauer. Außer dem Eisengestell, dessen Einsatz durchhing wie eine Hängematte, befand sich noch eine Clomuschel mit Deckel im Raum. Sieben Schritte lang und fünf Schritte breit. / Trotz der ersehnten Ruhe wurde mir übel bei dem Gedanken, daß hier Mädchen oft tagelang hausten. Das Essen wurde in Blechschüsseln serviert und zu allen Speisen gab es nur einen Löffel. Die Wände waren mit Autogrammen und ordinären Zeichnungen beschmiert. Von ‚ich liebe Jenni' bis zu ‚Hunde wollt ihr ewig leben!' war alles zu lesen"* (ebd., S. 10). Die Beschreibung des Karzers dient der Autorin dazu, sich als jene, die sich nichts zuschulden kommen habe lassen, von den anderen Mädchen zu distanzieren: *„Nur einmal allein sein, ohne das ewige Geschrei und Gezanke der Anderen"* (ebd., S. 10). Die „widerständige Praxis der Raumaneignung" der Mitzöglinge, welche „die intendierte Wirkung des Karzers zu unterlaufen suchte" (Guerrini 2017, S. 145), bewertet sie negativ. Der Isolierraum scheint sie aber nicht vor dem Kontakt mit den anderen Mädchen zu bewahren. Bei der Schilderung ihres zweiten Aufenthaltes im Karzer heißt es: *„[D]as Geschrei der Mädchen[,] die in den Hof gingen, drang bis zu mir in den Karzer"* (ebd., S. 19). Über die Inschriften an den Wänden sagt sie: *„[I]ch begann nachzuschauen, was es an den Wänden alles Neues zu lesen gab. [...] Ach, ich kann das alles gar nicht wiedergeben[,] so ordinäre Ausdrücke sind da zu Lesen [sic]. [...] Es wäre an der Zeit einmal neu auszumalen, damit diese ganzen Schweinereien von den Wänden verschwinden"* (ebd., S. 19).

Irmgard Thöni erzählt, dass sie ebenso öfters im Karzer isoliert wurde. Einmal, weil sie sich weigerte, Gerstensuppe zu essen und dabei erbrach. Ihre Erinnerungen an den Karzer beschreiben den Raum insbesondere über zwei sinnliche Raumeindrücke – Dunkelheit und Kälte: *„dann haben sie mich zweimal in den Karzer eingesperrt & weil ich eben das nicht gegessen habe … das habe ich eigentlich … das einzige was ich schlimmer gefunden habe & weil es so kalt war (,) in dem in dem (wiederholend) Loch drinnen (,) es war zwar im Sommer & aber es müssen kalte Tage gewesen sein (,) weil da habe ich (,) da hast du keine Decken und gar nichts gehabt ge (,) das war nur so ein Holz(///) wie sagt* *man denn da (,) so ein Holzgestell & da ist auf Nacht die (,) Matratze raufgekommen (,) und da hast du nur die Nacht liegen können & und eine Decke hast gekriegt (,) aber am Tag nicht … da hast du schon einen Stuhl drinnen gehabt und ein so (,) so (,) auf der Mauer war so ein ahm wie ein Tischchen so ein rundes Gestell oben … aber da hast du können (,) nicht hinlegen oder zudecken & auch nicht die Decke herumtun (,) das einzige da war mir wahnsinnig zu kalt (,) Licht hast du auch keines machen dürfen & das ist alles von außen gegangen nit [nicht, Rückmeldesignal] … Essen hat man gekriegt (,) normal aber (,) das (///) dann war es da drinnen ziemlich dunkel (,) das hat mir eigentlich weniger ausgemacht & außer die Kälte"* (Thöni, Z 197-209). Das starke Kälteempfinden habe seine Ursachen in der Kindheit der Zeitzeugin: *„die Kälte war für mich schlimm (,) weil ich immer (,) als Kind schon verfroren war"* (Thöni, Z 213-214). Die Inschriften auf den Wänden finden auch in Irmgard Thönis Erzählung Erwähnung, wenngleich sie nicht bewertet werden: *„es ist halt langweilig was tust du den ganzen Tag nit (,) das einzige was ich getan habe (,) weil (,) ein bisserl was hast ja gesehen (,) und da haben sich ja viele (,) haben gekratzt auf den Wänden oben ge (,) manche haben sogar geschrieben (,) mit einem (,) Bleistift oder was (,) und dann hast du das lesen können & das ist die einzige Unterhaltung was du da drinnen gehabt hast (,) weil da haben sie das Datum dazugeschrieben und war von bis (gedehnt) [...] jetzt bin schon wieder da (hebt die Stimme) (,) hat einmal eine geschrieben also [...] da waren die ganzen Wände halt voll (lacht) … weil (,) das Heim hat es ja lang gegeben wahrscheinlich nicht ich weiß es nicht … vorher schon auch"* (Thöni, Z 407–418).

Durch die Gänge

Sowohl Eva Birkls Tagebuch wie die Erzählung Irmgard Thönis geben keine exakten Lagebeschreibungen der Räumlichkeiten, in denen sich das jeweils geschilderte Geschehen abspielt. In Eva Birkls Text werden die Räume und die darin befindliche Einrichtung detailreich beschrieben. Die Maßangaben in Form von Schritteinheiten zeugen vom „Ergehen" der Räume (vgl. hierzu Hasse 2016). Die Beschreibung und Charakterisierung der Räume dienen dazu, die Deutung der eigenen Heimunterbringung zu unterstreichen. Hierin zeigt sich der hoch literarisierte Charakter der Nachschreibung des Tagebuchs. Denn wo literarische Texte häufig ausführliche Raum- und Landschaftsbeschreibungen bieten, sind autobiografische Erzählungen gemeinhin „mehr auf das Tun und Lassen" der AkteurInnen „konzentriert, als dass diese innehalten und sich die Kulissen ihres Handelns vergegenwärtigen" (Auer/Müller 2011, S. 19). Dies zeigt sich beispielhaft in der von Irmgard Thöni im Interview generierten Narration, die die Räume und ihre Einrichtungsgegenstände anhand der mit ihnen verbundenen Praktiken beschreibt.

Obwohl in beiden Schilderungen Raumanordnungen und ihre Verhältnisse zueinander angesprochen werden – bei Eva Birkl etwa im Fall des „Kinderstalls", der in räumlichen Bezug zum Krankenzimmer gestellt wird – erhält die Leserschaft keine exakte topografische Vorstellung des Erziehungsheimes selbst. Es entsteht vielmehr eine mentale Landkarte, in der die beschriebenen Räumlichkeiten in ungewissen Relationen miteinander in Beziehung stehen, sprich eher über Handlungsabläufe und an materielle Gegebenheiten gebundene Praktiken als über einen konkreten geografischen Plan. Das Erinnerungsbild des Heimes ist demnach kein statisches, sondern ein fluidales, atmosphärisches, das sich an Erlebtem orientiert und dabei architektonische und topografische Begebenheiten einbindet. Markant in den Vordergrund der Erzählung Eva Birkls rücken Zwischenräume, die das Geschehen verbinden: die Gänge. Insgesamt hinterlässt ihr Tagebuch den Raumeindruck eines verschachtelten Gebäudekomplexes, der die Mädchen durch vielfache Verriegelungssysteme von der Außenwelt abschottete. Diese Raumqualität des Hauses wird von Birkl unmittelbar in Bezug zu ihrer psychischen Verfassung gestellt: „*Niemals vorher war ich so, wie mich diese Zeit hier formte. Mein ganzes Wesen war gezwungen und hysterisch, oft sagte ich unüberlegt Worte, die mir Unannehmlichkeiten mit der Heimleiterin verschafften. Doch ich wollte hinaus, hinaus aus diesem Labyrinth [,] in dem ich mich einfach nicht zurechtfinden konnte*" (Birkl ca. 1974, S. 9). Die komplexe Verschließungspraktik des Heimes zeigt selbst dann ihre Wirkung, als Eva Birkl nach längerem Heimaufenthalt als Hilfskraft der Wirtschaftsleiterin des Heimes neue Freiheiten gewinnt und in Besitz jenes Dinges kommt, das die physischen Grenzen zu durchbrechen eigentlich imstande wäre: der Schlüssel. Sie schreibt: „*Öfters eilte ich dann durch die langen Gänge um da etwas zu holen und dort zu erledigen. Meist hatte ich den ganzen Schlüsselbund von [... Name der Wirtschaftsleiterin] dabei in meiner Schürzentasche. [Die Wirtschaftsleiterin...] mußte sehr großes Vertrauen zu mir haben, denn an diesem Schlüsselbund waren die Schlüssel des ganzen Hauses, auch der vom Eingang. Ich kam trotzdem nie in Versuchung zu flüchten*" (Birkl ca. 1974, S. 59). Die Verschließung als Erziehungsmittel wies viele Nuancen auf und ging nicht nur über die physischen Grenzen des Hauses hinaus, sie wurde vielmehr erst durch die Durchlässigkeiten der geschlossenen Architektur wirksam: „*Ich wollte hinaus, sicher, aber auf legale Weise. Was brachte schon eine Flucht. Einmal wurde man doch erwischt und dann war die Rückkehr nur noch schlimmer*" (ebd.).

Irmgard Thöni erzählt, dass auch sie nicht an eine Flucht dachte und nennt dafür zwei Gründe – einmal die physischen Grenzen in Form der großen, das Heim umgebenden Umfassungsmauer, die offensichtlich Schlupflöcher bereithielt, aber nur mit Anstrengung überwunden werden konnte; ferner fehlte ihr die Motivation zur Flucht, da sie den größten Teil ihrer Kindheit in Heimen verbracht hatte und sich an Geschlossenheitserfahrungen gewöhnt habe. Sie erzählt: „*auf der einen Seite war (,) ein (,) großer (,) Hof (,) da haben wir können in den Hof gehen war eine große (/) riesen Mauern rum (,) dass keiner abhauen kann (,) früher sollen angeblich viele abgehaut sein & ich weiß es nicht (,) das wäre mir zu steil gewesen zum raufsteigen … und auf das Abhauen hätte ich eigentlich gar nicht gedacht durch das dass ich alleweil im Heim aufgewachsen bin (,) war das für mich eigentlich (,) irgendwie (,) normal (gedehnt) eigentlich (senkt die Stimme) (,) ich habe mich da auch nicht so (gedehnt) (,) so eingesperrt gefühlt obwohl du ja nicht raus gekommen bist"* (Thöni, Z 1128–1134).

Die vielen Gänge des Hauses machen es auch der Zeitzeugin Irmgard Thöni schwer, das Haus in seiner Komplexität zu erfassen. Die Schilderung ihres ersten Raumeindruckes in St. Martin ist in ihrer Erzählung mit einem folgenreichen Gespräch verbunden: *„also der erste Eindruck (klopft) in den Raum (,) und ich habe gesagt wegen Schule gehen das weiß ich noch (klopft) (,) eben das Einzige was mir vorgekommen ist (,) irrsinnig (,) wie ich reingegangen bin lange Gänge & da sind wir die Stiege rauf (,) aber wo wir da genau hingekommen sind das weiß ich nimmer eigentlich (,) das (,) kann ich nicht genau sagen …"* (Thöni Z 1106–1110). Die Zeitzeugin wurde in dem von ihr erwähnten „Raum" gefragt, ob sie die im Heim integrierte Haushaltungsschule besuchen möchte und antwortete mit ja. Diese private Hauswirtschaftsschule durften lediglich 14 bis 16 der bis zu 110 im Heim untergebrachten Mädchen pro Jahr besuchen (Ralser/Bischoff/Guerrini/Jost/Leitner/Reiterer 2017, S. 755–756). Für diese Mädchen war der Heimalltag weniger durch Arbeitserziehung als durch die Schulzeit geprägt: *„ich habe ein Glück gehabt durch das dass ich bald einmal Schule gegangen bin"* (Thöni, Z 395). Insofern ist nachvollziehbar, dass Irmgard Thönis erster Raumeindruck des Heimes in der Erinnerung mit diesem Moment, der für ihre Zeit im Heim entscheidend werden sollte, verbunden ist. Der Rest des Heimes bleibt im Ungewissen, obwohl die Zeitzeugin an zwei Stellen des Interviews die Gesamtanlage des Heimes zu beschreiben versucht. Sie vergleicht den Gebäudekomplex mit einem Vierkanthof (Thöni, Z 1126) und schildert ferner: *„das war ja riesengroß (,) das Heim (,) das war ja nicht nur rundherum (,) wenn ich es so Erinnerung (,) da war auch zwischendrinnen noch (,) ein Bau (,) ah weil das waren ja riesengroße Gänge (,) weil da war (///) innen war da ein kleiner Innenhof & aber da hast können nichts anfangen & da war nur eine Wiese drinnen (,) weil rechts war nachher (,) die Schule (/) das Klassenzimmer und dann war wieder so ein kleiner Innenhof (,) das war ja ein Riesengebäude eigentlich"* (Thöni, Z 1408–1413). Irmgard Thöni erzählt, dass der Heimaufenthalt für die Zöglinge zudem von einer gewissen Zeitlosigkeit geprägt war, zumal der Tagesablauf weniger durch eine Stundeneinteilung als vielmehr mithilfe von Anweisungen des erzieherischen Personals eingeteilt wurde: *„hat es ja geheißen jetzt gehts mittagessen (,) ob da jetzt zwölf oder viertel nach & das kann ich nicht sagen weil da (,) hat man auch keine Acht gegeben (,) Uhr habe ich keine gehabt jetzt … hast glaube ich gar nicht tragen dürfen (senkt die Stimme) glaube ich nicht … und es hat wenig Uhren in dem Haus eigentlich gegeben … ich weiß in der Küche bin ich* *einmal drinnen gewesen da war eine [...] im Schul (/) im Schulraum ist auch eine gewesen hinten auf der Wand oben ... aber sonst war (/) im Haus eigentlich war nirgends eine Uhr"* (Thöni, Z 1186–1193).

Die A-Gruppe

Die Mädchen und jungen Frauen, die nach St. Martin kamen, durchliefen unterschiedliche Stadien von Geschlossenheitserfahrungen, da sie von einer Gruppe in die nächste „*versetzt*" (Birkl ca. 1974, S. 20) wurden. Die Aussicht auf Lockerung der Isolierung setzte das pädagogische Personal erzieherisch ein. Eine „Versetzung" bedeutete auch jeweils einen Raumwechsel mit jeweils unterschiedlichen Abstufungen von Geschlossenheit. Wurde ein Mädchen eingewiesen, kam es wie Eva Birkl zunächst in die A-Gruppe, ein Begriff, mit dem sowohl die Gruppe der neu eingetroffenen Mädchen als auch deren Unterbringungsort im Heim bezeichnet wurde. Eva Birkl schildert ihre Erlebnisse hierzu folgendermaßen: *„Ich wurde der A-Gruppe zugeteilt. Das war die Anfangsgruppe. Sie war getrennt von den anderen Gruppen. Hinter einer dicken Glastüre, die immer gut verschlossen war, spielte sich das Leben der A-Gruppe ab. Niemand kam ohne Schlüssel herein oder hinaus. Eine Flucht war aus dieser Gruppe fast unmöglich"* (Birkl ca. 1974, S. 5). Birkl liefert eine detaillierte Raumbeschreibung der A-Gruppe: *„Der zehn Meter lange Gang hinter der Glastüre bildete den Waschraum. Er war immer ordentlich sauber, die vier Waschbecken mit den Spiegeln darüber strotzten gerade vor Sauberkeit. Die Fenster waren, wie alle anderen natürlich vergittert. Links führten zwei Türen, eine in den Aufenthaltsraum[,] den wir Tagraum nannten, die Zweite [sic] in den Schlafsaal mit zwölf Betten. / Der Tagraum war sechs Meter lang und vier Meter breit. Die Einrichtung bestand aus drei Tischen und einem großen braunen Spint, in dem jedes Mädchen ein Fach benützen durfte. Eine Eckbank und einige Stühle machten den Raum ziemlich voll. / Der Schlafsaal mit den großen alten Eisenbetten und den ebenso alten Nachtkästen wirkten [sic] nicht sehr einladend. Aber es war ja auch kein Erholungsheim[,] sondern eine Anstalt für ‚gefallene Mädchen'. Es war jedoch auch hier sehr sauber und man sah auf den ersten Blick, daß die Bewohner auf Ordnung bedacht waren"* (Birkl ca. 1974, S. 6).

Geschildert wird hier, mit welchem Blick die Jugendfürsorge der 1960er-Jahre auf Mädchen und junge Frauen schaute: Sie wurden als Objekte und spätere Subjekte der Erziehung angesehen. Die wirtschaftliche Notlage vieler von ihnen wurde moralisch als „weibliche Devianz" (das Bild der „Gefallenen") umgedeutet, der die Fürsorgeorgane durch einen besonderen Ordnungssinn der Anstaltszöglinge und eine Erziehung zur Hausfrau beizukommen versuchten (vgl. hierzu Schmidt 2002). Die Architektur und Einrichtung der Heime wurde als Erziehungsmittel eingesetzt (Leitner 2016). Während Birkl das Ergebnis dieser Fürsorgepolitik anhand der ordentlich aufgeräumten Zimmer darstellt, bietet Irmgard Thöni in ihrer Beschreibung der Zimmer Einblick in die dort verübten Praktiken selbst: *„bist in der Früh geweckt worden dann ist aufgesperrt worden weil es war ja zugesperrt in der Nacht (,) du hast auch nicht können aufs Klo gehen (,) da hast einen Kübel gehabt ... du hast nicht können aufs Klo gehen [...] es war zugesperrt ... du hast auch kein Licht herinnen gehabt nit & das war (,) da hast halt müssen tappen aber (,) dann bist aufgeweckt worden und dann bist duschen gegangen ... das war das erste (,) und nach dem Duschen hast müssen aufräumen gehen (,) und nach dem Aufräumen (,) hast Frühstück gekriegt"* (Thöni, Z 1176–1182). Die Anweisungen des Erziehungspersonals, die Pflichtarbeiten sowie das Einsperren der Zöglinge wertet die Zeitzeugin als nicht nachvollziehbaren *„Drill"* (Thöni, Z 1923–1924), den sie infrage stellt: *„ich frage mich warum die die Türe zugesperrt haben die Nacht & da hast nicht einmal aufs Klo gehen können (,) dann war (,) das ein Stock und wenn du runtergegangen bist ich weiß nicht war das jetzt der erste oder Parterre war dann (,) beim Stiegenhaus (,) ein Eisengitter (,) da hättest ja nicht einmal (klopft) (,) wie hättest denn da abfliegen [flüchten] können da hättest ja nicht einmal (///) ist alles zugesperrt gewesen ... also das war schon ex(///) das (,) schon extrem (,) warum sie das alles gemacht haben zusperren dass nicht einmal aufs Klo gehen kannst & das ist ja sowieso ein Rätsel für mich"* (Thöni Z 1924–1930). Irmgard Thöni hinterfragt hier die inneren Schließungssysteme des Erziehungsheimes, denn die physische Abschottung des Hauses durch eine hohe Mauer und die Verschließung des Eisengitters hätten gereicht, um die Mädchen von der Außenwelt fern zu halten. Die Grenzen im Inneren mit ihren verschiedenen Durchlässigkeiten dienten pädagogischen Zwecken, indem sie den Mädchen bei guter Führung zum einen mehr Freiheiten versprachen, sie zum anderen aber auch gefügig machten.

Die Waschküche

Im Innenraum des Heimes war der Alltag der meisten Mädchen und jungen Frauen überwiegend geprägt durch ihren Arbeitseinsatz: *„Waschen, bügeln und ausbessern"* (Birkl ca. 1974, S. 32). Irmgard Thöni unterscheidet hierbei zwischen jenen Mädchen, welche die Schule besuchen durften und den anderen: *„die den ganzen Tag in dem Heim waren (,) die sind praktisch alles Arbeitskräfte gewesen billige (,) weil die haben alle müssen für das Bundesheer arbeiten ... gut gehabt haben es nur die die Schule gegangen sind & weil die haben was gelernt ... ... alle anderen sind praktisch alle ausgenützt worden (,) finde ich"* (Thöni, Z 1881–1884) Erfahrungen in der Waschküche, ein Raum, der vielfach Erwähnung durch Zeitzeuginnen findet, die in St. Martin untergebracht waren, machten beide Frauen. Obwohl sie ungefähr zur gleichen Zeit (Eva Birkl 1961/62,

Irmgard Thöni 1964/65) im selben Heim waren, unterscheiden sich die Erfahrungen in der Waschküche und die damit verbundenen Praktiken deutlich. Während Eva Birkl noch in der vollständig mechanisch betriebenen Waschküche im Erdgeschoss des Hauses zum Arbeitseinsatz kam, arbeitete Irmgard Thöni bereits in der 1962/63 an der Ostseite des Erziehungsheimes angebauten Waschküche mit elektrischen Geräten: Waschmaschine, Trockenapparat, Wäscheschleuder, Näh- und Bügelmaschinen (Ralser/Bischoff/Guerrini/Jost/Leitner/ Reiterer 2017, S. 749–753).

Eva Birkl berichtet: *„Die Waschküche war im Keller [...]. Zwei große Waschkesseln [sic] mußten angeheizt werden. Vier lange Holztische standen in der Mitte. Darauf wurde die Wäsche gelegt und mit Seife und Bürste geschruppt. Bald waren die Finger wund und die Seife schaffte den Rest."* Die im Heim praktizierte „Arbeitserziehung" kommentiert sie ironisch, indem sie fortfährt: *„So büßten wir wenigstens einen ganz kleinen Teil unserer riesigen Sünden, die wir auf uns geladen hatten. Neben den Waschkesseln waren fünf tiefe Steinbecken zum Schwemmen der Wäsche. Meine Finger waren offen und bluteten, deshalb wurde ich am nachmittag [sic] zum Schwemmen eingeteilt. Plötzlich begann ein fürchterlicher Krawall, daß ich Angst bekam, das ganze Haus würde einstürzen. [... Ein Mädchen] bediente die Wäscheschleuder. Sie drehte an einer Eisenstange und die Schleuder begann zu routieren [sic]. Das erforderte viel Kraft und Anstrengung. Das also war das Rumpeln, das mich so erschreckt hatte"* (Birkl ca. 1974, S. 31). Irmgard Thöni wiederum schilderte ihre Erlebnisse in der Waschküche im Interview folgendermaßen: *„und hie und da eben wenn sie wieder jemanden gebraucht haben bist in die Waschküche rüber kommen (,) da hast (//) da war ich meistens dann beim (/) bei den großen Maschinen (,) entweder die hat (//) zu dritt oder zu viert waren wir da meistens (,) zwei vorne und zwei hinten (,) weil das hast zuerst (,) das Handtuch ein bisserl (,) ah das Leintuch a bisserl (,) gezogen ge (,) und dann geschaut dass man es zu zweit glatt (,) und da haben wir hinten beide gehalten damit es schön durchgeht und auf der anderen Seite haben dann alleweil die einen rausgetan und zusammengelegt ge (klopft)"* (Thöni, Z 1555–1561). An den unterschiedlichen Wahrnehmungen der Arbeiten in der Waschküche und den mit ihnen verbundenen Räumen zeigt sich, welche Funktion das innere Verschließungssystem des Heimes hatte: Die unterschiedlichen Formen von Durchlässigkeit nahmen die Mädchen als Erleichterung ihres Heimaufenthaltes wahr, wodurch sie die ihnen auferlegten Arbeiten leichter ertrugen. Im Gegensatz zu Irmgard Thöni zieht Eva Birkl trotz des schmerzhaften Arbeitseinsatzes ein positives Fazit von ihren Raumerlebnissen in der Waschküche, zumal diese die Geschlossenheitserfahrungen des Heimes etwas aufweichten: *„Ich bin nur zuwenig abgehärtet, das ist alles, redete ich mir ein und schon spürte ich meine wunden Finger nicht mehr. Sonst gefiel es mir in der Waschküche gut. Die Erzieherin schaute nicht immer so böse wie in der A-Gruppe, und ein bißchen Freiheit hatte man hier auch. Man durfte ohne zu fra-*

gen die Closetts benützen, das war schon ein großer Fortschritt" (Birkl ca. 1974, S. 31). Irmgard Thöni zieht dagegen folgendermaßen Bilanz: *„und sonst warst halt im (,) in dem einen Raum wo [wohl der Aufenthaltsraum der Gruppe] (,) das war mir eigentlich fast lieber als in der Waschküche & war ich nicht so gern ... das war so uninter(///) so langweilig das so Durchlassen (gedehnt) und wieder Durchlassen (,) da habe ich nachher (///) dann lieber mal gestopft und (,) halt einmal was geflickt und einen Knopf angenäht das war einfach ... da hast können mehr ratschen als wie (,) weil da hast (,) reden dürfen nebeneinander also ... da haben sie nichts gesagt"* (Thöni, Z 1561–1566).

Sprachlich-narratives und leiblich-körperliches Raum-Schaffen

Es steht außer Frage, dass dem Raum-Schaffen in den hier vorgestellten autobiografischen Erzählungen leibliche wie sinnliche Wahrnehmungen der ehemaligen Heimkinder zu Grunde liegen: Das Abschreiten des Karzerraumes bei gleichzeitigem Zählen der Schritte und das Tappen durch das finstere Gruppenzimmer, das Empfinden von Kälte und das Vernehmen von Schreien aus den Gängen, der Schmerz der aufgeplatzten Finger oder die monotonen Körperbewegungen beim Durchlassen der Bügelwäsche. Dieses Erleben der Räume wurde sowohl im Tagebuch von Eva Birkl wie im Interview von Irmgard Thöni mit ihren sprachlichen Möglichkeiten artikuliert bzw. „übersetzt". Beide autobiografischen Schilderungen können für den Wert stehen, den die Betroffenenperspektive, hier anhand eines autobiografischen Textes und eines Interviews, für die Erforschung der Heimgeschichte ausmacht. Sie ergänzt das archivalische Quellenrepertoire, das historischen BildungsforscherInnen zur Aufarbeitung der Fürsorgeerziehung in den Archiven zur Verfügung steht. ZeitzeugInnen schildern das subjektiv Erlebte und stellen es in einen gesamtbiografischen Sinnzusammenhang und ermöglichen damit nicht nur eine „weitgehende Annäherung an eine ganzheitliche Reproduktion des damaligen Handlungsablaufs oder der damaligen Erlebnisgestalt" (Rosenthal 2008, S. 141), sie geben auch Einblick in die kontextuellen Bedingungen, in welchen die Erzählungen generiert wurden (Lucius-Hoene/Deppermann 2004, S. 91). Die öffentliche Aufmerksamkeit für Gewalt in Erziehungsheimen, die auch das in Innsbruck durchgeführte Forschungsprojekt initiierte, regte ZeitzeugInnen an, erstmals über ihr Erlebtes in den Tiroler und Vorarlberger Heimstrukturen zu erzählen. Andere nahmen sie zum Anlass, ihre Geschichte „wiederzuerzählen" (vgl. hierzu Schumann/Gülich/Lucius-Hoene/Pfänder 2015). Raumerinnerungen gehören zu den ersten und prägnantesten Eindrücken, welche die ehemaligen Heimkinder gekoppelt mit Gewalterfahrungen schilderten (Leitner 2017, S. 336). Den Räumen der Fürsorge kam in den Narrationen „eine spezifische Bedeutung und Funktion in einem nur als Ganzes zuverlässig zu entschlüsselnden lebensgeschichtlichen Erzählzusammenhang zu" (Auer/Müller 2011, S. 54). So vermochten etwa die narrativ-biografischen Interviews mit den Frauen, die im Erziehungsheim St. Martin untergebracht waren, Einblick in die weiteste Ausdehnung des internen Verschließungssystems des Heimes zu geben: Die Frauen hatten das Wechselspiel zwischen Öffnung und Schließung des erlebten pädagogischen Raumes und der Welt, um auf die eingangs zitierten Worte Göhlichs zurückzukommen, inkorporiert (vgl. hierzu Canning 1999, S. 505). Bestimmte Dinge, die mit den Geschlossenheitserfahrungen verbunden waren, reaktivierten das im Körpergedächtnis der Frauen abgelagerte Raumwissen: Schlüssel sind solche Aktivatoren. Sabine Gabl (Pseudonym), eine weitere Zeitzeugin, schilderte, wie das durch die Betätigung von Schlüsseln hervorgerufene Sperrgeräusch ihr Leben nach dem Heimaufenthalt prägte: *„dann sind die Schlüssel gegangen (,) und dann habe ich daheim nachher [...] lange gelitten (,) da bin ich lange auf Nacht noch auf(/) aufgeschreckt weil ich gesagt habe (,) irgendetwas irgendetwas stimmt da nicht mehr"* (Gabl, Z 245–248). Resümierend stellt sie fest: *„ich sage das ist ein bleibendes Ding & wo ich immer noch merke & mit den Schlüsseln (,) das hat mich lange verfolgt ... lange"* (Gabl, Z 3050–3051). Keine Personen, die Schlüssel selbst „gehen" in Sabine Gabls Erzählung. Das Ding, das für die Handlung steht, wurde selbst zum Handlungsträger, der zwischen innen und außen, offen und geschlossen bestimmt.

Das Sprechen über das Erlebte in der Interviewsituation beförderte bei vielen befragten ZeitzeugInnen Raumerinnerungen an den Tag, welche lange Zeit nicht abgerufen oder, wie Irmgard Thöni sagt, *„absichtlich"* vergessen wurden (Thöni, Z 2052). Die Sprache ist aber „nur eine Stimme im Konzert der anderen leiblichen Ausdrucksmodalitäten, Gestik, Mimik, Blick, Körperpositur und Bewegung im Raum", so Arnulf Deppermann (2015, S. 330). „Sie ist intrinsisch verwoben mit Sichtbarem und Tastbarem, mit Objekten und Räumen, mit Positionen und Bewegungen, mit Aufmerksamkeit und Wahrnehmung" (vgl. zu einer Raum und Körper reflektierenden Interaktionsanalyse Schwarze 2017). Insofern rückt das leibliche und körperliche Raum-Schaffen der ZeitzeugInnen in der Interviewsituation selbst in den Blick. In der wissenschaftlichen Ergebnisdarstellung tritt dieses zumeist hinter das gesprochene Wort zurück bzw. wird durch Übersetzungsvorgänge, etwa die Tonband- und Videoaufzeichnung oder das Transkript, sogar „sukzessive reduziert und tendenziell verschleiert" (Demmer 2016, S. 11). Durch die Kameralinse etwa wird die Welt „auf Distanz gebracht, die leibliche Erfahrung zugunsten technologischer Aufzeichnungsinstrumente minimiert", wie Jürgen Budde (2017, S. 76) zu bedenken gibt.

In der Befragung ehemaliger Heimkinder kam Videografie als Aufzeichnungsmethode aus Gründen strenger Anonymisierungsauflagen und aus Rücksicht auf die InterviewpartnerInnen, die in ihrer Kindheit zum Teil selbst videoüberwachten Räumen ausgesetzt waren, nicht zum Einsatz. Da sich leibliches Verstehen und Kommunizieren zudem „höchst situativ und flüchtig" darstellt (Demmer 2016, S. 6), ist das leibliche Raum-Schaffen, das in der Interviewsituation mit ehemaligen Heimkindern im Innsbrucker Forschungsprojekt erlebbar wurde, ausschließlich den ForscherInnen zugänglich, welche die Interviews durchführten. Schilderungen inkorporierter Raumerfahrungen wurden von Gesten und Geräuschen begleitet, die etwa das penible Ausrichten der Betten oder das Drehen des Lichtschalters nacherlebbar machten. InterviewpartnerInnen zeigten erlebte Gewaltausübungen an ihren Körpern vor oder klagten über Schmerzen in den Gliedmaßen, die während des Erinnerns an die Gewalthandlungen für den Interviewenden wahrnehmbar auftraten. Manchmal stockte eine Auskunftsperson, weil die Erinnerungen so überwältigend waren, begann tief und schwer zu atmen, weinte oder zeigte körperliche Reaktionen, die dermaßen intensiv waren, dass sie das Sprechen verunmöglichten. Die Eindrücke über das Geschehene gestalteten sich in diesen Situationen für die Interviewenden umso stärker. Manchmal griffen die Befragten nach Stift und Papier und begannen aufzuzeichnen, was sich nicht artikulieren ließ. Dann wieder waren es nicht die Befragten, die wortlos dasaßen, sondern die ForscherInnen selbst: nicht, weil ein aufmerksames Hören Teil der interviewenden Methode ist, sondern weil die Befragten alle empfundene Schwere und Enge auf das Gegenüber abfallen ließen, die Arme nach vorne ausstreckten, und die Hände drehend sich über die verspürte Leichtigkeit wunderten. Die eigene Ergriffenheit machte deutlich, was Budde (2017, S. 72) für die ethnografische Forschung formulierte: „dass die subjektive Erfahrung der Forschenden im Feld, ihre Feldsensibilität und die (durchaus leiblich verstandene) Präsenz, bedeutsame Instrumente bei der Erhebung von Daten darstellen." Damit ist ein, insbesondere in der historischen Forschung, vernachlässigtes Erkenntnisinstrument, angesprochen: der Leib und Körper der Wissenschaftlerin und des Wissenschaftlers (vgl. hierzu Hirschauer 2016; Schnicke 2013; Breuer 2000).

Obwohl es für die historische Raumanalyse keine „speziellen Quellen" gibt, wie Susanne Rau (2013) betont, beschränkt sich das Material zumeist auf „Sachquellen, Texte, Bilder, Karten, Pläne" (ebd., S. 125). Ego-Dokumente (Schulze 1996), also Schriftstücke, in denen sich Spuren historischer Ichs finden lassen, gehören zu den von Rau genannten Quellen dazu. In Form des Tagebuchs von Eva Birkl wurde in diesem Beitrag ein Ego-Dokument exemplarisch nach den dort erkennbaren Raumbeschreibungen der Ich-Erzählerin und den darüber zu vermutenden Raumerfahrungen der historischen Person befragt. Die von Eva Birkl in literarischer Form geschaffenen Topo-Grafien sind die einzige Möglichkeit, sich einen Eindruck von den Raumerlebnissen der Frau zu machen, zumal sie bereits 2012 verstarb und daher nicht mehr befragt werden kann. Der Umstand, dass HistorikerInnen ihre Erkenntnisse großteils über schriftliche Hinterlassenschaften generieren, gekoppelt mit einem hohen Anspruch an eine seriöse Wissensproduktion, blendet vielfach ihre eigene Involviertheit in das Forschungsgeschehen und ihre emotionale Gebundenheit daran aus, die sich nicht zuletzt bereits bei der Wahl des Forschungsthemas selbst zeigt (Antenhofer 2008). Dabei ist aber nicht nur Oral History, wie hier aufgezeigt wurde, sondern auch die Arbeit an schriftlichem Quellenmaterial eine durchaus leibliche Angelegenheit. Das schweigende Sitzen in den Lesesälen der Archive, die an die Taktung der Öffnungszeiten angepassten Körperbedürfnisse, das fehlende Sonnenlicht und das Trinkverbot: Sie alle werfen die Forscherin und den Forscher auf sich selbst zurück, lassen sie allein im Zwiegespräch mit der vor ihnen liegenden Quelle, die ihre Wirkung entfaltet. Was den ForscherInnen hier zuweilen widerfährt, hat Pierre Bourdieu (1997) mit dem Bild des Toten, der den Lebenden packt, in Worte gefasst. Momente persönlicher Ergriffenheit, des eigenleiblichen Spürens (Gugutzer 2013, S. 153), welche die Arbeit mit ehemaligen Heimkindern und ihren Quellen begleitete, waren es, die Wissen generierten und zuweilen ein Erleben der Räume der Fürsorge jenseits ihrer narrativen Erfassung momentweise erlaubten.

Kurzlegende zu den zitierten Interviewpassagen

(,) Absetzen einer Äußerung

(/) Unterbrechung

(//) komplettes Abbrechen

… Sprechpause

[…] Auslassung

unterstrichen auffällige Betonung

(klopft) (gedehnt) Charakterisierung von nichtsprachlichen Vorgängen bzw. Sprechweise

[Kommentar] eingefügter, erklärender Kommentar

Quellen und Literatur

Antenhofer, Ch. (2008): Emozionalità nella storia. Riflessioni sullo sfondo di Storia e Psicoanalisi e La scrittura della storia di Michel de Certeau. Discipline filosofiche, XVIII(1), S. 8–99.

Auer, E./Müller, G. (2011): Aus nah und fern. Blickwinkel auf Landschaft als Teil der Lebenswelt. In: R. Garstenauer/G. Müller (Hrsg.): Aus der Mitte der Landschaft. Landschaftswahrnehmungen in Selbstzeugnissen (Jahrbuch für Geschichte des ländlichen Raumes). Innsbruck/Wien/Bozen: Studienverlag, S. 16–59.

Birkl, E. (Pseudonym) (ca. 1974): Das verlorene Jahr, 78-seitiges, unveröffentlichtes maschinenschriftliches Manuskript, archiviert am Institut für Erziehungswissenschaft der Universität Innsbruck.

Bourdieu, P. (1997): Der Tote packt den Lebenden (hrsg. von M. Steinrücke). Hamburg: VSA.

Breuer, F. (2000): Wissenschaftliche Erfahrung und der Körper/Leib des Wissenschaftlers. Sozialwissenschaftliche Überlegungen. In: C. Wischmann/S. Haas (Hrsg.): Körper mit Geschichte. Der menschliche Körper als Ort der Selbst- und Weltdeutung. Stuttgart: Franz Steiner, S. 33–50.

Budde, J. (2017): Ethnographische Methoden. In: A. Kraus/J. Budde/M. Hietzge/Ch. Wulf (Hrsg.): Handbuch Schweigendes Wissen. Erziehung, Bildung, Sozialisation und Lernen. Weinheim und Basel: Beltz Juventa, S. 69–78.

Canning, K. (1999): The Body as Method? Reflections on the Place of the Body in Gender History. Gender & History, 11(3), S. 499–513.

Demmer, Ch. (2016): Interviewen als involviertes Spüren. Der Leib als Erkenntnisorgan im biografieanalytischen Forschungsprozess [35 Absätze]. Forum Qualitative Sozialforschung/Forum: Qualitative Social Research, 17(1), Art. 13, http://nbn-resolving.de/urn:nbn:de:0114-fqs1601139.

Deppermann, A. (2015): Pragmatik revisited. In: L. M. Eichinger (Hrsg.): Sprachwissenschaft im Fokus. Positionsbestimmungen und Perspektiven. Berlin/München/Boston: de Gruyter, S. 323–352.

Gabl, S. (Pseudonym): Interview geführt am 09.08.2013, Tonbandaufnahme und Transkript archiviert am Institut für Erziehungswissenschaft der Universität Innsbruck.

Göhlich, M. (2016): Raum als pädagogische Dimension. In: C. Berndt/C. Kalisch/A. Krüger (Hrsg.): Räume bilden – pädagogische Perspektiven auf den Raum. Bad Heilbrunn: Julius Klinkhardt, S. 36–50.

Guerrini, F. (2017): „…ich hätte alles getan, damit ich ja da nicht mehr reinkomme." Karzer, Besinnungsstübchen, Therapiestation: Räume der Erziehung? In: U. Leitner (Hrsg.): Corpus Intra Muros. Eine Kulturgeschichte räumlich gebildeter Körper. Bielefeld: transcript, S. 117–148.

Gugutzer, R. (2013): Soziologie des Körpers (4. Aufl.). Bielefeld: transcript.

Hasse, J. (2016): The (felt) Body of the City. Feeling Urban Spaces. In: Ch. Antenhofer/G. Bischof/R. L. Dupont/U. Leitner (Hrsg.): Cities as Multiple Landscapes. Investigating the Sister Cities Innsbruck and New Orleans (Interdisziplinäre Stadtforschung 21). Frankfurt am Main/New York: Campus, S. 277–293.

Hirschauer, S. (2016): Diskurse, Kompetenzen, Darstellungen. Für eine Somatisierung des Wissensbegriffs. Paragrana. Internationale Zeitschrift für Historische Anthropologie 25(1), S. 23–32.

Leitner, U. (2017): Sonderorte ländlicher Kindheiten. Raumerinnerungen ehemaliger Heimkinder der Fürsorgeerziehungslandschaft Tirols und Vorarlbergs. In: M. Ender/I. Fürhapter/I. Kathan/U. Leitner/B. Siller (Hrsg.): Landschaftslektüren. Lesarten des Raums von Tirol bis in die Po-Ebene. Bielefeld: transcript, S. 326–347.

Leitner, U. (2016): Gebaute Pädagogik – Raum und Erziehung. Die Bedeutung der Architektur für die Fürsorgeerziehung am Beispiel der Landeserziehungsanstalt am Jagdberg. Tiroler Heimat. Zeitschrift für Regional- und Kulturgeschichte Nord-, Ost- und Südtirols 80, S. 171–200.

Lucius-Hoene, G./Deppermann, A. (2004): Rekonstruktion narrativer Identität. Ein Arbeitsbuch zur Analyse narrativer Interviews. Opladen: VS Verlag für Sozialwissenschaften.

Ralser, M./Bischoff, N./Guerrini, F./Jost, Ch./Leitner, U./Reiterer, M. (2017): Heimkindheiten. Geschichte der Jugendfürsorge und Heimerziehung in Tirol und Vorarlberg. Innsbruck/Wien/Bozen: Studienverlag.

Rau, S. (2013): Räume (Historische Einführungen 14). Frankfurt am Main/New York: Campus.

Rau, S. (2014): Räume der Stadt. Eine Geschichte Lyons 1300–1800. Frankfurt am Main/New York: Campus.

Rosenthal, G. (2008): Interpretative Sozialforschung. Eine Einführung. Weinheim und München: Juventa.

Schmidt, H. (2002): Gefährliche und gefährdete Mädchen. Weibliche Devianz und die Anfänge der Zwangs- und Fürsorgeerziehung. Opladen: Leske + Budrich.

Schnicke, F. (2013): Körper des Wissenschaftlers/der Wissenschaftlerin. In: U. Frietsch/J. Rogge (Hrsg.): Über die Praxis des kulturwissenschaftlichen Arbeitens. Ein Handwörterbuch (Mainzer Historische Kulturwissenschaften 15). Bielefeld: transcript, S. 212–218.

Schulze, W. (1996): Ego-Dokumente. Annäherung an den Menschen in der Geschichte? Vorüberlegungen für die Tagung „Ego-Dokumente". In: W. Schulze (Hrsg.): Ego-Dokumente. Annäherung an den Menschen in der Geschichte (Selbstzeugnisse der Neuzeit 2). Berlin: Akademie, S. 11–30.

Schumann, E./Gülich, E./Lucius-Hoene, G./Pfänder, S. (Hrsg.) (2015): Wiedererzählen. Formen und Funktionen einer kulturellen Praxis (Edition Kulturwissenschaft 50). Bielefeld: transcript.

Schwarze, C. (2017): Gemeinsam im Seminar. Die körperlich-räumliche Herstellung eines Interaktionsereignisses in der Universität. In: U. Leitner (Hrsg.): Corpus Intra Muros. Eine Kulturgeschichte räumlich gebildeter Körper. Bielefeld: transcript, S. 347–376.

Thöni, I. (Pseudonym): Interview geführt am 20.09.2013, Tonbandaufnahme und Transkript archiviert am Institut für Erziehungswissenschaft der Universität Innsbruck.

Bewegungen im Schulraum

Sich von SchülerInnen (ent-)führen lassen

Simone Kosica

„Über Schüler wird viel geschrieben und geredet.
Von Schülern liest und hört man wenig."
(Jürgen Zinnecker 1982, S. 7)

Mit dem gewählten Einstiegszitat führt Jürgen Zinnecker in seinen Sammelband „Schule gehen Tag für Tag" aus dem Jahr 1982 ein. Zur Hinführung zu meinem Beitrag, der einen phänomenologisch orientierten Zugang zur Schulraumerfahrung von SchülerInnen sucht, bietet sich ein Blick in den Band sowohl aufgrund seiner inhaltlichen Dimension als auch seiner spezifischen Perspektive an.

In einer Anthologie wurden von dem Herausgeber SchülerInnenwerke literarischer und grafischer Natur zusammengetragen, die ein „alltägliches Ereignis" (ebd., S. 7) thematisieren, welches damals wie heute mehr als zehn Millionen Kindern und Jugendlichen zu Teil wird: der Besuch einer Schule. Obwohl jeder Erwachsene auf eigene Erfahrungen diesbezüglich zurückgreifen kann und andere Perspektiven darauf in Form von Erinnerungsschriften oder Berichten von PädagogInnenseite das Thema umfassend beleuchten, stellt Zinnecker Anfang der 1980er-Jahre die These auf, dass wir über das „Zur Schule gehen" sehr viel und gleichzeitig auch sehr wenig wissen. Er spricht dabei auf die „Stimmen von der Schülerbank" (ebd.) an. In seinem Band soll also den „Schülern das Wort [gegeben werden] [...] in der ursprünglichen Sprache der Schüler [...] und nicht in der entschärften und verwässerten Fassung, die pädagogische Autoren und Erziehungswissenschaftler davon herstellen" (ebd., S. 8). „Schüler haben das Recht, öffentlich gehört und gelesen zu werden, wenn ihr Schulleben und ihre Schulbiografie zur Debatte stehen." (ebd.) Dergestalt sind in Zinneckers Buch nicht nur schulbejahende Texte und Zeichnungen zu finden, sondern auch Aufsätze, Briefe, Gedichte, Tagebucheinträge, Skizzen, Verse oder Witze, die durchaus als schulkritisch zu bezeichnen sind. Um ein Beispiel herauszugreifen, wird nachstehend eine Zeichnung eines Illustrators näher betrachtet, die den SchülerInnenarbeiten zur Seite gestellt wurde:

Zeichnung von Gregor Schöner (vgl. Zinnecker 1982, S. 47/Titelseite)

Welches Bild von Schule wird hier *gezeichnet*?
Dominiert wird die Zeichnung durch einen mächtigen Klotz, dessen Frontalansicht den BetrachterInnen in besonderer Weise entgegentritt. Durch die Anordnung zweier größerer Fenster und einer darunterliegenden breiten quer ausgerichteten Tür wird sie zu einer grimmigen Fratze belebt, deren monsterhafte Gestalt durch die jeweils über den Fenstern ergänzten schräggestellten Striche als Augenbrauen verstärkt wird. Das Dunkel hinter der zähnefletschenden Eingangstür lässt nichts Gutes erwarten. Dies bestätigt ein Blick ins Innere. Darin lässt sich neben einer kleinen Hand, die sich kurz vorm Verschlingen hilfesuchend nach oben streckt, eine aufgestellte Zunge erkennen. Es stellt sich die Assoziation eines wütenden Schreis ein, die die angsteinflößende Wirkung der Zeichnung akustisch zu unterstreichen scheint. Inmitten des beängstigenden Antlitzes prangt an der Stelle der Nase ein Schild, welches das dargestellte Gebäude als SCHULE ausweist. Ihr gegenüber versammelt sich in einer gewissen Distanz eine Gruppe von unbewegten, abwartenden SchülerInnen. Da sie sich aufblickend dem Schulgebäude zuwenden, sind nur vereinzelt ihre Gesichter zu erkennen. Ein Junge in der hinteren Reihe hat seine Hand in die Hosentasche gesteckt, sein nach unten hängender Mundwinkel lässt auf keine besondere Vorfreude auf den anstehenden Schulbesuch schließen.
Die Distanz von SchülerInnengruppe und Schulklotz wird durch einen von dem Schulhaus ausgehenden, im Vergleich zu den dargestellten SchülerInnen überproportional

großen Arm überbrückt, der die Belebung des Schulhauses weiterführt. Allerdings setzt er nicht zu einer einladenden, fürsorglichen Umarmung an, sondern versucht vielmehr, die SchülerInnen in die Fänge des Schulmonsters zu treiben. Ein Schüler wehrt sich zähneknirschend gegen den Zugriff und drückt sich mit aller Gewalt mit seinem Rücken gegen die vereinnahmende Riesenhand. Doch ein Entkommen scheint unmöglich.

Von hinten nähert sich eine weitere Person der SchülerInnenfront. Aufgrund des akkurat gekämmten Seitenscheitels und der Aktentasche unter dem linken Arm, liegt die Vermutung nahe, dass es sich dabei um eine Lehrperson handeln könnte. Neben der Aktentasche ist der Lehrer mit einem Speer bewaffnet, den er gezielt auf einen Schüler richtet, der sich mit etwas Abstand hinter der SchülerInnenreihe zurückhält. Dient der Lehrer hier als Schützenhilfe des Ungetüms Schule, der die verlorenen Schäfchen einfängt und in ihre Arme treibt?

In der Zeichnung und seiner Beschreibung wird ein institutioneller Zugriff und eine räumliche Begrenztheit von Schule zum Ausdruck gebracht, die in weiteren von Zinnecker gesammelten SchülerInnentexten mit „seelenlose, schülerfressende Betonpflanze, die immerzu ihr Maul öffnet, von der Gier besessen, mich und alle anderen zu nicht denkenden, apathischen Individuen zu formen" (Zinnecker 1982, S. 46) oder an anderer Stelle metaphorisch als „Betonbunker" (ebd., S. 40), in dem „meine Zelle aus einem kleinen Raum, mit Tischen und Stühlen ausgestattet" (ebd.) ist, die ich mit 29 Mitgefangenen teile (vgl. ebd.), sprachlich umschrieben werden.

Sowohl die hier eingenommene Perspektive auf Schule als auch die gewonnenen Einblicke in die Schulerfahrung von SchülerInnen sind für meinen Beitrag interessant.

Zum einen tritt die Bedeutung des Räumlichen für die Schulerfahrung von SchülerInnen zu Tage. Die auszugsweise innerhalb der gewählten Beispiele geschilderten Schulerfahrungen von SchülerInnen zeigen auf, dass Schule unter Einbezug der räumlichen Dimension von Schule gedacht und formuliert oder gar unter der Verwendung von Metaphern insbesondere in architektonische Bezüge symbolisch übersetzt werden. Es deutet sich folglich an, dass Schulerfahrung immer auch eine Schul*raum*erfahrung ist.

Ähnlich wie bei der Schulerfahrung allgemein kann dies jeder Erwachsene an seiner eigenen Schulbiografie leicht überprüfen und nachvollziehen. Die Auseinandersetzung mit dem Thema *Schulraum* zeigt, dass sich Menschen im Erwachsenenalter lebhaft an die Räumlichkeiten der besuchten Schulen erinnern. Dabei werden nicht nur bestimmte objektive architektonische Eigenheiten wie die Anordnung der Räume oder die Gestaltung des Klassenzimmers erinnert, sondern auch subjektive, sinnliche Eindrücke beschrieben. Viele wissen noch, wie sich das *in-der-Schule-Sein* anfühlte, wo sich Lieblingsplätze befanden und Orte, die eher gemieden wurden, wie es beispielsweise in den Fluren oder der Turnhalle der Schule gerochen hat oder wie sich ein belebter

Pausenhof anhörte. Doch genau von der erwachsenen Rückblende löst sich Zinnecker und versucht, sich aktuellen Perspektiven von SchülerInnen zuzuwenden.

Auch hinsichtlich des Schulraums ist analog zu Zinnecker zu fragen, was wir eigentlich über die Schul*raum*erfahrung von heutigen SchülerInnen wissen? Wie nehmen SchülerInnen ihren Schulraum und dessen Architektur im Vollzug des täglichen Schulalltags vor Ort wahr? Wie erfahren SchülerInnen das *in-der-Schule-Sein*? Und wie gestaltet sich dabei nicht zuletzt das Verhältnis von institutionellem Raum Schule und damit einhergehender institutioneller Ordnungen und raumbildender Architektur, wie es in den Text- und Grafikbeispielen bereits angeklungen ist? Insbesondere aus forschungsperspektivischer Sicht sind damit Fragen nach der Einholbarkeit der Schulraumerfahrung von SchülerInnen verknüpft, denen im Zuge des vorliegenden Beitrags nachgegangen wird.

Vor dem Hintergrund bereits bestehender (Forschungs-)Perspektiven auf den Schulraum und seiner Architektur innerhalb der Erziehungs- und Bildungswissenschaft (1.) wird ein phänomenologisch orientierter Zugang vorgestellt, der ausgehend von einem phänomenologischen Raum- und Architekturverständnis den SchülerInnen im Sinne Zinneckers Gehör schenkt und der Konstitution kindlicher Schulraumerfahrung im Spannungsfeld zwischen Institution und Architektur nachgeht. Neben theoretischen und method(olog)ischen Begründungszusammenhängen des Ansatzes (2.) wird sowohl das Forschungsdesign (3.) vorgestellt als auch ein exemplarischer Einblick in das bereits erhobene Material und dessen Analyse gegeben (4.).[1]

1 Perspektiven auf den Schulraum und seine Architektur im erziehungs- und bildungswissenschaftlichen Diskurs

Ebenso wie dem Thema *Raum* allgemein wird auch dem Schul*raum* und seiner Architektur in den vergangenen Jahren im erziehungs- und bildungswissenschaftlichen Kontext vermehrt Aufmerksamkeit zuteil. „Die raumwissenschaftliche Schul- und Bildungsforschung ist in einer dynamischen Bewegung und etabliert sich", konstatiert die Erziehungswissenschaftlerin Jeanette Böhme (2009, S. 7) bereits in dem Vorwort ihres 2009 erschienen Bandes „Schularchitektur im interdisziplinären Diskurs". Der Band widmet sich dem „Forschungs- und Theoriestand zur Bedeutung von Schularchitekturen" (ebd.) und versucht,

---

[1] Der vorgestellte Ansatz wurde im Rahmen meines Dissertationsvorhabens entwickelt. Die im Folgenden dargelegten Erhebungsinstrumente kamen im Frühjahr 2017 an einer städtischen Grundschule zum Einsatz.

„mit Bezug auf die Erkenntnisse anderer Sozialwissenschaften einen spatial und material turn interdisziplinär *für* die Erziehungswissenschaften einzuläuten" (Matthes 2016, S. 134).

Hier zeigt sich eine Vielfalt an theoretischen und empirischen Zugriffen, die sich mit Blick auf die aktuelle Forschungslandschaft bestätigt. Dergestalt wurden und werden unter Einbezug einer Bandbreite an methodischen Zugangsweisen[2] beispielsweise historische, lern- und unterrichtsbezogene, wahrnehmungsorientierte oder machttheoretische Perspektiven auf den Schulraum und seine Architektur eingenommen, die sich gegenseitig durchdringen (vgl. u. a. Berndt et al. 2016; Böhme/Herrmann 2011; Forster 2000; Kahlert 2015; Rittelmeyer 2013; Schönig/Schmidtlein-Mauderer 2013; Stadler-Altmann 2016, Walden 2015).

Führt man sich die zu Beginn aufgeworfenen Fragen nach der Perspektive der SchülerInnen auf den Schulraum und die Einholbarkeit derer Schulraumerfahrungen vor Augen, lässt sich allerdings erkennen, dass – insbesondere hinsichtlich der Grundschule – im deutschsprachigen Raum nur ansatzweise Untersuchungen vorliegen (vgl. Westphal 1997; Zschiesche/Kemnitz 2009; Pfrang/Rauh 2017), die die alltäglichen Schulraumerfahrungen im Sinne eines sinnlich-leiblichen Erfahrens vor Ort und im *Vollzug* beschreiben und analysieren (vgl. hierzu auch Rittelmeyer 2013, S. 60, S. 109). Wird den SchülerInnen Gehör geschenkt, findet dies zumeist in bild- oder (schrift)sprachlicher *Übersetzung* in Form von Kinderzeichnungen, -texten oder -fotografien sowie Gruppendiskussionen oder Interviews außerhalb schulräumlicher Situationen statt. Darüber hinaus liegt dabei der Fokus vornehmlich auf unterrichtsspezifischen oder schulkulturspezifischen Fragestellungen.

Aus raumtheoretischer Sicht lässt sich zudem anmerken, dass hierbei vorrangig von einer relationalen Raumtheorie (vgl. Löw 2001) ausgegangen wird, „in der [...] die Konstruktionsleistungen von Menschen die maßgebliche Rolle spielen" (Nohl 2016, S. 394). Die „latente Tendenz zur Überhöhung des menschlichen Konstruktionsmoments" (Kessl 2016, S. 14) läuft allerdings „Gefahr, den ‚pathischen Moment', den affektiven Teil des Geschehens zu verpassen, indem er allein die aktive Herstellung der Situation in den Blick nimmt" (Stieve 2010a, S. 35). Das „dynamische Feld, in dem auch die Dinge" (ebd.) und somit die Architektur als Produzent raumbildender Dinge (vgl. Waldenfels 2013, S. 202) sowie der Raum selbst affizieren, bleibt hierbei eher außen vor.[3] Um sich der Schulraumerfahrung von SchülerInnen weiter annähern zu kön-

---

[2] Eine differenzierte Aufstellung erziehungswissenschaftlich relevanter Studien im Hinblick auf inhaltliche Schwerpunktsetzungen und methodische Vorgehensweisen findet sich bei Matthes (2016, S. 136f.).

[3] Überlegungen hin zu einem symmetrischen Raumverstehen finden sich auch bei Nohl (2016) (vgl. hierzu auch Matthes i. d. Band).

nen, bedarf es folglich einem methodischen Vorgehen sowie einer methodologischen Fundierung, mit deren Hilfe es gelingen kann, sowohl die Erfahrungswelt der SchülerInnen methodisch zu erschließen als auch den Heraus- und Aufforderungscharakter des Schulraums und seiner Architektur Bedeutung einzuräumen. Hierbei kann es als lohnenswert erachtet werden, sich phänomenologischen Positionen zu öffnen und diese für schulräumliche Untersuchungen fruchtbar zu machen.

2 Eine phänomenologische Perspektive auf die Schulraumerfahrung von SchülerInnen

Die vorweg aufgestellte These, dass der Einbezug phänomenologischer Positionen sich sowohl hinsichtlich raumtheoretischer Überlegungen als auch im Hinblick auf die Erschließung der Erfahrungswelt von SchülerInnen erkenntniserweiternd erweisen könnte, um sich der Schulraumerfahrung von SchülerInnen method(olog)isch weiter anzunähern, soll nachstehend anhand einiger Grundgedanken phänomenologischer Raumtheorie und Methodologie untermauert werden.

Ausgehend von einem durch Wechselseitigkeit bestimmten Verhältnis zwischen Subjekt und Welt, das das Entstehen des jeweils anderen als ein responsives Geschehen im Sinne eines „Aufeinander-Bezogenseins" (Stenger et al. 2010, S. 46) begreift, rückt innerhalb der Phänomenologie in Bezug auf Raum und Architektur ein Dazwischen in den Fokus, welches zwischen der *Welt der Dinge* und der *Welt der Menschen* (vgl. Waldenfels 2013; vgl. Bürklin/Janson 2002) changiert. Hiernach ist der Raum zu großen Teilen dadurch bestimmt, „wie die dort handelnden Menschen ihn sinnlich leiblich wahrnehmen und als was sie die Dinge und die Anderen handelnd erleben und interpretieren" (Engel 2012 in Anlehnung an Waldenfels 1992, S. 13 ff.). „Der Mensch lebt nicht bloß im Raum, so wie die Dinge im Raum sich befinden, sondern [...] er verhält sich *zum* Raum und seinen Gegenständen" (Lippitz 1990, S. 93), wonach Räume als individuell erlebte und gelebte Lebensverhältnisse verstanden werden (vgl. ebd.). Analog dazu wird Architektur – als „Ausdruck räumlicher Gestaltung" (Bürklin/Janson 2002, S. 20) und Erzeuger „raumbildender Dinge" (Waldenfels 2013, S. 202) – im phänomenologischen Sinne erst im „Dazwischen' ‚objektiver Vorgaben' und ‚subjektiven' Verhaltens erlebt" (Bürklin/Janson 2002, S. 20). „Im ausdeutenden Verhalten konvergieren körperlich-geistige Dispositionen eines [...] Nutzers und die wechselnden situativen Vorgaben des Raums." (ebd., S. 20f.) Auch hier steht das Zusammenspiel von Bestimmtheit und Gestimmtheit eines wahrnehmenden, handelnden Subjekts *und* den architektonischen, baulichen Gegebenheiten des Raums im Vordergrund (vgl. ebd., S. 21). Das „Dazwischen" entsteht „am Ort des Geschehens, auf dessen Grund das Handeln erst verstehbar wird" (ebd., S. 21). Somit ist „[r]äumliche Erfahrung im Umgang mit Architektur […] eine ‚vor Ort' sich entfaltende Haltung, eine Aktualisierung des physischen wie geistig den ganzen Leib Ansprechenden" (ebd., S. 22). Dergestalt wird ein Verhältnis von Mensch und Raum sowie raumbildender Architektur thematisch, das *im Sinne* eines „Antwortgeschehens" (Waldenfels 2016) zu begreifen ist, wobei der antwortende Mensch schon vorgängig vom Anspruch des Raumes und seiner Architektur affiziert ist. Dabei ist die jeweilige Antwort nicht im Sinne eines intentional gerichteten Handelns oder einer Reaktion zu verstehen (vgl. Brinkmann/Rödel i. V.), sondern zeigt

> „die Passivität jeder Erfahrung, der wir nicht ausweichen können. Mit der Antwort eröffnet sich ein leiblicher Resonanz-Raum. Antworten als pathisches Antworten ist daher in der Differenz von Eigenem und Fremdem zu sehen" (ebd.).

Mit Blick auf den Schulraum und seine Architektur bedarf es hier einer gewissen Ausdifferenzierung. Der Schulraum ist als ein spezifischer Raum zu reflektieren, dem als bestimmter, institutioneller Raum „ein normativ verbindliches Regel- und Wertesystem inhärent ist" (Bourdieu 1973/2005; zitiert nach Kellermann/Wulf 2009, S. 174). Demnach sind die *antwortenden* SchülerInnen u. a. in einem Spannungsfeld zwischen institutionellen und architektonischen Ansprachen, Ansprüchen und Appellen zu sehen.

Eine wissenschaftliche Annäherung an das Antwortgeschehen im Dazwischen von SchülerInnen und Schulraum und seiner Architektur verlangt dabei eine Herangehensweise, die „die alltägliche Lebenswelt […] ernst [nimmt] und […] in ihren konstituierenden Momenten" (Stieve 2008, S. 14) untersucht. Die „Phänomenologie bietet sich hier an, weil sie ausbricht aus dem Gegenüber von Empirie und Idealismus" (ebd.). Obwohl der Dualismus von Subjekt und Welt unterlaufen wird, kann die Subjektivität gewahrt werden, indem „jedes Erscheinen *von* etwas *für* jemanden" (Agostini 2016, S. 32) in den Fokus gestellt und nicht durch eine übergeordnete Rolle des Forschenden überlagert wird (vgl. ebd., S. 31). Die zu bewahrende Subjektivität wird auch im Hinblick auf die Schulraumerfahrung von SchülerInnen virulent. Der Schulraum und seine Architektur als ein von Erwachsenen geschaffener Teil gebauter Welt für Kinder stimmt nicht vollständig mit kindlichen „Konstruktionen" (Stieve 2010a, S. 46) überein, weil sie – wie andere Dinge, Orte, Zeiten der Erwachsenen – oftmals „nur wenig ihrem leiblichen Erleben und damit ihrer Lebenswelt entsprechen" (ebd.). Die spezifischen Deutungen der Kinder gehen vielmehr zurück auf „präkonventionelle Erfahrungen […], an die es sich anzunähern lohnt" (ebd.). Eine phänomenologisch orientierte Herangehensweise legt dahingehend den Fokus auf die „aktiven Prozesse der Deutung von Kindern, auf die Art und Weise, wie *sie sich selbst* die Welt aneignen und erklären oder wie man phänomenologisch sagen könnte, *wie sie ihnen erscheint*" (ebd., S. 25). Im Sinne der „signifikative[n] Differenz"⁴ (Waldenfels 1992, S. 15) kommen gerade in dem *wie* oder *als was* etwas erscheint „Leiblichkeit, Sinnlichkeit und Gefühle, Imaginationen und unterschiedliche Formen theoretischen und praktischen Wissens ins Spiel" (Westphal 2015a, S. 103), die Aufschluss über die *Gegebenheitsweisen* des Schulraums und seiner Architektur in den unterschiedlichen Erfahrungsdimensionen der SchülerInnen und somit über die Korrelationsstrukturen zwischen ihnen und ihrem Schulraum und deren Architektur versprechen. Durch die „methodisch entscheidende Einklammerung der Alltagswelt als Mittel der Beschreibung der Lebenswelt" (Scholz 2002) verspricht die Phänomenologie „einen unmittelbareren [...] Zugang zu den Strukturen des Erlebens" (ebd.) und somit weitreichendere Einblicke in die Konstituiertheit der Schulraumerfahrung von SchülerInnen als es bisherige Ansätze zeigen konnten. Dergestalt wird auch in verschiedenen Ansätzen der qualitativen Sozialforschung – insbesondere in der Ethnografie und ihrer spezifischen Methode der teilnehmenden Beobachtung – versucht, sich der Kinderperspektive anzunähern. Wie weiter oben bereits angeklungen, liegt die besondere Leistung eines phänomenologisch orientierten Zugangs allerdings darin, dass zur Annäherung an die Schulraumerfahrung nicht nur auf Konstruktionen der SchülerInnen im Sinne einer aktiven Herstellung der Situation (vgl. Stieve 2010a, S. 35) abgezielt wird, sondern auch der pathische, affektive Teil des Geschehens (vgl. ebd.) im Sinne eines Affiziert- oder Herausgefordertwerdens seitens der Architektur oder der Institution gleichermaßen Berücksichtigung findet.

Um sich dem benannten Antwortgeschehen im Dazwischen forschungsperspektivisch anzunähern, bedarf es eines method(olog)ischen Vorgehens, das diesen phänomenologischen Grundannahmen entspricht, d. h., das es ermöglicht, dem responsiven Geschehen zwischen SchülerInnen und ihrem Schulraum und seiner Architektur *auf die Spur* zu kommen.

---

4   In der „signifikative[n] Differenz" (Waldenfels 1992, S. 15) kommt der Grundzug der Phänomenologie des „etwas als etwas" zum Ausdruck. Dabei ist *Wie* oder *als Was* weder Bestandteil eines *Was* noch ist es vollständig einem Erlebnisakt zugehörig. Die Welt zeigt sich folglich nicht an sich, „sondern in den Strukturen unseres Bewusstseins von ihr" (Westphal 2015a, S. 92). Wie mir folglich ein Phänomen erscheint, resultiert aus meiner Relation oder meiner Beziehung zu ihm. In der Lebenswelt gibt es nicht nur eine Erscheinungsform (vgl. Stieve 2010a, S. 38).

3 Sich von SchülerInnen (ent-)führen lassen – ein phänomenologisch orientierter Ansatz zur Erforschung der Schulraumerfahrung von SchülerInnen

Der im Folgenden dargelegte Ansatz stellt sich den method(olog)ischen Herausforderungen, die sich aus einer phänomenologischen Perspektive auf die Schulraumerfahrung von SchülerInnen ergeben.

Dabei wird versucht, die Dimensionen kindlicher Schulraumerfahrung von GrundschülerInnen methodisch zugänglich zu machen, indem dem Antwortgeschehen zwischen SchülerInnen, Schulraum und raumbildender Architektur im unmittelbaren Vollzug sowie im erinnernden Nach-Vollzug in Sprache und Bewegung(en)[5] nachgegangen wird.

Zur methodischen Umsetzung des Ansatzes wurde ein Forschungsdesign entwickelt, das neben der „teilnehmenden Erfahrung" (Beekman 1984, S. 16 ff.) als einem spezifischen Feldzugang der phänomenologischen Forschung innerhalb der Erziehungswissenschaft die explorative Methode der *narrativen Schulführungen*[6] umfasst. Die im Zentrum des Forschungsdesigns stehenden *narrati-*

---

5 Gehen in der Rede über den Schulraum und seine Architektur „Denken und Wahrnehmen […] eine Liason ein, die für jede Art von Wahrnehmen und Erinnern von Räumen und ihrer steinernen Architektur eine Rolle spielt" (Westphal 2015b, S. 113), kann über die Sprache aber nur ein Teil dessen erfasst werden, was sich SchülerInnen im Erleben des Schulraums durch Erfahrung schenkt (in Anlehnung an Einleitung des vorliegenden Bandes). Ungewusstes, Pathisches, Vorsprachliches überschreiten dabei die Reichweite verbalen Begreifens (vgl. ebd.). Daher werden neben sprachlichen auch körperlich-leibliche Antworten der SchülerInnen auf ihren Schulraum und seine Architektur in Form von Bewegung(en) herangezogen. In der Bewegung wirken Motorik, Sensorik und Denken zusammen (vgl. Westphal 2014, 148 ff.). Aus phänomenologischer Perspektive ist hier insbesondere die Bestimmung des Leibes als „die Umschlagstelle" (Husserl 1952, S. 286) zwischen Natur und Geist bedeutsam. In der Bewegung durchdringen sich beide Pole des Leib-Körper-Konstrukts, indem sich Wahrnehmung, Selbstdistanz und -reflexion mit körperlichen, organischen Abläufen vermischen. Der „umgebende Raum [und dessen Architektur] [werden] zu einer Erfahrung des Körpers" (Westphal 2014, S. 151), indem gemäß des Gestaltkreises nach Weizsäcker (1968, S. 147f.) eine zirkuläre Verschränkung des Empfindens und Erfahrens, als subjektiver Vorgang, und der Bewegung, als responsiver Vorgang, vorliegt. Folglich gehören Bewegung und räumliches sowie architektonisches Erfahren untrennbar zusammen (vgl. Lyk 2010, S. 227f.). Aus forschungspraktischer Sicht bietet der Einbezug der körperlich-leiblichen Antworten der SchülerInnen auf ihren Schulraum und seine Architektur in Form sich zeigender Bewegung(en) somit einen Zugang zur unbewussten, passiven Raum- und Architekturerfahrung, die sich im körperlichen Umgang der SchülerInnen mit dem gebauten Schulraum zeigt und somit beobachtbar und beschreibbar wird.

6 Eine ähnliche Verfahrensweise in Form von sogenannten „geführten Rundgängen" findet sich innerhalb ethnografischer Untersuchungen von Bendix und Kraul (2011) zur Schulkultur. Die *narrativen Schulführungen* unterscheiden sich hiervon nicht nur im zugrun-

ven Schulführungen gehen grundsätzlich auf den phänomenologisch geprägten Gedanken zurück, die Umwelt mit den Augen der Kinder zu erfahren (vgl. Lippitz 1990, S. 94)

> „und sie dann zu beschreiben; Freundschaft mit Kindern schließen […], damit man sie auf ihren Wegen begleiten kann, die oftmals nicht die offiziellen der Erwachsenen sind, […] eine Kennerschaft, die […] Anteilnahme […] voraussetzt – diese und andere Voraussetzungen und Mittel qualitativer Forschung machen die Person des Forschers selbst zu einem ‚Forschungsinstrument', das aus dem Forschungsfeld nicht herausgehalten werden kann" (ebd., S. 94f.).

Demzufolge ist das Setting der *narrativen Schulführungen* von dem Wunsch getragen, sich als Forscherin von den GrundschülerInnen an die Hand nehmen und wenn auch nur ein Stück weit in deren Lebenswelt ent-führen zu lassen. Die Vorgehensweise verfolgt die Intention, sich durch das *Zu-Wort-* und *In-Bewegung-Kommen* der „Alltagsbewohner und -benutzer von Räumen deren Perspektive beschreibungsbegrifflich fixierbar zu machen" (Jäkel 2013, S. 76). In Bezug auf den Schulraum sind die dort täglich *er-lebenden* SchülerInnen „prädestiniert, Aussagen über ‚ihren' Ort, über die Bedeutung, die er für sie in konkreten Lebenssituationen hat, zu machen" (ebd.). Die SchülerInnen „verfügen über einen Erfahrungsschatz, der sich im Laufe einer längeren Zeit verdichtet hat" (ebd.) und sowohl in Sprache als auch Bewegungen zum Ausdruck kommt. Den Versprachlichungen und Bewegungen der SchülerInnen werden innerhalb der *narrativen Schulführungen* Raum gegeben, indem die SchülerInnen die Forscherin im Rahmen eines Rundgangs durch das Schulhaus an ihren Raumerfahrungen teilhaben lassen. Dabei werden die aufgesuchten Orte von den SchülerInnen mit ihren Bewegungen und sprachlichen Ausführungen belebt, wodurch räumliche Situationen entstehen, die durch die Forscherin *miterfahren* werden können. Durch die Fokussierung der beiden Analyseaspekte in Form der Versprachlichungen und Bewegungen entfalten die *narrativen Schulführungen* ihr Potenzial auf zwei Ebenen. Wie in der spezifischen Bezeichnung bereits anklingt, verbinden sich in den von SchülerInnen geführten Begehungen des Schulhauses und des Schulgeländes das körperlich-leibliche mit dem verbalen Handeln. Die Methode der *narrativen Schulführung* versteht sich somit als Verschmelzung von körperlicher, sinnlich-leiblicher Raum- und Architekturbegehung und erfahrungsorientiertem Interview[7]. Die teilnehmende

---

deliegenden Erkenntnisinteresse und dem theoretischen Bezugsrahmen, sondern auch mit Blick auf die fokussierte Schulform sowie die videografische Dokumentation.

7 Die *narrativen Schulführungen* lassen in ihrer Konzeption sowie im konkreten Ablauf sowohl Verbindungslinien zu phänomenologisch orientierten Untersuchungen innerhalb

Erfahrung ist dabei sowohl als rahmendes als auch die Untersuchung durchziehendes Element des Forschungsdesigns zu betrachten. Dergestalt war es zur Kontextualisierung der beschriebenen *narrativen Schulführungen* vorab bedeutsam, eine gewisse „Feldsensibilität" (Beekman 1984, S. 18) zu erlangen. Daher sah das Forschungsdesign vor der Durchführung einen zweimonatigen Feldaufenthalt vor. In dieser Phase bot sich die Möglichkeit, sich durch „engagierte" (ebd.), aktive Teilhabe und -nahme am Feld sowohl mit den SchülerInnen als auch dem betreffenden Schulbau und dessen Räumlichkeiten vertraut zu machen und darin stattfindende institutionsspezifische Abläufe – im Sinne der „Erfassung von Wohnhandlungen" (Jäkel 2013, S. 76) – mitzuerfahren und eine „eigene Stelle" (ebd., S. 19) im Feld zu erlangen. Aber auch innerhalb der Schulführungen ist die mit-erfahrende Haltung der Forscherin von essentieller Bedeutung. „Als Anwesender erfährt man unmittelbar die Stimmung, die Gestimmtheit der Situation, das Pathische des Umgangs als ständig tragender Grund jeder Interaktion." (Beekman 1984, S. 17) Dadurch wird nicht nur das WAS einer gegebenen Situation, sondern auch das WIE erfahren (vgl. Straus 1966, S. 151; zitiert nach ebd.).

Raum- und Architekturerfahrung bleibt innerhalb eines solchen Zugangs nicht auf rein visuelle, messbare, berechenbare, überprüfbare oder funktionale Eindrücke und Parameter begrenzt, sondern umschließt „eine alle Sinne umfassende Erfahrung des architektonischen Raums" (Bürklin/Janson 2002, S. 27). Im Hinblick auf die Schularchitektur eröffnet die phänomenologisch orientierte Herangehensweise „einen Zugang, der anderes mitteilt als eine objektive Beschreibung" (Jäkel 2013, S. 78). Reine Beschreibungen reichen nicht aus, „um das Ereignis in seiner Erfahrungsdimension zugänglich zu machen" (Stenger 2010, S. 109). Seitens des Schulraums und seiner Architektur werden hier institutionelle und architektonische Eigenschaften und Qualitäten virulent, die nur vor Ort – in konkreten Situationen – „unter Einbeziehung aller Sinne, am Objekt selbst beobachtet und erfahren" (Bürklin/Janson 2002, S. 26) sowie durch die Forscherin – und ihren „Leib als Erkenntnisorgan" (Stenger 2010, S. 110) – mit-erfahren werden können. Denn sowohl das den Kindern als auch der Forscherin sinnhaft Erscheinende kann nicht aus dem Zusammenhang – dem Kontext – gerissen werden. Durch eine phänomenologisch orientierte Vorgehensweise wird es möglich, durch die leibliche Mit-Erfahrung den Umgang von SchülerInnen mit dem Schulraum in schulischen Alltagssituationen im Vollzug sowie im erinnernden Nach-Vollzug beschreibend einzufangen und besser zu verstehen. Wobei gerade in die alltäglichen Situationen „die physische Konstitution wie auch der intellektuelle Umgang mit Welt unausweichlich steckt"

---

der Architektur (vgl. u. a. Bürklin/Janson 2002; Jäkel 2013, Lyk 2010) als auch Bezüge zum phänomenologischen Interview (vgl. van Manen 2016, S. 314 ff.) erkennen.

(Bürklin/Janson 2002, S. 29). „Es ist gerade das natürliche Dahinleben, das interessiert, weil es den Boden all unseres Wissens abgibt." (Meyer-Drawe 2002, S. 16) Dazu muss sich der Forschende

> „in das Geschehen begebe[n], zuhöre[n], [s]ich bewegen lasse[n] und es nicht nur von außen registrieren. Die performative Dimension der Handlung, ihr Aufführungscharakter erschließt sich im Vollzug" (Stenger 2010, S. 110).

Demzufolge geht es auch in den Situationen der *narrativen Schulführungen* darum, sich „in das Handlungsgeschehen hineinziehen [zu] lassen" (Lippitz/Meyer-Drawe 1984, S. 8), um etwas erkennen zu können (vgl. ebd.). „Der sich so verstehende Feldforscher ist Lernender, sein unmittelbares Engagement ist die Möglichkeit nachträglicher reflexiver Analyse." (ebd.) Nur so ist es im Sinne eines „Dialog[es] mit den Subjekten im Feld" (Beekman 1984, S. 21) ausgehend von der eigenen sinnlich-leiblichen Anwesenheit möglich, die Perspektive der SchülerInnen zu entdecken.

Die mit-erfahrenen Feldtage und *narrativen Schulführungen* wurden zum einen im direkten Nachgang in Form von Erfahrungsprotokollen verschriftlicht, zum anderen wurden die Schulführungen individuell mittels mobiler Videografie[8] dokumentiert. Die umfassende Dokumentation steht als Reflexions- und Analysegrundlage zur Verfügung, um in phänomenologische Deskriptionen und Analysen überführt zu werden.

4 Exemplarischer Materialeinblick: „Der Grenzgänger"

Im Sinne einer „exemplarischen Deskription" (Lippitz 2003, S. 236 ff.) wird abschließend eine Situation einer *narrativen Schulführung* aus der mit-erfahrenen Perspektive der Forscherin beschrieben und darauf befragt, wie sich kindliche Schulraumerfahrung im Sinne eines Antwortgeschehens im Spannungsfeld zwischen institutionellem Raum und raumbildender Architektur in Sprache und Bewegungen zeigt. Innerhalb des anschließenden Fazits wird ausgehend davon der Bogen zu Beginn des Beitrages gespannt, indem Bezug zu den Beispielen Zinneckers genommen wird.

Der neunjährige Junge führt mich an den Rand des Schulhofs. Wir umgehen ein halbhohes Metallgitter, das ausgehend von dem fünfstufigen Eingangsbereich des Schulhofs diesen etwa vier Meter flankiert. Hinter dem Metallgitter öffnet sich uns ein schmaler

---

8 Bei Brinkmann/Rödel (i. V.) wird auch „das Betrachten von Videodokumenten als [...] teilnehmende Erfahrung bestimmt".

Randbereich, der sich vom übrigen Schulhof unterscheidet. Zum einen ist er nicht asphaltiert, sondern vollständig mit Erde und Blättern bedeckt. Zum anderen befindet sich der Bereich im Schutz zweier mittelgroßer Bäume. Die Geräusche des Pausengeschehens sind hier nur gedämpft zu vernehmen. Die kleine Freifläche wird auf der anderen Seite von einer steinernen Mauer eingefasst, die das Schulgelände von dem angrenzenden Stadtteil und der parallel zur Mauer verlaufenden Straße trennt. Die etwa ½ m breite Mauer reicht dem Jungen in etwa bis zur Hüfte. Die Fallhöhe seitens der Straße ist mehr als doppelt so groß, sodass man von oberhalb der Mauer, vom Schulgelände aus, eine erhöhte Draufsicht auf die Straße und den sich anschließenden Gehweg hat. An der Mauer angekommen, legt der Junge unmittelbar die Hände auf die Mauer, stemmt sich mit den Armen auf der Mauer ab, springt mit beiden Füßen vom Boden ab und kommt hockend auf der Mauer zum Sitzen. Während er mir erzählt, dass auf der gegenüberliegenden Straßenseite eine Frau wohnt, vor der sich seine Freunde und er fürchten, springt er rückwärtsgewandt wieder von der Mauer herunter in einen Hocksitz und zeigt mir, wie sie sich duckend an die Mauer gelehnt hinter ihr verstecken, wenn die Frau an der Tür erscheint. Im Weiteren erzählt er, dass seine Freunde und er schon einmal ein Heft mit in die Pause nahmen, das sie über die Mauer „rüber" auf den Gehweg geworfen haben. Dabei legt er sich bäuchlings auf die Mauer, die Beine rudernd in der Luft und den rechten Arm erst soweit wie möglich über den Mauerrand hinweg gestreckt. Im Anschluss umfasst er erst den Mauerrand und weist mit einer Zeigegeste unten in Richtung des Gehweges. Das Heftchen ließen sie sich dann von vorbeikommenden PassantInnen wieder hochreichen. „Manche haben's getan, manche nicht". Am Ende der Pause lag das Heft auf dem Gehweg, sodass er über die Mauer gesprungen ist, was er durch einen erneuten Sprung auf die Mauer demonstriert, und es „schnell geholt" hat, berichtet er verschmitzt in die Kamera lächelnd.

In der beschriebenen Sequenz wird von dem Jungen im Sinne einer Suchbewegung[9] gezielt ein Ort am Rande des Pausenhofes aufgesucht und durch erinnernden Nach-Vollzug in Sprache und Bewegung zu einer flüchtigen räumlichen Situation erweckt. Wir befinden uns an der Außen*grenze* des institutionellen Raumes. Das wird nicht nur durch die räumliche Distanz zu dem Hauptgeschehen des übrigen Schulhofes und die damit einhergehende akustische Kulisse atmosphärisch spürbar, sondern auch durch die raumgliedernden Elemente wie der Bodenbeschaffenheit sowie Bepflanzung deutlich und letztendlich durch die steinerne Mauer architektonisch markiert. An der durch die Mauer repräsentierte Raum*grenze* zeigt sich ein „Drinnen und Draußen" (Waldenfels 2013, S. 204), eine „Ein- und Ausgrenzung" (ebd.) von Schulraum und Stadtteil. Die „Ein-wohner" (ebd.) des Schulraums, wie SchülerInnen, LehrerInnen, etc.,

---

9 Nach Waldenfels (2007, S. 18) sind Suchbewegungen mit etwas verbunden, was uns angenehm berührt.

werden von den „[a]us-wärtigen" (ebd.) StadtteilbewohnerInnen abgeschirmt und umgekehrt. „Damit sondert sich ein Eigenraum vom Fremdraum." (ebd.) Die Mauer als raumbildendes Ding markiert dabei sowohl den *Eigenraum* des Schülers und stellt gleichzeitig die materielle Grenze zum *Fremdraum* dar. In den sprachlichen sowie körperlich-leiblichen Antworten des Schülers im Umgang mit der Mauer zeigt sich dies in differenzierter Weise. Zum einen bietet die Mauer einen *Schutzraum* gegenüber den Auswärtigen. Indem man sich mit der Größe eines Neunjährigen bequem hinter der Mauer zusammenkauern kann, erscheint die Mauer dem Schüler geradezu als Schutzwall des Eigenraumes gegen Blicke von außen, wie z. B. durch die Dame von gegenüber. Zum anderen fordert die Mauer zur körperlichen Aneignung, Eroberung, Besetzung heraus, indem sie durch ihre spezifische Höhe auf Körpergröße eines Grundschülers geradezu dazu aufruft, erklommen zu werden. Dem Appell kann sich auch der Junge innerhalb der *narrativen Schulführung* nicht entziehen. An der Mauer angekommen, erklimmt er sie mittels eines geübten Sprungs. Auf der Mauer sitzend oder stehend bietet sich einem darüber hinaus sowohl ein erhöhter Blick über den Eigenraum in Form des restlichen Schulhofes als auch umfassendere Einblicke in den Fremdraum in Form einer privilegierten Draufsicht auf den angrenzenden Stadtteil. Insbesondere der Grenzcharakter der Mauer scheint den Jungen besonders zu affizieren.[10] Innerhalb der Grenze tritt das Spannungsfeld zwischen institutionellem Raum und raumbildender Architektur vollends heraus, indem Ansprüche und Anforderungen der Institution Schule und Appelle sowie Möglichkeiten, die durch die Mauer entstehen, aufeinandertreffen. Dergestalt geht mit der Mauer als räumliche Grenzziehung der Institution der Anspruch, das Gebot einher, sie nicht zu übertreten und sich während der Schulzeit innerhalb des Eigenraums Schule aufzuhalten, wobei das Nicht-Einhalten durch Sanktionen belegt ist.[11] Die Mauer schafft durch ihre materielle Beschaffenheit, Breite und Höhe allerdings gleichzeitig die Möglichkeit der Grenzüberschreitung hin zum Fremdraum. Der Grenzüberschreitung nähern sich die SchülerInnen im beschriebenen Beispiel zögerlich, testend an. Gelingt es dem Schüler körperlich nur ansatzweise, die Grenze in Form der Mauer zu überwinden und durch das Aufliegen und Ausstrecken der Arme in den Fremdraum vorzudringen, erweitert sich durch den Einsatz des Heftes spielerisch die leibliche Reichweite.[12] Durch den Wurf des Heftes in den Fremdraum jenseits des Schulraumes kommt es nicht nur zu einer *stellvertretenden* räumlichen Grenzüberschreitung, sondern

---

10 Hier könnte auch von einer Grenze mit „Appeal" gesprochen werden, wie sie Katja Böhme mit Verweis auf Käte Meyer-Drawe in diesem Band thematisiert.

11 Die Information geht auf den Aufenthalt im Feld zurück und entspricht darüber hinaus der gängigen Regelung an Grundschulen.

12 Ähnliche Strategien zur Ausdehnung und Erweiterung des haptischen Raums im Klassenraum finden sich auch bei Breidenstein (2006, S. 58f.).

es eröffnet sich auch ein *Zwischenraum*, in dem Ein-wohner, SchülerInnen, und Aus-wärtige, PassantInnen in Kontakt treten und gemeinsam die temporär unterlaufenen Raumordnungen im Hineinreichen und Annehmen des Heftes wieder herstellen. Das von SchülerInnenseite derart initiierte Spiel erinnert durch die erhöhte Position der SchülerInnen an ein Marionettenstück, in dem die passierenden Stadtteilbesucher – angelockt durch das Heft – gezielt hineingezogen und instrumentalisiert werden, wobei die SchülerInnen die Fäden in der Hand halten.[13] Widersetzen sich die Aus-wärtigen und nehmen nicht Teil, kommt kein Zwischenraum zu Stande. Folglich wird das Heft von *außen* nicht wieder hineingereicht, die Grenzverschiebung bleibt bestehen. Die Wiederherstellung der Raumordnung in Fremd- und Eigenraum stellt bei dem Jungen ein solch großes Bedürfnis dar, dass er wider den Geboten der Institution – die sich im Moment des Pausenendes nicht nur in räumlichen, sondern auch zeitlichen Ordnungen zeigen – es wagt, selbst über die Mauer in den Fremdraum zu steigen, um das Heft zurückzuholen. Damit bewegt er sich selbst in den Raum eines temporären *Grenzgängers*.

Fazit

Im Rahmen des Beitrages wurde ein Zugang zur Schulraumforschung vorgestellt, der in Anlehnung an phänomenologische Traditionen versucht, der Schulraumerfahrung von SchülerInnen am Ort des Geschehens nachzugehen. Innerhalb der dazu entwickelten *narrativen Schulführungen* wird nicht nur den befragten GrundschülerInnen Gehör und den sich zeigenden Bewegungen Aufmerksamkeit geschenkt, sondern auch dem Schulraum und den raumbildenden Dingen in Form der Architektur eine *Sprache* verliehen.

Am Beispiel des „*Grenz*gängers" wurde eine derart erweiterte Perspektive auf schulräumliche Situationen und das responsive Geschehen zwischen SchülerInnen und ihrem (materiellen) Schulraum exemplarisch eingenommen. Das räumliche Phänomen der *Grenze* lässt sich – wie bereits angekündigt – auch in der zu Beginn dargelegten Zeichnung und den Textauszügen in imaginierter und metaphorischer Form vorfinden. Dort wird ein stark determinierendes Bild des (materiellen) Schulraumes entworfen, innerhalb dessen die SchülerInnen den starren Grenzen der Schule und seiner Architektur auch körperlich unausweichlich ausgesetzt und ausgeliefert zu sein scheinen. So gibt es kein Entrinnen vor der vereinnahmenden Geste des Schulmonsters, das über alle Grenzen erhaben zu sein scheint. Widerstand ist zwecklos und wird unter-

---

13 Der verwendete Vergleich geht zurück auf die spontan notierte Assoziation der Forscherin.

drückt. Das zuletzt angeführte Beispiel öffnet hingegen nicht nur den Blick für die Eigenwilligkeit kindlichen Erlebens im alltäglichen Vollzug, sondern lässt auch die Situationsabhängigkeit, Vielfältigkeit und Widersprüchlichkeit des Aufforderungscharakters der Dinge (vgl. Stieve 2010b, S. 261 ff.) zu Tage treten. Der Umgang mit der vorgefundenen dinglichen Grenze in Form der Mauer zeigt sich hier nicht von einer einschränkenden, sondern von seiner erfinderisch-produktiven Seite und legt exemplarisch etwas vom Zugewinn durch eine phänomenologisch orientierte Perspektive frei.

> „Solche Momente setzen aber voraus, dass sich in den Dingen Gefordertheiten aufdrängen und Handlungsmöglichkeiten anbieten, Überschüsse freisetzen, dass dem Kind in ihnen seinen Absichten entgegenkommende oder sie weckende Gestalten begegnen." (Stieve 2012, S. 79)

Gerade das Spannungsfeld zwischen Gefordertheit durch den institutionellen Schulraum und das Angebot der raumbildenden Architektur eröffnet einen *Möglichkeitsraum*, in dem Grenzen zu durchlässigen Schwellen werden können und verhandelbar erscheinen. Hier ist es die raumbildende Architektur, die zum Grenzgängertum affiziert und lockt, indem institutionelle Ordnungen im spielerischen, aktiven *(Um-)Räumen* ausgetestet und temporär überschritten werden.

Literatur

Agostini, E. (2016): Lernen im Spannungsfeld von Finden und Erfinden – Zur schöpferischen Genese von Sinn im Vollzug der Erfahrung. Paderborn: Schöningh.

Beekman, T. (1984): Hand in Hand mit Sasha: Über Glühwürmchen, Grandma Millie und andere Raumgeschichten. Im Anhang: teilnehmende Erfahrung. In: W. Lippitz/K. Meyer-Drawe (Hrsg.): Kind und Welt – Phänomenologische Studien zur Pädagogik. Athenäum, Hain, Hanstein: Forum Academucum, S. 11-26.

Bendix, R./Kraul, M. (2011): Fremde Blicke, eigene Wahrnehmungen. Methodische Erweiterungen in der qualitativen Schulforschung. In: Zeitschrift für Erziehungswissenschaft 14, S. 141–161.

Berndt, C./Kalisch, C./Krüger, A. (Hrsg.) (2016): Räume bilden – pädagogische Perspektiven auf den Raum. Bad Heilbrunn: Klinkhardt.

Böhme, J. (Hrsg.) (2009): Schularchitektur im interdisziplinären Diskurs. Territorialisierungskrise und Gestaltungsperspektiven des schulischen Bildungsraums. Wiesbaden: VS Verlag für Sozialwissenschaften.

Böhme, J./Herrmann, I. (2011): Schule als pädagogischer Machtraum – Typologie schulischer Raumentwürfe. Wiesbaden: VS Verlag für Sozialwissenschaften.

Breidenstein, G. (2006): Teilnahme am Unterricht – Ethnographische Studien zum Schülerjob. Wiesbaden: VS Verlag für Sozialwissenschaften.

Brinkmann, M./Rödel, S. (i. V.): Pädagogisch-phänomenologische Videographie. Zeigen, Aufmerken, Interattentionalität. In: Ch. Moritz/M. Corsten (Hrsg.): Handbuch qualitativer Videoanalyse. Method(olog)ische Herausforderungen – forschungspraktische Perspektiven. Wiesbaden: Springer VS.

Bürklin, T./Janson, A. (2002): Auftritte/Scenes. Interaktionen mit dem architektonischen Raum: die Campi Venedigs. Interaction with the Architectural Space: the Campi of Venice. Basel, Boston, Berlin: Birkhäuser.

Engel, B. (2012): Sich mit den Anderen am Ort und in der Zeit neu entdecken. In: M. Blohm (Hrsg.): Als sie den Raum betraten…: Gedankenimpulse für Lernsituationen zum Themenfeld Räume und Orte. Ein (kunst)pädagogisches Lesebuch (Bd. 1; eBook Edition). Hamburg: tredition.

Forster, J. (2000): Räume zum Lernen und Spielen: Untersuchungen zum Lebensumfeld „Schulbau". Berlin: Verlag für Wissenschaft und Bildung.

Husserl, E. (1952): Ideen zu einer reinen Phänomenologie und phänomenologischen Philosophie (2. Buch) Den Haag: de Gruyter.

Jäkel, A. (2013): Gestik des Raums – Zur leiblichen Kommunikation zwischen Benutzer und Raum in der Architektur. Berlin, Tübingen: Wasmuth.

Kahlert, J./Nitsche, K./Zierer, K. (Hrsg.) (2013): Räume zum Lernen und Lehren. Perspektiven einer zeitgemäßen Schulraumgestaltung. Bad Heilbrunn: Klinkhardt.

Kellermann, I./Wulf, Ch. (2009): Schularchitektur und rituelle Raumpraktik. In: J. Böhme (Hrsg.): Schularchitektur im interdisziplinärem Diskurs. Territorialisierungskrise und Gestaltungsperspektiven des schulischen Bildungsraums. Wiesbaden: VS Verlag für Sozialwissenschaften, S. 171–185.

Kessl, F. (2015): Erziehungswissenschaftliche Forschung zu Raum und Räumlichkeit. Zeitschrift für Pädagogik, 1/2016, S. 5–19.

Leyk, M. (2010): Von mir aus… Bewegter Leib – Flüchtiger Raum. Studie über den architektonischen Bewegungsraum. Würzburg: Königshausen & Neumann.

Lippitz, W. (1990): Räume – von Kindern erlebt und gelebt. In: W. Lippitz/Ch. Rittelmeyer (Hrsg.): Phänomene des Kinderlebens – Beispiele und methodische Probleme einer pädagogischen Phänomenologie. Bad Heilbrunn/OBB.: Julius Klinkhardt, S. 93–106.

Lippitz, W. (2003): Differenz und Fremdheit – Phänomenologische Studien in der Erziehungswissenschaft. Frankfurt am Main: Peter Lang.

Lippitz, W./Meyer-Drawe, K. (Hrsg.) (1984): Kind und Welt – Phänomenologische Studien zur Pädagogik. Athenäum, Hain, Hanstein: Forum Academucum.

Löw, M. (2001): Raumsoziologie. Frankfurt am Main: Suhrkamp.

Manen, M. van (2016): Phenomenology of Practice. Meaning-Giving Methods in Phenomenological Research and Writing. London and New York: Routledge.

Matthes, D. (2016): Wie wird „Raum" für Lehrpersonen thematisch? Über die Notwendigkeit einer empirischen Rekonstruktion schulischer Architekturen. In: J. Ludwig/M. Ebner von Eschenbach/M. Kondratjuk (Hrsg.): Sozialräumliche Forschungsperspektiven. Disziplinäre Ansätze, Zugänge und Handlungsfelder. Opladen/Berlin: Budrich, S. 127–148.

Meyer-Drawe, K. (2002): Leibhaftige Vernunft – Skizze einer Phänomenologie der Wahrnehmung. In: G. Beck/M. Rauterberg/G. Scholz/K. Westphal (Hrsg.): Sache(n) des Sachunterrichts Dokumentation einer Tagungsreihe 1997–2000. Frankfurt am Main: Fachbereich Erziehungswissenschaften der Johann Wolfgang Goethe-Universität, S. 11–25.

Nohl, A.-M. (2016): Pädagogische Prozesse im Raum – pragmatische und wissenssoziologische Perspektiven auf Sozialisation und Bildung. Vierteljahresschrift für wissenschaftliche Pädagogik, 3/2016, S. 293–407.

Pfrang, A./Rauh, A. (2017): Lernen im Raum. Methodologische Überlegungen zur Erforschung atmosphärischer Einflüsse auf kindliches Lernen. In: M. Brinkmann/M./F. Buck/S. S. Rödel (Hrsg.): Pädagogik – Phänomenologie. Verhältnisbestimmungen und Herausforderungen. Wiesbaden: VS Verlag für Sozialwissenschaften, S. 291–307.

Rittelmeyer, Ch. (2013): Einführung in die Gestaltung von Schulbauten – Resultate der internationalen Schulbauforschung. Neue Entwicklungen im Schulbau. Verständigungsprobleme zwischen Planern und Nutzern. Frammersbach: Verlag Farbe und Gesundheit.

Scholz, G. (2002): Versuch einer Integration von Kindheits- und Biographieforschung. Review Essay: Imbke Behnken & Jürgen Zinnecker (Hrsg.) (2001). Kinder – Kindheit – Lebensgeschichte. Ein Handbuch [45 Absätze]. *Forum Qualitative Sozialforschung / Forum: Qualitative*

Social Research, 3(4), Art. 15. Zugriff am 30.08.2017 unter http://nbn-resolving.de/urn:nbn:de:0114-fqs0204158
Schönig, W./Schmidtlein-Mauderer, Ch. (Hrsg.) (2013): Gestalten des Schulraums – Neue Kulturen des Lernens und Lebens. Bern: hep.
Stadler-Altmann, U. (Hrsg.) (2016): Lernumgebungen – Erziehungswissenschaftliche Perspektiven auf Schulgebäude und Klassenzimmer. Opladen/Berlin/Toronto: Barbara Budrich.
Stenger, U./Dietrich, C./Deckert-Peaceman, H. (Hrsg.) (2010): Einführung in die Kindheitsforschung. Darmstadt: Wissenschaftliche Buchgesellschaft.
Stenger, U. (2010): Kulturwissenschaftlich-phänomenologische Zugänge zu Beobachtungen in der Krippe. In: G. E. Schäfer/R. Staege (Hrsg.): Frühkindliche Lernprozesse verstehen – Ethnographische und phänomenologische Beiträge zur Bildungsforschung. Weinheim und München: Juventa, S. 103–128.
Stieve, C. (2008): Von den Dingen lernen – Die Gegenstände unserer Kindheit. München: Wilhelm Fink.
Stieve, C. (2010a): Sich von Kindern irritieren lassen. Chancen phänomenologischer Ansätze für eine Ethnographie der frühen Kindheit. In: G.E. Schäfer/R. Staege (Hrsg.): Frühkindliche Lernprozesse verstehen – Ethnographische und phänomenologische Beiträge zur Bildungsforschung. Weinheim und München: Juventa, S. 23–50.
Stieve, C. (2010b): Diesseits und Jenseits des Konstruierens – Phänomenologisch-gestalttheoretische Ansätze zur leiblichen Präsenz der Dinge. In: G. E. Schäfer/R. Staege (Hrsg.): Frühkindliche Lernprozesse verstehen – Ethnographische und phänomenologische Beiträge zur Bildungsforschung. Weinheim und München: Juventa, S. 257–277.
Stieve, C. (2012): Inszenierte Bildung. Dinge und Kind des Kindergartens. In: A. Dörpinghaus/A. Nießler (Hrsg.): Dinge in der Welt der Bildung. Bildung in der Welt der Dinge. Würzburg: Königshauses & Neumann, S. 57–85.
Walden, R. (Hrsg.) (2015): Schools for the Future – Design Proposals from Architectural Psychology. Wiesbaden: Springer.
Waldenfels, B. (1992): Einführung in die Phänomenologie. München: Wilhelm Fink.
Waldenfels, B. (2007): Sichbewegen. In: G. Brandstetter/Ch. Wulf (Hrsg.): Tanz als Anthropologie. Paderborn: Fink, S. 14–30.
Waldenfels, B. (2013): Sinnesschwellen. Studien zur Phänomenologie des Fremden (3. Aufl.). Frankfurt am Main: Suhrkamp.
Waldenfels, B. (2016): Antwortregister (2. Aufl.). Frankfurt am Main: Suhrkamp.
Weizsäcker, V. (1968): Der Gestaltkreis. Theorie der Einheit von Wahrnehmen und Bewegen. Stuttgart: Georg Thieme.
Westphal, K. (1997): Zwischen Himmel und Erde – Annäherung an eine kultur-pädagogische Theorie des Raumlebens. Frankfurt am Main: Peter Lang.
Westphal, K. (2014): Bewegung. In: Ch. Wulf/J. Zirfas (Hrsg.): Handbuch Pädagogische Anthropologie. Wiesbaden: Springer, S. 147–154.
Westphal, K. (2015a): Kulturelle Bildung als Antwortgeschehen. Zum Stellenwert der Phänomenologie für die kulturelle und ästhetische Bildung. In: M. Brinkmann/R. Kubac/S. Rödel (Hrsg.): Pädagogische Erfahrung – Theoretische und empirische Perspektiven. Wiesbaden: Springer VS, S. 89–106.
Westphal, K. (2015b): Macht im Raum erfahren. Eine Einführung zum Beitrag von Søren Nagbøl. In: M. Brinkmann/K. Westphal (Hrsg.): Grenzerfahrungen – Phänomenologie und Anthropologie pädagogischer Räume. Weinheim und Basel: Beltz Juventa, S. 111–140.
Zschiesche, B./Kemnitz, H. (2009): Wie Kinder ihre Schule ‚sehen' – Räumliche Qualität von Schule aus Kindersicht. PÄD-Forum: unterrichten und erziehen 37/28 (2009) 6, S. 255–258.
Zinnecker, J. (Hrsg.) (1982): Schule gehen Tag für Tag – Schülertexte gesammelt und herausgegeben von Jürgen Zinnecker. Weinheim und München: Juventa.

Architektur lesen

Symbolische Codierungen des universitären Raums

Anja Krüger

1 Einleitung – Räume lesen

Können oder sollten Räume wie Bücher *gelesen* werden?[1] Wie wird im Falle dessen die Fähigkeit zum Lesen der *räumlichen Texte* angeeignet? Gibt es folglich auch eine räumliche Analphabetisierung? Diese Fragen verweisen auf erlebte Botschaften von Räumen und im Sinne von gebauten Räumen – als Architektur – auf den Topos einer „Sprache der Architektur" (Rittelmeyer 2013, S. 107; Eco 1968 = 1972, S. 301) und auf die Frage, ob und wie diese von den Interpretierenden gelesen und dechiffriert werden.

> „Dieser Absatz, den architektonisch gestalteten Raum als ein Ensemble bestimmter Botschaften, als ein bedeutungshaltiges und sinnstiftendes Zeichensystem zu interpretieren, ist auch Gegenstand [...] der Semiotik." (Rittelmeyer 2013, S. 107)

Umberto Eco (1968 = 1972) beschreibt die *Semiotik* als Wissenschaft von Zeichenprozessen und -systemen in Kultur und Natur (vgl. Eco 1968 = 1972, S. 17 ff.). In der Annahme, dass jegliche Aspekte der Kultur als semiotisches Phänomen untersucht werden können, kann auch Architektur als ein System von Zeichen verstanden werden. Renato de Fusco (1972) beschreibt eine Semiotik der Architektur als „dauerhaftes und manifestes Zeichen für eine bestimmte Bedeutung und ein bestimmtes Verhalten" (de Fusco 1972, S. 17). So gesehen können auch universitäre Räume und ihre Objekte, als soziale und kulturelle Bedeutungsphänomene, Gegenstand semiotischer Analysen werden (vgl. Reblin 2012, S. 13). Das von Eva Reblin beschriebene und sich auf den materiellen Stadtraum beziehende Potenzial der Semiotik, das „nicht nur das Instrumentarium zur *Beschreibung* städtischer Zeichen, Zeichenkonfigurationen und Bedeutungen, sondern auch zur differenzierten *Analyse* der Zeichen- und Interpretationsprozesse [liefert]" (ebd., S. 14), soll in diesem Beitrag auf universitäre Räume übertragen werden.

---

1   In Anlehnung an Christian Rittelmeyer (2013, S.105), der auf die These des amerikanischen Schulforschers Jeffery A. Lackney verweist, Schulbauten wie Bücher zu lesen.

Hervorzuheben ist, dass Räume und Objekte auf gebrauchsfunktionale Bedeutungen hinweisen sowie darüber hinaus Hinweise für soziale und kulturelle Tatbestände liefern können, anhand derer die Interpretierenden ihre Umwelt deuten (vgl. ebd.). „Es handelt sich um eine sehr komplexe Textur von Objekten der Wahrnehmung, die zu Zeichen werden können, wobei jedes Objekt immer mehr als eine Sichtweise zulässt und potenziell durch eine Vielzahl unterschiedlicher Codes erschließbar ist." (ebd.) Zeichen stehen für *etwas*, für *jemanden*. Das heißt, das was und wie wahrgenommen und empfunden sowie gedeutet wird, hängt von den jeweils unterlegten Codierprozessen der Interpretierenden ab. Sie tragen dazu bei, wie Orientierungen in Räumen möglich werden. Die Wahrnehmung von Architektur ist zudem leiblich und biopsychologisch grundiert, indem sich der visuelle Objekteindruck mit einer (unbewussten) Empfindung des eigenen Leibes verbindet und das Objekt in seiner wahrgenommenen Rhetorik synästhetisch konfiguriert wird (vgl. Rittelmeyer 2009, S. 159). Die von den Interpretierenden erlebte Sprache der Architektur und deren Bedeutungszuschreibungen sind demnach sinnlich-leiblich-, orts- sowie zeitgebunden, kontextabhängig und werden in der Regel nur unbewusst wahrgenommen.

Vor diesem Hintergrund soll das Desiderat einer semiotischen, akteursseitigen raumwissenschaftlichen Bildungsforschung aufgegriffen (vgl. Krüger i. E.) und gezeigt werden, wie Bedeutungszuschreibungen erfolgen. Der methodische Zugang erfolgt über fotografische und sprachliche Ausdrucksformate. Diese schaffen durch einen Übersetzungsvorgang der Sprache der Architektur in individuelle (Be-)Deutungen einen Artikulationsraum und bilden somit die Grundlage für eine „Reflexion von Räumlichkeit" (Westphal 2016, S. 11). In der darzustellenden Teilstudie zum Thema „Raumwahrnehmung im universitären Kontext"[2], die am Institut für Schulpädagogik und Bildungsforschung der Universität Rostock durchgeführt wurde, soll jenseits eines linguistischen Zugangs das semiotische System des universitären Raums unter Rückgriff auf die "visuelle Semiotik" (vgl. Wildgen 2013) erweitert und symbolische Codierungen des universitären Raums von Lehramtsstudierenden – als Interpretierende und Bedeutungsaneignende dieses Wahrnehmungsraums – herausgearbeitet werden. In Bezug darauf wird die These vertreten, dass universitäre Räume für Lehramtsstudierende bedeutsam und symbolisch codiert sind. Dabei wird zu prüfen sein, was von den Studierenden im universitären Raum *wahrgenommen* und *wie* dies wahrgenommen wird sowie welche *Bedeutungen* damit einherge-

---

[2] Die zugrundeliegende Studie basiert auf einer Voruntersuchung des Promotionsvorhabens der Autorin mit dem Arbeitstitel „Raumwahrnehmung im universitären Kontext – eine semiotische Analyse der Subjektperspektiven anhand reflexiver Fotografien von Lehramtsstudierenden in MV".

hen.³ Es wird zu fragen sein, ob sich in den individuellen Bedeutungszuschreibungen Hinweise auf kollektive Perspektiven der Wahrnehmung, im Sinne eines *common sense*, abzeichnen.

Da der Ansatz der visuellen Semiotik der Architektur Bezüge zu raumbezogenen Konzeptualisierungen anderer Bezugsdisziplinen aufweist, sollen die Begrifflichkeiten von *Bedeutung* und *symbolischer Codierung* zunächst interdisziplinär bestimmt werden. Diese grundlegenden Begriffe sollen aus sozialwissenschaftlicher, soziologischer und machttheoretischer Perspektive charakterisiert und anschließend aus einer visuell semiotischen Perspektive erweitert werden, um studentische Lektüren universitären Raums in einer Analyse der symbolischen Codierungen herauszuarbeiten.

2 Zur VerRäumlichung von Bedeutung

Aus einer sozialwissenschaftlichen Perspektive beschreibt Joachim Ludwig den Sozialraum als kulturellen *Bedeutungsraum*, „in dem sich subjektiver Handlungssinn und soziale Strukturen auch materiell manifestieren" (Ludwig 2016, S. 172). Johan Frederik Hartle (2006, S. 215) charakterisiert einen Sozialraum als einen Raum, in dem sich hierarchisierte Bedeutungen an Orten verdichten und der die soziale Praxis ebenso strukturiert, wie er sich von ihr strukturiert zeigt. Er konstatiert, dass „sozialer Raum-Sinn in seiner Verräumlichung entsteht, indem er sich materialisiert" (ebd., S. 223). Diese räumliche Dialektik beschreibt die *Verräumlichung von Bedeutung* selbst als Bestandteil ihrer Konstitution (vgl. ebd.).

In soziologischen Raumtheorien wird die These vertreten, dass „sich Raum und Gesellschaft gegenseitig konstituieren, das heißt, dass das soziale Zusammenleben Räume hervorbringt und dass umgekehrt Räume das Verhalten der Menschen beeinflussen" (Rau 2013, S. 62). Als eine der bekanntesten Vertreterinnen prägt Martina Löw im Zuge dessen den Begriff der *Relationalität* und bestimmte Räumlichkeit als „relationale (An-)Ordnung von Menschen und sozialen Gütern" (Löw 2001, S. 166). Auf den Bildungsraum der Universität übertragen wird einerseits davon ausgegangen, dass durch den sozialen Verbund von Studierenden als AkteurInnen des Bildungsraums universitäre Räume hervorgebracht werden. Anderseits wird das Verhalten dieser AkteurInnen durch den bzw. die universitären Räume beeinflusst. Der Zusammenhang von Materialität, Sozialität und Symbolik wird auch von Martina Löw (2001, S. 191 ff.), Markus Rieger-Ladich

---

3 Die Wahrnehmung von gebauten Räumen wird hierbei in einer *bedeutungsorientierten Sichtweise* verstanden, in der wahrgenommene Reize als Ausgangspunkt dienen und durch wahrnehmende Individuen erst spezifische Bedeutung erfahren (vgl. König 2012, S. 144 ff.).

und Norbert Ricken (2009, S. 199) konstatiert. Letztgenannte stellen dar, dass die Sozialität des Raums auf dessen Materialität basiert und dass eine Interpretation jener einer Auseinandersetzung mit der *symbolischen Codierung* von Räumen bedarf (vgl. Rieger-Ladich/Ricken 2009, S. 199).

> „Symbolische Codierungen markieren dabei nicht nur Zweckbestimmungen, indem sie sowohl Funktionszusammenhänge und Verwendungsweisen als auch Atmosphären und damit implizierte Normen symbolisieren. Sie konstituieren auch die jeweilige Ordnung, in die man beim Betreten eines Raumes eintritt. Tatsächlich lässt sich kein Raum denken, der nicht symbolisch codiert ist und dadurch auf Gemeinschaften, Zugehörigkeiten und Überzeugungen, Geschichte und Zukunftsperspektiven verweist – und zugleich voraussetzt, dass die Akteure im Raum soweit vertraut sind mit der ästhetischen Ordnung, dass sie die Zeichen zu lesen imstande sind und sich die Räume zu eigen machen." (ebd.)

Auf das Lesen der räumlichen Zeichen im schulischen Kontext geht Christian Rittelmeyer (2013, S. 42) ein, indem er den „Schulbau als ein Ensemble von Botschaften" beschreibt, welche von den Interpretierenden der Zeichen mittels Codierprozessen zu Bedeutungsgehalten dechiffriert werden können. Ein wahrnehmbares, beschreibbares und katalogisierbares architektonisches Gebilde (*Signifikant*, z. B. eine Treppe) kann eine Funktion denotieren (z. B. Bewegung von einer zur anderen Etage) und je nach Code mit symbolischem Gehalt (*Signifikat*, z. B. Symbol des Aufsteigens) konnotieren (vgl. Eco 1968 = 1972, S. 310). Bezugnehmend auf Umberto Eco, der das semiotische System des Sprachwissenschaftlers Roman Jacobsons aufgriff, unterscheidet Rittelmeyer sechs Arten solcher Botschaften: *referentielle, emotionale bzw. expressive, appellative bzw. imperative, phatische bzw. kontaktbestimmende, metasprachliche und ästhetische Funktionen* (vgl. Rittelmeyer 2009, S. 161 ff.; Rittelmeyer 2013, S. 43f.). Die emotionale bzw. expressive und ästhetische Funktion sollen beschrieben werden, da diese im anschließend analysierten Fallbeispiel relevant werden. Architektonische Botschaften haben eine *emotionale bzw. expressive Funktion*, wenn „Affekte, Emotionen, Stimmungen erzeugt bzw. angeregt werden" (Rittelmeyer 2009, S. 163) und beispielsweise positive oder negative Gefühle in einem bedrückend wirkenden Flur evoziert werden. Eine architektonische Botschaft hat eine *ästhetische Funktion*, „wenn sie sich als zweideutig strukturiert darstellt und wenn sie als sich auf sich selbst beziehend (autoreflexiv) erscheint, d. h. wenn sie die Aufmerksamkeit des Empfängers vor allem auf ihre eigene Form lenken will" (Eco 1968 = 1972, S. 145f.).[4] Eco beschreibt, dass

---

4 Hingewiesen sei an dieser Stelle auf die aisthetischen – also auf die Sinne bezogenen – Wahrnehmungsmomente, die einer ästhetischen Empfindung zugrunde liegen. Die äs-

die ästhetische zweideutige Botschaft „zahlreiche interpretative Wahlen" (ebd., S. 146) zulässt. Damit ist sie nicht einfach zu decodieren, sondern lässt verschiedene Decodierungsvarianten bestehen. Diese produktive Ambiguität, „welche meine Aufmerksamkeit erregt und mich zu einer Interpretationsanstrengung anspornt, mich aber dann Decodierungserleichterungen finden lässt [...]" (ebd., S. 146) ist laut Eco neben der „Autoreflexivität" (ebd., S. 147) ein Hauptcharakteristikum der Botschaft ästhetischer Funktion. Rittelmeyer führt darauf rekurrierend aus, dass Autoreflexivität in Bezug auf Architektur meint, „dass wir beim Betrachten des Bauwerks auf dessen Machart, auf seine Gestaltungsprinzipien aufmerksam werden, weil sie uns beeindrucken oder weil wir sie als schön empfinden" (2009, S. 165). Er verweist zudem darauf, dass Schulbauten Zweckbauten sind, die immer auch diese Referenz zeigen und somit keine rein ästhetischen Botschaften, sondern *adhärierende* Botschaften beinhalten (vgl. ebd., S. 165f.). Bei einer semiotischen Analyse universitärer Räume sollte aufgrund dessen reflektiert werden, dass Hinweise ästhetischer Codierungen oft nur rudimentär auf ästhetische Phänomene bezogen sind und meist ein Zusammenhang mit bzw. Verweis auf andere Funktionen von Botschaften besteht.

3 Kontextualisierung des Vorgehens im raumwissenschaftlichen Diskurs und Ableitung der Fragestellungen

Rittelmeyer stellt in Bezug auf die sechs Funktionen von Botschaften der Architektur und „die multidisziplinäre Analyse derartiger rhetorischer Figuren" (2009, S. 159) heraus, dass „eine systematische Erörterung dieses kommunikationstheoretisch orientierten Zugangs" (ebd.) bisher nicht existiert und hinterfragt, „ob die Analyse von Botschaften der Schularchitektur in einer heuristisch ertragreichen Weise nach Maßgabe dieser Systematik vorgenommen werden kann" (ebd., S. 161). Rieger-Ladich und Ricken (2009, S. 188) proklamieren, dass im Rahmen bildungswissenschaftlicher empirischer Forschung eine rekonstruktive Untersuchung zur Erschließung der Bedeutungsdimensionen und symbolischen Codierungen von Bildungsräumen bisher weitestgehend ausgeblieben ist. Bisherige Untersuchungen bezogen sich zumeist auf den schulischen Raum sowie die Perspektiven von SchülerInnen (vgl. Rittelmeyer 1994,

---

thetische Empfindung hebt sich von der Aisthesis insofern ab, dass eine Aufmerksamkeit auf das Wahrgenommene entsteht. Das Ästhetische beschreibt also keine Eigenschaften von Objekten, „sondern eine Eigenschaft der Erfahrungen, die das Individuum mit diesen Gegenständen macht" (Bender/Dietrich 2010, S. 350).

2013) und ließen die Perspektiven von Lehramtsstudierenden unhinterfragt. Um sich diesen Forschungslücken des empirisch wenig erschlossenen Bereichs der akteursseitigen Bedeutungszuschreibungen des universitären Raums zu nähern und der Forderung einer begriffskritischen Klärung raumbezogener Begrifflichkeiten zu folgen (vgl. Löw 2001; Rau 2013), sollen im Folgenden die akteursseitigen Lesarten der Lehramtsstudierenden im Fokus stehen. Diese werden dabei als aktive, den Raumbildungsprozess hervorbringende Subjekte verstanden (vgl. Westphal 2016, S. 12), die sowohl Raum bilden als auch von diesem beeinflusst werden. Die in diesem Beitrag darzustellende empirische Fallstudie stellt den Versuch dar, den von Rittelmeyer beschriebenen kommunikationstheoretisch orientierten Zugang durch die Analyse von reflexiven fotografischen Interviews aufzugreifen und in Bezug auf die symbolischen Codierungen universitären Raums zu analysieren. Universitärer Raum wird in Bezug auf Rittelmeyer „als bedeutungshaltiges und sinnstiftendes Zeichensystem" (2013, S. 107) verstanden, dessen „semiotische Szenarien" (2009, S. 157) zeichentheoretisch analysiert werden. Hierfür fungiert die Systematisierung der sechs Funktionen von Botschaften Rittelmeyers in der Analyse als Ausgangspunkt.

Folgendes Erkenntnisinteresse liegt der Fallstudie zugrunde:

1. Orientierungen im und zum Raum sowie raumbezogene Wahrnehmungs- und Handlungsschemata von Lehramtsstudierenden zu beschreiben.
2. Akteursseitige Bedeutungszuschreibungen universitären Raums zu erschließen.
3. Über die Analyse der Deutungsmuster auf symbolisch repräsentierte Sinnstrukturen des universitären Raums zu schließen und
4. deren Potenziale für eine akteurssensible Raumbildung aufzuzeigen sowie die Bedeutung von Raum als zentrale Bildungskategorie zu verdeutlichen.

Die Fallstudie widmet sich der übergeordneten Frage, in welcher Weise Objekte und Objektaspekte der Wahrnehmung als Zeichen im universitären Kontext auf ihre InterpretInnen wirken (vgl. Reblin 2012, S. 21).

Folgende Teil-Fragestellungen werden der empirischen Analyse zugrunde gelegt:

- Welche symbolischen Codierungen werden zwischen den wahrnehmbaren Signifikanten und den Signifikaten universitären Raums von Lehramtsstudierenden erfasst?
- Welche Bedeutungshorizonte, Orientierungen im und Positionierungen zum Raum werden in den Darstellungen der befragten Lehramtsstudierenden sichtbar?

4 Zu symbolischen Codierungen universitären Raums – Analyse eines Fallbeispiels

4.1 Methodisches Vorgehen

Zur Analyse der symbolischen Codierungen universitären Raums wurde im Wintersemester 2014/15 eine sechsstufige Teilstudie an der Universität Rostock durchgeführt, in der Lehramtsstudierende am Anfang ihres Studiums mittels *reflexiver Fotografien* (vgl. Dirksmeier 2007, S. 6) und darauf basierenden Fotointerviews befragt wurden.

(1) Zur Erhebung der empirischen Daten wurden Studierende eines schulpädagogischen Seminars aufgefordert, in neun digitalen Fotografien festzuhalten, was den Raum der Universität für sie charakterisiert.
(2) Die Bilder wurden von den Studierenden mit einem kurzen Kommentar versehen.
(3) Anschließend wurden die Bilder von den Studierenden ihrer persönlich empfundenen Priorität nach von *sehr wichtig* zu *eher unwichtig* im Ordnungssystem des „Diamond Rankings" angeordnet (vgl. Woolner 2010; vgl. Fallbeispiel Abb. 1).

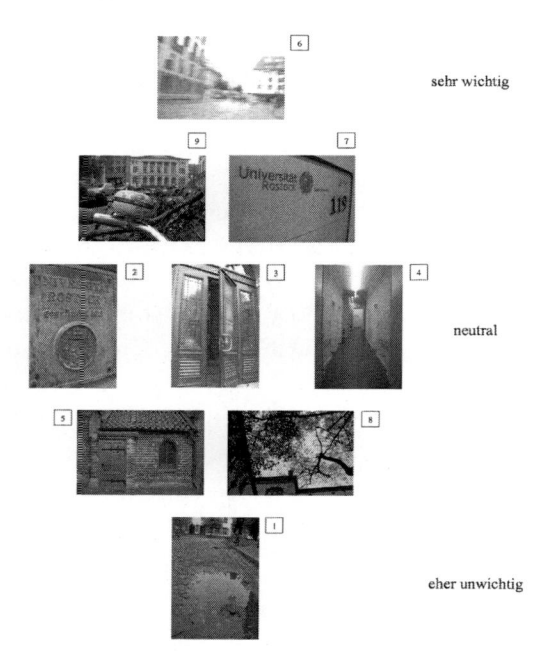

Abb. 1: Fotografien im Diamond Ranking, Erhebung Wintersemester 2014/15 (Datenreihe 1, © eigene Darstellung)

(4) Das fotografische Material sowie die schriftlich festgehaltenen Kommentare der Studierenden wurden fallintern und fallübergreifend in der Gesamtheit eines Erhebungszeitraums einer semiotischen Analyse unterzogen und die Auswertung in Netzdiagrammen visualisiert (vgl. Krüger/Ninnemann/ Häcker 2016, S. 133 ff.; Rittelmeyer/Krüger (i. E.); vgl. Fallbeispiel Abb. 2).

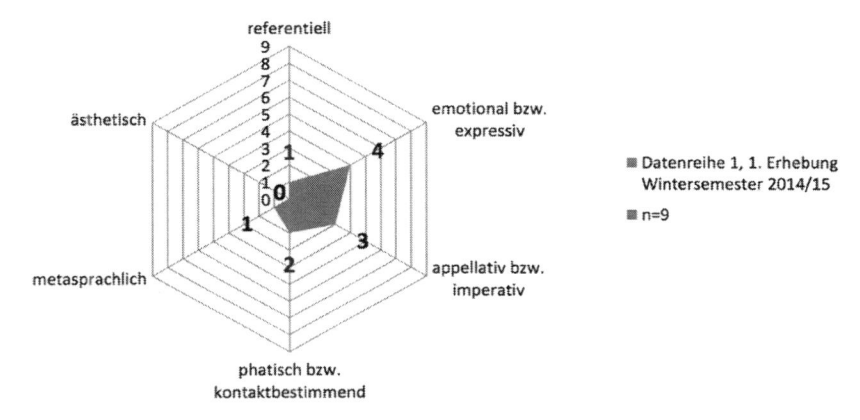

Abb. 2: Darstellung der Verteilung der Funktionen von Botschaften der Architektur in der Selbsteinschätzung des Studierenden der Datenreihe 1 im Netzdiagramm, Erhebung Wintersemester 2014/15 (Datenreihe 1, © eigene Darstellung)

(5) Die selbst erstellten Fotografien dienten im Folgenden als Gesprächsanreiz und -grundlage problemzentrierter fotografischer Einzelinterviews, die durch das Sprechen mit und über die Fotografien sowie das auf den Fotografien Abgebildete einen Einblick in die spezifische Lesart der befragten Studierenden ermöglichten (vgl. Fuhs 2010, S. 629). Durch die Rede über die Fotografien vollzieht sich eine reflexive Übersetzung des zum Teil unbewusst Wahrgenommenen des universitären Raums in eine beschreibbare sprachliche Darstellung. Über diese akteurseigenen Deutungsmuster kann auf symbolisch repräsentierte Sinnstrukturen von Raum geschlossen werden.

(6) Die in der Kommunikation externalisierten Vorstellungen können als Text einer semiotischen Analyse unterzogen werden, sodass der Untersuchungsgegenstand nicht der universitäre Raum selbst, sondern die Vorstellungen über und die Darstellungen des universitären Raums in der Repräsentation des Textes sind (vgl. Reblin 2012, S. 15). Die Interviews wurden anschließend mittels einer inhaltlich strukturierenden qualitativen Inhaltsanalyse nach Philipp Mayring analysiert. Die von Rittelmeyer beschriebenen sechs Funktionen von Botschaften der Architektur wurden in der hier beschriebenen Analyse als theoriegeleitetes Kategoriensystem deduktiv angewandt (vgl. Rittelmeyer 2009, S. 161 ff.). In diesem Beitrag wird vorwiegend auf die fünfte und sechste Stufe in einer ausgewählten Analyse des Fallbeispiels der Datenreihe 1 einge-

gangen. Dabei wird der Fokus zum einen auf den symbolischen Codierungen *emotionaler bzw. expressiver Funktion* liegen, da diese Funktion in der Verteilung der Funktionen von Botschaften als ausgeprägteste Tendenz in der vorhergehenden semiotischen Analyse durch Selbsteinschätzung herausgearbeitet werden konnte (vier von neun Fotografien wurden von der Studierenden dieser Funktion zugeordnet; vgl. Abb. 2). Zum anderen wurden als zweiter Fokus symbolische Codierungen *ästhetischer Funktion* nach dem Verständnis Rittelmeyers und Ecos gewählt, da diese zwar in der semiotischen Analyse nicht repräsentiert waren (null von neun Fotografien wurden von der Studierenden dieser Funktion zugeordnet; vgl. Abb. 2), im Fotointerview jedoch als häufigste Bezugnahme herausgestellt wurden.

4.2 Studentische Bildlektüren universitären Raums – emotionale bzw. expressive Funktion von Botschaften der Architektur

Im Folgenden werden einzelne ausgewählte Interviewausschnitte angeführt, die nach dem Kategoriensystem der emotionalen bzw. expressiven Funktion zugeordnet wurden und an denen emotional geprägte symbolische Codierungen universitären Raums deutlich werden.

Die Studierende verweist im Interview auf eine symbolische Aneignung universitären Raums, die besonders durch *Affekte, Emotionen und Stimmungen* geprägt ist (vgl. Rittelmeyer 2009, S. 163). Dabei wird sich auf die Fotografie Nummer 6 (vgl. Abb. 3)[5] und das darin ausgedrückte negativ besetzte Gefühl des „Studienalltags" (P1: 72) bezogen.[6] Diese Emotion ist an das Erleben des Studienalltags mit „Hektik, Anspannung und stete[m] Wechsel" (P1: 82) verbunden, welcher die Studierende „persönlich immer wieder auch belastet" (P1: 83).

Gestalterisch wurde diese Empfindung durch die bewusst verwackelte Aufnahme dargestellt. Das Wechseln zwischen verschiedenen Gebäuden der Universität[7] wird mit „zu spät kommen" (P1: 87) assoziiert und erzeuge dabei den Druck, pünktlich sein zu wollen. Hier wird das Selbstverständnis der Studie-

---

5 Die Fotografie Nummer 6 wurde hinsichtlich der Rekonstruktion ikonischer Sinnstrukturen universitären Raums mittels der dokumentarischen Methode nach Ralf Bohnsack vergleichend analysiert (vgl. Krüger 2016).
6 Die im Interviewausschnitt verwendete Kennzeichnung ‚P1: 72' bedeutet: Problemzentriertes Interview mit Interviewpartnerin 1, Zeilennummer 72.
7 Die Universität Rostock ist in einzelne Standorte aufgeteilt, die in unterschiedlichen Stadtteilen liegen. Zum Wechsel zwischen diesen wird teilweise ein längerer Anfahrtsweg benötigt. Das Betonen der Aufforderung zum Wechsel zwischen verschiedenen Standorten verdeutlicht: neben emotionalen Aufladungen auch Bezüge zu *appellativen bzw. imperativen Funktionszuschreibungen*, die Formen von Forderungen, Direktiven, Befehlen, Regelvorschriften oder handlungsleitende Bitten beschreiben (vgl. Rittelmeyer 2009, S. 163).

renden als sich regelkonform verhaltende Studierende ersichtlich. Zudem beeinflusse die Notwendigkeit des räumlichen „Hin- und Hergewechsel[s]" (P1: 89-90) die Kommunikation mit den Dozierenden im Anschluss an eine Veranstaltung. Deutlich tritt hier zum einen die Relevanz der Bezugsperson der Dozierenden hervor, die auf den Wunsch nach individueller Betreuung hindeutet und auf das Idealbild einer Lehrenden als kommunizierend und im Kontakt mit den Lernenden verweist. Zum anderen wird das erweiterte Selbstverständnis der Studierenden als engagiert und selbstbestimmt in der Kontaktaufnahme sichtbar. Die Möglichkeit des Kontaktes wird jedoch durch die räumliche Seite des Standortwechsels unterbunden und aufgrund dessen problematisiert.

Abb. 3 und 4: Fotografien Nummer 6 und 7 der Datenreihe 1, Erhebung Wintersemester 2014/15 (Datenreihe 1, © eigene Darstellung)

In der Beschreibung der weiteren Fotografien werden erneut emotionale, vorwiegend negativ besetzte Konnotationen des universitären Raums deutlich. Bezug nehmend auf die Fotografie Nummer 7 (vgl. Abb. 4) wird eine Raumbeschriftung bzw. ein sogenanntes „Raumkärtchen" (P1: 158) beschrieben, welches symbolisch mit der Situation vor der persönlichen Kontaktaufnahme mit Dozierenden oder verwaltenden Büros über den Eintritt in die Räumlichkeit in Verbindung gebracht wird.[8] Das sogenannte „Respektklopfen" (P1: 161) an der Tür sowie die Ungewissheit über die Laune, der sich hinter der Tür verbergenden Personen, und oftmals langen Wartezeiten bis zum Eintritt wird als Ausdruck für die „bürokratische, formelle Seite der Uni" (P1: 163) dargestellt und diese erzeuge eine negativ besetzte Empfindung. Hier zeigt sich, dass sich die von Ludwig (2016, S. 172) beschriebenen sozialen Strukturen materiell manifestieren. Im Fallbeispiel

---

8 Hier wird ebenfalls ein Bezug zu der *phatischen bzw. kontaktbestimmenden Funktion* und *referentiellen Funktion* deutlich, auf die hier nur hingewiesen werden kann. Insgesamt ist festzuhalten, dass innerhalb eines zu analysierenden Textabschnitts eine oder mehrere Funktionen von Botschaften deutlich werden können.

manifestiert sich die Bürokratie bzw. formelle Seite der Uni materiell im sogenannten „Raumkärtchen" (P1: 158). Gleichzeitig zeigt sich eine machtvolle Ordnung des Raumes (vgl. Rieger-Ladich/Ricken 2009, S. 199), die durch ein Verhältnis der Unterordnung und Abhängigkeit der Studierenden von den universitären Angestellten gekennzeichnet ist. Der Bezug zur Bürokratie wird mit der Erfahrung unterlegt, dass auf E-Mails von Seiten der Dozierenden nicht oder nur mit langer Wartezeit geantwortet wird und die empfundene Ungewissheit Emotionen der Frustration und des Nicht-Ernstnehmens der befragten Person auslöse. Die Studierende drückt dieses Gefühl wie folgt aus: „Und das frustriert mich häufig und dann fühl ich mich einfach auch irgendwie, wieder wie ne Nummer an der Universität ernstgenommen also nicht ernstgenommen und einfach so durchs Raster gefallen" (P1: 166-168). Was in der Beschreibung besonders hervortritt ist, dass sich die von Hartle (2006, S. 215) thematisierten hierarchisierten Bedeutungen an Orten bzw. Objekten verdichten. In diesem Fallbeispiel verdichtet sich die Wahrnehmung des Subjektes als Nummer in der Raumbeschriftung. Insgesamt wird die von der Studierenden empfundene Abneigung gegen die Bürokratie und das Formelle deutlich, die in Zusammenhang mit der Abneigung gegen das über- und untergeordnete Verhältnis mit den Angestellten der Institution gebracht werden kann. Ersichtlich wird dabei der Wunsch nach einem Austausch mit den Dozierenden und der damit verbundenen Wahrnehmung der Studierenden als Interaktionspartnerin, der institutionelle Anerkennung entgegengebracht wird. Dies kann als Gegenpol zur Entindividualisierung als „Nummer" (P1: 555) gesehen werden.

Abb. 5 und 6: Fotografien Nummer 4 und 5 der Datenreihe 1, Erhebung Wintersemester 2014/15 (Datenreihe 1, © eigene Darstellung)

In den weiteren Ausführungen wird die den Korridoren der Fotografie Nummer 4 (vgl. Abb. 5) zugeschriebene Bedeutung aufgegriffen. Thematisiert werden die Wahrnehmung und das unangenehme Gefühl beim Durchschreiten solcher Korridore, welche eine sich wiederholende Unsicherheit in Bezug auf das Finden des richtigen Raumes hervorrufen. „Korridore, wo man halt überhaupt nicht in die Türen reingucken kann" (P1: 894-895) erzeugen durch das ähnliche Aussehen und die Verschlossenheit der Türen ein Gefühl der Angst, sich vor dem falschen Raum zu befinden. Die von der befragten Person dechiffrierte architektonische Botschaft des Korridors ist in starkem Maße mit Verunsicherung und Orientierungslosigkeit verbunden, welche das Gefühl der Angst „Und wenn du doch hier falsch bist" (P1: 897) hervorrufen. Der Wunsch nach Transparenz, Offenheit und individueller Gestaltung wird deutlich. Rieger-Ladich und Ricken (2009, S. 199) verweisen darauf, dass symbolisch codierte Räume voraussetzen, dass die AkteurInnen im Raum mit den Ordnungen dessen vertraut sind und imstande sind, die Zeichen des Raumes zu lesen. Die Studierende beschreibt jedoch, dass sie nicht im Stande ist, sich dort zu orientieren. Deutlich wird, dass die Zeichen der räumlichen Situation der Korridore von der befragten Person nicht gelesen werden können und somit keine Orientierung im Raum ermöglichen. Dies kann ein Hinweis darauf sein, dass die Codes zur Dechiffrierung des universitären Raums – hier materialisiert am Beispiel der Wahrnehmung eines Korridors – zu Beginn des Studiums noch nicht oder nur teilweise angeeignet wurden. Es wird deutlich, dass die mögliche oder unmögliche Orientierung im Raum und damit die Handlungsfähigkeit des Subjektes von den jeweils unterlegten Codierprozessen der Interpretierenden abhängt.

Neben den bisher analysierten überwiegend negativen Konnotationen werden auch positiv besetzte Bedeutungszuschreibungen universitären Raums relevant, die an dieser Stelle zusammengefasst werden sollen. In Bezug auf die Fotografie Nummer 5 wird hervorgehoben, dass die Verbindung von Arbeit und Freizeit bzw. die Nähe zum Freundeskreis von der befragten Person als positiv empfunden wird. Der auf dem Bild dargestellte Teil der Klosterkirche symbolisiere den „Kontakt zum Glauben" (P1: 156), den die Studierende sucht. Das empfundene Gefühl der Gemeinschaft im „Gemeindeleben" (P1: 770), dessen räumliches Symbol die Kirche ist, bildet einen Gegenpol zur Empfindung des Nummer-Seins sowie der damit einhergehenden Entindividualisierung und erzeuge ein positives Gefühl. Das Empfinden einer positiven Lernatmosphäre bestimmter Räume wird sowohl durch einen neuwertigen Stand der technischen Ausstattung sowie einer guten Akustik hergestellt (vgl. P1: 268–272). Als beitragende Faktoren des Wohlfühlens werden zudem der „Aufbau des Raumes" (P1: 295), die Wand- und Lichtgestaltung (vgl. P1: 295–298), die „Flexibilität eines Raumes" (P1: 298) in Bezug auf verschiedene Sozialformen, die Funktionalität und die Funktionsfähigkeit (vgl. P1: 302–307) angeführt. Das Einfallen des Lichtes wird besonders hervorgehoben, da ein lichtdurchfluteter Raum ein viel besseres Gefühl bedinge als ein sehr dunkel gestalteter (vgl. P1:

296–298). Neben diesen architektonisch gestalterischen Elementen werden ein guter „Betreuungsschlüssel" (P1: 551) sowie eine familiäre Atmosphäre (vgl. P1: 549–552) als Bedingungs- bzw. Einflussfaktoren des Wohlfühlens benannt.

Zusammenfassend kann festgehalten werden, dass in dem universitären Bedeutungsraum der Studierenden der Datenreihe 1 Raum und dessen Architektur sowohl zur Rahmung als auch zum Gegenstand emotional aufgeladener Konnotationen werden. Die Analyse verweist auf eine Bedeutungsstruktur universitären Raums, die in besonderem Maße durch die emotionale bzw. expressive Funktion von Botschaften geprägt ist. Die Emotionen negativer Deutung beziehen sich auf die wahrgenommene Entindividualisierung des Räumlichen in Verbindung mit der Entindividualisierung des Studiums durch Bürokratie, wenig zeitliche Ressourcen für kommunikativen Austausch und die Unterrepräsentiertheit der Selbstbestimmtheit im Studium, die im extremen Fall in einer empfundenen Konformität der Studierenden als „Nummer" (P1: 555) gipfeln. Dementsprechend werden die diesem Bild entgegenstehenden Strukturierungen der individuellen Gestaltung als besonders positiv empfunden. Bezug genommen wird dabei auf den Wunsch nach familiären Atmosphären und individuellen Betreuungsschlüsseln, die als Ausdruck der Individualität und als Ort des Ernstgenommenwerdens angesehen werden können und damit einen Gegenpol zur Empfindung der „Nummer an der Uni" (P1: 167) bilden. Beitragende Faktoren des Wohlfühlens sind so organisatorisch, zwischenmenschlich und auch räumlich strukturiert. Zudem wird deutlich, dass die symbolischen Codierungen universitären Raums nicht nur Zweckbestimmungen markieren (vgl. Rieger-Ladich/Ricken 2009, S. 199). Sie symbolisieren sowohl *Funktionszusammenhänge* der Entstehung von Orientierungslosigkeit durch eine konforme Gestaltung von Korridoren bzw. hierfür erstellten Plänen, *Verwendungsweisen* im Sinne der präferierten individuellen und flexiblen Gestaltung des universitären Raums sowie die gewünschten *Atmosphären* des Familiären und *implizite Normen* des Machtausdruckes durch das Warten vor Räumen Angestellter der Universität bzw. deren sogenannten Raumkärtchen (vgl. ebd.). Die Ordnung des universitären Raums des Über- und Unterordnungsverhältnisses von Angestellten und Studierenden wird konstituiert. Der universitäre Raum ist symbolisch codiert und verweist im Fallbeispiel auf *Gemeinschaften* des Freundeskreises der Studierenden sowie auf *Zugehörigkeiten* zur Gemeinschaft der Kirche und *Überzeugungen* des Religiösen (vgl. ebd.).

In der Analyse wird zudem auffällig, dass positive Gefühle oder Stimmungen mit der Wahrnehmung materialitätsbezogener Aspekte verknüpft sind, die im Folgenden thematisiert werden.

4.3 Studentische Bildlektüren universitären Raums – die Materialität der Signifikanten in der ästhetischen Funktion von Botschaften der Architektur

Im Fotointerview werden ästhetisch orientierte Bedeutungshorizonte sichtbar, die sich vorwiegend auf ein materialitätsbezogenes Charakteristikum einer ästhetischen Botschaft nach Eco (1968 = 1972, S. 147) beziehen: „Die *Materie*, aus der die Signifikanten gemacht sind, erscheint nicht willkürlich in Bezug auf die Bedeutungen und die kontextuelle Beziehung der Signifikanten: In der ästhetischen Botschaft bekommt auch die Ausdruckssubstanz eine Form" (ebd., S. 148). Die Materialität der Signifikanten wird somit hervorgehoben.

Die semiotische Analyse der ästhetischen Botschaften soll sich im Folgenden vorwiegend auf diese von der Studierenden hervorgehobene Materialität der Signifikanten des universitären Raums im Form von ästhetisch konnotierten bzw. atmosphärischen Gestaltungsprinzipien beziehen, die die Studierende als beeindruckend oder schön empfindet.

Im Verlauf des Interviews bezieht sich die Studierende spezifisch auf vier Orte der Universität Rostock: zum einen auf das historische Universitätshauptgebäude sowie die Universitätskirche und zum anderen auf den Neubau der Universitätsbibliothek sowie die neueren Bauten der Mensen. Die Gegenpole des Historischen und Modernen werden in diesem Zuge benannt und basierend auf verschiedenen Klassifikationen als schön empfunden. Gemein ist den Bauten, dass die Studierende das als schön empfundene „Aussehen" (P1: 957) des Universitätshauptgebäudes sowie der Neubauten in der Südstadt von ihrer äußerlichen Gestalt her beschreibt.

Bei den Neubauten wird die bis dahin unbekannte Technik als „modern" und „funktionsfähig" (P1: 960) vermutet und die Schönheit kausal mit Zweckmäßigkeit in Verbindung gebracht. In dieser technischen Referenz wird keine rein ästhetische Botschaft, sondern eine von Rittelmeyer beschriebene adhärierende Botschaft deutlich (vgl. Rittelmeyer 2009, S. 165f.), die ebenso auf eine referentielle Funktion (ebd., S. 161f.) mit Verweis auf den Sachverhalt einer funktionsfähigen Arbeitsumgebung deutet. Das historische Gebäude der Universitätskirche auf Fotografie Nummer 5 (vgl. Abb. 6) wird durch seine mächtige Bauweise als schön empfunden. Diese gedeutete Mächtigkeit steht im Gegensatz zu der Darstellung der Fotografie, dessen abgelichtetes räumliches Gebilde in der Wirkung eher einem kleinen Häuschen gleicht. Bezug nehmend auf das Universitätshauptgebäude wird dieses als schön beschrieben, da es sich ins Stadtbild durch die erkennbar historische Gestaltung einpasst. Auch in der Beschreibung der architektonischen Gestaltung der Mensen und der Universitätsbibliothek werden einzelne spezifische Aspekte als „besonders schön" (P1: 524–525) hervorgehoben. Als relevante Kategorien der Materialität der Signifikanten universitären Raums in der Wahrnehmung der Studierenden können die Gestaltungsprinzipien der Zonierung; der Nutzbarkeit von Innen- und Außenräumen; der zentralen Lage und guten Erreichbarkeit; hellen Lichtgestaltung; technischen Ausstattung der Arbeitsplätze; offenen Gestaltung; Ruhe und angenehmen Temperatur aufgelistet werden. Um einen als schön empfundenen Ort nutzen zu können, werden auch längere und beschwerlichere Anfahrtswege bzw. Ortswechsel von der befragten Person in Kauf genommen, weil das Lernen dort als „um einiges besser" (P1: 608–609) eingeschätzt wird. Das Wohlfühlen in den Räumen wird als Bedingungsfaktor für das Lernen bzw. kausal für die Qualität dessen hervorgehoben. Die Studierende führt dazu aus: „Ja weil ich ja zum Lernen einen Raum brauche. […] Und wenn ich mich in dem Raum nicht wohlfühle, dann geht das Lernen auch nicht gut" (P1: 619–627).

Die Wahrnehmung des universitären Raumes als ansprechend gestalteten, hänge zudem stark von den darin stattfindenden Veranstaltungen oder Betreuungen ab. Die Räume, in denen die Dozierenden individuell betreuen bzw. unterrichten, werden in der atmosphärischen Wirkung als angenehmer eingestuft. Der räumliche Ausdruck dieses von der befragten Person präferierten Unterrichts sei die Mobilität des Raumes bzw. der Sitzordnung, die als schön empfunden wird. Hier werden zum einen sozialpersönliche Orientierungen und die gegenseitige Konstituierung von Raum und Gesellschaft deutlich (vgl. Rau 2013, S. 62), indem die soziale Interaktion zwischen der Studierenden und den Dozierenden – verstanden als soziales Zusammenleben – Räume z. B. der Kommunikation und Lehre hervorbringt. Und dass zugleich die Räume der Lehre das Verhalten der Studierenden und Dozierenden im universitären Raum, z. B. durch die Möglichkeit der Mobilität bzw. flexiblen Sitzordnung oder der Möglichkeit des in Kontakttretens, beeinflussen.

4.4 Zusammenhänge der Bedeutungszuschreibungen emotionaler bzw. expressiver und ästhetischer materialitätsbezogener Funktionen von Botschaften

Bezugnehmend auf die Frage, welche Bedeutungshorizonte, Orientierungen im und Positionierungen zum Raum in den Darstellungen der befragten Lehramtsstudierenden sichtbar werden, sollen im Vergleich der Analysen der emotionalen bzw. expressiven und ästhetischen materialitätsbezogenen Funktionszuschreibungen sieben Zusammenhänge verdeutlicht werden.

(1) Das *Hin- und Herwechseln* zwischen verschiedenen Orten des universitären Raums wird in beiden Funktionszuschreibungen jeweils thematisiert, jedoch differenziert gedeutet. Der notwendige Wechsel erfolgt gezwungenermaßen und wird mit Hektik sowie Bürokratie konnotiert, die bei der befragten Person in starkem Maße negative Emotionen auslösen. Die Bereitschaft für einen

freiwilligen Ortswechsel bestehe jedoch, wenn der zu erreichende Ort, den als atmosphärisch angenehm empfunden Gestaltungsprinzipien entspreche und ein Gefühl des Wohlfühlens erzeuge. Der räumliche Wechsel wird folglich in der emotionalen bzw. expressiven Funktionszuschreibung negativ konnotiert und in der ästhetischen materialitätsbezogenen Funktionszuschreibung als etwas positiv Bedingendes empfunden. Eine ansprechend empfundene Gestaltung universitären Raums wird mit positiven Gefühlen in Verbindung gebracht. Hier kann ein Zusammenhang emotionaler und ästhetischer materialitätsbezogener Funktionen von Botschaften festgehalten werden. Dies kann als Hinweis für die Relevanz einer von den Studierenden als ansprechend empfundenen Gestaltung universitären Raums gedeutet werden, die emotional negativen Konnotationen entgegenwirken könnte. Konkrete räumliche Gestaltungsmaßnahmen werden hierfür benannt. Die Gestaltung eines Vorlesungssaals mit einer versteckten Eintrittsmöglichkeit an den hintersten Stuhlreihen wird beispielsweise angeführt, um bei hektischen negativ konnotierten Ortswechseln ein entspannteres, positiv assoziiertes Eintreten zu ermöglichen.

(2) Sowohl bei den emotionalen als auch den von der Studierenden als ansprechend und angenehm empfundenen Bedeutungszuschreibungen steht der Aspekt des *Wohlfühlens* im Zentrum. Bei den ersteren sind es organisatorische und zwischenmenschliche Faktoren, die eine positive Stimmung des Wohlfühlens beeinflussen. Zudem werden gestalterische Variablen wie zum Beispiel die Lichtgestaltung genannt, die im kausalen Zusammenhang mit einer Atmosphäre des Wohlfühlens gesehen werden und diese wiederum positive Emotionen evoziere. Bei den ansprechend und angenehm empfundenen Bedeutungszuschreibungen werden weitere Gestaltungsprinzipien relevant und das Wohlfühlen in den Räumen als Bedingungsfaktor für das Lernen hervorgehoben.

(3) Das Wohlfühlen wird in den Zusammenhang mit dem Wunsch nach einer individuellen Betreuung gebracht. Der emotional konnotierte Wunsch nach Individualisierung (als Gegenpol zur Wahrnehmung „als Nummer" an der Universität) drückt sich auch in den als ansprechend eingestuften, räumlichen Gestaltungsvariablen aus. Die präferierte Mobilität des Raumes bzw. der Sitzordnung kann als *räumliche Entsprechung dieser Individualisierung* bzw. des individualisierten Unterrichts angesehen werden.

(4) Die Darstellungen der Studierenden verweisen auf *erlebte Krisenerfahrungen* des bisherigen Studiums, die im universitären Raum symbolisch codiert sind. Bezug genommen wird hier auf die empfundene Entindividualisierung als „Nummer" (P1: 555), die mit einer Entwertung der Person assoziiert wird, sowie auf Bürokratie und Orientierungslosigkeit.

(5) Die Studierende entwirft ein negativ konnotiertes Bild des universitären Raums, das auf eine *Kritik bzw. Abneigung an bzw. gegen die bürokratische, formelle Seite der Uni* verweist.

(6) Die *Antinomie von Nähe und Distanz* wird in der Abgrenzung von der formellen, bürokratischen Seite der Universität (Distanz) und der gleichzeitig starken Anbindung an die Universität durch die Identifizierung mit den Räumen der Universitätskirche, der Bedeutung des Wohlfühlens, des persönlichen Kontakts mit den Dozierenden (Nähe) deutlich. Dabei überwiegt der Wunsch nach Nähe im universitären Raum gegenüber der Problematisierung der Distanz.

(7) Der *Glaube* hat für die Studierende eine hohe Relevanz, da dieser als Ausdruck der *Gemeinschaft* angesehen wird. Die Universitätskirche ist als räumliches Symbol dieser Gemeinschaft dargestellt, was den Gegenpol zur empfundenen Entindividualisierung und der Hektik im universitären Raum bildet.

5 Resümee – Verortung der Ergebnisse im raumwissenschaftlichen Diskurs

Der Forderung einer begriffskritischen Klärung der raumbezogenen Begrifflichkeiten folgend (vgl. Löw 2001; Rau 2013) soll das unterlegte Raumverständnis der Studierenden im Kontext des universitären Raums durch aufgeworfene Raummethapern verbildlicht werden. Der Raum wird emotional konnotiert als Raum der Hektik, der Degradierung, der fehlenden Anerkennung, der Orientierungslosigkeit aber auch des Glaubens und der Gemeinschaft beschrieben. Die ästhetischen materialitätsbezogenen Konnotierungen können durch Metaphern eines Raums des Lernens und des Wohlfühlens ausgedrückt werden. In der diskursiven Verortung zeigen sich vorwiegend ästhetisch konnotierte Perspektiven materialer Raumordnungen, die auf das Verständnis eines gestaltbaren Containerraums hinweisen. In der Thematisierung der Interaktionen mit den institutionellen AkteurInnen der Universität wird ein sozialräumliches Verständnis im Ansatz erkennbar.

Zurückkommend auf die erste der Analyse zugrunde liegende Frage welche symbolischen Codierungen zwischen den wahrnehmbaren Signifikanten und den Signifikaten universitären Raums von Lehramtsstudierenden erfasst werden, kann festgehalten werden, dass die sich zeigenden symbolischen Codierungen, Zweckbestimmungen – z. B. durch die Funktionszusammenhänge der Technik und Gestaltungsprinzipien des Lichtes – als auch Atmosphären – das Wohlfühlen in Räumen – und damit implizite Normen – z. B. verstanden als Voraussetzung für das Lernen – markieren (vgl. Rieger-Ladich/Ricken 2009, S. 199). Ein weiteres Beispiel hierfür ist, dass die gebrauchsfunktionale Zweckbestimmung der Mobilität der Raumausstattung mit der von der Studierenden idealisierten Norm der Individualisierung von universitärer Lehre in Verbindung gebracht wird. Neben den denotierten Funktionszusammenhängen werden auch die jeweiligen Ordnungen des Raums thematisch (vgl. ebd.). In der Analyse wird die Ordnung des universitären Raums, in die die Studierende eintritt, durch das „Respektklopfen" (P1: 161) und das damit symbolisierte Unterordnungs- und Abhängigkeitsverhältnis der Studierenden gegenüber den sich hinter der Tür befinden Personen institutioneller Anbindung deutlich.

Durch die Analyse konnten akteurseigene Deutungsmuster emotionaler bzw. expressiver sowie ästhetischer materialitätsbezogener Funktionszuschreibung herausgearbeitet und auf symbolisch repräsentierte Sinnstrukturen universitären Raums geschlossen werden. Der universitäre Raum ist durch das Empfinden von Hektik, Bürokratie und Entindividualisierung mit negativen Gefühlen und durch gestalterische sowie zwischenmenschliche Aspekte des Wohlfühlens für die befragte Person positiv konnotiert. Der emotionalen Verknüpfung wird dabei ein Einfluss auf das Lernen attestiert. Der von der Studierenden zugeschriebene Einfluss positiver oder negativer Bewertungen von Bildungsbauten auf das Lernen ist in empirischen Studien des Fachdiskurses bereits nachgewiesen (vgl. Rittelmeyer 2013, S. 53). Im analysierten Fallbeispiel standen vor allem gestalterische Elemente im Fokus einer als ansprechend bzw. schön empfundenen Zuschreibung. Diesen symbolisch repräsentierten Sinnstrukturen wurden von der befragten Person räumliche Gestaltungsprinzipien bzw. Entsprechungen zugeordnet. Rittelmeyer (2013, S. 77) verweist auf architekturpsychologische Studien der Universität Leipzig, in denen sechs ähnliche Urteilskriterien herausgestellt wurden, „nach denen Schüler ihre Unterrichtsgebäude qualifizieren" (ebd.). Die Urteilskriterien positiver Schulbaubewertungen aus SchülerInnenperspektiven sind in Tabelle 1 aufgelistet (vgl. Tab. 1). Vergleichend wurden die Entsprechungen der benannten Gestaltungsprinzipien in Bezug auf die Universität aus Studierendenperspektive des analysierten Fallbeispiels zugeordnet.

Urteilskriterien aus SchülerInnenperspektiven in Bezug auf die Schule	Urteilskriterien aus Studierendenperspektive des analys. Fallbeispiels in Bezug auf die Universität
ästhetische Kriterien z. B. der Farbgebung des Klassenzimmers	‚helle Lichtgestaltung', ‚ruhige Farben' in Seminarräumen
die technische/ apparative Ausstattung	‚technische Ausstattung der Arbeitsplätze'
das Raumklima	‚angenehme Temperatur'
die Raumorientierung	‚offene Gestaltung', ‚Klarheit der Raumaufteilung', ‚zentrale Lage und gute Erreichbarkeit'
der Privatheit und Öffentlichkeit	‚Ruhe', ‚Zonierung'
der Identifikation und Partizipation	‚Mobilität des Raumes bzw. der Sitzordnung', ‚Nutzbarkeit von Innen- und Außenräumen'

Tab. 1: Vergleich der Urteilskriterien aus SchülerInnenperspektiven (nach Jacobsen/ Miesler/Riesel/Schönheit 2008 in Rittelmeyer 2013, S. 77) und Studierendenperspektive des analysierten Fallbeispiels

Diese sich auf die AkteurInnengruppe der SchülerInnenschaft und deren Bewertung von Schulgebäuden beziehenden Urteilskriterien werden im analysierten Fallbeispiel studentischer Bewertung von Universitätsgebäuden in ähnlicher bis identischer Weise betont, sodass auf intersubjektiv geteilte positive Konnotationen von Bildungsräumen geschlossen werden kann. Zur Klärung der Frage, ob diese auch akteursgruppenübergreifend festgestellt werden können, bedarf es weiterer vertiefender Analysen studentischer Konnotationen sowie Metaanalysen, die überprüfen, ob vergleichbare Studien ähnliche Ergebnisse hervorbringen (vgl. Rittelmeyer 2013, S. 53).

In diesem Beitrag konnten emotionale bzw. expressive sowie ästhetische materialitätsbezogene Funktionen von Botschaften beispielhaft anhand eines Fotointerviews analysiert werden. Wurden von der Studierenden in einer vorhergehenden semiotischen Analyse der Fotografien und erfassten Kurzkommentare noch keine Bezüge zur ästhetischen materialitätsbezogenen Funktion in der Selbsteinschätzung hergestellt (vgl. Abb. 2), so zeigten sich im Interview deutliche Bezüge hierzu. Der kommunikationstheoretische Zugang zu den Bedeutungsstrukturen universitären Raums durch die Transformation visueller Botschaften in semantische Kontexte im Fotointerview ermöglichte einen stärkeren Einbezug der Deutungsperspektiven der Befragten (vgl. Fuhs 2010, S. 629). In der Rede über den universitären Raum sowie dessen vorhergehender fotografischer Ablichtung wurden spezifische – in Bezug auf das Fallbeispiel atmosphärisch ansprechende – Lesarten erst beschreibbar. Die in diesem Beitrag beschriebene Analyse verdeutlicht die sensible Grenze zwischen Wahrnehmung und Sprache sowie Darstellung und Sinn (vgl. Einleitung dieses Bandes) jedoch nur am Beispiel ästhetischer materialitätsbezogener Funktion von Botschaften der Architektur. Der Einbezug aller sechs Funktionen in die Interpretation des Fallbeispiels sowie eine vergleichende Analyse weiterer Fälle könnte Hinweise auf fallübergreifende kollektive Perspektiven symbolischer Codierungen universitären Raums geben, die zu einer Erforschung der akteursseitigen Raumwahrnehmung sowie Bedeutungszuschreibung beitragen könnte (vgl. Rittelmeyer/Krüger i. E.). Eine akteursgruppenspezifische Sensibilisierung des räumlichen Beobachtungsvermögens könnte die Fähigkeit zum Lesen räumlicher Texte bzw. Architekturen fördern und zu einer „,Alphabetisierung' der architekturbezogenen Lektüre" (Rittelmeyer 2013, S. 110) beitragen.

Literatur

Bender, S./Dietrich, C. (2010): Ästhetik und Kunst. In: Cornelsen Scriptor, Kinder erziehen, bilden und betreuen. Lehrbuch für Ausbildung und Studium. Berlin und Düsseldorf: Cornelsen, S. 349–377.

de Fusco, R. (1972): Architektur als Massenmedium. Anmerkungen zu einer Semiotik der gebauten Formen. Gütersloh: Bertelsmann.

Dirksmeier, P. (2007): Der husserlsche Bildbegriff als theoretische Grundlage der reflexiven Fotografie: Ein Beitrag zur visuellen Methodologie in der Humangeografie. In: Social Geography, 2, 1–10. Zugriff am 03.01.2018 unter http://www.soc-geogr.net/2/1/2007/sg-2-1-2007.pdf

Eco, U. (1968): La struttura assente. Mailand: Bompiani. Deutsche Edition: Eco, U. (1972): Einführung in die Semiotik (6., unveränderte Auflage 1988) (übersetzt von: Trabant, J.). München: Fink.

Fuhs, B. (2010): Digitale Fotografie und qualitative Forschung. In: B. Friebertshäuser/A. Langer/A. Prengel (Hrsg.): Handbuch Qualitative Forschungsmethoden in der Erziehungswissenschaft. Weinheim und München: Beltz Juventa, S. 621–635.

Hartle, J. F. (2006): Der geöffnete Raum. Zur Politik der ästhetischen Form. München: Wilhelm Fink.

König, K. (2012): Architekturwahrnehmung. Die Anwendung empirischer Erkenntnisse der Kognitionspsycholgie auf architekturpsychologische Fragestellungen. Dissertation Universität Paderborn. Zugriff am 03.01.2018 unter https://d-nb.info/1047399997/34

Krüger, A./Ninnemann, K./Häcker, Th. (2016): Containerraum der Lehre? Raum(be)deutungen im universitären Kontext. In: C. Berndt/C. Kalisch/A. Krüger (Hrsg.): Räume bilden – pädagogische Perspektiven auf den Raum. Bad Heilbrunn: Klinkhardt, S. 129–146.

Krüger, A. (2016): Rekonstruktionen von Bedeutungsstrukturen im universitären Raum – eine Analyse mit der Dokumentarischen Methode am Beispiel zweier Fotografien der Universität Rostock. In: J. Ludwig/M. Ebner von Eschenbach/M. Kondratjuk (Hrsg.): Sozialräumliche Forschungsperspektiven. Disziplinäre Ansätze, Zugänge und Handlungsfelder. Opladen, Berlin, Toronto: Barbara Budrich, S. 107-125.

Krüger, A. (i. E.): Raum und Bildung – zur Perspektive einer semiotischen raumwissenschaftlichen Schul- und Bildungsforschung. In: A. Dreyer/B. Rudolf (Hrsg.): Kultur verstehen. Gesellschaft verändern. Zur internationalen Relevanz von Architekturvermittlung. Bielefeld: transcript.

Löw, M. (2001): Raumsoziologie. Frankfurt am Main: Suhrkamp.

Ludwig, J. (2016): Bildungsprozesse im Sozialraum. Reflexionen zum empirischen Zugang mit der Kategorie expansives Lernen. In: C. Berndt/C. Kalisch/A. Krüger (Hrsg.): Räume bilden – pädagogische Perspektiven auf den Raum. Bad Heilbrunn: Klinkhardt, S. 168–179.

Rau, S. (2013): Räume. Konzepte, Wahrnehmungen, Nutzungen. Frankfurt am Main u. a.: Campus.

Reblin, E. (2012): Die Straße, die Dinge und die Zeichen. Zur Semiotik des materiellen Stadtraums. Bielefeld: transcript.

Rieger-Ladich, M./Ricken, N. (2009): Macht und Raum: Eine programmatische Skizze zur Erforschung von Schularchitekturen. In: J. Böhme (Hrsg.): Schularchitektur im interdisziplinären Diskurs. Territorialisierungskrise und Gestaltungsperspektiven des schulischen Bildungsraums. Wiesbaden: VS Verlag für Sozialwissenschaften, S. 186–203.

Rittelmeyer, Ch. (1994): Schulbauten positiv gestalten. Wie Schüler Farben und Formen erleben. Wiesbaden: Bauverlag.

Rittelmeyer, Ch. (2009): Schulbauten als semiotische Szenarien: eine methodologische Skizze. In: J. Böhme (Hrsg.): Schularchitektur im interdisziplinären Diskurs. Territorialisierungskrise und Gestaltungsperspektiven des schulischen Bildungsraums. Wiesbaden: VS Verlag für Sozialwissenschaften, S. 157–170.

Rittelmeyer, Ch. (2013): Einführung in die Gestaltung von Schulbauten. Resultate der internationalen Schulbauforschung, Neue Entwicklungen im Schulbau, Verständigungsprobleme zwischen Planern und Nutzern. Frammersbach: Farbe und Gesundheit.

Rittelmeyer, Ch./Krüger, A. (i. E.): Psychologische, biologische und pädagogische Aspekte der Gestaltung und Wahrnehmung von Bildungsräumen. In: E. Glaser/H.-Ch. Koller/W. Thole/S. Krumme (Hrsg.): Räume für Bildung – Räume der Bildung. Opladen: Barbara Budrich.

Westphal, K. (2016): Vorwort. Raum: eine zentrale Bildungskategorie. In: C. Berndt/C. Kalisch/A. Krüger (Hrsg.): Räume bilden – pädagogische Perspektiven auf den Raum. Bad Heilbrunn: Klinkhardt, S. 9–13.

Wildgen, W. (2013): Visuelle Semiotik. Die Entfaltung des Sichtbaren. Vom Höhlenbild bis zur modernen Stadt. Bielefeld: transcript.

Woolner, P. (2010): The Design of Learning Spaces. London: Continuum International Publishing Group.

Raum(wissen) im narrativen Entwurf

Ein dokumentarischer Zugang zu narrativen Karten und Interviews am Beispiel einer Studie zum LehrerInnenberuf

Dominique Matthes

Dass *Raum* eine Kategorie erziehungswissenschaftlicher Debatten sein könnte, war lange Zeit kein besonders beachtetes Thema der Disziplin. In den letzten Jahren haben sich sozialräumlich-bildungstheoretische Auseinandersetzungen zu Raum jedoch zunehmender Beliebtheit erfreut (u. a. Nohl 2016; Nugel 2014). Aktuell werden in einer raumwissenschaftlich orientierten Forschung Auseinandersetzungen angeregt, die detaillierter nachspüren, wie sich AkteurInnen pädagogischer Kontexte Räume aneignen, für ihre Tätigkeiten nutzbar machen, mithin sogar Raum konstituieren (vgl. Böhme/Flasche/Herrmann 2016, S. 73; Nugel 2014, S. 278f.). Diese Fragen, die sich mehrheitlich im Horizont einer Verbundenheit von Sozialität und Materialität (vgl. Löw 2001) verorten, erlangen schließlich große Relevanz für ein besseres Verstehen lebensweltlicher Kontexte (vgl. Reutlinger 2008, S. 346). Denn Erziehung und Bildung finden nicht nur *in* bestimmten/bestimmbaren (Funktions-)Räumen statt, sondern – so die These – *Raumkonstitutionen sind und erwachsen als und innerhalb sozialeler Praxis mit je spezifischen Eigenlogiken und Herausbildungen* (vgl. Nohl 2016, S. 403; von Rosenberg 2011, S. 116), die es erst noch zu bestimmen gilt. Als und innerhalb von Prozesse/n der „Verräumlichung" (Kajetzke/Schroer 2015) entstehen und zerfallen, entwickeln und stabilisieren sie sich vielfach als temporäre und andauernde Konstellationen zwischen Menschen und Dingen und bedingen, begrenzen, überlappen, überlagern, ermöglichen oder auch manipulieren (sich) (innerhalb) ihre(r) Kontexte zugleich (vgl. Nohl 2016/2013). Doch auch den heute stärker symmetrisch agierenden Weiterführungen des von Löw (2001) eingeführten relationalen Raumkonzeptes bleibt eine vermittelnde Position inhärent: Zum einen tragen sie Sorge für einen angemessenen Ausdruck aller sich in Werdensprozessen befindlichen menschlichen und dinglichen AkteurInnen und berücksichtigen darunter insbesondere die Art und Weise eines praktischen Hervorbringens als Gemeinsames im Zeitverlauf (vgl. Nohl 2016, S. 395; Kajetzke/Schroer 2015, S. 10); zum anderen fragen sie – mit Blick auf (wechselseitige) Stabilisierungen und das Entstehen des Neuen (vgl. ebd.) – nach den in spezifischen (Forschungs-)Feldern lokalisierbaren und wahrgenommenen Bedingungslagen in deren elementarer Bedeutung im Zustandekommen spezifischer Praxis- und Wissensformen. Doch wie wird *Raum* entlang dieser Überlegungen einholbar?

Ein entsprechender Forschungsentwurf orientiert sich dann nicht primär an theoretischen Deutbarkeiten oder einer prinzipiellen Bewusstheit von Raum, sondern rückt im Zugang zu den in den erziehungswissenschaftlichen Praxiskontexten „stabilisierten Relationen von Menschen und *Dingen*" (Nohl 2016, S. 396, Herv. i. Orig.) über die individuell auftretenden und kollektiv geteilten sowie material repräsentierten Sinn- und Wissensstrukturen das „Verhältnis von Praxis und Raum" (Kajetzke/Schroer 2015, S. 10) in den Fokus – und stellt sich damit perspektivenvermittelnd und insbesondere *auch* auf das Implizite ein.

Zum reflexiven Umgang mit Raum in Kontexten des darunter bisher kaum berücksichtigten Lehrberufs (vgl. Matthes/Herrmann 2018) wird im Weiteren ein praxeologisch-wissenssoziologischer Ansatz (vgl. Bohnsack 2017) gewählt, in dem die Beteiligten selbst zur Sprache gelangen können, ohne jedoch eine Explizierbarkeit vorauszusetzen oder die Dinge auszuklammern (vgl. Nohl 2016, S. 404). In diesem Sinne bette ich im Zugang zu den Auseinandersetzungen der LehrerInnen mit ihrer Alltagspraxis nicht nur eine raumtheoretische Perspektive ein, die inspiriert ist von Überlegungen zur „Praxis des Verräumlichens" (Kajetzke/Schroer u. a. 2015) und zum „Transaktionsraum" (Nohl u. a. 2016). Das Forschungsinteresse selbst ist auf die Art und Weise der Konstitution von Raum ausgerichtet. Indem ich der Annahme folge, dass sich ein Raumwahrnehmen „vor allem den menschlichen Akteuren zurechnen [lässt]" (ebd., S. 400), werden die im Forschungsfeld relevant werdenden Verbünde und deren Genese erst durch empirische Rekonstruktionen annähernd fassbar. Beleuchtet wird damit, wie verräumlichende und verräumlichte Praxis (vgl. Kajetzke/Schroer 2015, S. 9) entworfen, be- und gedeutet wird, wie sich welche sozio-dinglichen resp. -materiellen Konstellationen zeigen (vgl. Nohl 2011/2013), in Bezug auf die Alltagsbewältigung zum Tragen kommen, Passungen, Spannungen und Lösungsstrategien sichtbar werden – Raum (re)produziert und reduziert wird, habituiert und emergiert (vgl. Nohl 2016, S. 393/399).

Ein solch forschungspraktischer Umgang mit der Raumthematik ist jedoch mit method(olog)ischen Schwierigkeiten verbunden. Einige tentative Lösungsvorschläge möchte ich unterbreiten, da mir ein Zugang über *narrative Entwürfe* möglich scheint. Die zugrundeliegende Studie überführt ein „Sprechen über Raum" (Nugel 2014, S. 279) dann auf ein *Wissen um Raum*, d. h. das durch ein gemeinsames Erleben und Erfahren erworbene, „die Praxis orientierende, das handlungsleitende Wissen" (Bohnsack 2011, S. 17). Dieser verstehende Zugang über „Wissens- und Erfahrungsbestände […], die diesem Handeln Dauer und Kontinuität verleihen" (ebd., S. 19) macht Praxiskontexte in ihrer und mithilfe der räumlichen Dimension besser nachvollzieh- und prognostizierbar (vgl. ebd.). Der Raumbezug lässt schließlich eine „mehrfache Mehrdimensionalität"

(Bohnsack 2017, S. 117) von Praxiskontexten entfalten, da er sich im o. g. Verständnis nicht lediglich auf einen Ort des Geschehens (z. B. ‚Schule') begrenzt, sondern ein Eingebundensein und Involviertsein von Beteiligten und das Entstehen von Raum auf „unterschiedlichen Ebenen des sozialen Handelns" (ebd.) verortet. In der mehrdimensionalen Hervorbringung, d. h. über die Berücksichtigung der in Lehrberufskontexten zusammentreffenden Erfahrungsräume und Wissensarten sowie der Differenzierung ihrer methodischen Zugänglichkeit (vgl. Bohnsack 2011, Kap. 2), werden mit Blick auf das Potenzial narrativ gestützter Verbalisierung und Visualisierung „Akte der *Verräumlichung*" (Matthes/Herrmann 2018, S. 255) im Verfahren der dokumentarischen Methode bearbeitbar, wie im Folgenden deutlich werden soll.

Mein Beitrag beschreibt vor diesem Hintergrund Überlegungen und mögliche Erträge einer Perspektive auf Raum(wissen) als fortwährender, mehrdimensionaler Prozess von Verräumlichung im Kontext der Schul(raum)- und Professionsforschung sowie der Kunst- und Kulturwissenschaft. Am Beispiel einer empirischen Studie zum LehrerInnenberuf werden die forschungspraktische Durchführung und der Zugang zum Erfahrungswissen mithilfe eines methodischen Settings narrativer Karten und qualitativer Interviews beschrieben. Weiter gehe ich näher auf Besonderheiten und Erfordernisse des Designs im Kontext dokumentarischer Analysen von Bild und Text ein, wobei die Annäherung an die „Praktiken des Verräumlichens" und den damit verbundenen „Verhältnis[sen] von Praxis und Raum" (Kajetzke/Schroer 2015, S. 10) im Fokus steht.[1]

1 Überlegungen zur sozialen Konstitution von Praxis und Raum

Die Koexistenz unterschiedlicher Forschungsansätze sowie die theoretische, method(olog)ische und empirische Auseinandersetzung mit neuen Perspektiven auf Raum erfordern vorerst eine differenzierende Dimensionierung des Paradigmas als eine Begriffsbildung, die den Fällen verbindlich zugrunde gelegt wird (vgl. Matthes/Herrmann 2018, S. 251; Kajetzke/Schroer 2015, S. 14). Ein Ansatz insbesondere erziehungswissenschaftlicher Analysen zur Konstitution und Bedeutung von Raum kann daher ein Perspektivtransfer durch und auf die Beteiligten in Darstellungs- und Herstellungsprozesse räumlicher Kontexte sein. Das Ziel ist es dann, besser nachvollziehen zu können, wie sich Raum als und aus Praxis konstituiert und was sich mithilfe dieser Perspektive zugleich über (professionelle) Praxiskontexte zeigt.

---

[1] Der im Folgenden eingeführte Begriff *Praxis-Raum-Verhältnis(se)* orientiert sich an der e. g. Formulierung.

Eine solche Heuristik des „praxisorientierte[n] Zugriff[s] auf die soziale Wirklichkeit" (Kajetzke/Schroer 2015, S. 10) untergliedert die „Ort[e] des Sozialen" (ebd. mit Bezug auf Schmidt 2012) weder in „das sinnsetzende Subjekt noch eine überindividuelle Struktur" (ebd.), sondern fokussiert mit Blick auf hier entstehende sozio-dingliche Kontexte „aufeinander bezogene, vernetzte, regelmäßig auftretende, jedoch nie völlig gleichbleibende Praktiken" (ebd.). Aktuelle Forschungsansätze tendieren unterdessen dazu, sowohl einen Raum als Territorium zu unterstellen, in dem sich Personen und Gegenstände befinden, „der das Handeln aller gleichermaßen vorstrukturiert" (Löw 2001, S. 64), als auch dazu, einen in gemeinsamer Praxis strukturierten Raum mit der Permanenz eines „expliziten Bewusstsein[s]" (Nohl 2016, S. 399) zu koppeln. So wird sowohl ein bereits wahrnehmbares als auch insgesamt ein Territorium exterior „konzeptualisiert" (Löw 2001, S. 64), ohne jedoch die Vielheit und Parallelität sowie die prozessuale Konstitution und Transformation der (möglicherweise differierenden) Verbünde und Grenze(n) – etwa über Handlungen und Äußerungen aus dem Feld – zu berücksichtigen (vgl. auch Kajetzke/Schroer 2015, S. 14). Die Überlegungen der Raumsoziologie lassen sich auch auf die Erziehungswissenschaft übertragen, denkt man z. B. an die verbreitete Metapher vom *Raum als drittem Pädagogen*. Werden derartige Raumvorstellungen mit ihren normativen Potenzialen (vgl. Kessl/Reutlinger 2010, S. 133; Löw 2001, S. 24 ff.) vorausgesetzt oder dienen sie lediglich der Überprüfung und Verstetigung ihrer selbst, so kann dies für die in qualitativ-empirischen Forschungsverläufen zu realisierenden Rekonstruktionen der Verhältnisse von Praxis und Raum und mit Blick auf mögliche Perspektivverschiebungen hinderlich sein. Es soll hier aber ein Blick darauf eröffnet werden, ob und inwieweit etwa in den Perspektiven der LehrerInnen auf ihre Praxiskontexte ein primärer Bezug zu ‚Schule' thematisch oder ob Räumliches von ihnen anders (oder weiter) aufgefächert wird. Dies ermöglicht zugleich einen Blick auf ein der als ‚beruflich' oder ‚professionell' geltenden Praxis möglicherweise entzogenes ‚Hinterbühnen'-Geschehen (vgl. von Rosenberg 2011). Obwohl der Raumthematik heute eine hohe Alltagsrelevanz beigemessen wird[2], wird sie „eher implizit in Diskursen mitgeführt" (Böhme 2009, S. 13) und steht eine weiterreichende empirische Aufarbeitung noch aus.

Dass aber insbesondere beim ‚Fokus: *räumen*' ein umfassender „Blick auf lokalisierbare relationale Anordnungen menschlicher und dinglicher Akteure, ihre Zusammenwirkungen, gegenseitigen Transformationen sowie den damit verbundenen Macht-Wissen-Verhältnissen" möglich ist, formulieren Kajetzke und

---

2 Denn „[s]oziale Praktiken sind immer räumliche Praktiken" (Kessl/Reutlinger 2008, S. 17) und „menschliche Vorstellungen von der Welt [haben; DM] immer auch eine räumliche Dimension" (Helfferich 2014, S. 241).

Schroer (folgend auch Nohl), indem sie nicht mehr von „dem Raum" sprechen, in dem geräumt[3] wird, sondern mit Schatzki auf ein ‚doing space' fluider Elemente verweisen (vgl. Kajetzke/Schroer 2015, S. 10). Diese „*Praktiken des Verräumlichens*" (ebd., Herv. i. Orig.) bieten auch einen empirischen Zugang. Dies beinhaltet sowohl im Bourdieu'schen Sinne (1987) den Blick auf die „Logik der Praxis" als auch auf „die Materialität der Situation" freizugeben, denn „[a]ll jenes, das die (Raum-)Praktiken und Raummaterialitäten beeinflusst und durch diese beeinflusst wird, ist Teil der Räumlichkeit" (ebd., S. 11). Damit kann von der Betrachtung von Raum im Sinne eines Konstituens eines Praxiskontextes dann gesprochen werden, wenn das „Zusammenwirken von Körpern, Materialitäten und Wissensbeständen" (ebd.; auch S. 9) und die in diesem Prozess stattfindenden, wechselseitigen Veränderungen, Stabilisierungen und Institutionalisierungen berücksichtigt werden (vgl. ebd.; Nohl 2016/2013). Diese Dimensionierung versteht sich – auch wenn im Folgenden ein Zugang über die LehrerInnen gewählt wird – nicht einseitig anthropozentrisch (vgl. Nohl 2016, S. 394). Zugleich werden ‚Räume' nicht mehr als absolut, sondern vielmehr in ihrer Art und Weise als „ständig (re)produzierte Gewebe sozialer Praktiken" (Kessl/Reutlinger 2010, S. 21) verstanden. Die damit im Zusammenhang stehenden Logiken werden erst mithilfe einer empirischen Basis evoziert.

Mit einer praxeologisch-wissenssoziologischen Hinwendung zum „*praxisorientierenden*" Wissen (Bohnsack 2017, S. 14, Herv. i. Orig., Mannheim 1964) gelingt – neben „der Rekonstruktion der Theorien der AkteurInnen *über* ihre Praxis" (ebd., S. 15) – der Einblick in die „Bedeutungs- und Sinnzuschreibungen" sowie in „dahinterstehende Sinnstrukturen und Wissensordnungen" (Dickmann/Elias/Focken 2015, S. 137), die „sich überwiegend im Modus des Gewohnten und Selbstverständlichen" (Schmidt 2012, S. 10) generieren und sonst stillschweigend bleiben. Ein solcher Zugang zu den komplexen „soziale[n] Szenerien" (Bohnsack 2017, S. 152) des Praxiskontextes Lehrberuf involviert zugleich „bestimmte Umstände, Orte, Kontexte und materielle Rahmungen" (Schmidt 2012, S. 10). Entsprechend der Überlegungen emergieren ‚konjunktive Erfahrungsräume' (vgl. Mannheim 1980, S. 229) dann als „Transaktionsräume" (Nohl 2016, S. 396). Dies bedeutet, dass im Zuge der Standortbestimmung der LehrerInnen eine Relationierung von Sozialität und Materialität sodann „die Logik der Praxis" mit Blick auf das Verhältnis „*aller* an ihr beteiligten Elemente" (Kajetzke/Schroer 2015, S. 10, Herv. i. Orig.) berücksichtigt und auf ein Zusammentreffen vielfacher und unterschiedlich stark aneinander ori-

---

3 Auch Löw distanziert sich von ‚räumen' insofern, dass sie in alltagssprachlicher Verwendung „komplex[e] Formierungsprozeß[e]" (2001, S. 158) ausgeklammert sieht. Anders verhält es sich, wenn dies i. S. von „Verräumlichen" (mit Fokus auf die Praxis) und damit als „space as a doing" (Kajetzke/Schroer 2015, S. 11) verstanden wird.

entierter sowie aufeinander abgestimmter Verbünde zielt (vgl. Nohl 2016, S. 400). In Anschluss an Nohls Verweise auf die Kopplung einer wissenssoziologisch orientierten Raumperspektive mit netzwerktheoretischen und pragmatistischen Überlegungen erachtet ich es dabei ebenso für notwendig, den Blick auf die Art und Weise der „Verkettungen und Verknüpfungen von Menschen und Dingen in routinisierten Praktiken" und damit in der Momentaufnahme des Forschungssettings auf ein ‚Dazwischen' zu verschieben und zu fragen: „[W]ie lassen sich die sozio-materiellen Konstellationen […] beschreiben?" (Nohl 2013, S. 190). Da diese in ihrem prozessualen Zustand nicht abgeschlossen sind, nimmt eine solche Perspektive sowohl Bezug auf eine Stabilisierung im Zeitverlauf als auch auf Ereignisse, die eine Veränderung und damit Wahrnehmbarkeit von Raum hervorrufen (vgl. Nohl 2016, S. 399).

Doch welche Forschungsstrategie macht eine Annäherung an eine solche „(weitgehend) symmetrische" (ebd., S. 395) Betrachtungsweise mit Blick auf die ‚Brille' des Menschen über das „Nadelöhr des Textes" (Bohnsack 2011, S. 26) möglich? Dies bedarf, wie ich zeigen möchte, forschungspraktischer Einlassungen auf die in der gemeinsamen (Ab-)Stimmung entstehenden und sich verändernden „Orientierungen (bei Menschen) und Eigenschaften (bei Dingen)" (Nohl 2013, S. 194).

2 Überlegungen zur Einholbarkeit der Verhältnisse von Praxis und Raum

Wie sich Verhältnisse zwischen Praxis und Raum prozessual entwickeln und konstituieren, ist in erziehungswissenschaftlichen Auseinandersetzungen und insbesondere in Kontexten des LehrerInnenberufs bisher weitgehend unerforscht. Damit werden adäquate Forschungszugänge umso bedeutsamer, die empirisch gestützte Aussagen ermöglichen (vgl. Matthes 2016). Hierfür kann eine Orientierung an qualitativen und rekonstruktiven Verfahren handlungsleitend sein. Nicht die Forschenden legen dann die „Elemente" (Kajetzke/Schroer 2015, S. 19) der zu beforschenden Konstellationen fest, indem sie diese an die Untersuchten adressieren. Vielmehr wird der Zugang über die Ressourcen und Wissensbestände der Beteiligten selbst gesucht. Ein entsprechendes Design hinterfragt die prinzipielle Einholbarkeit von Raum, nimmt auf die Herausforderung der Entäußerung und Unaussprechbarkeit sowie auf das Stillschweigende Bezug und Umwege in Kauf, z. B. über (Quasi-)Bewegungen (vgl. ebd.).[4]

---

4 In der Weiterdimensionierung wird etwa auf die Phänomenologie verwiesen (vgl. Nohl 2016, S. 404), bei der auch die Dinge mit ihrem spezifischen Heraus-/Aufforderungscharakter wirkmächtig werden (vgl. Kosica i. d. Band).

Deshalb ist mein Forschungsprojekt nicht darauf ausgerichtet, primär bildungstheoretisch-begründend „Raumordnungen aus erziehungswissenschaftlicher Sicht zu entwerfen" (Nugel 2014, S. 278), sondern einen Zugang zum „Raumwissen der Beteiligten" (ebd.) zu generieren. Dafür erscheint eine empirisch explorative und method(olog)isch angebundene Untersuchung in Anknüpfung „an die Raumerzählungen" (ebd.) zielführend. Dabei differenziere ich weiter, dass ein „Sprechen über Raum" (ebd., S. 279) auch auf das implizite und inkorporierte „Wissen *um*" Raum und damit die individuellen und kollektivgeteilten Erfahrungsräume „*innerhalb*" der „selbst erlebten *Praxis*" (Bohnsack 2011, S. 17, Herv. i. Orig.) ausgerichtet werden muss. Ich distanziere mich damit vom primären Modus einer Explizierbarkeit von Raum resp. Raumvorstellungen und fokussiere über mein spezifisches Forschungsdesign Zugänge zur Art und Weise der Darstellung und Herstellung (vgl. ebd., S. 56) sowie die Reflexion der Darstellbarkeit und Herstellbarkeit von Praxis-Raum-Kontexten, die von den Beteiligten erzeugt werden und in die sie – ohne sich dessen jedoch unmittelbar bewusst zu sein – „selbst eingebunden sind" (ebd., S. 17).[5]

Zugrunde gelegt werden hierfür method(olog)ische Überlegungen zur Fassbarkeit und Zugänglichkeit, die durch das Zusammentreffen diverser Standorte und Blickwinkel auf die Raumthematik von Übersetzungsleistungen geprägt sind. Dies beinhaltet das „Hinterfragen der eigenen Begriffsverwendungen" (Kajetzke/Schroer 2015, S. 19), aber auch ein Zurücktreten von etablierten Begriffen zugunsten einer möglichen *anderen* Perspektivsetzung durch die Untersuchten. Dies schließt aber einen reflexiven Umgang mit (ihren) „bereits vorhandenen Raumtheorien" (ebd., S. 14) nicht aus, sondern kann Erkenntnisse über (milieu)spezifische Deutungen und Praktiken zeigen.

Im raumthematischen Spannungsfeld von Gegenständlichkeit und Abstraktheit ist zu berücksichtigen, dass Räumliches zwar aufgrund einer alltagsgebräuchlichen Zuschreibung in einer „theoretischen Logik" (Bohnsack 2009, S. 321; Bourdieu 1976, S. 228; Mannheim 1980, S. 272) zunächst und scheinbar in der Darstellung (aus)gefüllt werden kann (z. B. als Container) – jedoch im Verhältnis zur „praktischen Logik" der Herstellung „einer *praktischen* Beziehung zur Welt […] jenseits der *Theorien*" (ebd., Herv. i. Orig.) hochgradig komplex – und damit zwar darstellbar, aber in der „eigenen Performanz" (Bohnsack 2017, S. 151) alles andere als explizierbar erscheint. Daher kann eben auch nicht nach Raumverstehen oder -konstitution im Sinne von Begriffen gefragt werden, sondern es müssen an diese Stelle „soziale Szenerien" (ebd., S. 152) des Alltags treten

---

5 So kam es in Pretest-Erhebungen dazu, dass hochgradig am Austausch interessierte LehrerInnen zunächst zu „Raum" keinen Gesprächszugang fanden und dann praxisbezogene Szenarien – etwa im Spiegel der eigenen Schulzeit oder ihrer Rolle beim ‚Aufbau' der Schule – initiierten, an denen sich ihre Äußerungen und Handlungen entwickelten.

– als „Rückbeziehung des Denkens und Wissens auf die *soziale Situation*, auf die existenziellen Bedingungen, unter denen Denken und Wissen als sinnkonstituierende Weisen des Weltverhältnisses des Menschen ihre Funktionen haben" (Jung 2007, S. 131, Herv. i. Orig.; Mannheim 1952, S. 20).

Ein Zugang zur Entstehung von Raum als sozialer Praxis kann zunächst auf eine Beobachtungsstudie deuten (vgl. etwa Keßler 2017; Breidenstein 2004). Settings ohne inkludierte Gesprächszugänge umfassen jedoch das Festlegen auf bestimmte raum-zeitliche Ausschnitte, da an bestimmten Orten beobachtet wird. Sie bergen damit das Risiko, ihre Perspektive auf das Verhältnis von Praxis und Raum zu verengen, da darunter (berufs-)biografische Dimensionen, ein Nachvollzug von Tagesverläufen oder Alltagssituationen der Beteiligten, die über das Setting hinaus relevant und in andere Bereiche transferiert werden, nur eingeschränkt einholbar sind. Mit einem narrativ-gestützten Design hingegen können zwar auf den ersten Blick per se keine Handlungspraktiken (in situ) erhoben werden, die Kombination textlicher *und* bildpraktischer Verfahren ermöglicht aber, unter Berücksichtigung einer Fragesensibilität den Fokus auf die Art und Weise von *„Verräumlichungsprozesse[n]"* (Kajetzke/Schroer 2015, S. 9, Herv. i. Orig.) und die damit verbundenen Ereignisse *und* Orientierungen (Bohnsack 2011, S. 19) sowie Eigenschaften (vgl. Nohl 2013) zu richten. Das auf die Struktur des Wissens und damit auf die Performativität (vgl. Bohnsack 2017, S. 143) zielende Vorgehen bietet über dessen „Ausdruck in mentalen wie auch in [...] selbst produzierten materialen Bildern" (ebd., S. 151) eine Möglichkeit, über die Art und Weise des Entwerfens und Verhandelns von LehrerInnen zu den Sinnsetzungen der Untersuchten zu gelangen und öffnet damit ein Tor zu Praxis-Raum-Verhältnissen.

Entsprechend kann ein praxeologisch-wissenssoziologischer Verfahrensweg Anwendung finden, da dieser danach fragen lässt, wie Raum als soziale Praxis konstituiert und vom „Was" seiner Darstellung zum „Wie der interaktiven und erlebnismäßigen Herstellung" (Bohnsack 2014a, S. 212) überführt wird. Der auf die Ebene des Dokumentsinns zielende Ansatz begibt sich zwischen alltäglichen Handlungspraktiken und Spezifika des Praxismilieus auf die Suche nach sozialen und materialen Wissensbeständen, Sinnstrukturen und Denkstilen (vgl. Mannheim 1952, S. 5) im Spiegel der in diese Erlebniszusammenhänge involvierten und hervorgebrachten „Kulturprodukte" (Przyborski/Slunecko 2012, S. 7). Dabei übt sich diese Perspektive auch in der Reflexion der hervorscheinenden Rolle von Wahrnehmungs-, Vorstellungs- und Erinnerungsleistungen bei der Entstehung von Raum (vgl. Löw 2001, S. 159). Entgegen einer intentionalistischen Deutbarkeit der „Konstruktionsleistungen von Menschen" (Nohl 2016, S. 394) werden *auch* die „material-dinglichen Komponenten" (ebd.) berücksichtigt und die begrifflich-theoretische Explizierbarkeit von Raum wird nicht vorausgesetzt, sondern die jeweilig vorherrschenden Modi erst Teil dokumentarischer Analysen (vgl. Bohnsack 2011, S. 19).

3 Überlegungen zur Forschungspraxis: LehrerInnen, narrative Entwürfe und dokumentarische Methode

Für den Zugang zum Feld wird eine Forschungsperspektive gewählt, die den Fokus auf die Erfahrungen von LehrerInnen einer von schulbaulichen Veränderungen geprägten Region[6] verschiebt und mit Blick u. a. auf ihre Partizipation und Adressiertheit innerhalb der zu rekonstruierenden Zusammenhänge einen Beitrag zur empirischen Aufarbeitung der praktischen Relationen, den Konsolidierungs- und Transformationsprozessen zwischen Menschen und Dingen leistet (vgl. Kajetzke/Schroer 2015, S. 19; Nohl 2016). Dies gelingt – wie ich zeigen möchte – im verstehenden Nachvollzug *„verräumlichender und verräumlichter Praxis"* (ebd., S. 9, Herv. i. Orig.), d. h. über eine Thematisierung *im narrativen Entwerfen* und mit Blick auf die ‚hinterlassenen' (vgl. Dickmann/Elias/Focken 2015, S. 138) Erzähl- und Zeichnungsprodukte *als narrative Entwürfe*. Folgende Fragen begleiten das Projekt: Was kann über eine raumwissenschaftlich informierte Perspektive zu den Orientierungen der Lehrpersonen im Kontext ihres Berufsalltags und in Bezug auf die professionelle Praxis und ihre Handlungslogiken entdeckt werden? Wie finden sozio-dingliche Konstellationen in ihrer Darstellung und Herstellung Berücksichtigung?

Das Untersuchungsdesign setzt sich zusammen aus narrativen Karten[7] und teilstrukturierten narrativen Einzelinterviews. Im Gegensatz dazu, dass Interviews bereits erfolgreich im Kontext der dokumentarischen Methode besprochen und analysiert wurden (vgl. Nohl 2012/2017) und sich auch die dokumentarische Bildwissenschaft immer weiter etabliert (vgl. Bohnsack/Michel/Przyborski 2015, S. 11), betrete ich mit einer entsprechenden Analyse narrativer Karten im hier zur Anwendung gekommenen Format weitgehend Neuland (vgl. auch Maschke/Hentschke 2017). Diese empirischen „Raumbilder" (Lutz/Behnken/Zinnecker 1997, S. 427) reichen – zwischen Stegreifzeichnung und Erzählung – in Bild- *und* Textbereiche hinein. Es entsteht zwischen den Praktiken des Bildens und Textens ein ‚Drittes' als ein gemeinsamer Corpus aus Zeichnungs-[8] und Gesprächsmaterial. Zugleich liegen die Protokolle nach der Erhebung auch separat vor. Ich habe diese Doppeltheit, die mit Blick auf den

---

6 Das bedeutet, dass sie z. B. architektonische Veränderungen durch Baumaßnahmen oder Schulhauswechsel entweder erst kürzlich erlebt haben oder in Zukunft damit rechnen können (vgl. Matthes 2016).

7 Die angewandte Methode narrativer Karten orientiert sich am Verfahren narrativer Landkarten, erarbeitet sich aber einen Analysefokus, der den Vorschlag der AutorInnen weiterführt (vgl. Lutz/Behnken/Zinnecker 1997; Behnken/Zinnecker 2010a/b; Deinet/Krisch 2006; Helfferich 2014).

8 ‚Zeichnung' referiert auf „Stegreifskizze" (Lutz/Behnken/Zinnecker 1997, S. 417) bzw. „Stegreifzeichnung" (Deinet/Krisch 2006, S. 143) und verweist auf eine skizzenhafte, zeichnerische Notiz – einen Entwurf.

Tonmitschnitt auch an die Analyse bewegter Bilder erinnert, bereits als *Hybriden* bezeichnet (Matthes/Herrmann 2018, S. 256). Ferner steht die narrative Karte eng mit dem Interview(material) in Bezug.

Im Gesprächsverlauf wird den Personen das Angebot zur „zeichnerische[n] Narration" (Lutz/Behnken/Zinnecker 1997, S. 430) ihres Alltags gemacht. Praktiken des handschriftlichen Notierens und das Anfertigen von Schriftzeugnissen/Artefakten (vgl. Dickmann/Elias/Focken 2015) sind den Lehrenden bereits bekannt. Die Tätigkeit wird jedoch durch eine ‚think aloud'-Kommentierung rekontextuiert. Während des Anfertigens erläutern sie das Notieren *und* das Geschehen innerhalb der Zeichnung, die sie gerade entwickeln, sodass Bild- und Textproduktion bei der (Ab-)Bildung (als Verräumlichung) eng miteinander verknüpft sind. Mittels audiografierter Daten und Beobachtungsnotizen wird es im Nachgang möglich, nicht nur das Bildprodukt (von Verräumlichung), sondern auch dessen Genese mithilfe der Erzählchronologie einzuholen. ‚Dichte Stellen' in der Bild- und Textstruktur, Auslassungen oder Interventionen im Prozess können in der Analyse des Diskursverlaufs zwischen den Interviewbeteiligten Berücksichtigung finden (vgl. Behnken/Zinnecker 2010a, S. 12; Bohnsack 2014a, S. 138).

In der dokumentarischen Analyse von Kinderzeichnungen wurde von Wopfner bereits das Zeichnen als spezifische selbstzeugende/-referentielle Ausdrucksform beleuchtet. Die Bildprodukte bieten einen besonderen Zugang zu den Erfahrungszusammenhängen, die Zeit des Lebens „eher bildlich denn sprachlich gespeichert" (Wopfner 2012b, S. 3) und als Teil „alltäglicher Verständigung und alltäglichen Handels" verinnerlicht wurden (ebd. 2012a, S. 65f.). Da das Wissen prozesshaft erworben wurde, lässt es sich über einen erinnernden (Nach-)Vollzug in Teilen einholen (vgl. Hoffmann 2015, S. 327). Der kreative Prozess des Entwerfens „sozialer Handlungen und Szenerien" (Bohnsack 2011, S. 29) wird hier über Äußerungen und Handlungen im Medium des Bildes und des Textes vereint. Dieses initiierte Kartografieren führt im Prozess des Nachzeichnens zur Externalisierung von Wissen, das in der Darstellung und Herstellung „auf eine bewusste Ebene gebracht" wird (Stracke 2004, S. 18). Auch wenn die Personen in Gegenwart des Interviews nur bedingt in ihrem Alltag stecken, wird im Rekapitulieren über das bis dato Vergangene ein Ereignis „bewusste[r] Zeit- und Raumwahrnehmung" (Nohl 2016, S. 402) hervorgerufen, sodass sich insbesondere im Medium der narrativen Karte zugleich Habituiertes und Neues performativ zeigen (vgl. ebd.; Hoffmann 2015, S. 333).

Der spontane Stegreifentwurf der Lehrpersonen kann etwa in der „intuitive[n] Wahl des Bildausschnitts" (Bohnsack 2011, S. 50) verglichen werden mit einer Stegreiferzählung oder einem Schnappschuss und weist in diesem Sinne eine „eigenlogische Struktur […] als selbst-referentielles System" auf, d. h. eine in spezifischer „Simultaneität hergestellte Komposition und die sich darin dokumentierenden stilistischen Präferenzen" (ebd.). Anders als bei Fotografien werden die Personen aber *sowohl* als abbildende *als auch* abgebildete Bildproduzentinnen tätig (vgl. ebd., S. 196). Da sie nicht per se durch andere abgebildet werden, erinnert dies an eine Selbstfotografie/Selbstvideografie, ohne dies jedoch zu sein. Ähnlich wie beim ‚Selfie‘, das in multimedialen Kontexten (ent)steht, sind aber auch hier die die Produktion begleitenden Untersuchenden in ihrer Rolle beim Abbildungsvorgang und im Abgebildetsein – z. B. über die Diskursorganisation und mit Blick auf die Stimuli – zu berücksichtigen.

Derartige narrative Karten sind keine sofort erschließbaren 1:1 Schaubilder, da sie weder in bestehende Karten oder Stadtpläne markiert werden, noch maßstabsgetreu sind. Sie zeigen als methodisch stimulierte und spezifisch hervorgebrachte „Eigenprodukte" (Bohnsack 2014a, S. 282) sowohl *„sich"* als auch das, worauf sie verweisen (Przyborski/Slunecko 2012, S. 7 mit Bezug auf Boehm 2007, S. 212, Herv. i. Orig.). Als initiierte „Dokumente einer Weltanschauung [...], der sie entspringen" (ebd.) geben sie Aufschluss über das Verhältnis zu und die Adressiertheit von Welt. Narrative Entwürfe, wie sie hier zur Anwendung kamen, geben Einblick in (berufs-)alltägliche soziale Situationen, „in dem innere und äußere Realität in ihrer Wechselwirkung sichtbar werden können" (Wopfner 2012a, S. 71). Dabei sind sie sowohl in Bild als auch Text u. a. über sozio-dingliche Konstellationen, Zeithorizonte und Bewegungsradien ‚informiert‘ und für den empirischen Nachvollzug der aufscheinenden „Zusammenwirkungen" (Kajetzke/Schroer 2015, S. 10) sowie den „gegenseitigen" (ebd.) Stabilisations- und Transformationsprozessen „multilokale[r] Netze von Aktanten" (Nohl 2016, S. 400) anschlussfähig – schließlich für die Konstitution von Raum. Im Mittelpunkt steht dabei nicht das, was von den AkteurInnen bewusst/intendiert erscheint, sondern was sich in den Gesprächs- und Zeichensituationen – auch von diesen unbeabsichtigt – über jene *„dokumentiert"* (Mannheim 1964, S. 108, Herv. i. Orig.).

Die dokumentarische Methode bietet sich in besonderer Weise für die Frage an, wie im Kontext des Lehrberufs Praxis-Raum-Verhältnisse konstituiert werden. Wie ich deutlich gemacht habe, bleibt auf der Ebene expliziter resp. kommunikativ-generalisierter Wissensbestände die Frage danach, wie die Beteiligten Raum erzeugen, eher diffus, denn „die Struktur, der Modus Operandi, der eigenen Performanz kann von den AkteurInnen selbst zwar zur Darstellung, aber kaum zur Explikation gebracht werden" (Bohnsack 2017, S. 151). Vielmehr treten über den Zugang zum „atheoretischen" resp. „performative[n] Wissen, soweit es zum Gegenstand von Propositionen der AkteurInnen selbst wird" (ebd.), ein Erzählen und Beschreiben sowie das bildnerische Produzieren sozialer Praxis-Raum-Situationen ins Zentrum (vgl. ebd.; Mannheim 1980, S. 73). Über jene mentalen und materialen Bilder offenbart sich der „modus operandi der Handlungspraxis selbst" (Bohnsack 2014b, S. 37). Mit dem Instrumentarium können sowohl Bilder als auch Texte mit ihren je spezifischen Eigenlogiken ausgewertet werden (vgl. Bohnsack 2011, S. 116).

Auch bei der Arbeit mit narrativen Karten wird *sowohl* der „Simultanstruktur" (Imdahl 1996, S. 23) des Zeichnungsbildes entsprochen *als auch* den „sprachliche[n] Narrationen, die geprägt sind von einem zeitlichen Nacheinander" (Wopfner 2012a, S. 85).[9] Diese hier stimulierten sprachlich-praktischen Akte oszillieren ‚zwischen' Bild(en) und Text(en) und entstehen als gemeinsames Netzwerk nah beieinander[10], sodass die Methode in ihrer Anlage *eben auch* eine (Wieder-)Verschränkung und Zusammenführung einfordert (vgl. Behnken/Zinnecker 2010b, S. 557 f.). Entsprechend werden erst Potenziale und Stellenwert der jeweiligen Datensorte in ihrem Zugang zu den Wissensarten differenziert und für die Interpretation ausgeschöpft (vgl. Hoffmann 2015, S. 331); anschließend wird der „Komplexität und Vielschichtigkeit" (ebd., S. 338) mit einem integrativen triangulativen Design zur Beobachtung eines Zu- und Gegeneinanders am Material und als Form der Verdichtung der Interpretationen Rechnung getragen (vgl. ebd.); dabei setze ich die narrative Karte auch in Relation zum Interviewgespräch, in welches sie eingebettet ist (zur Triangulation siehe Kreuz/Matthes i. V.).

4 Exemplarische Darstellung des Vorgehens – Malina: „auf dem Weg Richtung Freizeit"

Am Beispiel der narrativen Karte von *Malina* möchte ich prägnante Aspekte der reflektierenden Interpretationen aufzeigen, die sich hier nur verkürzt darstellen lassen.[11] Mithilfe des Bildes (Abb. 1) wird nachfolgend an stilistischen Hervorhebungen verdeutlicht, wie ein Zusammenspiel der Elemente als Gesamtkomposition vor dem Hintergrund der Frage nach Verräumlichung als sozialer Praxis im Kontext des (Berufs-)Alltags relationiert werden kann. Dies nimmt Bezug auf das, was sich in der Darstellung und Herstellung über die Verhältnissetzungen der „sozialen Szenerien und Ausdrucksformen" (Wopfner 2012a, S. 83) der Akteurin zeigt. Zugleich wird mitskizziert, wie sich Erkenntnisse mit Blick auf die Rekonstruktion einer Textpassage des Materialcorpus mit hoher metaphorischer Dichte integrativ bearbeiten lassen.

---

9 Zu den Leitmotiven und Schritten der dokumentarischen Bild- und Textinterpretation ausführlich u. a. Bohnsack 2011/2014a, Bohnsack/Michel/Przyborski 2015, Nohl 2012/2017.
10 Anders als etwa bei separat durchführbaren Erhebungsmethoden (vgl. u. a. Bohnsack 2011; Wopfner 2012a/b; Hoffmann 2015).
11 Im Hintergrund stützen sich die Ausführungen auf die ausführliche formulierende und reflektierende Interpretation sowie die komparativen Analysen. Eine Mehrdimensionalität kann in diesem Beitrag nicht abgebildet werden.

Bild- und Textmaterial stammen aus der 25-minütigen Interviewsequenz „Narrative Karte" (585–1022). *Malina* hat sich im Rahmen des Gesprächs zur Anfertigung einer narrativen Karte bereit erklärt und diese *„authentisiert"*[12] (Bohnsack 2011, S. 50, Herv. i. Orig.). Durch den Zeichen- und Erzählstimulus kommt *Malina* – rückblickend und vergleichsweise langanhaltend – in ihrem Entwurf auf die Tätigkeit als Lehramtsanwärterin zu sprechen. Die Datensätze sind insofern besonders, da sich sowohl in der Zeichnung als auch in den (analytisch anschließenden) Erläuterungen im Gesamtverlauf ambivalente, krisenhafte Bearbeitungsformen raumpraxisbezogener Themen, z. B. mit Blick auf das *Verhältnis von beruflichen und privaten Bereichen*, deren Verbundenheit und Möglichkeitsrahmen differenzieren lassen.

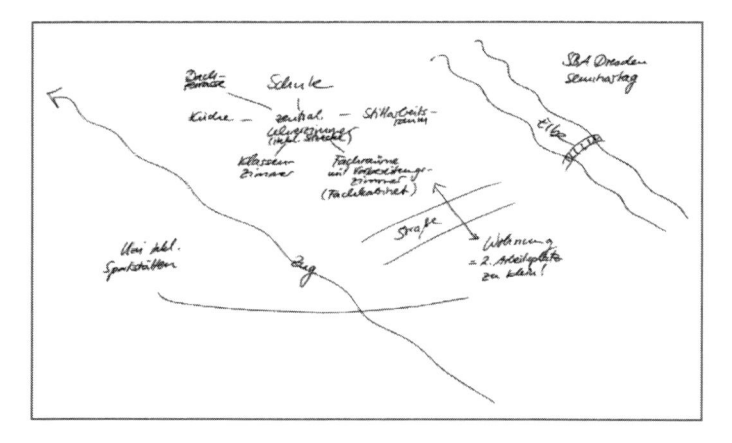

Abb. 1: Narrative Karte von *Malina* (schwarzer Tintenkugelschreiber, Querformat)

Für die Gesamtkomposition (Abb. 2) wesentlich ist eine Wiederholung von Schrift und Linien, deren Differenzierung, Gegenüberstellung und Verbundenheit. Sie enthält 13 ellipsenartige, handschriftlich verfasste Worte, Wortabkürzungen, -umbrüche oder -gruppierungen, die z.T. ein Ensemble bilden und auch infrastrukturell-kartografische Markierungen beinhalten (z. B. *„Elbe"*). Das elliptische Muster setzt sich in der Zeichnung durch. Als markante – und diesem geschlossenen Muster kontrastiv gegenüberstehende – planimetrische Hauptachsen (vgl. Wopfner 2012b, S. 12) können zunächst drei parallel verlaufende, diagonal-wellenförmige Linien ausgemacht werden. Damit entsteht ein formales Bildzentrum als schräge Bildmitte. Diese Ordnung wird *darüber hinaus* durchbrochen durch weitere, gegenläufige Hauptlinien. In der entstehen-

---

12 Eine Autorisierung durch die Untersuchte erfolgt an mehreren Stellen, u. a. bei der Nachbesprechung und im Überhändigen der Zeichnung.

den Rasterung aufsteigender und abfallender Linien treten vier elliptisch gefasste Hauptszenen hervor.

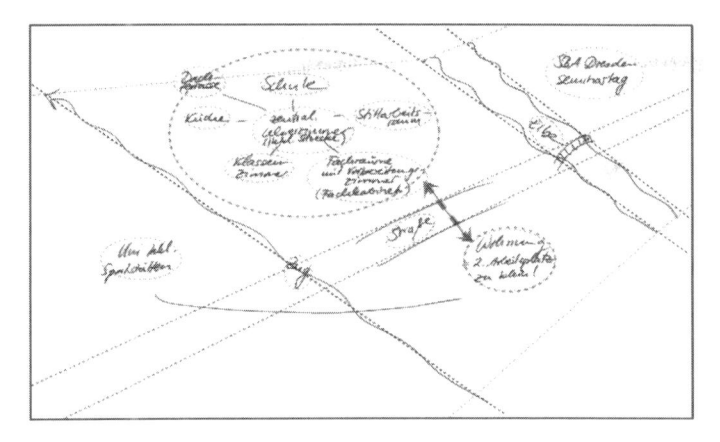

Abb. 2: Komposition: Hauptlinien und elliptische Hauptszenen (© Dominique Matthes)

Innerhalb der Zeichnung ist zunächst keine Horizontlinie oder Plastizität ausfindig zu machen, die eine perspektivische Orientierung ermöglicht; die Horizontlinie befindet sich außerhalb des Bildrahmens. Jedoch bricht die flächige Figurierung dort zu einer Art dreidimensionalen Modellierung auf, wo sich Linien resp. Linien und Schrift zu einem gemeinsamen Bezugssystem formieren (z. B. „*Straße*", Brücke). Das Bildergebnis unterscheidet sich von anderen (z. B. Diagramm-/Grundrisszeichnungen) und erinnert zunächst formal an Mind/Concept Maps (vgl. Stracke 2004, S. 19). Sowohl mindmapartige Verästelungen in der Fläche, deren Vernetzung diffus bleibt, als auch Schlüsselbegriffe (z. B. „*Schule*" oder „*Wohnung*"), zusätzliche Anmerkungen und pfeilartige Verweise existieren, die „die Art des Zusammenhangs" (ebd.) explizieren. Gleichzeitig wird – trotz Ausbleibens klassischer Horizontlinien – im (vogel-)perspektivischen Verhältnis mit Blick auf Lokalisationen und infrastrukturell-kartografische Hauptlinien ein räumlich erscheinendes Trapez über die Fläche hinaus gestützt: die „Neigung schafft auf dem Papier den Eindruck eines Raumes, der eine vertikale und eine horizontale Dimension und eine bestimmte Tiefe hat. [...] Der Betrachter schaut aus einem schrägen Winkel auf es herab" (Arnheim 1965, S. 229). Obwohl keine Zentralperspektive vorliegt (vgl. Bohnsack 2011, S. 245), die z. B. in der Fotoanalyse Aussagen darüber zulässt, „welche Personen und sozialen Szenerien [...] fokussiert und somit ins Zentrum des sozialen Geschehens gerückt werden" (ebd., S. 57f.), kann anhand der überdimensionalen Größe der Gesamtszene inmitten des Blattes ein „System höherer Ordnung" (Wopfner 2012a, S. 119; Imdahl 1994) und dessen Bedeutsamkeit „im Erleben der abbildenden Bildner/innen" (ebd., S. 120) angenommen werden. Die zugleich auftauchenden ‚Orthogonalen' treffen in ihrer Verlängerung allmählich in einem Fluchtpunkt außerhalb der Zeichnung zusammen. Demgegenüber fehlt den parallel verlaufenden Diagonalen ein zweiter Fluchtpunkt, obwohl ein Herausführen aus dem Bild durch eine Pfeillinie illustriert ist. „Die Parallelen deuten über ihn [den Bildrahmen; Anm. DM] hinaus" (Arnheim 1965, S. 253), sodass anhand dieser isometrischen Perspektive „schräglaufender Parallelen" (ebd.), wie sie häufig bei Computerspielen zu finden ist und die Anleihen etwa bei der Vogelperspektive nimmt, ein „Kompromiss" (Wesener 2004, S. 69) entsteht „aus eingeschränktem Sichtfeld und verbesserter Übersicht" (ebd.). Es entsteht über das Format hinaus eine „Unendlichkeit des Raumes"; „[d]as Problem ist sozusagen offengelassen" (Arnheim 1965, S. 253). Durch die gewählte Perspektive erhält die Gesamtkomposition einen ausschnitthaften Charakter und referiert zugleich auf das, was sich kontrastiv und außerhalb des hier eingestellten Fokus befindet.

Festzustellen ist, dass eine Schräge dominiert und dass der Komposition weitere Kontraste inhärent sind. Diese entstehen u. a. durch ein formales Ungleichgewicht des Ellipsenensembles im diagonal-begrenzten Mittelteil gegenüber den Einzelellipsen im linken und rechten Bildbereich sowie durch Rastergrenzen, die zugleich kontinuierlich aufgelöst und gebrochen oder linear aus dem Bild herausgeführt werden. In der Choreografie treten diese (Über-)Gegensätzlichkeiten[13] wiederkehrend als *ambivalentes Verhältnis von Schließung und Öffnung* hervor.

Daneben kann mithilfe der Erzählchronologie die Entstehung und damit – anders als etwa bei der dokumentarischen Fotoanalyse – auch eine ‚Sequenzierung' der Zeichnung nachvollzogen werden und es können Themenschwerpunkte so nah wie möglich am Bildprodukt selbst sowie anhand der in der Bildrekonstruktion fokussierten Szenerien in ihrer Rolle innerhalb der Gesamtkomposition geschärft werden. Dieses Herausbilden eines thematischen Verlaufs (vgl. Nohl 2017, S. 30) verbleibt in einem ersten Schritt im Sinne der Berücksichtigung des Potenzials der Materialsorte aber nicht primär am Text, sondern zunächst weitgehend am Bild, wie ich folgend exemplifiziere.

In der diagonalen Bildmitte wird der Bereich „*Schule*" relevant und auch zuerst eingezeichnet.[14] Aufgefächert werden eine Vielzahl, teils exklusiver Funktionsräume, die mit Linien verbunden, aber grafisch nicht näher charakterisiert werden – anders als beim nächstfolgenden Bereich „*Wohnung*", der bzw. die ohne Differenzierung, aber ausdrücklich nachdrücklich als „*zu klein!*" fixiert

---

13 Wesentlich bestimmend für den Zugang zum ikonischen Sinn sind „Ambiguitäten, Widersprüchlichkeiten oder Gegensätzlichkeiten" (Bohnsack 2011, S. 36 in Bezug auf Imdahl 1996, S. 107); eine „Sinnkomplexität des Übergegensätzlichen" kann eingeholt werden über die „Komposition des Bildes in der Fläche" (ebd.).
14 Dies zeigt sich verbal ebenso als „*Zentrum*" (676).

wird. Wesentlich bestimmend sind auch hier Szenen des *Dazwischen und Darüber hinaus*. Der im schrägen Bildmittelpunkt zum Ausdruck gebrachte Doppelpfeil „impliziert einen thematischen Zusammenhang" (Wopfner 2012a, S. 115) und stellt – im *Dazwischen* – die Verbindung zweier Szenen her. Die Präsenz einer wechselseitigen Bezogenheit drückt sich erstens über eine Linie mit zwei Pfeilenden (↕) aus, die – anders als im Rotationsprinzip zweier Einzelpfeile (↓↑) – eine Permanenz erzeugt und in die eine als auch die andere Richtung divergiert. Zweitens referiert die Notiz „= 2. Arbeitsplatz" im Kontrast nicht auf Wohnspezifisches, sondern *darüber hinaus* auf den ersten Arbeitsplatz (‚Schule') – und zeugt in der starken Vorsetzung eines Gleichheitszeichens trotz getrennter Einzeichnung der Szenen symbolisch von einer Verschmelzung des Bereichs ‚Wohnen' mit dem Bereich ‚Arbeit'. Verbal wird dieses Verhältnis entsprechend als „*Arbeitsseite*" (938, 992) geschlossen und emergiert – eben nicht – als eigenständiger, = Freizeitort' (vgl. 937). In der abgebildeten und mittigen Position „wird die Relevanz für die Alltagspraxis [...] besonders evident", denn „[d]ie Zeichnung repräsentiert [...] ihr handlungsleitendes Erfahrungswissen in der Bewältigung" (Bohnsack 2017, S. 172) dieser spannungsreichen Situation.

Zur Klärung, ob sich ein krisenhaftes, ungleichgewichtiges Verhältnis beruflicher und privater Szenen andeutet und fortsetzt, ist u. a. die die Szene begrenzende Diagonale als planimetrische Hauptlinie erneut bedeutsam, die als Pfeil aus dem Bild herausführt. Durch eine Verschmelzung als „*Zug-*"Linie ist sie zugleich richtungsweisend und deutet auf die Existenz einer „terra incognita" (Wopfner 2012a) als Sphäre außerhalb der Zeichnung, die zugleich auf die Hauptszene referiert – und in Anlehnung an Nohls Begriff der „Sphärendifferenz" als zu lösendes Handlungsproblem (Nohl 2005, S. 85) innerhalb der alltäglichen Praxis-Raum-Situation verbleibt. Ein stabilisiertes Verhältnis von übergreifender und im privaten Alltag präsenter Arbeitsseite sowie eigenverantwortlichen und andauernden Suchbewegungen nach Rückzugsmöglichkeiten innerhalb des Konglomerats alltagsbedingter Infrastruktur „*nur für mich (...) und nicht für diese ganze Arbeit*" (876f.) spitzt sich am Ende der Sequenz – auf eine enge Verknüpfung von Bild und Text verweisend – auch über den Gesprächstext als eine für *Malina* zentrale Figur zu: „*auf dem Weg Richtung Freizeit*" (976).

Im Kontrast zu Karten, die im Horizont der Frage nach Alltagsverläufen lediglich einen Bereich ‚Schule' entwerfen, kommt auch ein Verhältnis zu privaten Bereichen zum Tragen, das sich in seiner Gesamtkomposition kippendstabilisierend, öffnend und schließend skizzieren lässt. Anschlussfähig für eine Differenzierung sind weitere, überschneidende Szenen im Bild (z. B. mit Blick auf die geschwungene Linie zwischen "*Uni inkl. Sportstätten*" und „*Wohnung*") sowie innerhalb der im Medium des Textes gefassten Kommentierung (als auch im Interviewgespräch). Dies möchte ich verdeutlichen anhand einer ausgewählten szenischen Metapher, die einen dramaturgischen Höhepunkt darstellt (vgl. Bohnsack 2014a, S. 141) und zugleich eine Schärfung des Ensembles ‚Schule' im „Röntgenblick" (Wopfner 2012b, S. 20) vornehmen lässt.

```
707   Mw:                              und das fällt mir jetzt auch erst ein es gab
708         im Lehrerzimmer ähm ne Sofaecke. #00:48:08-6#
709
710   I:    Mhm hm-hm okay #00:48:11-4#
711
712   Mw:   Ähm also #00:48:14-1#
713
714   I:         L Ham Sie da öfter gesessen? #00:48:14-0#
715
716   Mw:         bei nicht schönem Wetter ⌐ saßen dann eher mal dort die wurde dann auch
717         während ich dort war erneuert das waren vorher irgendwie so alte klapprige
718         Korbstühle //hm-hm// die n bisschen heruntergekomm schon warn und dann
719         wurd=es aber ähm ne Eckbank (.) und da saßen dann aber oft weniger Leute dort
720         weil man dann immer so (1) aufgereiht saß //hm-hm// weil=es halt nicht so bequem
721         war aber es sah halt schöner aus. nur man saß halt also ich saß dort mit: Kollegen
722         viele haben dort och ähm gefrühstückt. //hm-hm mhm// oder mal mit meinem
723         Mentor zusammen oder so aber es war jetzt nich so viel Platz dort also es passn
724         vielleicht maxima sechs Leute hin (.) dann wirds schon eng aber es wurde
725         eigentlich immer rege genutzt, (1) also ich würde einfach mal inklusive (1) naja
726         Sofa ist es ne aber Sitzecke vielleicht ja //mhm// (7) aber von dort hinten also da
727         warn auch viele Lehrer die gerne (1) dann zu beobachtet ham andere, also man
728         musste gucken wer hinten saß (2) das war auch so ne Beobachterecke wo man
729         sitzen konnte und so wer macht was @(.)@ #00:49:23-0#
```

Interviewsequenz ‚Narrative Karte'; Transkriptausschnitt zur Passage ‚Sitzecke' (707–757)

Malina macht in dieser Gesprächspassage[15] die Praxis-Raum-Situation am Sitzmobiliar im Lehrerzimmer zum Gegenstand ihrer eigenen Proposition (vgl. Bohnsack 2017, S. 151) und lässt diese im Bereich des zentralen Lehrerzimmers als *„inkl. Sitzecke"* und explizit dingliches Zeichnungselement in deren Bedeutung hervortreten.[16] Über die Zeichnung allein bleiben weitere Zusammenhänge, die mit der Sitzecke in Verbindung stehen, aber zunächst diffus. Hierfür wird sich der Textinterpretation zugewandt.

In der Zeit, in der *Malina* an der Schule tätig war, wurden im Lehrerzimmer *„ziemlich bequeme"*, aber abgewohnte *„alte klapprige Korbstühle"* (717f.) durch eine schönere, aber sehr unbequeme *„Eckbank"* (719) ersetzt. Den Austausch erlebte sie mit, ohne selbst Teil des Auswahl- und Abstimmungsprozesses zu sein, den sie externalisiert (750). Charakteristisch für das neue Sitzmöbel wird beschrieben, dass man nicht mehr *„reingesunken"* ist (741), sondern dann eng und immer *„aufgereiht"* saß (720). *Malina* nutzte *„bei nicht schönem Wetter"*

---

15 Vgl. Talk in Qualitative Research (u. a. Bohnsack 2014a, S. 253 ff.).
16 Obwohl *Malina* sich bereits im zeichnerischen Abschluss des Ellipsenensembles „Schule" befindet, kehrt sie in der Erzählung („erst" 707) zurück zum „zentral. Lehrerzimmer"; dies erhält auch einen Ausdruck im Bild, in dem sie „inkl. Sitzecke" nachträglich ergänzt (726).

(716) die Sitzmöglichkeit etwa für das Frühstück mit Kollegen oder ihrem Mentoren. Das ‚neue' Sitzen wird in der Erhöhung im negativen Horizont kontrastiert – aber auch ein nicht dort Sitzen. Die im Zusammenhang mit der Sitzecke nunmehr ausgehenden Beobachtungspraktiken „viele[r] Lehrer" (727) haben zur Folge, dass sich nach jenen umgesehen werden musste. Die Eigenschaft der Eckbank, nun aufgereiht zu sitzen, verringert demnach nicht nur die Nutzung als ‚private' Rückzugsmöglichkeit (z. B. für das gemeinsame Essen). Darüber hinaus unterstützt sie eine Teilung des Kollegiums in Beobachtende und Beobachtete und sorgt – ebenso mit Blick auf ihre stillschweigende Beschaffung – grundlegend für eine Verlagerung im Lehrerzimmer. Tätigkeiten außerhalb der Sitzecke sind mit dem Handlungsproblem von *Präsenz* (unter übergriffiger Beobachtung anderer) und *Absenz* (im individuellen Möglichkeitsrahmen der sozialen und materialen Infrastruktur) spannungsreich. Im Wechselspiel dieser Konstellation von Menschen und Dingen, die eine Zuordnungen zu und Abgrenzungen von unterschiedlichen Personengruppen rekonstruieren lässt, transformiert nicht nur die Sitzecke mit ihren Eigenschaften zur „*Beobachterecke*" (728), sondern zugleich etwa das Kollegium in seinen Zugehörigkeiten. In praktischer Relation entsteht in diesem Verhältnis eine binäre Opposition, die zwischen den Möglichkeiten von Rückzug und Präsenz – auch innerhalb des ersten Arbeitsplatzes ‚Schule' – pendelt.

Das Beispiel offenbart mehrere (über)gegensätzliche Verhältnisse, die sich zwischen Bild und Text verdichten lassen. Aus formal/grafisch voneinander abgegrenzt lokalisierbaren, doch verbundenen Einzelszenen „*Schule*" und „*Wohnung*" amalgamiert – im Sinne der „Trennung bei gleichzeitiger Verbundenheit" (Wopfner 2012b, S. 17) – ein Gemeinsames in der Überlagerung durch die „*Arbeitsseite*" (938, 992). Diese Überlagerung *innerhalb* der Arbeitsseite und mit Blick auf ein Teilelement im Bereich Schule ist in der gewählten Passage deutlich geworden und lässt sich anhand dichter Erzählungen zur Einraumwohnung, zur (Nicht-)Platzierung im Lehrerzimmer oder zum Paradoxon Ruheraum mit Blick auf ein stetiges Abarbeiten an wahrgenommenen Bedingungen und in der Verhandlung der Begegnung mit konformen und autonomen Mensch-Ding-Konstellationen am Text fortführen. Räumliches wird in diesem Sinne gleich mehrfach „erfahrbar" (Nohl 2016, S. 402) – nämlich dann, wenn Situationen „nachhaltige[r] Unwucht im eigenen Raum" oder der „Konfrontation mit fremden Transaktionsräumen" (ebd., S. 403) eintreten und diese „mit Prozessen des Erleidens oder Scheiterns einhergehen" (ebd., S. 404), denen eine Auseinandersetzung oder gar ein Erklärungsversuch für das Zustandekommen des Neuen, schließlich auch Suchbewegungen des (Wieder-)Herstellens einer Passung folgen (vgl. ebd.). Der Möglichkeitsrahmen, sowohl in beruflichen als auch privaten Bereichen einen „*Rückzugsort*" (862) zu lokalisieren, scheint im Alltag der Berufsanwärterin im kontinuierlichen Aufzeigen externer Faktoren begrenzt. Es zeigt sich über die exemplarische Darstellung (hinaus) in der und über die Verräumlichung eine wiederkehrende (routinisierte) Verlagerung, die u. a. Einschränkungen im individuellen Tagesverlauf, eine diffuse Position(ierung) innerhalb der Lehrerschaft und Veränderungen von Konstellationen mit Dingen und deren Eigenschaften rekonstruieren lässt.

5 Schlussbemerkung

Um bei der eigenen forschungspraktischen Tätigkeit eine Weiterentwicklung etablierter ‚Raumdiskurse' anzustoßen, werden reflexive Vergegenwärtigungsstrategien zusehends bedeutsamer, die zwischen heuristischen Skizzen von Raum, forschungsleitenden Fragen sowie einer Einholbarkeit vermitteln (vgl. Kessl/Reutlinger 2010, S. 133). Mit dem Fokus darauf, *welche* Dimensionen der Raumbildung *wie* durch die Beteiligten hervorgebracht werden können, rücken die aus spezifischen Alltagskontexten generierten Wissensbestände, Materialitäten und Relevanzsetzungen der Adressierten in den Mittelpunkt – etwa mithilfe *narrativer Bild- und Text-Entwürfe*. Eine integrative Form der Triangulation im Verfahren der dokumentarischen Methode (weiterführend Kreuz/Matthes i. V.) ermöglicht mittels narrativer Karten und Interviews insbesondere den Zugang zum stillschweigenden Raumwissen der LehrerInnen – und bietet die Chance, visuell und verbal vermittelte Logiken (vgl. Przyborski/Slunecko 2012, S. 2) hinsichtlich der Praxis-Raum-Verhältnisse zu beobachten.

Narrative Entwürfe (Stegreifentwürfe) referieren auf den spezifischen Materialcorpus. Ich beziehe mich dabei auf die zur Anwendung gekommenen Methoden, deren Verknüpfung und hebe die Adressierung sprachlicher Äußerung (Verbalisierung/Versprachlichung) sowie grafischer Veranschaulichung (Visualisierungen/Verbildlichung) hervor. Ich verweise sowohl auf die Bedeutung des skizzenhaften Materials, die Performanz der Entstehung(ssituation) als auch auf die Nachvollziehbarkeit angefertigter Produkte der „Herstellung von Wirklichkeit" (Bohnsack 2014a, S. 212). Das Oszillieren zwischen Herstellungsprozess und spezifischem Ausdruck der Darstellung ist hierfür charakteristisch. Der Ausführung sowie den Entwürfen selbst wird jedoch kein Intentionalismus unterstellt, sondern der Fokus wird auf ein Sichtbarmachen und Sichtbarwerden in der sich zeigenden Spontanität eines Vorbewussten verschoben. Im Kontext der Erhebungssituation entsteht in der vergegenwärtigenden, praktischen Auseinandersetzung ein Drittes als „Hinterlassenschaft" (Dickmann/Elias/Focken 2015, S. 138) und Ausdruck implizit-performativer Wissensbestände (vgl. Bohnsack 2017, S. 143). Gleichzeitig habe ich gezeigt, wie in ‚symmetrischer' Perspektive (vgl. Nohl 2016) sowohl den Personen mit ihren Orientierungen als auch den Dingen mit ihren Eigenschaften mit Blick auf gegenseitige Interaktionen und Transformationen nachgegangen werden kann. Es wurde deutlich, wie dabei Übersetzungsleistungen seitens der Forschenden bei der Betrachtung von ‚Raum' geleistet werden müssen. Dies geschieht etwa mit Blick auf ein Zurücktreten zugunsten der Perspektiven der LehrerInnen sowie hinsichtlich der Verfahrensweise bei der Interpretation von Bild zu/und Text.

Mit dem Projekt ist die Forschungsperspektive verbunden, eine Dimensionierung des Untersuchungsgegenstandes auf der Basis „unterschiedliche[r] Arten der *Verständigung* und der *Sozialität*" (Bohnsack 2011, S. 18, Herv. i. Orig.) über verschiedene methodische Stimuli und mittels einer entsprechenden Triangulation von (Wissens-)Zugängen in Bildern und Texten fallübergreifend und multiperspektivisch zu erarbeiten. Weiterführend spielen Bezüge zur Schul(raum)-, Professionsforschung sowie der Kunst- und Kulturwissenschaft insofern eine Rolle, da beobachtet wird, welche (praxis-)milieuspezifischen Entwürfe in der Erhebungssituation gezeigt werden – und „warum gerade diese und keine andere[n]" (Kajetzke/Schroer 2015, S. 19).

Literatur

Arnheim, R. (1965): Kunst und Sehen. Berlin: de Gruyter [2013 Neuauflage; englischspr. Originalausgabe 1954].
Behnken, I./Zinnecker, J. (2010a): Narrative Landkarten. Ein Verfahren zur Rekonstruktion aktueller und biografisch erinnerter Lebensräume. In: Enzyklopädie Erziehungswissenschaft Online, S. 1–25.
Behnken, I./Zinnecker, J. (2010b): Narrative Landkarten. Ein Verfahren zur Rekonstruktion aktueller und biografisch erinnerter Lebensräume. In: B. Friebertshäuser/A. Langer/A. Prengel (Hrsg.): Handbuch Qualitative Forschungsmethoden in der Erziehungswissenschaft. Weinheim und München: Beltz Juventa, S. 547–562.
Boehm, G. (2007): Wie Bilder Sinn erzeugen. Die Macht des Zeigens. Berlin: University Press.
Böhme, J. (Hrsg.) (2009): Schularchitektur im interdisziplinären Diskurs. Territorialisierungskrise und Gestaltungsperspektiven des schulischen Bildungsraums. Wiesbaden: VS Verlag für Sozialwissenschaften.
Böhme, J./Flasche, V./Herrmann, I. (2016): Die Territorialisierung des (Schul-)Pädagogischen im urbanen Wandel. In: Zeitschrift für Pädagogik, 62. Jg. H. 1, S. 62–77.
Bohnsack, R. (2009): Dokumentarische Methode. In: R. Buber/H. H. Holzmüller (Hrsg.): Qualitative Marktforschung. Konzepte – Methoden – Analysen. Wiesbaden: Springer Gabler, S. 319–330.
Bohnsack, R. (2011): Qualitative Bild- und Videointerpretation. Die dokumentarische Methode. Opladen/Farmington Hills: Budrich.
Bohnsack, R. (2014a): Rekonstruktive Sozialforschung. Opladen: Budrich.
Bohnsack, R. (2014b): Habitus, Norm und Identität. In: W. Helsper/R. T. Kramer/S. Thiersch (Hrsg.): Schülerhabitus. Theoretische und empirische Analysen zum Bourdieuschen Theorem der kulturellen Passung. Wiesbaden: Springer VS, S. 33–55.
Bohnsack, R. (2017): Praxeologische Wissenssoziologie. Opladen/Toronto: Budrich.
Bohnsack, R./Michel, B./Przyborski, A. (2015) (Hrsg.): Dokumentarische Bildinterpretation. Methodologie und Forschungspraxis. Opladen/Berlin: Budrich.
Bourdieu, P. (1976): Entwurf einer Theorie der Praxis. Frankfurt am Main: Suhrkamp.
Bourdieu, P. (1987): Sozialer Sinn. Kritik der theoretischen Vernunft. Frankfurt am Main: Suhrkamp.
Breidenstein, G. (2004): KlassenRäume. Eine Analyse räumlicher Bedingungen und Effekte des Schülerhandelns. In: ZBBS, 5. Jg. H. 1, S. 87–107.

Deinet, U./Krisch, R. (2006): Der sozialräumliche Blick der Jugendarbeit. Wiesbaden: VS Verlag für Sozialwissenschaften.

Dickmann, J.-A./Elias, F./Focken, F.-E. (2015): Praxeologie. In: T. v. Meier/M. R. Ott/R. Sauer (Hrsg.): Materiale Textkulturen. Konzepte – Materialien – Praktiken. Berlin: de Gryter, S. 135–146.

Helfferich, C. (2014): Mental Maps und Narrative Raumkarten. In: C. Bischoff/C. Oehme-Jüngling/W. Leimgruber (Hrsg.): Methoden der Kulturanthropologie. Bern: Haupt, S. 241–256.

Hoffmann, N. F. (2015): „There is no magic in triangulation" – Gruppendiskussionen und Gruppenfotos in Triangulation und Typenbildung. In: R. Bohnsack/B. Michel/A. Przyborski (Hrsg.): Dokumentarische Bildinterpretation. Methodologie und Forschungspraxis. Opladen/Berlin: Budrich, S. 325–342.

Imdahl, M. (1994): Ikonik. In: G. Boehm (Hrsg.): Was ist ein Bild?. München: Fink, S. 300–324.

Imdahl, M. (1996): Giotto – Arenafresken. Ikonographie – Ikonologie – Ikonik. München: Fink.

Jung, T. (2007): Die Seinsgebundenheit des Denkens. Karl Mannheim und die Grundlegung einer Denksoziologie. Bielefeld: transcript.

Kajetzke, L./Schroer, M. (2015): Die Praxis des Verräumlichens. Eine soziologische Perspektive. In: Europa Regional, 21. Jg. H. 1–2, S. 9–22.

Kessl, F./Reutlinger, C. (Hrsg.) (2008): Schlüsselwerke der Sozialraumforschung. Traditionslinien in Text und Kontext. Wiesbaden: VS Verlag für Sozialwissenschaften.

Kessl, F./Reutlinger, C. (Hrsg.) (2010): Sozialraum. Eine Einführung. Wiesbaden: VS Verlag für Sozialwissenschaften.

Keßler, C. I. (2017): Doing School. Ein ethnographischer Beitrag zur Schulkulturforschung. Wiesbaden: Springer VS.

Kreuz, S./Matthes, D. (i. V.): (Selbst-)Zeichnung, (Selbst-)Aufzeichnung und Dokumentarische Methode. Potenziale und Erfordernisse der Triangulation in besonderen Forschungssettings.

Löw, M. (2001): Raumsoziologie. Frankfurt am Main: Suhrkamp.

Lutz, M./Behnken, I./Zinnecker, J. (1997): Narrative Landkarten. Ein Verfahren zur Rekonstruktion aktueller und biographisch erinnerter Lebensräume. In: B. Friebertshäuser/A. Prengel (Hrsg.): Handbuch Qualitative Forschungsmethoden in der Erziehungswissenschaft. Weinheim und München: Juventa, S. 414–435.

Mannheim, K. (1952): Ideologie und Utopie. Frankfurt am Main: Schulte-Bulmke.

Mannheim, K. (1964 [1921/1922]): Beiträge zur Theorie der Weltanschauungs-Interpretation. In: Ders.: Wissenssoziologie. Neuwied: Luchterhand, S. 91–154.

Mannheim, K. (1980): Strukturen des Denkens. Frankfurt am Main: Suhrkamp.

Maschke, S /Hentschke, A.-K. (2017): Die Sozialräumliche Karte als triangulierendes Verfahren der Dokumentarischen Methode zur Rekonstruktion von Bildungsprozessen und -strategien in biografischen Übergängen. In: ZQF, 1-2017, S. 117–136.

Matthes, D (2016): Wie wird „Raum" für Lehrpersonen thematisch? Über die Notwendigkeit einer empirischen Rekonstruktion schulischer Architekturen. In: J. Ludwig/M. Ebner von Eschenbach/M. Kondratjuk (Hrsg.): Sozialräumliche Forschungsperspektiven. Disziplinäre Ansätze, Zugänge und Handlungsfelder. Opladen/Berlin: Budrich, S. 127–150.

Matthes, D /Herrmann, I. (2018): (Neue) Wege zum Raum – Erziehungswissenschaftliche Perspektiven qualitativ-rekonstruktiver Forschungspraxis In: M. S. Maier et al. (Hrsg.): Methodische und Methodologische Herausforderungen in der Forschungspraxis. Wiesbaden: Springer VS, S. 247–270.

Nohl, A.-M. (2005): Bildung, Migration und die Entstehung neuer Milieus in der männlichen Adoleszenz. In: V. King/K. Flaake (Hrsg.): Männliche Adoleszenz. Frankfurt/New York: Campus, S. 77–95.

Nohl, A.-M. (2011): Pädagogik der Dinge. Bad Heilbrunn: Klinkhardt.

Nohl, A.-M. (2012/2017): Interview und dokumentarische Methode. Anleitungen für die Forschungspraxis. Wiesbaden: VS Verlag für Sozialwissenschaften.

Nohl, A.-M. (2013): Sozialisation in konjunktiven, organisierten und institutionalisierten Transaktionsräumen. In: Zeitschrift für Erziehungswissenschaft, 16. Jg., S. 189–202.

Nohl, A.-M. (2016): Pädagogische Prozesse im Raum – pragmatische und wissenssoziologische Perspektiven auf Sozialisation und Bildung. In: Vierteljahresschrift für wissenschaftliche Pädagogik. 92. Jg. H. 3, S. 393–407.

Nugel, M. (2014): Erziehungswissenschaftliche Diskurse über Räume der Pädagogik. Eine kritische Analyse. Wiesbaden: Springer VS.

Przyborski, A./Slunecko, T. (2012): Linien und Erkennen: Die Linie als Instrument sozialwissenschaftlicher Bildinterpretation. In: Journal für Psychologie, 20. Jg. H. 3, S. 1–37.

Reutlinger, C. (2008): Sozialisation in räumlichen Umwelten. In: K. Hurrelmann/M. Grundmann/S. Walper (Hrsg.): Handbuch Sozialisationsforschung. Weinheim und Basel: Beltz, S. 333–346.

Rosenberg, F. v. (2011): Habitus- und Raumstrukturen in der Schule. In: M. Bergmann/B. Lange (Hrsg.): Eigensinnige Geographien. Wiesbaden: VS Verlag für Sozialwissenschaften, S. 115–126.

Schmidt, R. (2012): Soziologie der Praktiken. Konzeptionelle Studien und empirische Analysen. Berlin: Suhrkamp.

Stracke, I. (2004): Einsatz computerbasierter Concept Maps zur Wissensdiagnose in der Chemie. Münster: Waxmann.

Wesener, S. (2004): Spielen in virtuellen Welten. Wiesbaden: VS Verlag für Sozialwissenschaften.

Wopfner, G. (2012a): Geschlechterorientierungen zwischen Kindheit und Jugend. Dokumentarische Interpretation von Kinderzeichnungen und Gruppendiskussionen. Opladen/Berlin: Budrich.

Wopfner, G. (2012b): Zwischen Kindheit und Jugend – ein sehender Blick auf Kinderzeichnungen. In: Journal für Psychologie, 20. Jg. H. 3, S. 1–28.

Die Autorinnen und Autoren

Evi Agostini, Mag. Dr., Universitätsassistentin (Post-Doc) an der Fakultät für LehrerInnenbildung der Leopold-Franzens-Universität Innsbruck. Arbeitsschwerpunkte: (Phänomenologische) Lern- und Lehrforschung, LehrerInnenbildung, Ästhetische Bildungsforschung, Ethik und Epistemologie.

Katja Böhme, M.A., wissenschaftliche Mitarbeiterin im Institut für Kunstdidaktik und Ästhetische Bildung an der Universität der Künste Berlin, zuvor im Bereich der Kunstdidaktik an der Kunstakademie Münster. Forschungsschwerpunkte: Wahrnehmung – Bild – Reflexion, Unvorhersehbarkeit von Lehr- und Bildungsprozessen, kunstpädagogische Professionalisierung, LehrerInnenbildung zwischen Hochschule und Schule.

Georg Ehrhardt, Student an der Universität Koblenz-Landau, Campus Koblenz mit den Studienschwerpunkten Ethik, Germanistik und Darstellendes Spiel für das Lehramt an Gymnasien.

Birgit Engel, Prof. Dr., Professorin für Kunstdidaktik an der Kunstakademie Münster. Zuvor Lehre und Forschung an der Fakultät für Erziehungswissenschaft der Universität Bielefeld sowie Koordinatorin für Ästhetische Bildung und Oberstudienrätin an Gymnasien und Gesamtschule. Aktuelle Forschungsschwerpunkte im Bereich der künstlerischen und ästhetischen Bildung, der phänomenologisch-hermeneutischen Annäherung an Lehr- und Lernprozesse insbesondere im Rahmen professionsbezogener Bildungsprozesse.

Kerstin Hallmann, Dr., wissenschaftliche Mitarbeiterin am Institut für Kunst, Musik und ihre Vermittlung an der Leuphana Universität Lüneburg. Arbeitsschwerpunkte in Forschung und Lehre: u. a. Theorien zur Kunstvermittlung aus Perspektive der Phänomenologie, Ästhetische Bildung, Theorie und Praxis der Kunstvermittlung.

Simone Kosica, wissenschaftliche Mitarbeiterin am Institut für Grundschulpädagogik an der Universität Koblenz-Landau, Campus Koblenz. Forschungsschwerpunkte: u. a. im Bereich Ästhetik und Bildung, pädagogische Raumforschung aus phänomenologischer Perspektive sowie nationale und internationale Schulbauforschung.

Anja Krüger, wissenschaftliche Mitarbeiterin am Lehrstuhl für Erziehungswissenschaft unter besonderer Berücksichtigung der Schulpädagogik und empirischen Bildungsforschung an der Universität Rostock. Arbeitsschwerpunkte: Raumwissenschaftliche Schul- und Bildungsforschung, Reflexive Fotografie, Architektursemiotik.

Antje Lehn, Architektin und lehrt am Institut für Kunst und Architektur am Institut für das künstlerische Lehramt an der Akademie der bildenden Künste. Arbeitsschwerpunkte: Architekturvermittlung für junge Menschen und Kartografie, insbesondere erforscht sie die Entwicklung von partizipativen Methoden zur Kartierung von Schul- und Stadträumen.

Ulrich Leitner, Mag. Mag. Dr., Universitätsassistent im Lehr- und Forschungsbereich Allgemeine Erziehungswissenschaft am Institut für Erziehungswissenschaft der Universität Innsbruck.

Beatriz Lindqvist, Prof. Dr., Professorin am Institut für Ethnologie an der Södertörn Universität in Stockholm, Schweden. Forschungsschwerpunkte: Flucht und Migration, Aktivismus und Widerstand sowie Kindheit und Raum.

Dominique Matthes, Projektmitarbeiterin am Zentrum für Schul- und Bildungsforschung an der Martin-Luther-Universität Halle-Wittenberg. Schwerpunkte: Erziehungswissenschaftliche (Schul-)Raumforschung, empirische Forschung zum LehrerInnenberuf, Professionsforschung, Methoden und Methodologien qualitativ-rekonstruktiver Forschungsansätze (Text und Bild), insbesondere die Verknüpfung narrativer Karten, Interviews, Fotografien und dokumentarischer Methode, Reflexivität und Forschungsorientierung.

Helga Peskoller, Prof. Mag. Dr., BergDenkerin und Professorin für Erziehungswissenschaft mit dem Schwerpunkt Historische Anthropologie und Ästhetische Bildung am Institut für Erziehungswissenschaft an der Leopold-Franzens-Universität Innsbruck.

Elisabeth Sattler, Prof. Dr., Professorin am Institut für das künstlerische Lehramt am Fachbereich Kunst- und Kulturpädagogik der Akademie der bildenden Künste in Wien. Arbeitsschwerpunkte: Subjektanalysen, anthropologische und kunst- und kulturpädagogische Fragehorizonte, Bildungs-, Lern-, Lehr- und Unterrichtstheorien.

Ilona Sauer, Dipl. Päd., Theaterpädagogin und Kulturvermittlerin. Seit 2008 Leitung des Projekts „FLUX – Theater in Hessen unterwegs. Theater für Schulen." Zuvor tätig als wissenschaftliche Projektkoordinatorin für das Projekt „Kinder spielen Theater" des Kinder- und Jugendtheaterzentrums tätig. Für die ASSITEJ e.V. führte sie die erste Studie „Theater und Schule in Hessen" durch. An diversen Kultureinrichtungen tätig. Diverse Veröffentlichungen zum Theater für und mit Kindern.

Eva Schwarz, Dr., Associate Professorin am Center for Theories in Practical Knowledge an der Södertörn Universität in Stockholm, Schweden. Forschungsschwerpunkte: Subjektivität, Bildungstheorie, Theorien des Wissens und Könnens, Kollektivität. Zentrale Figuren in ihrer Forschung sind: Edmund Husserl, Hannah Arendt, John Dewey und Maurice Merleau-Ponty.

Kristin Westphal, Prof. Dr. phil. habil., Professorin an der Universität Koblenz-Landau, Campus Koblenz Fachbereich 1 Bildungswissenschaften, Institut für Grundschulpädagogik. Wissenschaftliche Leitung des Zentrums für zeitgenössisches Theater und Performancekunst, Studiengang „Darstellendes Spiel". Schwerpunkte: Ästhetik und Bildung. Erziehen und Bilden in der Kindheit. Pädagogische Anthropologie und Phänomenologie; Forschung zur Kulturellen Bildung: KUNST_RHEIN_MAIN (BMBF 2014–2017); Generation K: Kultur trifft Schule (MWWK RLP/Mercatorstiftung 2017–2019).

Kristin Westphal | Ulrike Stadler-Altmann |
Susanne Schittler | Wiebke Lohfeld (Hrsg.)
Räume kultureller Bildung
Nationale und transnationale Perspektiven
2014, 342 Seiten, broschiert
ISBN: 978-3-7799-3022-8
Auch als E-BOOK erhältlich

Aktuelle Forschungs- und Praxisprojekte in Kunst und Bildung stehen vor der Herausforderung, sich in den unterschiedlichsten kulturellen Bildungsräumen zu verorten und diese zu überschreiten. Der vorliegende Band fokussiert Strukturen, Theorien und Methoden der »arts education research« aus international vergleichender Perspektive und fragt nach den Herausforderungen, die sich daraus für eine kulturelle Bildungspraxis und -forschung, für die »Lehre der Kunst« und die »Kunst der Lehre« ableiten lassen. Er gibt Einblick in Schwerpunkte kultureller Forschung zu Performance, Artistic Research, Vermittlungs-, Tanz-, Medien-, Alltags- und Kunsträumen.

www.beltz.de
Beltz Juventa · Werderstraße 10 · 69469 Weinheim